U0068270

敬賀張存武老師九秩晉五嵩壽

# 清代中韓關係史論集

張存武——著　吳政緯——編校

卷　二

VOLUME 2

# 編校說明

一、本卷收錄三類文章，分別探論（1）明清中國與朝鮮王朝的邊界問題，（2）兩國文化交流的影響，以及（3）晚清中國的對朝鮮政策與當時的中韓關係。

二、作者過去引用的部分資料已不易查找，現按較新的通用版本查對。諸文首次引用資料均在註釋標明版本，惟未能查對者一仍原註。

三、盡可能檢核引文，訂正訛誤，包含缺漏字、頁碼不詳以及錯誤的卷次與頁碼，並遵循當前學術規範增寫，完善註釋。

四、在不影響原始文意的情況下，重新分段、潤飾文辭。

五、文章若本為直排，今改為橫排，某些數字由國字替換成阿拉伯數字。表格按同樣標準重製。

六、各章首次出現的人名、事件、年號均標上西元年份。

七、晚近學界對「後金」、「滿清」等用語已有所保留，為維持作者當時的語境，此次編校維持原樣。

八、第九章〈中國對朝鮮的政策（1860-1883）〉為國科會專題研究計畫成果報告（1994），部分內容曾以單篇的形式發表。此次以成果報告為底本，參考已發表諸文編校。

此次編校，承蒙劉序楓老師多所指正，謹申謝忱。惟一切文責，筆者自負。筆者學力有限，敬祈方家批評，俾利完善《張存武著作集》。

吳政緯　謹識　2023.11.11
臺北景美

# 目次

## 邊務

## 交通

# 近代

# 邊務

# 第一章
# 明季中韓對鴨綠江下游島嶼歸屬權之交涉

## 一、前言

　　中國是幅員廣大的國家之一，陸鄰有十一國，海疆鄰國也有七個。[1] 而到現在為止，彼此邊界尚有許多瓜葛。中韓之間，明清時代以鴨綠、圖們兩江為界，兩江之源不相接觸，宣統元年（1909），即日本取得大韓帝國外交權的第五年，中日簽訂圖們江中韓界約，規定從圖們江的一條名為石乙水的源流，經長白山巔天池之南約十一里處的穆克登定界碑，到碑西面的鴨綠江源為界。圖們江，朝鮮稱豆滿江，清初中國稱土門江。

　　這界線得來不易，乃克服韓、日所持「間島案」而成。所謂「間島」乃清季韓人為侵佔中國領土而杜撰的地理名詞，日本置朝鮮統監府後，從而利用之，以獵取東三省利益。「間島」有二，一曰「北間島」，在圖們江北，乃清季吉林南疆延吉廳地區，現在大陸上設為「延邊朝鮮人民自治州」。一為「西間島」，是指鴨綠江北，特別是長白、臨江縣一帶地方。兩處原為滿清封禁地區，自同治至光緒初原為數萬韓民佔墾。嗣因清廷下令朝鮮撤回墾民，他們為免被逐回，乃

---

[1]　陸鄰為韓、蘇、阿富汗、巴基斯坦、印度、尼泊爾、錫金、不丹、緬甸、寮國、越南。海鄰為韓、日、菲律賓、馬來西亞、文萊、越南、印尼。據莫先熊繪，《內政部審定中華民國分省圖》（臺北：生力出版社，1983）。

與朝鮮地方官夥同造出圖們江（豆滿、土門）非國界，圖們江以北另有土門江方為界水，而圖們、土門間土地，即圖們江北之地，是清聖祖康熙五十一年（1712）賜給該國的，這就是「北間島」的來由。

圖們國界問題，光緒十一年（1885）、十三年（1887）中韓雙方兩度勘察。第一次因朝鮮堅持圖們、土門非一水，中國欲以大紅丹水為界而無結果。第二次雙方雖同意茂山至海口之圖們江為界水，然因中國欲自石乙水橫截白山與鴨綠江相連為界，朝鮮則堅持自紅土山水經穆碑至碑西鴨江源流為界，故未達成協議。[2]

二次大戰後，韓人復國而分為南北。北韓對宣統元年界約的態度如何，筆者一無所知，對1960年北京與平壤簽訂的「鴨綠江、圖們江航運協定」內容，[3]我也無所了解。雖然南韓官方對中韓邊區之研究很支持，但似未公開否定中日圖們界約。民間的學術及大眾傳播界的意見大致分兩類：

（一）中韓應以遼河為界，因為高句麗的領土曾到遼西。在這一前提下，渤海史納入韓國史體系，與統一後的新羅稱為韓國的南北朝。

（二）否定中日圖們江界約的合法性，仍堅持「間島領有權」。在收回「間島」的前提下，長白山頂的天池至少一半應屬韓國。由於「間島」的居民韓裔佔多數，所以有人主張用民族自覺、公民投票的方式回收該地，甚至有人以該地曾為韓人抗日復國的基地而主收回。參加討論的，除史學工作者外，有國際法學家。因覺從國際法及外交廢約無望，故有人主張自康熙五十一年（1712）的穆克登白山定界著手，以達收回的目的。也就是恢復圖們江非土門江，圖們

---

[2]　張存武，〈清代中韓邊務問題探源〉，《中央研究院近代史研究所集刊》，第2期（臺北，1971年6月），頁464-473。收入本書第二章。

[3]　編按：該協定內容參見〈中華人民共和國政府和朝鮮民主主義人民共和國政府關於國境河流航運合作的協定〉，收入《中華人民共和國國務院公報》，總第223號（北京，1960年9月），頁538-541。此承劉序楓老師提示，特此致謝。

之北另有土門江的說法。[4]

從「間島」說及現在南韓部分人士對中韓邊界問題的態度可以看出，韓人有北向拓展國土的意向。事實上從新羅到高麗末，該國一直向北擴張。新羅初在洛東江一隅，與唐聯軍滅百濟及高句麗後，進至大同江，迫使唐玄宗（685-762）在開元元年（712）公開承認此事實。宋遼時代，他們先進至清川江，繼而到鴨綠江下游，東北方面佔有今元山附近一帶地區，並自該處至鴨江下游之南築千里長城。元明交替之際，高麗在東北方面推進至北青，明宣德、正統時進至圖們江（韓曰豆滿江）下游，建慶興、慶源、穩城、鍾城、會寧、富寧六鎮，同時在今遼寧省臨江縣鴨江之南建閭延、慈城、茂昌、虞芮四郡，旋廢。

北拓是韓國的傳統。本章所探討的，是明季朝鮮拓佔鴨綠江下游諸島史實，以便從而了解清末的「間島」問題。

## 二、交涉經過

隨著倭寇侵略，女真部族的移動，以及中韓社會經濟的發展，到明嘉靖年間，中國與朝鮮的軍事部署及人民流動均有向外發展的趨勢。嘉靖二十三年（1544）朝鮮在熊川外島設加德、天城等鎮，是純因倭寇而採取的行動，然二十五年（1546）明朝在九連城稍北處設江沿臺堡，及四十五年（1566）設九連城鎮，[5]則與女真及中韓人民在海島與鴨綠江島嶼的活動有關。

弘治年間中韓人民逃聚海島的事不論，[6]自嘉靖至萬曆，中國人且屢次入居鄰近朝鮮之薪島耕種，引起交涉。嘉靖七年（1528）朝鮮文獻記載，「唐人」四十八家，男女百餘名入墾該島，朝鮮諮請遼東當

---

[4]　朴容玉著，洪菁菁譯，〈「間島」問題〉，《韓國學報》，第4期（臺北，1984年12月），頁151-155。該文乃綜述南韓建國以來對「間島」問題研究之情形。

[5]　明鮮設鎮堡，並見朝鮮魚叔權編，朴希賢增訂，《考事撮要》（漢城：京城帝國大學法文學部據萬曆四十一年〔1613〕訓練都監刊本影印，1941；以下簡稱《撮要》），大明紀年各該年條。

[6]　朝鮮因明咨及帝命，於弘治十三年發兵搜查該島，獲明人六十四名，鮮人四十八名。見《撮要》，弘治九、十年條。

局令湯站堡官兵驅逐。萬曆六年（1578）遼東人往來該島捕魚，遼東地方官復差人會同朝鮮逐之。三十九年（1611）明、鮮無籍逃民又據該島及海洋島為出沒劫掠基地。[7]同一時期，中韓間也展開了鴨綠江下游島嶼的爭墾。

鴨綠江上、中游均流於崇山峻谷中，坡陡水急，至寬甸以下，谷寬流緩，流中泥沙沉澱，而靉河復注入鴨江，故江中沙洲、島嶼綿延至海口。其在中韓衝突而為人知者，有淤赤島、蘭子、威化等島。此乃元代蒙古、高麗軍隊及人民往來經行，而無歸屬問題之紀載。據《朝鮮實錄》，該國於明成化元年（1465）令地方政軍官員率農民在申胡水、蘭子、黔同、招募、及威化島從事農墾，並命所選農民備機械各至定處，刻日耕耘，「毋得如前率老幼婦女散處」，在招募亭「舊基」堅樹木柵。[8]可見在此之前已經墾耕過。

正德年間，朝鮮人曾墾耕于（淤）赤島，中國人則耕住於威化及蘭子、替子等島，然因女真人之劫掠而廢棄。[9]嘉靖三年（1524）遼東人董禮、朴雄等聚眾入耕威化等島。十年（1531）朝鮮貢使呈請遼東都司禁止。遼東遣官諭令回內地，而墾民未遵。翌年朝鮮再訴告，十一月遼東遣官兵焚燬墾民一百一十七家家舍，逐走其人，並招朝鮮義州牧使說：「兩島居人今已刷還。汝等當檢舉，勿令復居於此。」[10]然

---

7　吳晗輯，《朝鮮李朝實錄中的中國史料》（北京：中華書局，1980，共12冊），第3冊，頁1143-1147、1150、1151、1159。據頁1150、1151，薪島距遼、鮮各六十里。島周回五十里，土沃，作水田，種五十餘石；旱田六十餘日耕。嘉靖九年逐之，而三十二年復有廣鹿島明人入居，都司治之，見《撮要》該各年條。吳晗輯，《朝鮮李朝實錄中的中國史料》，第3冊，頁1175、1185、1187；第4冊，頁1512，四月、六月，修正實錄，萬曆六、九年條。

8　《朝鮮世祖大王實錄》，第7冊，卷35，世祖十一年二月十五日壬辰條。本章圖1-1龍灣地圖，即義州地圖中，申胡水作辛厚水，與馬耳山均在江北。

9　吳晗輯，《朝鮮李朝實錄中的中國史料》，第3冊，頁1236，嘉靖十四年八月戊戌條；第4冊，頁1294，嘉靖十九年十二月甲戌條。案天順五年（1461）建州入已搶掠，見吳晗輯，《朝鮮李朝實錄中的中國史料》，第2冊，頁534；盧思慎編著，《新增東國輿地勝覽》（東京：國書刊行會，1986），頁960，威化島條。

10　吳晗輯，《朝鮮李朝實錄中的中國史料》，第3冊，頁1306；第4冊，頁1198-1199；《事大文軌》，收入朝鮮史編修會編，《朝鮮史料叢刊》，第7冊（漢城：朝鮮總督府，1934；以下簡稱《文軌》），卷47，頁380。朴雄，吳晗輯，《朝鮮李朝實錄中的中國史料》，第3冊，頁1306作瓢雄，乃朴之韓語音。

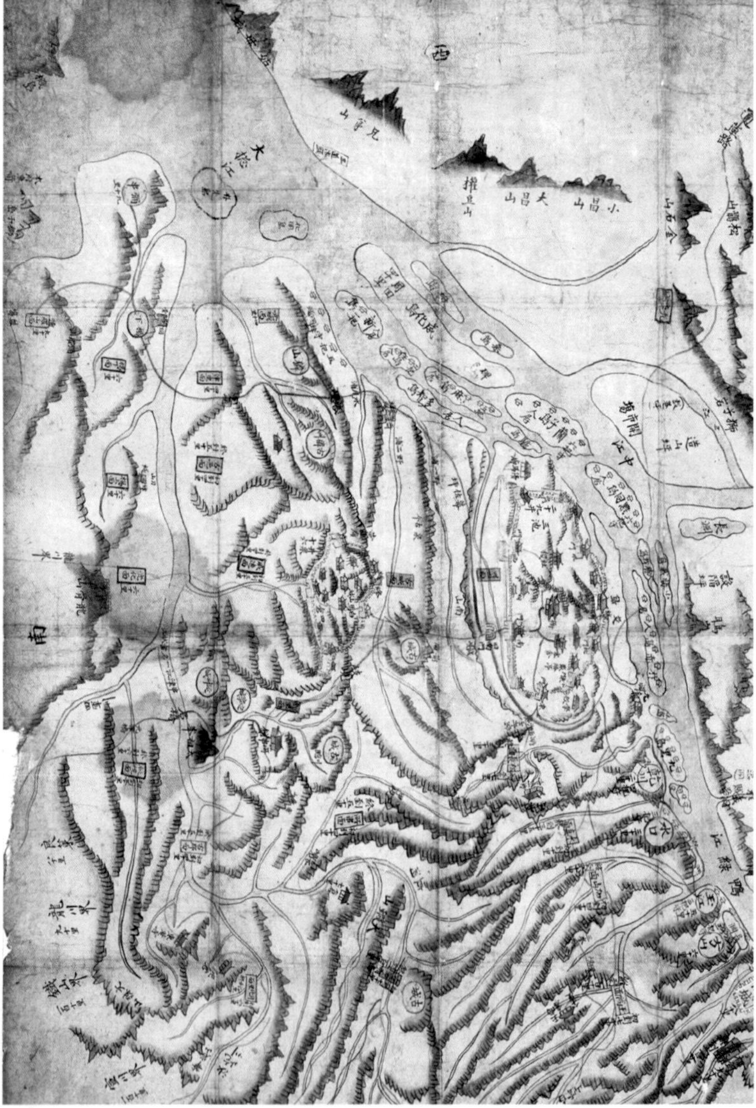

圖1-1　龍灣（義州）地圖[11]

---

[11] 〈義州地圖〉，收入《古地圖》（首爾：韓國國立中央圖書館藏手寫本，收藏記號：古2702-8）。

墾民旋即復回。十二年（1533）五百餘人來春耕，朝鮮義州府尹派官兵五十餘往禁，與墾民衝突，互有傷亡。朝鮮復訴於遼東，都司又遣官兵捕獲董禮等，問擬發落，且拆毀房舍，督令各復原業。[12]

嘉靖十三年（1534）春，遼民周偉等稱東寧衛官許令耕種，又越墾馬耳山等島，共一百九十餘頃。朝鮮令通事呈訴，遼東當局將周偉以強佔山場，盜賣官田判罪，追盜賣地價入官，踏平墾田，並在威化、黔同、設陷坪三島立石碑三座，上刻「遼東軍民不許在此住種，朝鮮軍民不許越採」字樣。[13]墾民不遵，照舊耕種。十四年（1535）八月，遼東都司魯鐸親往踏地、焚廬、逐人。[14]而周偉、王賢等於十八年至設陷坪、馬耳山（造山）二島，且將設陷坪之禁耕碑或打倒，或將「不」字改為「本」而住墾。翌年山東巡按御史胡文舉遣人焚逐，復立碑於原處。[15]

嘉靖三十九年（1560），九連城人至設陷坪稍北之石場谷地方造舍耕種。四十一年（1562）遼東咨朝鮮，許軍民耕種於石場谷，但不許侵佔設陷坪等處，並因朝鮮之諮請，在石場谷下端小河岸立碑區別。[16]萬曆十至十一年（1531-1532）間，遼東軍民復打碎設陷坪碑，並墾種馬耳山島，而官方除恢復舊碑外，並在馬耳山下第一道溝豎立禁墾石碑。[17]這是繼威化、黔同、設陷坪、石場谷之後立的第五處禁

---

12 《撮要》，嘉靖十二年；吳晗輯，《朝鮮李朝實錄中的中國史料》，第3冊，頁1200、1203、1213；第4冊，頁1306。

13 《撮要》，嘉靖十三年；胡文舉，〈東南立界始末〉，收入陳夢雷編，《古今圖書集成・職方典一》（臺北：鼎文書局，1977），第76冊，頁40；吳晗輯，《朝鮮李朝實錄中的中國史料》，第3冊，頁1218-1219、1244，嘉靖十二年閏二月戊戌條、三月壬申條、四月丙寅條；第4冊，頁1306；設陷坪碑見第4冊，頁1290，嘉靖十九年八月己卯條。

14 吳晗輯，《朝鮮李朝實錄中的中國史料》，第3冊，頁1234-1238；第4冊，頁1307，嘉靖二十年十一月甲申條；《撮要》，嘉靖十四年。

15 《撮要》，嘉靖十九年；吳晗輯，《朝鮮李朝實錄中的中國史料》，第4冊，頁1290、1293、1294；胡文舉，〈東南立界始末〉，收入陳夢雷編，《古今圖書集成・職方典一》，第76冊，頁40。《撮要》，萬曆十一年載，遼民墾耕造山坪，都司立碑於馬耳山下。足知朝鮮所稱造山即馬耳山。

16 《撮要》，嘉靖三十九、四十一年條。

17 《撮要》，萬曆十、十一年條。

耕採碑，然而旋即被遼東軍民移至他處，而且又到威化島、馬耳山島上耕種。[18]

從這一連串的事件及其交涉過程中，我們發現，鴨綠江中這些島嶼原本不屬朝鮮，而是屬於明朝。因為：

（一）朝鮮諮請遼東禁種時，從未以島嶼屬於他們立言。嘉靖十年（1531）的陳請理由是，上國（明）人民散居女真境，蔓衍於中韓兩界，如或被擄，恐該國難免被譴之責。[19]十九年（1540）所舉理由是：「上下國邊界相接，脫有小國無知之人交通上國，慮有生事。」繼因遼東禁墾，所以他們復以「冒種人等不遵法令」為詞。[20]這是協助遼東官員執行法令的姿態。且如馬耳山，本為鴨江靉河間的半島，故遼東罰周偉等盜賣官田。

（二）雙方人員的言論，均說此等島嶼屬明。嘉靖十一年（1532）遼東驅逐威化等島墾民後，吩咐朝鮮義州官員負責檢舉，勿使墾民再來。義州官員將此意解釋為「此島爾國主之」，故十二年派官兵往禁而與墾民衝突。朝鮮國王據報後，令朝臣討論。三議政有「大抵土壤固不可與上國爭也。然黔同島事，臣等自少年聞之，本我國所耕之地，而後棄之，未聞有中原人耕種之時也。」的話，然仍決定不與上國爭土地，且為表達此不利土地之意，下令禁朝鮮人不得於唐人被逐之後入居島中。[21]十二年該國參贊官尚震說：「黔同島乃上國地方，而限鴨江久矣。」[22]翌年朝鮮

---

18　《撮要》，萬曆十二、十三、十五年條。吳晗輯，《朝鮮李朝實錄中的中國史料》，第4冊，頁1521。
19　吳晗輯，《朝鮮李朝實錄中的中國史料》，第3冊，頁1195。
20　吳晗輯，《朝鮮李朝實錄中的中國史料》，第4冊，頁1293。
21　禁鮮人入居事，見吳晗輯，《朝鮮李朝實錄中的中國史料》，第3冊，頁1199。「此島爾國主之」、三議政言以及不利土地事，見頁1200-1201。
22　吳晗輯，《朝鮮李朝實錄中的中國史料》，第3冊，頁1212。

國王說：「威化島乃疆域之外，非我國土地也。」[23]十九年（1540）朝鮮因墾民入墾設陷坪、馬耳山（造山）且打毀石碑而請禁時，國王又說：「大抵我界之外，來耕之人不干於我國。」[24]朝鮮通事到遼東向御史胡文舉呈文請禁時，文舉說：「夾江中國界限，中國之民居而耕之，法當也。汝國何爭之甚也？」[25]通事以恐兩國邊民交通對。由上所述，可知威化、黔同、設陷坪、馬耳山等處，其時均為明國土地。而于（淤）赤島則朝鮮人明白肯定的說乃該國農耕地。[26]

朝鮮當時請禁遼人墾島的真實原因，是怕明人在此住定後，其「門庭受害，永世無窮」，[27]而其方法則是賄賂遼東官員。嘉靖十二年（1533）朝鮮參贊官尚震說：「上國人耕種其地，於我國至為可厭。然而上國人自耕種於其地，以我忌憚之故，而私請驅逐於遼東大人。遼東大人亦有求請於我國，故厭其違越而從之，我國人亦從其言。臣意以為，上國人耕種於此地……雖遼東御史自擅逐之，非矣。若中原巡按御史來見，則可請罪其遼東御史，而亦譴責於我國也。」[28]此處不但說明了朝鮮請禁之意，也透露了遼東官員因貪污受賄，而循朝鮮之請的內幕。

事實確屬如此。嘉靖十一年十月遼東指揮孫承恩逐威化、黔同、蘭子島墾民時，朝鮮曾以「人情物件」致贈遼東御史及都司，對指揮也於例待外別致謝贈。被逐墾民怨承恩受朝鮮賄賂，呈訴遼東，承恩怒而盡燒墾民家舍。[29]十三年朝鮮通事到遼東呈諮請禁時，也是「致

[23] 吳晗輯，《朝鮮李朝實錄中的中國史料》，第3冊，頁1219。
[24] 吳晗輯，《朝鮮李朝實錄中的中國史料》，第4冊，頁1292。
[25] 吳晗輯，《朝鮮李朝實錄中的中國史料》，第4冊，頁1293，嘉靖十九年十二月甲戌條。
[26] 吳晗輯，《朝鮮李朝實錄中的中國史料》，第4冊，頁1294。
[27] 吳晗輯，《朝鮮李朝實錄中的中國史料》，第3冊，頁1199，朝鮮禮曹及議政府啟言。
[28] 吳晗輯，《朝鮮李朝實錄中的中國史料》，第3冊，頁1212。
[29] 吳晗輯，《朝鮮李朝實錄中的中國史料》，第3冊，頁1198-1199。

人情雜物」，「明日又給人情」。[30]十九年復勘立新碑時，一方面朝鮮人說：「聞遼東大人皆雜類，賄賂太監而請來云。今冒耕之人多聚銀兩，賄賂請之。」而遼東官員又對朝鮮通事說，遼東墾民向都察院告他們受朝鮮好硯、紋席，故私庇朝鮮。[31]

朝鮮與遼東的交涉從未報告明廷，雖然國王屢次表示不安，怕明廷譴責，然終因怕觸怒遼東而置之，且有時也以咨呈禮部威脅遼東官員。[32]嘉靖十九年因遼民訴狀都察院，遼官示意朝鮮奏達朝廷。胡文舉重立禁碑後，且為朝鮮起了一謝恩奏稿。該國雖未用，亦見其彼此協調之狀。而文舉舍人以諸島禁耕胡氏之力居多，向朝鮮索謝禮。[33]

遼東官員雖以為朝鮮之檢舉島墾乃服膺他們的吩咐，有時且緣飾以「朝鮮國效順我朝，素秉禮義」等辭，[34]然而事態的演變，增加了朝鮮對諸島的佔有心、發言權。例如他們將遼東要他們檢舉島墾的話轉變為「此島爾國主之」之辭，且遣軍強禁。嘉靖四十一年（1562）遼東以許軍民耕種石場谷，但不許侵佔設陷坪知會朝鮮，後者要求在石場谷下端小岸立碑，使之區別。遼東即立之。[35]案前文所述，威化、黔同、設陷坪等島均屬明朝，明朝有耕廢之權，只因朝鮮以墾島則墾民與鮮民近，易交通生事，諮請禁止，故立碑禁遼民耕住、鮮民越採。

換言之，碑文只禁遼民耕住而已，未禁其樵採，而鮮民則不得「越採」，即不得越境樵採。這一「越」字點出諸島不在朝鮮境內，鮮民入島即屬越境之意。遼東之立碑禁耕，實為體恤屬國的措施；墾

---

[30] 吳晗輯，《朝鮮李朝實錄中的中國史料》，第3冊，頁1224。

[31] 吳晗輯，《朝鮮李朝實錄中的中國史料》，第4冊，頁1291-1294；頁1292為都司掌印大人要硯八面。

[32] 鮮王不安，見吳晗輯，《朝鮮李朝實錄中的中國史料》，第3冊，頁1200、1202、1219；不咨禮部事，見頁1234-1260。

[33] 吳晗輯，《朝鮮李朝實錄中的中國史料》，第4冊，頁1290。謝恩後改為奏請，然亦以請中國禁墾鴨江洲田事乃祖宗朝所未有，言之甚難而未發遣，見頁1304-1308；謝事見頁1309。

[34] 吳晗輯，《朝鮮李朝實錄中的中國史料》，第4冊，頁1293。

[35] 《攝要》，嘉靖四十一年條。

耕石場谷而知會朝鮮，也是友好的行為，並無請求朝鮮同意之意。然朝鮮竟要求在小河岸立碑，使之區別。區別甚麼？而遼東官員竟也和以往一樣，不察朝鮮之用意，率爾立之。

　　萬曆二十年（1592）日本豐臣秀吉（1537-1598）侵韓，明軍馳救，克平壤，二十一年（1593）日軍退出漢城，明朝大軍部分調駐鴨江西岸。其時該國銀糧俱缺，全靠明朝支持。二十二年（1594）遼東都司告朝鮮，為備日本再侵、明軍再援時千里運糧之艱，擬於明春墾種鴨江迤西荒田。朝鮮對於這種為救援他們而採取的措施，依然反對，察考歷年立碑禁耕緣由，咨復遼東。二十三年（1595）明軍到寬甸（朝鮮昌城對面）沿江地方搭棚住種時，該國復以該處密近虜（女真）地，有生釁之虞，及如同先年請禁耕時所說「接連小邦，勢易擾越，致滋敝患」，諮請禁止。[36]這次朝鮮的意見未發生作用。明軍不僅在鴨江之西耕種，鎮江（九連城）軍人康仲武等墾種了蘭子、替子（黔同）島，而威化島也題設營田。然而就在這一年，分守遼海東寧道楊鎬也准許朝鮮人耕種蘭、替二島。[37]至此，原本完全屬於明朝的蘭、替（黔同）二島，分由中韓耕佔，而朝鮮要立碑的目的，也顯現出來。其後因鎮江遊擊府恐交界之處彼此混擾，不許耕種，遂成牧馬拋荒。[38]而朝鮮自此以禁耕碑為憑藉，展開了獨佔蘭、替二島的奮鬥。

　　萬曆二十七年（1599）遼人吳得功、孫得春等呈訴朝鮮人所耕地乃中國地，請禁鮮人耕種，並請領墾耕，升課納糧。遼東官員查出島田乃朝鮮人所開，認為各有界限，不容告爭，遂將吳、孫等贖決發落，並咨朝鮮將孫等所告鴨江荒田立碑封記，永為遵守。[39]朝鮮將意

---

[36] 《撮要》，萬曆二十二年；《文軌》，卷12，頁40-42，萬曆二十三年三月四日條，朝鮮國王咨。

[37] 康仲武事見《文軌》，卷37，頁5，萬曆二十八年六月一日條，遼東都司文；威化島題設營田見《文軌》，卷42，頁39，萬曆三十一年五月鮮王咨遼東都司、鎮江副總兵；楊鎬事見《撮要》，萬曆二十七年條。

[38] 《文軌》，卷35，頁62，鮮王咨文引遊擊佟牌文。

[39] 《撮要》，萬曆二十七年條；《文軌》，卷35，頁56-57、63-64，萬曆二十八年四月五日遼東都司咨鮮王。

為封禁的「立碑封記」解釋為允朝鮮繼續耕種，翌年春遂牛耕鴨江西岸一帶荒田，即蘭、替二島等處。鎮江官兵見之，文請遼海東寧道明示仍前拋荒，抑聽鮮民耕種，另議牧馬之處。道署以此等荒田屢經鎮江遊擊將軍都司及管糧廳勘明，立碑不許兩國軍民混擾爭耕，答以現今糧廳再行察勘，請先知會該國，嚴禁擅耕該項荒田，俟察勘後另文施行。朝鮮諮請勿令拋荒，准許其民繼續耕種，以便軍民生理。[40]

對於朝鮮的要求，東寧道的回答很激烈，除歷數明軍援朝之損失，即責該國之忘恩負義外，並謂況前項田土已經多官查勘明白，立碑定界，永為遵守，何容任縱小民越界爭擾，甚非事體，要求朝鮮勿再混耕越界田地，違者依律究處。[41]遼東都司則主雙方各應照舊耕種外，萬曆二十三年（1595）以後開墾者，應咨會朝鮮，立碑禁耕，使為拋荒，[42]即禁止朝鮮墾種。

萬曆二十八年（1600）的交涉文獻有兩點值得往意。第一，鮮人已將禁耕石碑視為定界碑，即原立石碑之義本為禁耕拋荒，而朝鮮則認為此荒地乃朝鮮共有。第二，提出了鴨江各流何者為主流的問題，因為這牽涉到島嶼主權。例如朝鮮方面在萬曆二十八年五月四日的咨文中載，鎮江遊擊稱朝鮮官軍擅將鴨綠江西岸一帶荒田牛耕，朝鮮則說：「蘭子、替子等島委的俱在鴨綠之東。」[43]而遼東都司六月一日的咨文更題：「孫得春等所爭荒地，以鴨綠江分東西，應屬中土；以中江分東西，應屬朝鮮。」[44]案鴨江至朝鮮義州城西北因地平水漫，歧而為三，近中國之西派俗稱西江，中派曰中江，近朝鮮者水最大，仍稱鴨綠江，朝鮮稱九龍淵或龍灣，乃啟船赴華之處。[45]

按圖1-2，蘭子在中江之西，替子（黔同）在東，故遼東都司稱

---

[40] 《文軌》，卷35，頁62-65。

[41] 《文軌》，卷37，頁4-5，萬曆二十八年五月二十七日咨。

[42] 《文軌》，卷37，頁5-6，萬曆二十八年六月一日咨。

[43] 《文軌》，卷35，頁62-63、65。

[44] 《文軌》，卷37，頁5。

[45] 張存武，《清韓宗藩貿易》（臺北：中央研究院近代史研究所，1978），頁168。

以中江為界，則二島屬朝鮮的話實誤，而朝鮮說二島在鴨綠之東，乃故以西江為鴨綠而佔奪二島。三十年鎮江營操軍花仲金等呈訴耕種千家莊牧馬荒地，按院批令查報，並謂若係朝鮮島嶼，斷不可准。鎮江遊擊府查覆蒙准，牧馬場在鴨綠江西，接千家莊，原係鎮江營牧馬草場。花仲金等之請不准，應永為鎮江營牧馬場，並分由都司及鎮江咨朝鮮，嚴禁鮮民越界交通，千家莊既是題設營田，也不許兩國人民再行告墾。繼因朝鮮諮請覆查，乃由鎮江及朝鮮會查草場地界，何時題為鎮江營牧馬場。[46]

圖1-2　鴨江諸島[47]

[46]　《文軌》，卷42，頁36-37。
[47]　金正浩校刊，《大東輿地圖》（哈佛燕京圖書館數位化韓國國立中央圖書館藏1864年刊本），第7幅。

朝鮮回咨中，將近朝鮮，稱鴨綠之派名為東江，謂鴨江三派，雖隨俗異稱，而統謂之鴨綠；蘭子、替子二島實在中江東岸，為朝鮮土地，並歷舉嘉靖十年（1531）以來交涉立碑為證，尤其將四十一年（1562）設陷坪立碑禁耕事說成稟蒙上司吩咐，從中江以西石場谷下端小河岸，上抵威化島等處定為彼此之界，現在馬耳山北、鳥沒亭頭、黔同島左、威化島首尚有遺基，要求准許將此「原係小邦田土」，許令該國照舊耕種。[48]

　　朝鮮咨文中有「天朝之視小邦猶一家，小邦之戴天朝猶父母，疆界彼此固不足論」等語，其通事到遼東狀訴巡按御史。御史批道：「朝鮮屬藩，鮮人即吾人也。既舊有分立疆界，自當永為遵守。化（花）仲金如何隱情占種，鎮江營又如何欲占為牧場，分守道一面速與分析明白，一面通詳報奪。」終由管糧廳查依萬曆二十七年（1599）兩院許允文券，將呈請開墾之人依越度緣邊關塞律，杖九十、徒二年半贖，將蘭子、替子二島議歸朝鮮，查照二十七年原立中江界限挑挖大壕豎碑，禁諭鎮江人民不許越界釀患。[49]

　　遼東高官為恩濟屬國，將二島斷歸朝鮮。然蘭子島實位中江之西，萬曆二十七年所立之碑即在替子（黔同）島上，故鎮江遊擊府仍在替子島上立碑，上刻「朝鮮界」，下刻「左蘭子右替子，某年月日斷給鮮人」字樣。這雖已標明替子屬鮮，然該國仍請亦在蘭子島上豎碑。[50]而鎮江回咨，蘭子立碑深屬不便，沿江島嶼頗多，一島一碑，不勝其立，宜依二十七年原立中江界限豎立，永為遵守。[51]因之，蘭子島未為朝鮮所佔。

---

[48] 朝鮮萬曆三十一年五月回咨，見《文軌》，卷42，頁37-44。派流及蘭島位置，頁38、40-41、43，以禁耕碑為界，見頁38-41。

[49] 《文軌》，卷42，頁43；卷43，頁54-56；卷45，頁22-23。

[50] 《文軌》，卷45，頁47-48。

[51] 《文軌》，卷45，頁48-50。

# 三、結語

　　計自嘉靖十年（1531）至萬曆三十年（1602）傾，朝鮮始以避女真人，免中韓人民接近生事為理由，加之以賄賂，諮請遼東禁止中國人入耕鴨江諸島。及遼東立碑示禁，他們又將禁耕碑解釋為定界碑，而取得與中國人共耕之權，終且矇混解釋鴨江主支流派，以圖獨佔蘭子島。雖未如願，而原屬明國的黔同等島，則入於其手。此種步步為營，得寸進尺之術，實屬高明。而馬耳山、設陷坪等地本在鴨江之西，朝鮮亦染指圖佔！實則成化元年（1465）該國農墾申胡水、黔同、威化、招募亭時，已在以捏造新地名掩沒舊地名之法拓佔土地。本章前述該年二月朝鮮曾頒發義州三島及申胡水耕墾事目，而《朝鮮世祖實錄》同年三月辛未有如下文字：「改義州招募亭名為鳥暮亭。亭在中國境，上慮恐中國聞之而起嫌也。」[52]長白、鴨綠、圖們地方，雖屬中國而地廣人稀，山水或無名稱，或雖有女真名而不為眾人知，朝鮮即冠以鮮名，矇混佔有。例如康熙五十一年（1712）中韓人到長白山查邊定界時，山峰只有數個名稱，其後鮮人遊覽者多，眾峰遂各有名字，如兵使峰等。中國不查，終使朴達嶺、朴時川等山南地為該國所有，[53]甚之天池之半亦非華產。

---

*筆者在1985年12月12日於香港大學舉行之「明清史國際研討會」中所發表之〈明清時代的中韓邊界問題——「間島」問題形成的遠因〉一文未刊，本章乃就其中一部分改寫而成，刊於《韓國學報》，第8期（臺北，1989年5月），頁8-19。

52　《朝鮮世祖實錄》，第7冊，卷35，世祖十一年三月二十四日辛未條。
53　二處原均屬建州衛，見池內宏編，《明代滿蒙史料：李朝實錄抄》（東京：東京大學文學部，1958），第13冊，頁59、66。

# 第二章
# 清代中韓邊務問題探源

## 一、前言

清末五十年間，為國家領土大量喪失時期。當此帝國主義盛行之際，不獨東西列強紛逞其貪婪，即為清代歷朝皇帝讚為最忠順之屬國朝鮮，也一度試圖拓疆於吉林省境，此即中日甲午戰前所謂「圖們江勘界問題」。日本帝國主義控制韓國後，復藉機乘勢，以保護韓國墾民為名，肆行侵略。清廷最後雖得保其領土，然已將許多東北利權讓諸日本。此即甲午後，日、韓所謂「間島問題」，中國所稱「延吉問題」，這三個名詞自來被視為同實之異名，然究其實際則各有分際。

日本所謂「間島」，普通係指延吉地區，但韓國除稱此區為東或北間島外，又將鴨綠江北懷仁縣一帶稱為西間島。[1]在意義上此均為日韓侵佔中國領土所製造之名詞，而其關涉區域則廣狹不同。且延吉或間島均指中國土地，而圖們勘界所涉地域則包含茂山以西中韓兩國土地。在光緒之前中韓文獻中無「間島問題」，而有圖們或白山劃界問

---

[1] 〈間島案〉，《白山學報》，第7號（漢城，1969年12月），頁177-178，〈統別往復案二〉，「統派密三七號」。按此乃日本朝鮮統監府與間島派出所及韓國內閣間有關「間島」事之公文，原藏漢城大學中央圖書館，分兩案，各有日、韓文本。第一案韓文本刊於《白山學報》，第6號（漢城，1969年6月），乃1906年11月至1908年5月間公文，第二案乃1908年7月至1909年11月之文件；朴容大等奉勅撰，《增補文獻備考》（京城：韓國古典刊行會據隆熙二年〔1908〕刊本影印），卷36。

題，時至今日，若干韓國學者猶在討論「間島問題」。圖們勘界問題在先，必先明瞭此問題始能把握「間島問題」。本章首先敘及清末勘界之經過，次究邊界成為問題之原因，即康熙間打牲烏拉總管穆克登（1664-1735）長白山定界情形，然後探討中韓邊界問題之根本原因——韓國之北向開拓傳統。

本章初稿撰寫時得國家科學會之補助；資料之收集，蒙國立中央圖書館及國立故宮博物院惠允拍攝滿文地圖，謹此一併致謝。

## 二、清季中韓邊務交涉及其問題

### （一）邊務交涉之緣起

自清初至光緒元年間，中韓歷史文獻均載兩國邊疆以圖們江為界，江以北以東為中國領土，其南及西側屬朝鮮，兩國人民不得自行越界往來。[2]「圖們江」清代亦作「土門江」，或從清語曰「土門烏拉」，朝鮮稱「豆滿江」，西洋傳教士譯為Toumen River，[3]均為同一音之異字，實為一水。江北地方自康熙朝起列為封禁之區，故至清末猶為蓁荒原野。

光緒初，俄國加強其在咸豐時所得之吉林東疆軍備，以圖進而西向蠶食並染指朝鮮，清廷亦積極應付，設幫辦吉林邊務大臣、琿春副

---

[2] 清高宗敕撰，《清朝通典》（臺北：新興書局，1973），卷97，〈邊防一・朝鮮〉，頁2729-2730；清高宗敕撰，《清朝文獻通考・四裔考》（上海：商務印書館萬有文庫本，1936）；托津等奉敕纂，《欽定會典事說》（嘉慶十六年），卷91；朝鮮承文院編，《同文彙考》（1787-1881陸續刊行），《原編》，卷48；《原續》，卷14。中樞院調查課編，《大典會通》（京城：朝鮮總督中樞院，1939），頁688。其餘不枚舉。

[3] 張鳳臺等纂，《長白彙徵錄》（臺北：京華出版社，1969年據清宣統二年〔1910〕刊本影印），卷上，頁14；〈琿春必拉、寧古塔和屯圖〉，收入張其昀監修，《清代一統地圖》（臺北：國防研究院，1966年據1932年北平故宮博物院「重印乾隆內府輿圖」影印），頁101-102；J. B. Du Halde, *Description de la Chine* (Paris: P. G. Lemercier, 1735), tome iv., Ningouta附Jean-Baptiste Bourguignon d'Anville氏圖。

都統、琿春招墾局，練兵佈防，招民墾實江北地區。[4]是年招墾局委員候選知府李金鏞（1835-1890）巡查江北地區，發現朝鮮私墾者八處，共八千餘晌，乃稟由吉林將軍及幫辦邊務大臣奏請，准此越墾韓民領照納租，並查明戶籍，分歸琿春及敦化縣管轄撫綏。次年旨允所請，並諭朝鮮國王，韓民違禁越邊，本應懲辦，姑從寬不究，嗣後倘再有此事發生，定懲辦不貸。[5]旋以該國奏請收回流民，上諭限期一年，並以流民數多，諭吉林官員會商朝鮮妥辦收回。[6]

　　光緒九年（1883）四月，敦化縣照會朝鮮會寧、鍾城兩府使，並告示兩府越邊流民，限秋收後一律歸國。[7]七月，該兩府使先後照會該縣，提出疆界及領土問題。鍾城府照會云：「土門江」與豆滿江並非一水，實乃兩江；兩國本以「土門江」而非以豆滿江為界，兩江之間土地乃朝鮮所有。照會稱「土門江」源自白頭山（中國稱長白山）分水嶺，因該處有康熙五十一年（1712）壬辰奉旨查邊大人穆克登所立石碑，碑文曰：「西為鴨綠，東為土門，勘石為記。」碑東有土堆、石堆、木柵為限，其下有土溝，兩岸對立如門，故曰「土門江」。此外南距鍾城九十里處之甘土山下有分界江，中國卡鋪悉設於此江北岸；如以豆滿江為國界，則卡鋪應設於豆滿江北岸，足證此分界江為國界。且昔年前往朝鮮會寧、慶源開市清人回國時，均令該國夫馬送貨至此分界江，如朝鮮人欲中途交卸，則責以此係朝鮮界限，不可不送。鍾城府除照會外並附送分界江以南舊圖模本、穆碑碑文搨本各一

---

4　趙中孚，《清季中俄東三省界務交涉》（臺北：中央研究院近代史研究所，1970），頁151。

5　王彥威等輯，《清季外交史料》（北京：北平故宮博物院影印，1934），卷27，頁5，吉林將軍銘安等奏摺；金慶門、李湛等編，《通文館志》（京城：漢城珍書刊行會，1907，高宗二十五年與《海遊錄》合刊本），卷12，今上十九年壬午；宋教仁著，張焌校編，〈間島問題〉，《地學雜誌》，第46號（北京，1914年12月），頁80。

6　吳祿貞，《延吉邊務報告》（臺北：文海出版社，1969年據光緒三十四年〔1908〕奉天學務公所再版），第4章，頁4；金慶門、李湛等編，《通文館志》，卷12，今上十九年壬午；中央研究院近代史研究所編，《清季中日韓關係史料》（臺北：中央研究院近代史研究所，1970），卷4，頁1916。

7　中央研究院近代史研究所編，《清季中日韓關係史料》，卷4，頁1911，下欄；頁1913，上欄。

件，請該縣派人審白頭山定界碑，查「土門江」發源之處，以明界限，而辨別疆土。[8]此為圖們江界問題之第一聲。

　　吉林當局於光緒十年（1884）十月派琿春協領德玉，招墾局委員賈元桂往勘江界。朝鮮咸鏡北道先以阻雪難往，繼擬派鍾城、會寧、茂山三府使會勘。中國官員以三者皆縱民越境被敦化縣所稟參之員，恐不能公允辦理而拒之。[9]此時兩國墾民衝突迭起，刑、民案件不絕。或華民搶奪韓民財物，或韓民聚毆華民，甚至囚往茂山，華民亦追往攻擊。此時韓民越界人數愈多，且因韓官已提出疆界問題，甚至指海蘭河為圖們江，以為所墾土地將歸韓國，氣勢益盛，每恃眾鬥狠。雙方地方官員也因辯難疆界，曲護己民而交惡。[10]於是朝鮮咸北兵使請其政府直接與禮部及北洋大臣交涉，以明「土門」以南，豆滿以北為該國領土，更立新碑於長白山分水嶺穆碑下，設柵於「土門江」邊，俾韓民入居，然後還其土地，弭其邊患。[11]

　　光緒十年，朝鮮年貢使遂呈懇禮部代奏，而該部以疆域重事不可憑該使一紙呈文轉奏，乃發還呈文，留其所附碑文、地圖，及上述鍾城、會寧照會，北兵使文件。[12]十一年四月，朝鮮正式由國王咨部轉奏派人勘界。咨文悉依鍾城府使及北兵使觀點，並謂「土門」以南之地「實係敝邦；以敝邦之民居敝邦之地，宜無不可」。[13]禮部乃奏請議吉林將軍派員勘界，奉旨總理衙門議奏。[14]是年又因琿春派騎兵鞭撻朝鮮流民，焚燬其窩棚，力行驅逐政策，該國統理衙門督辦金允植

---

8　中央研究院近代史研究所編，《清季中日韓關係史料》，卷4，頁1910-1913。
9　中央研究院近代史研究所編，《清季中日韓關係史料》，卷4，頁1881-1882，咸鏡道趙秉穆致招墾局照會；頁1916-1917，吉林將軍希元等咨文。
10　中央研究院近代史研究所編，《清季中日韓關係史料》，卷4，頁1913-1914、1917；〈問答記〉，《白山學報》，第4號（漢城，1968年6月），頁263、265。
11　中央研究院近代史研究所編，《清季中日韓關係史料》，卷4，頁1913-1915，朝鮮北兵使上政府書片。
12　中央研究院近代史研究所編，《清季中日韓關係史料》，卷4，頁1910-1915、1598，上欄。
13　中央研究院近代史研究所編，《清季中日韓關係史料》，卷4，頁1898-1899。
14　中央研究院近代史研究所編，《清季中日韓關係史料》，卷4，頁1898。

（1835-1922）遂請委辦朝鮮商務陳樹棠報請禁止。[15]於是勘界事宜積極推動起來。

朝鮮為混佔圖們江北之地而要求勘界，且主先勘穆碑碑址。中國地方官亦請勘界以保此領土。吉林將軍希元（1843-1894）稱，光緒七年（1881）以來朝鮮奏請收回其流民，足證該國明知圖們江為界，江北之地為中國領土；該國以海蘭河為「土門江」，乃張冠李戴，故意混淆舊有江河，存心狡賴。他認為穆碑「固屬可憑，然事遠年湮，碑或可以遷移，江則千古不易」。故主勘界時「與其就碑而論，究不若以江為據」。[16]換言之，穆碑現址不可信，不應作為勘界之先決證據，而應循江定界。北洋大臣也依希元所述原委，咨指朝鮮欺隱。[17]七月二十日，總署亦奏稱：豆滿即圖們之轉音，方言互殊，實為一水；該國別為二江，實為無據。故請飭吉林將軍查照康熙查邊舊檔，委員與該國共同指明確證，俾免懷疑爭執；並將流民收回，其難於遷徙者，奏明酌量隸入版圖，俾各安生業，以恤藩屬，而靖邊氓。[18]此即本年勘界時中國委員所奉訓令。

## （二）乙酉勘界

光緒十一年（乙酉，1885）九月三十日，中國勘界委員秦煐、德玉、賈元桂，與朝鮮勘界使李重夏在該國會寧府衙開始商勘。[19]費時十四天，始至西豆水、圖們江合流之三江口。其間除測繪員廉榮沿途

---

[15] 中央研究院近代史研究所編，《清季中日韓關係史料》，卷4，頁1879。

[16] 中央研究院近代史研究所編，《清季中日韓關係史料》，卷4，頁1915-1918，吉林將軍希元致總署及李鴻章文；頁1938-1939，希元致總署文。此文總署於議奏後收到。亦可參中央研究院近代史研究所藏「光緒十二年琿春協領德玉與韓史李重夏分界會勘圖們江原案附圖」。

[17] 中央研究院近代史研究所編，《清季中日韓關係史料》，卷4，頁1921-1925，李鴻章致朝鮮國王咨文。

[18] 中央研究院近代史研究所編，《清季中日韓關係史料》，卷4，頁1930-1932。

[19] 李重夏本職為安邊都護府使兵馬節制使，秦煐為督理吉林朝鮮商務，會辦邊防營務處，德玉為駐防琿春八旗協領兼邊務交涉承辦處，賈元桂為委辦琿春招墾局。故三人自稱為「本局處」。

測繪外，主要在辯論應勘地區及先勘何處。李重夏承認鍾城府使指海蘭河為圖們江乃屬錯誤，今不必再辯，但以其政府只認穆碑東邊兩岸對立如門之土溝為土門江，故主專勘碑記，指證碑堆，然後順流查界，並復提鍾城越邊有分界江，及城北九十里帽子山下之孛加土（布爾哈圖）地方為兩國界限。秦煐等謂穆碑、海蘭河等一切有關地方均應查勘，然查碑乃查江之一證，故宜先溯圖們而上，遍勘諸源，以證碑之真偽。如碑在鴨綠、圖們兩源之間，則勘界即告完成，否則碑不足為疆界之證，應另商定界。十三日始協議同時分勘西豆、紅丹、紅土山水及穆碑，二十七日勘罷會於茂山，返回會寧，相繼完成地圖並交換承認會勘紀錄，然於界線問題未能達成協議。[20]

勘界結果，查得朝鮮稱長白山為「白頭山」，自天池南行之大幹脈中國統稱曰「黃沙嶺」，而朝鮮於天池南不遠處曰「分水嶺」，嶺上有穆碑。碑微南有山曰「可次乙峯」，其南為「臙脂峯」，再南為「小白山」，距碑四十里。小白山之南依次為「虛項嶺」、「北寶髻山」，再東南為「南寶髻山」、「鶴項嶺」。南北二寶髻山中國統稱「蒲潭山」。穆碑西邊有溝入鴨綠江，東邊亦有溝，中國稱「黃花松溝子」，下繞長白山東麓東北行。其東南岸有石堆、土堆，過大角峯溝形忽窄，兩岸土堆高深數丈，朝鮮呼為「土門」。堆盡處距穆碑已九十里，再下數十里溝中始有水，而北入松花江不入圖們江。[21]

圖們江在三江口分南北兩源，南源為西豆水，其上又分南北二源。南源出自鶴項嶺（朝鮮通作「緩項嶺」），北源來自蒲潭山，距穆碑一百八十里。蒲潭山西有水入鴨綠江。圖們江北源在三江口西三十里處之小紅丹地方亦分南北源。（為行文方便起見，以下稱此三十里江流為「合流水」。）南源曰「紅丹水」，朝鮮又呼「紅湍水」，

[20] 〈土門勘界〉，《白山學報》，第2號（漢城，1967年6月），頁169，「勘界使李重夏乙酉狀啓」。
[21] 〈照會謄抄〉，《白山學報》，第4號（漢城，1968年5月），頁276-278。按〈照會謄抄〉，「華員照會」為重夏上其統署之勘界紀錄，中國委員所持者不見，故為珍貴資料。

源自虛項嶺上三汲泡之東。三汲泡西有水入鴨綠江，與紅丹水東西相距七十五里，而自該泡經小白山至穆碑為一百三十里，合流水北源出自紅土山北五里處之圓池兩側，故名「紅土山水」。紅土山與長白主峯東西相距一百二十里，西南距小白山亦百餘里，而中間俱是漫崗起伏，不見峯巒。

總之黃沙嶺東之水，小白、紅土山以北者俱入松花江，以南者入圖們江，而穆碑距圖們最北之源——紅土山水尚一百二十里，即碑堆終點距此源亦四、五十里，不相通貫。[22]由於碑東之水不入圖們而入松花，與碑文「東為土門，西為鴨綠」之義不符，故中國勘界委員懷疑穆克登勘界立碑之說的真實性；並謂果有此事也不應立碑於小白山以北，尤不應在松花江源上，而應立於小白山以南碑文所述形勢相符之分水嶺上。[23]換言之，他們意在使紅丹水或西豆水為圖們江正源。

朝鮮勘界使李重夏雖抄送該國所藏穆克登查邊分界時兩國往來公文以證穆克登白山之行為事實，駁斥應立碑小白山以南之說，並重述鍾城北九十里處字加土為兩國界限外，未能答覆何水為圖們正源之問題。他說總署奏議之引證及穆碑文字均屬皇朝文獻，不敢有所指論；江源碑文不符甚為難處；既無法定何者為界水，只有歸報國王奏請皇帝處理。故雙方於十一月二十八、九日彼此照會，各持文件而歸。[24]

秦煐以穆碑不應立於西豆水及松花江源，而應在紅丹水源上之虛項嶺歸稟吉林將軍希元。[25]希元咨總署文中，力斥朝鮮於十年指海蘭河為圖們江，今則以黃花松溝子當之，明明有定之地，竟移於無定之口。且謂朝鮮可能暗移碑位道，「豈知碑無定位可因人為轉移，文有

---

22 〈問答記〉，《白山學報》，第4號，頁272-273；〈照會謄抄〉，《白山學報》，第4號，頁276、278。

23 〈問答記〉，《白山學報》，第4號，頁273。

24 〈問答記〉，《白山學報》，第4號，頁271-274；〈照會謄抄〉，《白山學報》，第4號，頁278。

25 吳祿貞，《延吉邊務報告》，第5章，頁24；中央研究院近代史研究所編，《清季中日韓關係史料》，卷4，頁2092。按二書所載稟文均係節錄，惟吳書所錄較全，見頁21-26。

定憑實以江為界限。」他認為西豆水即直省輿圖之大圖們江，穆碑應立於蒲潭山上，然亦稱秦煐等之看法似尚酌得其平。[26]朝鮮方面仍執碑堆「土門」之說，且謂豆滿江乃慶源以下江名，非中國所指源自分界處之圖們江；「土門」以南之地乃聖祖於壬辰劃界時賜與者。該國並將其承文院故實中穆克登定界時兩國公文附咨前來。[27]

　　總署參閱雙方文件後，於光緒十二年（1886）三月二十五日奏准重勘江界。摺中舉出應辨晰者三，應考證者五。撮其要旨有下列三項：一、據《清聖祖實錄》等文獻，吉林、朝鮮以圖們江為界，圖們、土門、豆滿為一水，該國別土門、豆滿為二江乃陰為拓地之謀。二、接納吉林官員意見，以紅丹水為圖們江正源，為國界。三、十一年勘界時路程遠近乃據土人口述，應確實測量，並繪經緯度數，以確證紅丹水為大圖們江，俾申明舊界，添立石碑，永息糾紛。[28]

　　秦煐等與韓使議穆碑位置時未如其稟文一樣明指應在紅丹水源上，而泛謂應在小白山以南分水嶺上，意在以西豆水為圖們正源，作為討價還價之條件，而使朝鮮承認紅丹水為界水。李重夏往會寧之前已在咸鏡北道衙署詳閱並抄錄康熙五十一年（1712）定界時公文，完全瞭解豆滿、土門為一水之歷史事實。以其政府意在拓地，故強辯二者非一水。不過他在談判中曾作具有彈性之聲明。他說此次專在指證碑堆，至於定界處民之方惟清廷處分，隙地許墾惟命，不許墾亦惟命。當秦煐說穆碑非後人偽作即當年錯立時，他即答稱或係當年

[26] 中央研究院近代史研究所編，《清季中日韓關係史料》，卷4，頁2902-2903。
[27] 中央研究院近代史研究所編，《清季中日韓關係史料》，卷4，頁2903；吳祿貞，《延吉邊務報告》，第5章，頁27-29，朝鮮議政府來文。按朝鮮來文有國王咨文及其議政府致袁世凱轉咨北洋之照會與承文院故實文件。咨文未見《清季中日韓關係史料》所載乃總署奏議引用片語。議政府文及袁世凱稟文，總署列入密檔，故《清季中日韓關係史料》不載。見中央研究院近代史研究所編，《清季中日韓關係史料》，卷4，頁2018；承文院故實文件見頁2019-2024。此即朝鮮承文院編，《同文彙考‧原編》，卷48，〈疆界〉文獻。
[28] 中央研究院近代史研究所編，《清季中日韓關係史料》，卷4，頁2091-2095；王彥威等輯，《清季外交史料》，卷65，頁19-25。按光緒十一年勘界時，茂山以東實測，總署語涉統泛。

錯誤，未可斷論。[29]秦煐等稟文中說，重夏明知圖們江為界，然躊躇莫決，意似深有所畏，不敢定議。[30]中國元山坐探委員報稱，重夏所畏者乃魚允中（1848-1896）一黨。[31]然正因其瞭解正確事實，故而躊躇，不然則照允中之意行之而已，何用難決。

　　李重夏在十一年十二月初呈國王的報告中說明了事實真相，使得朝鮮的態度完全轉變。他在密報中稱，李朝初國境北限輸城，至世宗時方推至圖們江，清初始設茂山府。據咸北道所存壬辰穆克登定界文獻，「其時往來之路，論難之語，專以豆滿江為限……備邊司關文有曰：『土門江，華音，即豆滿江。』推此一句，豆滿江為界又分明是白齊」。[32]關於穆碑及江源問題，他說：穆克登當年認為碑東之溝是豆滿江上源，故刻碑立之。實則江源不接此溝，故數年後設土石堆於溝邊，溝與江源間之伏流平坡則設木柵，遂稱之為「土門江源」，又云：

> 今則數百年間木柵盡朽，雜木鬱密，舊日標限，彼我之人皆不能詳知，故有今日之爭卡。而今番入山之行，默察形址，則果有舊日標址尚隱隱於叢林之間，幸不綻露於彼眼，而事甚危悚。[33]

重夏又稱：豆滿一江自古邦禁至嚴，有越必誅。惟以北道地瘠，江北則空地無涯，土利倍之，故自同治八、九兩年北道大饑後，人民潛越漸多。是以十年至光緒三年間辦理招回，以公穀賑恤。然此等貧民回還數日旋即逃歸。至於間島乃鍾城、穩城間豆滿江中之渚，自光緒三年地方官准民墾耕食，遂呼為「間島」。其後鍾城、會寧、茂山、穩

---

[29] 〈問答記〉，《白山學報》，第4號，頁261、273、278。
[30] 吳祿貞，《延吉邊務報告》，第5章，頁25。
[31] 吳祿貞，《延吉邊務報告》，第5章，頁31。
[32] 〈土門勘界〉，《白山學報》，第2號，頁172，「追後別單」。
[33] 〈土門勘界〉，《白山學報》，第2號，頁172，「追後別單」。

城四邑之民漸耕「間島」以北之地，沿江遍野無處不墾，而亦呼之為「間島」。且自光緒九年（1883）界務起爭後，居民更無顧忌，契妻攜子相繼越入，不絕於途。他認為常此以往，北道勢將空虛；雖或得江北之地，實失六道之民，非國家之利。故建議另立科條，嚴禁再越，其已越入者則定期收回。或慮收回無法安置，則暫由中國妥接，將之五家作統，嚴禁深入吉林及俄境。[34]

光緒十二年（1886）初，朝鮮的咨文仍持初議，可能其時內部意見尚未一致，或一時無法回轉。及總署三月二十五日奉准奏摺到達漢城後，朝鮮統理通商交涉督辦金允植向中國駐朝鮮商務委員袁世凱（1859-1916）聲明，前持土門、豆滿為二水，「土門江」為界之說實係大誤，此後土門、圖們、豆滿之別無須再論，當以豆滿限南北；紅土山水源與碑堆尾間四十里，名為杉浦，白山之水潛流四十里後湧出為紅土山水，此水與紅丹水相去甚近，當定為界水；至流民則求借地安置。[35]其後該國也以此意咨知北洋。[36]至此朝鮮完全放棄光緒九年以來土門、豆滿為二水，其間土地屬韓之說，而要求以紅土山水為界。這是接受了李重夏的建議，即借地之議也是從重夏「妥接」二字而來。

## （三）丁亥勘界

光緒十三年（1887）勘界負責人除秦煐、德玉、李重夏仍舊外，琿春墾局以方朗代賈元桂，吉林並加派測量員劉虞卿、繪圖員王汝舟。[37]由於總署奏摺主以紅丹劃界，所以吉林當局預置十五塊石碑於

---

34 〈土門勘界〉，《白山學報》，第2號，頁171-172，「別單」。

35 吳祿貞，《延吉邊務報告》，第6章，頁18；李鴻章，《李文忠公全集》（臺北：文海出版社，1965），第6冊，卷7，電稿，頁204，〈寄譯署（光緒十二年九月二十七日午刻）〉。按吳書作光緒十一年，誤。

36 金慶門、李湛等編，《通文館志》，卷12，今上二十三年丙戌。

37 〈土門勘界〉，《白山學報》，第2號，頁175，「勘界使李重夏丁亥狀啓」。按中國委員初只二人，後秦煐以不善繪圖術請加派一人，方朗乃奉委。又此次勘界圖即署方朗繪，可知方氏亦知繪圖事。見中央研究院近代史研究所編，《清季中日韓關係史料》，卷4，頁2245-2246。勘界日期之交涉及委員任命見同書，頁2176、2186。

紅丹河口，準備談妥後設立。秦煐亦重施故智，欲以西豆水為柄而定界紅丹。四月七日至二十一日雙方在會寧商談，李重夏除聲明不再株守往年所持地名、土形、輸役等難明之說外，對紅丹立界事堅拒不允。乃議先測後商，秦煐主先測西豆，重夏主先測紅土山水及碑堆，折中定議先測紅丹再議何往。及紅丹勘罷，重夏拒測西豆。煐等無奈，只好自長坡沿測紅土山水、紅土山，及穆碑與碑堆。勘後議界時，重夏復堅拒以紅丹為界，煐等乃同意紅土山水下流為界，其上則欲以出自小白山，近紅丹水源，而在紅土山東南十餘里處合紅土山水之石乙水為界。（清季又稱紅土全流為「石乙水」，甚屬混淆。為行文方便起見，以下稱紅土、石乙會合點以下為「紅土山水」，會合點以上之紅土山水上流為「圓池水」。）重夏初仍拒之，最後彼此照會，說明已勘定紅土山水為界，其上以圓池水或石乙水為界則呈由總署奏請定奪。[38]

秦煐等歸後即稟請以石乙、紅土定界，且擬具自小白山頂沿二水至朴下川口設立「華夏金湯固河山帶礪長」十字碑址。[39]光緒十四年（1888）春，北洋大臣李鴻章（1823-1901）遂據吉林奏准摺意咨請朝鮮派員會立界碑。[40]然該國之反應完全不同，李重夏在致秦煐照會

---

38　秦煐等稟文，見中央研究院近代史研究所編，《清季中日韓關係史料》，卷5，頁2387-2390。〈土門勘界〉，《白山學報》，第2號，頁175-176，「勘界使李重夏丁亥狀啟」：〈覆勘圖們談錄〉，《白山學報》，第2號，頁183-191，「覆勘圖們界址談錄公文節略」；〈照會談草〉，《白山學報》，第2號，頁192-194、200-205、209-210。按「覆勘圖們界址談錄公文節略」乃雙方同意之紀錄，朝鮮亦咨轉總署，見中央研究院近代史研究所編，《清季中日韓關係史料》，卷5，頁2392-2409。〈照會談草〉乃重夏呈其政府之談辯照會原稿，較前者詳實。

39　中央研究院近代史研究所編，《清季中日韓關係史料》，卷5，頁2390；所擬碑名、碑址見吳祿貞，《延吉邊務報告》，第5章，頁39-40。

40　袁世凱致朝鮮統署督辦趙秉式照會，光緒十四年二月十六日。見朝鮮統署檔，《清商事案》（韓國漢城大學中央圖書館藏），及高麗大學校附設亞細亞問題研究所編，《舊韓國外交文書》（漢城：高麗大學校出版部，1965），卷8，頁437。按吉林將軍希元與總署以煐等所建議之石乙水與紅丹水相去不甚遠故同意。總署咨吉林籌劃立碑及安置流民，專摺奏明辦理。十三年十二月吉林條奏奉旨「該衙知道」，乃由總署咨北洋轉咨該國。見中央研究院近代史研究所編，《清季中日韓關係史料》，卷5，頁2391-2392，及袁世凱照會。

及呈國王之報告中雖稱石乙、圓池二水間不過數十里，非彼此相爭之地，但主界線必須照顧穆碑及碑堆。[41]十三年（1887）八月十九日，該國王致禮部及北洋大臣咨文中雖有以石乙定界「是否有當」之委婉語，而主旨仍在圓池水。[42]

翌年，朝鮮咨覆北洋文中依舊略無改變，且拒派員會立界碑。[43]其後委辦琿春屯墾事宜及朝鮮通商稅務方朗雖兩度稟辯，並咨轉該國，[44]然均無下文。於是中國與朝鮮間的勘界交涉至此中止。光緒末界務問題復起，及日本取得韓國外交權後，與中國交涉數年，終於宣統元年達成協議，以紅土山水及石乙水至穆碑劃界。

綜觀光緒九年（1883）以後雙方之交涉，始則辦「土門」、「豆滿」之為一為二，後以朝鮮自認錯誤，捨此不論；而證紅丹或紅土山水為界，迨紅土山水既定，復爭石乙或圓池水，而中日終以此基礎達成協議。在國際外交上此問題雖已解決，但在歷史學術研究上則猶有諸多疑竇仍待澄清。

首先是穆克登白山之行的經過情形。此事由朝鮮揭出後，總署曾遍查皇朝三通、[45]《會典事例》而不見佐證。內閣案卷因火災，道光二年（1822）以前者蕩然無存；禮部檔中亦無存卷，吉林將軍及寧古塔副都統署檔則年遠霉爛。[46]中國勘界委員以未奉任何參考資料，故疑朝鮮所言穆碑為偽作，不予置信。[47]究竟其事為何，將於下章內據朝鮮資料詳細探究。此事明瞭之後，便可進一步考究穆碑之真偽及

---

[41] 〈土門勘界〉，《白山學報》，第2號，頁173，「別單草」；頁176，「勘界使李重夏丁亥狀啓」。
[42] 〈間島案〉，《白山學報》，第6號（漢城，1969年6月），頁187-188。
[43] 〈間島案〉，《白山學報》，第6號，頁188-190。
[44] 高麗大學校附設亞細亞問題研究所編，《舊韓國外交文書》，卷8，頁476-478，光緒十四年七月四日袁世凱致朝鮮統署督辦趙秉式照會；又見朝鮮統署檔，《清商事案》，頁64-68；吳祿貞，《延吉邊務報告》，第5章，頁44-45。
[45] 《皇朝文獻通考》、《皇朝通典》、《皇朝通志》三書，又稱「清三通」。
[46] 中央研究院近代史研究所編，《清季中日韓關係史料》，卷4，頁1931、1947、1961-1962、2041-2042。
[47] 〈問答記〉，《白山學報》，第4號，頁271、273。

位置，穆克登所定之界水為何，鴨、圖二水間界線如何，光緒十三年（1887）何以協議以紅土山水（非圓池水）為界，以及中韓界務間之根本原因，現在先研探穆克登白山之行的起因及經過。

## 三、穆克登定界研究

### （一）清聖祖對中韓邊區之重視

　　滿清自順治入關之後，因忙於關內的統一穩定工作，疏忽了整個東北地區。順治中期後因防俄、對發祥地之懷念崇祀，及全國疆域圖籍之調查纂修，始重行注意關外地區，屬於吉林轄區的長白山中韓邊域自在其內。然而其經營措施究由上述何種原因，則不易區分，我們只好依時間順序加以敘述。

　　順治九年（1652）中俄首次在黑龍江交綏，十年清廷設寧古塔昂邦章京，十四年（1657）設打牲烏喇總管，是為吉林設置高層統治機關之始。康熙十年（1671）聖祖謁陵東巡至愛新地方，諭寧古塔將軍善撫琿春一帶瓦爾喀部落，並操練人馬加意防俄。[48] 復因對俄戰爭運輸線係沿嫩江而上，吉臨烏拉為適中之支點，故於是年及十五年（1676）先後移寧古塔副都統及將軍於此。吉林遂成為盛京以東之重鎮。二十年（1681）東巡至吉林及打牲烏喇，開始測路置驛，加強部署對俄戰爭。至於地誌圖籍之查纂則自十一年（1672）大學士衛周祚（1611-1675）奏准令省縣修輯誌書始，[49] 二十三年（1684）一統志工作已開始進行，二十五年（1686）正式任命總裁等官積極從事。[50]

　　防俄部署及東巡激發了聖祖對長白山的敬意與興趣，且軍事部署及地誌纂修工作需要各地方資料，於是開始了對該地區的探查工作。

---

[48] 《清聖祖實錄》，卷37，頁494-2，康熙十年十月三日辛巳條。

[49] 張舜徽，《中國歷史要籍介紹》（武漢：湖北人民出版社，1957），頁158。

[50] 《清聖祖實錄》，卷115，頁195-2，康熙二十三年五月四日己巳條；卷125，頁324-325，康熙二十五年三月五日己未條。

十六年（1677），遣內大臣覺羅武默訥（？-1690）及侍衛費耀色、塞呼禮等四人調查長白山及寧古塔一帶，於五月起程，由吉林沿松花江而上，六月達山巔，觀天池，七月巡閱寧古塔、會寧等處，八月還京，翌年諭長白山列入祀典。[51]

此為清人首次明見長白山面貌，此次雖曾到會寧，然未見有繪畫輿圖之事。但至十八年（1679）時清人已有烏、寧地區，圖們江北、幾牙里河流域，及朝鮮咸鏡北道、會寧一帶地圖，因為是年至朝鮮開市清人持有該項地圖，咸北道兵使且曾臨摹一張。[52]同年聖祖曾與費耀色等討論長白山南接朝鮮何地，翌年春並派費耀色出使朝鮮。[53]此項人事的安排諒必與長白山之調查有關。

康熙二十四年（1685）駐防協領勒楚繪畫長白、鴨綠地形圖時，在頭道溝至三道溝間被朝鮮人槍傷。[54]這是清人第二次調查長白山。此外猶有佐領終色勒等丈量路程，經長白山至朝鮮。[55]三十年（1691）冬以盛京及寧古塔送到統志館的該地資料異同之處甚多，派散秩大臣查山，尚書圖納等七人攜帶資料往吉林、寧古塔實地查對。翌年春核對長白山南鴨綠、圖們江源地區。[56]其時曾令朝鮮嚮導支援，後者以路遠不通回絕。三十八年（1699），禮部會同館通事招

---

51 鄂爾泰等修，《八旗通志初集》（長春：東北師範大學出版社，1985），卷185，頁20-24，〈武默訥傳〉；長順修，《吉林通志》（臺北：文海出版社，1965），卷1，頁7，〈武默訥奏文〉；趙爾巽，《清史稿列傳》（臺北：明文書局，1985），卷70。

52 《朝鮮肅宗大王實錄》，第38冊，卷8，肅宗五年十二月十二日癸酉條、十三日甲戌條。

53 朝鮮承文院編，《同文彙考‧補編》，卷9，〈詔敕錄〉，十八年十二月八日；《朝鮮肅宗大王實錄》，第38冊，卷9，肅宗六年二月二十二日壬午條。

54 朝鮮承文院編，《同文彙考‧原編》，卷51，頁59；《清聖祖實錄》，卷124，頁315-2，康熙二十五年二月三日丁亥條；王河、魏樞纂，《盛京通志》（清乾隆元年〔1736〕刊本），卷13，頁17，長白山條。《盛京通志》曰「勒出」。

55 朝鮮承文院編，《同文彙考‧原編》，卷48，〈疆界〉，康熙三十一年二月二日禮部知會巡審不由本國咨。

56 朝鮮承文院編，《同文彙考‧原編》，卷48，康熙三十年十月二十二日禮部知會土門江巡審時令本國指路咨；金慶門、李湛等編，《通文館志》，卷9，肅宗十七年辛未。

令朝鮮貢使隨行畫員摹繪朝鮮八道地形及道里遠近，朝鮮拒之。[57]由上可知，自康熙十年以後，清廷對長白山、中韓邊區甚至朝鮮非常注意，並屢次查繪。

《一統志》的工作進行得很慢，至康熙後期，地圖之測繪又有了新的發展。清初曆法之修訂及尼布楚條約之訂定，西洋耶穌會教士宣力頗多，故聖祖敬其人也重其智。康熙三十七年（1698），法王路易十四（Louis XIV, 1638-1715）派第二批具有各種科學智識的教士十五人來華，其中巴多明（Dominique Parrenin, 1665-1741）建議聖祖以西法測繪全中國地圖。[58]聖祖採納其意，先令試測於北京，後於四十七年（1708）令白晉（Joachim Bouvet, 1656-1730）、雷孝思（Jean-Baptiste Régis, 1663-1737）、杜德美（Pierre Jartoux, 1669-1720）往測長城內蒙，四十八年陽曆五月，雷、杜及費隱（Xavier Ehrenbert Fridelli, 1673-1743）出山海關測繪東北地區。[59]雷、杜等先測遼河流域，越千山至鳳凰城，然後由吉林、寧古塔至琿春，次循綏芬河入烏蘇里江、黑龍江流域。[60]長白南麓，即鴨綠、圖們江源地區則未曾涉足，故此間之測繪仍待諸未來適當時機。

## （二）李萬枝事件與穆克登查邊

清初以來中韓人民不斷私越邊界，潛入他境，尤以朝鮮人為甚。其造成交涉事件者，自順治至康熙四十三年（1704）共有十八起之多。[61]上節所述二十四年槍傷勒楚一案，清廷派員至朝鮮查辦，所有人犯、地方官分別判以死、流、罷職等處分，國王被罰銀二萬兩。朝

---

[57] 朝鮮承文院編，《同文彙考·補編》，卷3，頁27，謝恩兼冬至書狀官俞命雄聞見事件。

[58] 方豪，《方豪六十自定稿》（臺北：臺灣學生書局，1969），下冊，頁1542-1543。

[59] 翁文灝，〈清初測繪地圖考〉，《地學雜誌》，第160號（北京，1930年06月），頁405-438。

[60] Du Halde, *Description de la Chine*, tome iv, pp. 3-17.

[61] 金慶門、李湛等編，《通文館志》，卷9，仁祖十四年丙子至肅宗三十年甲申。

鮮為此禁平安、咸鏡兩道人民持有鳥槍，採挖人參、停止內外人參貿易。[62]二十餘年後又有李萬枝等越境殺人案件。

康熙四十九年（1710），朝鮮平安道渭原郡李萬枝兄弟三人及其他六人因清人逼債，乘夜越鴨綠江入清人幕中，殺其人掠其物而歸。逃出清人乃結夥至渭原城要求繳出犯人，郡守始則閉門拒絕，後以酒米銀紬賄而遣之。朝鮮政府初不知情，後聞之乃急咨禮部，以冀因自發而多蒙寬假。[63]清廷得報後派打牲烏喇總管穆克登、兵部郎中常泰、禮部主事何順、盛京副都統托柳，及禮部侍郎共五人往鳳凰城會同朝鮮官員審獄。[64]彼等於三月十日離京，四月十六日至鳳城，朝鮮參覈使宋正明（1670-1718）亦押帶犯人馳至。[65]雙方先在鳳城審問，復至渭原郡殺人現場調查，穆克登即將此案交於朝鮮完結議奏。十月朝鮮將擬律奏上，經三法司核奏決定，除李萬枝兄弟三人中依清律留一人養親外，餘則立斬，妻子為奴，家產藉沒；有關地方軍政長官分別革職，革職留配，杖配；國王因事露即奏免議。[66]

聖祖對本案的處理，自始將重點放在邊界問題上。他以為人民之私越乃因邊界不明，故欲乘此機會究明邊界。接朝鮮初奏後即令禮部

---

[62] 金慶門、李湛等編，《通文館志》，卷9，肅宗十二年丙寅；朝鮮備邊司，《備邊司謄錄》（漢城：國史編纂委員會刊，1958），第3冊，肅宗十二年正月六日，〈南北蔘商沿邊禁犯越禁斷節目〉；第18冊，正祖二十一年六月二十四日，〈蔘包節目〉。

[63] 《朝鮮肅宗大王實錄》，第40冊，卷49，肅宗三十六年十一月二十一日辛亥條；篠田治策，《白頭山定界碑》（東京：樂浪書院，1938），頁91-92。

[64] 朝鮮承文院編，《同文彙考‧原編》，卷53，頁3；《朝鮮肅宗大王實錄》，第40冊，卷50，肅宗三十七年三月十六日乙巳條。按原只派禮部及盛京章京，見朝鮮承文院編，《同文彙考‧原編》，卷53，頁29；《朝鮮肅宗大王實錄》，第40冊，卷50，肅宗三十七年三月五日甲午條，後章京亦同往，見朝鮮承文院編，《同文彙考‧原編》，卷53，頁37。托柳，見王河、魏樞纂，《盛京通志》，卷20，頁4；《朝鮮肅宗大王實錄》，第40冊，卷50，肅宗三十七年三月十六日乙巳條作「托六」。

[65] 朝鮮承文院編，《同文彙考‧原編》，卷53，頁31、51；《朝鮮肅宗大王實錄》，第40冊，卷50，肅宗三十七年三月九日戊戌條。

[66] 《朝鮮肅宗大王實錄》，第40冊，卷50，肅宗三十七年四月二十二日庚辰條、六月六日甲子條；朝鮮承文院編，《同文彙考‧原編》，卷53，頁32-33、35-37、39-44；《清聖祖實錄》，卷247，頁450-2、451-1，康熙五十年九月六日壬辰條。

向朝鮮年貢使問明殺人地點，渭原郡與奉天、吉林埶近。禮部且稱：鴨綠江、圖們江一帶皆係中國地方，但因道路遙遠，未經勘明，今將著朝鮮及駐瀋陽將軍各差官數員，「會同查勘，分立邊界」。[67]穆克登等於康熙五十年三月一日陛辭請訓時，聖祖密諭此去可同朝鮮官沿江而上，或由中國，或經朝鮮，至極盡處，詳加閱視，務將邊界查明來奏。[68]五月間並於熱河諭大學士等：

> 朕前特差能算善畫之人，將東北一帶山川地里，俱照天上度數推算，詳加繪圖視之。混同江自長白山後流出，由船廠、打牲烏喇向東北流，會於黑龍江入海，此皆係中國地方。鴨綠江自長白山東南流出，向西南而往，由鳳凰城、朝鮮國義州兩間流入於海。鴨綠江之西北係中國地方，江之東南係朝鮮地方，以江為界。土門江自長白山東邊流出，向東南入於海。土門江西南係朝鮮地方，江之東北係中國地方，亦以江為界，此處俱已明白。但鴨綠江、土門江二江之間地方知之不明。前遣部員二人往鳳凰城會審朝鮮人李玩枝事，又派出打牲烏喇總管穆克登同往，……此番地方情形庶得明白。[69]

觀此可知其乘審獄之便查邊定界甚明。其所以密諭行之，乃鑑於康熙三十年（1691）朝鮮拒絕指路供應之事。故禮部雖將查邊定界事語告朝鮮貢使，而其致該國咨文則只言查明殺人地方，穆克登等則到鳳城始言前往渭原，至渭原方發往查白山之語，逐步發說，也正為此。

---

67 《朝鮮肅宗大王實錄》，第40冊，卷50，肅宗三十七年三月五日甲午條；《清聖祖實錄》，卷245，頁429-1，康熙五十年正月二十一日庚戌條。
68 《清聖祖實錄》，卷246，頁441-1，康熙五十年五月五日癸巳條；《聖祖聖訓》，卷52，〈幅員〉，同日。
69 《清聖祖實錄》，卷246，頁440-2、441-1，康熙五十年五月五日癸巳條；《聖祖聖訓》，卷52，〈幅員〉。

在鳳城審囚後，清官即要求經朝鮮義州府境往渭原查殺人現場並驗屍。該國參巖使宋正明答以皇旨及本國命令只會審鳳城，不敢他往；且清使無渡鴨江牌文，不可遽渡。穆克登等出示密諭後，正明方允同往渭原，然仍拒其渡鴨江經義州。穆克登等循江北中國境行，宋正明與其國新派問慰使俞集一（1653-1724），及平安監司自江南朝鮮境前進。[70]穆克登初欲自寒水洞渡江而為朝鮮所阻，後自渭原郡之加乙軒堡對岸越過。查罷殺人現場，將案交令朝鮮完結時，穆克登要求俞集一等派給經江界府至慶源府的指路人，以便自鴨綠江往圖們江。集一等答稱江界為該國內地不可經過，且至慶源千里，大山中隔，自來不通；如從滿浦回北岸之皇帝坪（集安之洞溝）則可。[71]

穆克登雖到滿浦，並未渡回，令副都統托柳率人沿江南岸，已則以小船四艘，同朝鮮通事一名溯江而上。時江流湍急，到狄洞朝鮮守軍幕前停泊時，船身傾斜，通事幾被淹沒，穆克登亦仆倒船中，門牙折斷。集一遣人慰問勸止，托柳等亦有難色，而穆克登以若憚險不前是違皇命拒之。留兩天後繼進，而朝鮮船夫故不用力，穆克登赤身躍入水口，手挽船索，決意向前。會聖祖派員鳳城復審李案之報到，穆克登乃自林土上岸，請朝鮮撰給水陸俱險、查官倍嘗辛苦文書，然後自南岸經義州大路回鳳城，並即往熱河復命。[72]

---

[70] 《朝鮮肅宗大王實錄》，第40冊，卷50，肅宗三十七年四月二十二日庚辰條、四月二十三日辛巳條、五月一日朔己丑條、五月三日辛卯條。朝鮮王廷應付清人之策爭論頗烈，禮曹判書閔鎮厚等力主援康熙三十年例，以道阻不通回拒絕經由朝鮮，國王及部分大臣以為只可爭之於清使，不可移咎，而鎮厚不聽，王怒削其職。同時有人假明朝天下大元帥名義作檄朝鮮討滿清書張於城門。見《朝鮮肅宗大王實錄》，第40冊，卷50，肅宗三十七年四月二十三日辛巳條、二十六日甲申條、二十八日丙戌條、二十九日丁亥條、三十日戊子條。

[71] 《朝鮮肅宗大王實錄》，第40冊，卷50，肅宗三十七年五月二十六日甲寅條、六月六日甲子條。

[72] 《朝鮮肅宗大王實錄》，第40冊，卷50，肅宗三十七年六月十六日甲戌條、六月二十六日甲申條、七月五日壬辰條、七月二十日丁未條、七月二十八日乙卯條。

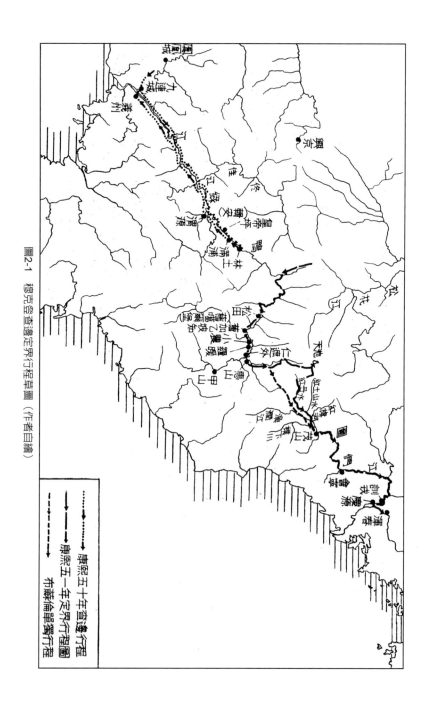

圖2-1 穆克登查邊定界行程草圖（作者自繪）

穆克登此行只有部分收穫，並未完成整個使命。他曾繪畫所經地方形勢，向朝鮮官員索得自義州至廢四郡、三水、甲山及咸鏡北道的六鎮地名，然而未到鴨綠、圖們江源地區。[73]其失敗乃因朝鮮之多方阻擾，及穆克登的智慮不周、意志不堅所致。朝鮮初為滿清力征而服，七十年來面從心貳，故對清廷之舉措全持敵意。自順治以來朝鮮即言胡無百年之運，漢人早晚必驅逐之，屆時北遏於蒙古，勢必假道朝鮮返回烏喇寧古塔。故武默訥（？-1690）探白山消息傳至朝鮮後，該國即以為滿清將敗於三藩，故探白山歸路。[74]穆克登之行雖在三藩亂後三十年，朝鮮猶以清人舉措含有軍事目的，而嚴防其入境調查形勢。

　　自江界至三水本有薛罕嶺捷徑，朝鮮未曾指出。國王於慰問使俞集一辭出請訓時指示，如清使示入境之諭旨，則以廢四郡險路指引，俾其知險而去；萬不得已則相機行事，[75]意即可示以薛罕嶺捷徑。然穆克登智慧未能及此，終被俞集一導入廢四郡險路。穆克登之自滿浦溯江而上，乃集一「水勢甚急，決不可逆上，必當乍行旋還，故即許之」的傑作；且俞氏已看出穆克登之強進似欲親審難通之狀，歸奏皇帝。[76]穆克登自林土回時，集一本擬使其沿原路而歸，國王以原路險阻，人馬多斃，若仍使由原路歸，非待人之道，令許由義州大路作行。然集一仍以原路為言，穆克登大怒道：「此乃驅我於死地也！」集一方以國王之言告之，穆克登大為感激。[77]不僅如此，鳳城清官由朝鮮驛站送穆克登之信件也為該國拆閱。[78]凡此足見朝鮮人愚弄穆克登之情狀。

　　清朝官員致朝鮮咨文上款均列舉其職銜，穆克登致朝鮮之咨文用「欽差大人穆等」字樣，朝鮮以其「自倨悖慢」，感到「不勝駭

---

73　《朝鮮肅宗大王實錄》，第40冊，卷50，肅宗三十七年七月六日癸巳條云：「胡差圖畫所經江山而去云矣。」《清聖祖實錄》，卷247，頁448-2，康熙五十年八月四日辛酉條。
74　《朝鮮肅宗大王實錄》，第38冊，卷9，肅宗六年三月五日甲午條。
75　《朝鮮肅宗大王實錄》，第40冊，卷50，肅宗三十七年五月三日辛卯條。
76　《朝鮮肅宗大王實錄》，第40冊，卷50，肅宗三十七年六月十六日甲戌條。
77　《朝鮮肅宗大王實錄》，第40冊，卷50，肅宗三十七年六月十六日甲戌條、七月六日癸巳條。
78　《朝鮮肅宗大王實錄》，第40冊，卷50，肅宗三十七年六月六日甲子條。

然」，不回咨文，而由接伴使用揭帖回答；且以接伴使、參覈使及譯官等不察款式矇然接受穆克登咨文為辱國，分別罷職、推考、論杖。穆克登謝以不諳文書格式，如退回當改之。[79]可見其孔武不文之狀。

　　穆克登歸奏時除言路險水大不克到達指定地點外，盛道朝鮮人對待欽差之盡心禮敬，聖祖為之免朝鮮年貢銀千兩、紅豹皮一百四十二張，並命修整貢使所駐中國境內之沿途館舍。[80]此端有兩種解釋，一、朝鮮雖極力阻止穆克登之進路，然必貌恭言馴，使來自打牲烏喇的壯士心滿意足；二、聖祖此舉可能為後日再查白山預留地步。

## （三）穆克登白山定界

　　聖祖以穆克登此次未完成使命，乃於該年八月諭大學士等，著穆克登來春解冰後自鴨綠江乘小舟溯上，至不能通行處即由陸地向圖們江查去，萬一中途有阻，令朝鮮支應。並令將此諭撰旨交付朝鮮年貢使帶回。五十一年（1712）二月，禮部除遵辦外，復正式咨知朝鮮國王。[81]於是查邊工作再度進行。

　　在研討二次查邊進行情況之前，我們須對負責此事的烏喇總管穆克登加以瞭解。因為後人，甚至清季總署大臣，不僅對其人不知，並對烏喇總管一職也誤會為吉林將軍之舊稱。[82]按烏喇總管之全稱為打牲烏喇總管，初稱布特哈烏拉，俗或曰護獵總管，屬內務府都虞司，掌採蔘採蜜，打獵撈珠，以其所獲按時貢於內廷，與八旗駐防之吉林烏喇將軍截然不同。[83]此銜初為小屯，意即現時興圖中松花江西之打

79　《朝鮮肅宗大王實錄》，第40冊，卷50，肅宗三十七年六月六日甲子條；《清聖祖實錄》，卷248，頁457-1，康熙五十年十月二十三日戊寅條。

80　《朝鮮肅宗大王實錄》，第40冊，卷50，肅宗三十七年六月六日甲子條、六月十六日甲戌條、七月二十日丁亥條。

81　《清聖祖實錄》，卷247，頁448-2，康熙五十年八月四日辛酉條；《聖祖聖訓》，卷52，〈幅員〉，同日；朝鮮承文院編，《同文彙考·原編》，卷48，〈疆界〉，禮部知會白山查境令本國照管咨。

82　中央研究院近代史研究所編，《清季中日韓關係史料》，卷4，頁1931-1932；王彥威等輯，《清季外交史料》，卷60，頁24。

83　《大清會典事例》（上海：上海商務印書館印行，1909），卷1215；托津等奉敕

牲烏喇和屯。順治十四年（1657）改為總管署，治所後亦遷於原烏喇國貝勒布占泰之都城。該城緊臨松花江東岸，南距吉林城七十里，康熙四十二年（1703）以水患更築城於稍東之處，即今之烏拉街。[84]

烏喇總管係由屯長隨改制陞任，初為六品，十八年改五品，康熙三十六年（1697）改為三品。第一任總管由屯長邁圖為之，後繼者均其族人。康熙三十七年穆克登任此職，雍正七年（1729）其子繼之，十三年（1735）諭此職有缺於穆克登家族中遴選。[85]可知穆克登之奉旨查邊乃因其職司山林，地近白山，及其人孔武有力，登山矯捷如猿猴之故。[86]

此行共有官員七名，穆克登外有一等侍衛布蘇倫、主事鄂世、筆帖式蘇爾昌、畫員劉允吉、通事洪二哥，其餘一人無考。[87]行中並帶有望遠鏡、測量儀等器械。[88]朝鮮以漢城府右尹朴權（1658-1715）與咸鏡道觀察使李善溥（1646-1721）等同查，並先期遣金慶門於厚州迎迓。[89]穆克登在北京與朝鮮貢使說明其預定渡鴨綠江地點後，即行出發，帶甲軍五十名，經興京出旺清門，造獨木舟十隻，循頭道溝水陸並進，於四月十九日到鴨江。穆克登仍遵陸路，布蘇倫沿水道共進。二十四日布蘇倫至六道溝口江面。[90]二十七日至厚州境，朝鮮譯官金

<hr>

84 纂，《大清會典圖》（嘉慶十六年托津等撰，會典館刻本），卷91；長順修，《吉林通志》，卷12，頁30-31。

84 〈琿春必拉、寧古塔和屯圖〉，收入張其昀監修，《清代一統地圖》，頁101-102；王河、魏樞纂，《盛京通志》，卷19，頁28；《吉林外記》，頁1；《嘉慶重修一統志》，卷68，頁20；長順修，《吉林通志》，卷24，頁29。

85 王河、魏樞纂，《盛京通志》，卷19，頁28；長順修，《吉林通志》，卷60，頁32-36。

86 洪世泰，《柳下集》（首爾：民族文化推進會，1996），卷9，〈白頭山記〉。

87 《朝鮮肅宗大王實錄》，第40冊，卷51，肅宗三十八年五月五日丁亥條；穆碑碑文；洪世泰，〈白頭山記〉。

88 《朝鮮肅宗大王實錄》，第40冊，卷51，肅宗三十八年五月十五日丁酉條；洪世泰，〈白頭山記〉；篠田治策，《白頭山定界碑》，頁111。《朝鮮肅宗大王實錄》名測量儀曰「量天尺」，並形容其質狀曰：「一木板，長可一尺餘，廣可數寸，背布象牙，刻以分寸，寸為十二畫，分為十畫，上設輪圖，中立一小板，似是測景之具也。」

89 朝鮮始以穆克登將出義州，故以權尚游（1656-1724）為接伴北上，後知其出廢四郡之厚州，改差朴權，見《朝鮮肅宗大王實錄》，第40冊，卷51，肅宗三十八年三月十五日戊戌條、三月二十日癸卯條。金慶門乃指南之子，父子均善漢語漢文，為一時有名通事。金慶門、李湛等編，《通文館志》，卷7，人物；卷9，肅宗三十八年壬辰；應灤見穆碑文。

90 朝鮮備邊司，《備邊司謄錄》，第6冊，頁362，肅宗三十八年三月五日；金慶門、

慶門來迎。二十九日穆克登帶駝馬二百餘匹，牛二十餘頭，來到江北三十里處，朝鮮接伴使遣人慰候。穆克登遣回駝馬，令朝鮮供應騎駄。三十日過江，沿南岸而行，布蘇倫仍舟行，同向惠山前進。[91]

穆克登當日宿松田，五月一日至舊加乙坡知，接伴使與監司奉國王帖慰問。三日復前，經小農、羅暖、仁遮外等堡，四日渡虛川江至惠山鎮。[92]六日穆克登約騎從，選蘇爾昌、洪二哥、畫員劉允吉及家丁二十名，朝鮮軍官李義復、趙台相、譯官金慶門、金應瀗，居山查訪許樑、羅暖萬戶朴道常、斧手十人、夫九十名，各齎十五日糧，馬共八十餘匹，作登山之計，其餘清人由布蘇倫、鄂世率領經虛項頂東往茂山相候。又選土著三人為嚮導，其中甲山人愛順嘗私登長白採蔘，穆克登赦其罪而用之。[93]

他們七日自惠山掛弓亭出發，上五時川，北渡取新開栢德路，七十里宿劍川。行前朴權、李善溥以山路難行，勸穆克登不必躬自上山，可派人圖畫山水脈源；如必登，請許其二人中一人同行。穆克登以二人年老，且動必乘轎，如中途顛仆必誤大事拒之，而二人猶同行。[94]八日行二十五里至昆長崓，李、朴見穆克登堅拒，遂下馬相別，亦東下茂山期候。穆克登等九日經樺皮德行八十里，十日山路隨處不通，乃令斧手

李湛等編，《通文館志》，卷9，肅宗三十八年壬辰云，穆克登等自入鴨江十月至厚州，《朝鮮肅宗大王實錄》云四月二十九日至厚州，從知其四月十九日至鴨江。獨木舟朝鮮曰「馬尚」，並見《朝鮮肅宗大王實錄》，第40冊，卷51，肅宗三十八年五月五日丁亥條；道溝口對面為朝鮮楸上仇非地方，見同書五月一日朔癸末條。朝鮮備邊司，《備邊司謄錄》，第6冊，頁395，肅宗三十八年四月三十日條；朴容大等奉勅撰，《增補文獻備考》，卷36，頁1-2。洪世泰〈白頭山記〉云慶門遇穆克登於三水之連淵。

91  朴容大等奉勅撰，《增補文獻備考》，卷36，頁1-2；《朝鮮肅宗大王實錄》，第40冊，卷51，肅宗三十八年五月五日丁亥條。

92  金慶門、李湛等編，《通文館志》，卷9，肅宗三十八年壬辰；朝鮮備邊司，《備邊司謄錄》，第6冊，頁362；金正浩校刊，《大東輿地圖》，第三幅；《朝鮮肅宗大王實錄》，第40冊，卷51，肅宗三十八年五月五日丁亥條。

93  洪世泰，〈白頭山記〉；金慶門、李湛等編，《通文館志》，卷9，肅宗三十八年壬辰；朴容大等奉勅撰，《增補文獻備考》，卷36，頁1-2。〈白頭山記〉云布蘇倫經虛項頂西歸，誤，茲從《通文館志》。

94  洪世泰，〈白頭山記〉；朝鮮承文院編，《同文彙考·原編》，卷48，〈疆界〉，接伴使請偕行白山帖，敕使回帖。

斬木，緣岸作行，時而由鴨江之西，時而江東繞行，三十里之間九次涉越，晚宿朴達串。十一日中午至山嶺，觀天池，北望群峯邈疊，南則小白峯及鏡城隱約可見。此為朝鮮官員首見其所稱之白頭山面貌。[95]

十一日下午自天池南下找尋鴨綠、圖們江源，並一面繪圖。金慶門回至漢城後曾回憶此行云：離開天池後，從岡脊冉冉而下約三、四里，有泉泡泡自山穴中出，不數十步注入大峽壑中，此即鴨綠之源（西源）。又東轉踰一短岡得一泉（中泉），西流三、四十步別為二派，一派西流（鴨江東源）與鴨綠江西源合，一派東下，流細而長。又東踰一岡復見一泉東流，至百餘步處，中泉之東派來合。

穆克登坐中泉水汊間對金慶門說：「此名分水嶺，立碑以定界乎？」慶門道：「甚善，明公此行此事當與此山而終古矣。」中泉兩派分為人字形，中有小岩石，狀如伏虎，穆克登曰：「此山有是石亦甚奇，可作龜趺。」即議在此水汊間立碑（圖2-2），朝鮮人欲亦在鴨綠江西源立碑，穆克登拒之。[96]

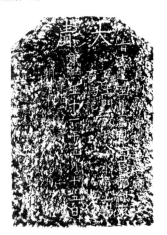

圖2-2　穆克登碑文拓本[97]

---

[95] 洪世泰，〈白頭山記〉。
[96] 洪世泰，〈白頭山記〉；篠田治策，《白頭山定界碑》，頁109-110。
[97] 朝鮮史編修會，《朝鮮史》，第5編第7卷（京城：朝鮮總督府，1936），頁86-87，圖版四，稻葉岩吉藏〈白頭山定界碑〉（拓本）。

他們沿流而下，發現水派斷絕，下為乾川，以為乃水派伏流，下必湧出，於是往尋其湧出之處。此時朴道常及愛順先至一水源（次派），指為豆江潛流湧出之水。穆克登亦隨下，至距次派十餘里處見一小流（初派），駐馬而言曰，觀此山勢，此水應為流入豆江之水。至次派源頭下四、五里處又曰，此水元派分明，我不必往見其發源處。續沿次派而下，行四、五里又見一小流（三派）自北來注，曰此前見初派之水來流於此。又轉行二十里而下，至朴達串宿幕。穆克登欲從擬立碑處至初派立柵為標，並招集朝鮮人指山圖曰，以初派設柵較以該國人所謂湧出處——次派設柵，該國可多得地十餘里。朝鮮人舉皆慶幸，而初派、三派間八、九里不復看審。[98]

十二日，穆克登以土門水流間斷，伏行地中，疆界不明，不可輕議立碑，令其通官、筆帖式與愛順騎馬復審白山中泉東流之水。金應瀗、趙台相隨往。他們行六十里，日暮還白水果東流。穆克登乃令伐石刻碑，十五日立之。碑文曰：

> 大清烏喇總管穆克登奉旨查邊至此，審視西為鴨綠，東為土門，故於分水嶺上勒石為記。康熙五十一年五月十五日。筆帖式蘇爾昌、通官洪二哥、朝鮮軍官李義復、趙台相、差使員許樑、朴道常、譯官金應瀗、金慶門。[99]

立碑前穆克登亦欲朴權、李善溥列名碑文，二人以未親臨而拒之。[100]穆克登立碑後，沿流而下，經二日半，至大紅丹水，過盧隱東山，至魚潤江上會見朴權及李善溥，商決由朝鮮在農暇時派人於斷流處設立

[98] 《朝鮮肅宗大王實錄》，第40冊，卷52，肅宗三十八年十二月七日丙辰條。
[99] 洪世泰，〈白頭山記〉；篠田治策，《白頭山定界碑》，頁110-111。朝鮮史編修會，《朝鮮史》，第5編第7卷（京城：朝鮮總督府，1936），頁86-87，圖版四，稻葉岩吉藏〈白頭山定界碑〉（拓本）。〈土門勘界〉，《白山學報》，第2號，頁169-182。
[100] 篠田治策，《白頭山定界碑》，頁110；《朝鮮肅宗大王實錄》，第40冊，卷51，肅宗三十八年五月二十三日乙巳條；洪世泰，〈白頭山記〉。

土石堆或木柵以為標誌。然後布蘇倫、穆克登仍分循水陸東向慶源，於五月二十八日到達，並以白山圖一本及設標事咨文一道送朝鮮。六月一日至距慶源二十里之豆里山遙測圖們江入海處，三日下午渡圖們江經琿春返京。[101]

是年八月朝鮮差咸鏡道北評事洪致中（1667-1732），率將校孫佑齊、茂山土人韓致益，及許樑、朴道常，並民夫三百往白山設標。自茂山行七十里至臨江臺，又十里渡魚潤江至山下，行五日至穆碑所在處，最後至穆克登所指初派。許樑等以此水雖為清差定為江源，然當初事急不及遍尋其下流，今當設標，不可不尋審。洪致中令朴道常、韓致益同往。沿流行三十里，見有他水自北來入，水勢漸大，向北而去，不入圖們江。

彼等雖以三十里間有清人行跡，恐與相遇生事，未敢再前，但韓致益生長邊上，熟悉地勢，知此水是北流，不入圖們。繼而勘查第三派，發現此為山谷間橫出之水，非源自初派。許樑等以此情形回報，且謂江源既誤，若誘以清差所定而直為設標，則下流既入中國，不知去向，疆界之限，便無依據，不無後日難處之便。致中令先自石碑設標，未及所謂水出處停工，或以石，或以木，牢立堆柵；至於江源取何道水流，則待朝廷定議變通，以為明年施工時進退之地。

洪致中決定後即返回任所，由許、朴等監工督役。而許、朴等以為初派既誤，次派源流分明，少無可疑，此時不在此明確水道設標，明年或誤設於北流之水，恐不無前頭之虞，乃逕自將木柵設至次派源頭。至其里程形勢及所用材料，則碑下二十五里或植柵或累石；其下水出處五里及乾川三十餘里以山高水深，川痕分明之故，不為設標；又下至湧出處四十餘里皆為設柵，而其間五、六里則既無木石，土質且強，故只設土墩。洪致中得悉此情後，以許、朴等違命自擅，報請

---

[101] 《朝鮮肅宗大王實錄》，第40冊，卷51，肅宗三十八年六月三日乙卯條、六月十日壬戌條；朝鮮承文院編，《同文彙考・原編》，卷48，〈疆界〉，敕使問議立柵便否咨，設柵便宜呈文。

處分，並請政府同時議決江源問題。[102]

朝鮮官方數次廷議，除將許、朴並監司李善溥議罰外，對江源問題則議論紛紜。或主先行派人複勘，然後報清廷更審；或以如此將使穆克登被罪，不如私下通知穆克登；或以為疆界重事，何可不報其國而知會私人。終以如報清廷而更派他人來審，未必如穆克登之順便，或於定界反有改變減縮之患，大關得失，而決定先詳問許、朴等再議。[103]是年朝鮮年貢使金昌集（1648-1722）只以設標事告穆克登，問清廷是否更審，而不提江源事。穆克登以皇命諭知無更審之事，毋以為慮，設標亦俟農隙徐徐為之，免貽民弊。[104]

康熙五十二年（1713）四月，朝鮮令於農隙繼續施工，依許樑設標舊狀，於山高深谷、川痕分明、前次未設標之處亦或累石或立柵，俾無後日執言相爭之端。[105]是年秋因年凶未施工，[106]其後亦無施工之紀錄，而朝鮮政府也未按穆克登之言每年差人巡審。乾隆四年因人告白頭山下鮮民卜居百家，且以立碑近三十年未令巡視，乃欲差人前往，後查所告不實，兼知路人難得作罷。[107]但頗有私人遊觀者，如乾隆十年（1745）咸鏡道審理使尹容（1684-1764）公餘登覽，三十一年（1766）徐命膺（1716-1787）、趙曮（1719-1777）乘謫戍甲山之便偕遊，朴來謙（1780-?）亦曾登看穆碑。[108]

102 《朝鮮肅宗大王實錄》，第40冊，卷52，肅宗三十八年十二月七日丙辰條。《甲山邑誌》（朝鮮甲山郡編，高宗朝，抄本），〈古蹟〉。按此誌可能據咸北舊檔而成。
103 《朝鮮肅宗大王實錄》，第40冊，卷52，肅宗三十八年十二月七日丙辰條。
104 《朝鮮肅宗大王實錄》，第40冊，卷53，肅宗三十九年三月十五日壬辰條；崔德中，《燕行路》，收入《燕行錄選集》（漢城：成均館大學校大東文化研究院，1962），下冊，頁401，〈日記〉。康熙五十二年穆克登使朝鮮時，該國初欲將誤定水源事告之，繼慮穆克登正自以詳審善處定界且蒙褒獎，如告以不慎之狀，必不樂聞，或不無歸奏更審之虞，乃已之。（朝鮮備邊司，《備邊司謄錄》，第6冊，頁518-519）可知金昌集未告江源之事。
105 《朝鮮肅宗大王實錄》，第40冊，卷53，肅宗三十九年三月十五日壬辰條、四月十日丁巳條；朝鮮備邊司，《備邊司謄錄》，第6冊，頁481下，肅宗三十九年四月十二日；頁518云朝鮮植標於第二派。
106 《朝鮮肅宗大王實錄》，第40冊，卷54，肅宗三十九年九月十九日癸亥條。
107 《朝鮮英祖大王實錄》，第42冊，卷49，英祖十五年三月十七日癸亥條、五月十五日庚申條；朝鮮備邊司，《備邊司謄錄》，第10冊，頁776，英祖十五年三月二十九日。
108 《朝鮮英祖大王實錄》，第43冊，卷62，英祖二十一年八月十四日癸丑條；徐命

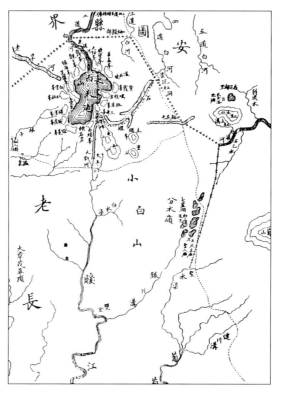

圖2-3　穆碑附近形勢圖[109]

　　康熙五十二年（1713），穆克登以頒昇平詔副使，抱白山地圖往朝鮮，行中尚有欽天監五官司曆何國柱。[110]到漢城後，穆克登以白山南行之山水派絡知之不詳，索朝鮮地圖，並以己圖示之。該國始以無圖搪塞，經強索方給。然此非該國詳圖，而係不詳不略、白山水派多

---

　　膺，《保晚齋集》（首爾：民族文化推進會，1999），卷4，〈遊白頭山記〉；朴來謙，《瀋槎錄》，收入《燕行錄選集》，下冊，頁882下，〈瀋槎日記〉；《朝鮮肅宗大王實錄》，卷51，頁40。

[109] 張鳳臺等纂，《長白彙徵錄》（臺北：京華出版社，1969年據清宣統二年〔1910〕刊本影印），卷上。

[110] 朝鮮承文院編，《同文彙考‧補編》，卷9，〈詔敕錄〉；《朝鮮肅宗大王實錄》，第40冊，卷53，肅宗三十九年五月十六日壬辰條。

誤之圖。此外穆克登並索取圖中各邑道里遠近，朝鮮只將大路諸邑開給。[111]正使阿齊圖謂，天下諸國山川皆在《一統志》，而獨白山形勢不明，故索之。[112]何國柱為名天算家何君錫之子、何國宗之弟，此來係測量漢城經緯度，或亦兼查山川形勢，[113]而〈皇域全覽圖〉中之〈朝鮮圖〉即以此次朝鮮所給地圖而成。[114]穆克登此次朝鮮行，實其白山查邊定界測繪的延續工作。

# 四、中韓邊界問題之基本原因

## （一）穆克登定界研判

　　從上述第三節可知穆克登白山之行確有其事。然而此行究為清朝自我查邊抑係分定兩國邊界則猶不甚明晰，須作進一步之闡釋。清季朝鮮所舉穆克登定界之證據有二，一為穆碑碑文，二為穆克登咨使朝鮮於惠山、茂山相近無水處設立堅守，「使眾人知有邊界，不敢生事之語。」[115]對於第一項證據，總署首先提出異議，認為碑文中並無分界字樣，不過記鴨綠、土門二水之源而已。光緒十三年（1887）勘界時秦煐等即執此力辯，同年七月總署致吉林將軍文中猶持此議。[116]

[111] 《朝鮮肅宗大王實錄》，第40冊，卷54，肅宗三十九年閏五月二十七日癸酉條、六月二日丁丑條；朝鮮備邊司，《備邊司謄錄》，第6冊，頁540-542，肅宗三十九年六月一日至三日。
[112] 朝鮮備邊司，《備邊司謄錄》，第6冊，頁540-541，肅宗三十九年六月一日。
[113] 趙爾巽等撰，楊家駱校，《清史稿》（臺北：鼎文出版社，1981），卷45，志二十，頁1668；翁文灝，〈清初測繪地圖考〉。
[114] 雷孝思云，他們測繪時未入朝鮮境內，該國地圖乃參照皇帝所派一滿洲官員及一算學館（蒙養齋？）小職員至朝鮮王廷取來的地圖製成。Du Halde, "Observations Geographiques Sur le Royaume De Coree, Tirees des memoires Du Pere Regis," in Description de la Chine, tome iv, p. 429.
[115] 朝鮮承文院編，《同文彙考・原編》，卷48，〈疆界〉，敕使問議立柵便否咨；〈土門勘界〉，《白山學報》，第2號，頁184-185、199，「勘界使李重夏丁亥狀啟」。
[116] 中央研究院近代史研究所編，《清季中日韓關係史料》，卷4，頁2095；第5冊，頁2391。〈土門勘界〉，《白山學報》，第2號，頁193-194、200，「勘界使李重夏

針對第二項證據，秦煐等以康熙五十一年（1712）二月七日禮部致朝鮮咨文引上諭「此去特為查我邊境，與彼國無涉」一語駁斥之，[117]謂查邊既與朝鮮無涉，自非定界，如屬定界，豈云無涉。[118]是重夏據穆克登咨文，煐等依禮部咨文，兩文均穆克登查邊舊檔，而解釋如此不同。然就本案而論，真理只應有一，不當同是均非。細繹聖祖各上諭前後文及本章第二節所述，可知穆克登之行確為定界。康熙五十年五月癸巳上諭，先謂鴨綠、土門兩邊土地分屬中韓，兩國以江為界，繼云惟兩江之間地方知之不明，故密諭穆克登於查李萬枝案時會同朝鮮官員詳加閱視，務將「邊界」查明來奏。[119]

　　中韓官員會同閱視，查明「邊界」，實即會勘邊界，觀李萬枝案奏到後，禮部奉旨問朝鮮貢使時云「會同查勘，分立邊界」。[120]則此意甚明。此外，五十一年四月穆克登在鴨江畔初遇金慶門時問道：「爾知兩國邊界耶？」[121]又於長白山上定以初派設柵時對朝鮮人云，如此「爾國多得地十餘里」。而石碑碑文要朝鮮人列名，亦為一證，如只查邊，無此必要。更重要的證據是當年朝鮮表謝定界之恩曰：「……嚴兩地之禁防，指水為限；表一山之南北，立石以鑱……絕奸氓犯越之患，用作永圖。」[122]

　　關於穆碑位置問題，朝鮮以碑東之土石堆木柵及木柵上老拱之樹證明其本在天池之南。秦煐等始言此皆朝鮮私設，尤其木柵即當年

---

丁亥狀啓」。

[117] 中央研究院近代史研究所編，《清季中日韓關係史料》，卷4，頁2019。

[118] 中央研究院近代史研究所編，《清季中日韓關係史料》，卷5，頁2393 2394，覆勘圖們界址談錄公文節略，(2)-(4)、(8)；〈土門勘界〉，《白山學報》，第2號，頁193、199，「勘界使李重夏丁亥狀啓」。

[119] 《清聖祖實錄》，卷246，頁441-1，康熙五十四年五月五日癸巳條。

[120] 《朝鮮肅宗大王實錄》，第40冊，卷50，肅宗三十七年三月五日甲午條；《清聖祖實錄》，卷245，頁429-1，康熙五十年正月二十一日庚戌條。

[121] 洪世泰，〈白頭山記〉。

[122] 田保橋潔校訂，《同文彙考》（京城：朝鮮印刷株式會社，1937），卷3，頁746-747。該書即《同文彙考·原編》，共50卷，經日人田保橋潔（1897-1945）校訂，於1933年刊印，因其頁次與《同文彙考》原書悉異，為引註方便，故別名之；以下稱田校《同文》。

所設也應已朽，今之老樹必朝鮮後來添植；繼謂土石堆乃清人為祀長白所設路標，或獵戶入山引路之誌。[123]其否認碑址之最大理由則為碑文謂「西為鴨綠，東為土門」，今見西雖為鴨綠，而東則為松花，故主碑應在小白山以南之分水嶺上。憑實而論，煥等的看法是錯誤的。重夏當時已斥其私設堆柵之說，而清人祭白山神係在吉林城西之溫德恆山，不在天池之南。[124]由上述穆克登立碑經過可知此碑確在天池之南，並非原立小白山南而為朝鮮人暗移至此者。乾隆三十一年（1766），朝鮮徐命膺、趙曬遊觀時見該碑在天池南十餘里處，並見碑東之朽柵土堆。[125]此與清季中韓勘界委員兩次所見全同。且如碑不在此，則伏流、斷流立柵設堆等事便無的歸。惟因中國當時無穆克登定界舊檔，不知個中事實，故終覺穆克登現址可疑。韓使雖詳悉，然初為拓地圖們之北，不便出示舊檔故實，後雖提出，已不為中國所信服。[126]

　　雙方辯論最多且激烈者為圖們江正源何在，尤其對韓國所主「有土如門」及海蘭河或布爾哈圖河為土門江一說。現在我們既知穆克登定界時以碑東土溝——黃花溝子之水斷流，而在碑南百里外尋獲「湧出處」——初派或次派，且光緒十二年（1886）後朝鮮已揚棄土門、豆滿、圖們非一江之說，則此處自亦不必再論究以松花為圖們之事，而應直接探討初派或次派究為圖們江何源。

　　清季勘界時，朝鮮放棄以松花江源為圖們源流後，即始終堅持紅土山水為圖們正源，中國則先主西豆，次主紅丹，最後退主石乙。雙方均謂所主符合穆克登定界，實則全以現實情狀及利益為依歸。李

---

123 〈土門勘界〉，《白山學報》，第2號，頁204，「勘界使李重夏丁亥狀啓」；〈問答記〉，《白山學報》，第4號，頁260。中央研究院近代史研究所編，《清季中日韓關係史料》，卷5，頁2389。宣統間吳祿貞又謂乃清朝封禁之標堆，見吳祿貞，《延吉邊務報告》，第8章，頁116。

124 李重夏謂設柵置堆需多人及長時間，當時中國採獵之人往來不絕，豈得不見。見〈問答記〉，《白山學報》，第4號，頁269；王河、魏樞纂，《盛京通志》，卷13，頁186。

125 徐命膺，《保晚齋集》，卷4，〈遊白頭山記〉。

126 〈照會談草〉，《白山學報》，第2號，頁193；中央研究院近代史研究所編刊，《清季中日韓關係史料》，第5冊，頁2388。

重夏所考慮者為「以西豆為界，則茂山半境屬之中國；洪丹為界，則長坡一面亦屬中國」。[127]他說西豆、紅丹均是朝鮮內地。[128]此實不通之論，因確定穆克登所定江源之前實無由判斷何處為中土，何處為韓地。秦煐等以同樣理由放棄西豆北源為界，且云該水兩岸居處韓民甚多，屋宇墳墓均已年遠。[129]此亦不成理由，因康熙五十一年（1712）時此處既非朝鮮內地，也無屋宇墳墓，而是莽莽荒野，秦煐等不得不放棄西豆、紅丹。

　　李重夏得以堅持紅土山水之真正原因乃中國圖誌之記述。光緒十一年（1885），總署奏議中以〔嘉慶〕《大清會典》地圖及《皇朝一統輿圖》，證明豆滿即圖們，即中韓國界。[130]會典圖及說明均載大圖們江有兩源，出長白山東麓，二水合東流；小圖們江兩源出其北，二水合東南流，與大圖們相會。[131]一統輿圖於大圖們江南復有洪丹及漁潤河。[132]

　　光緒十二年（1886），總署即據此圖判定西豆北源非大圖們江，復因秦煐等稟文謂圖們江在茂山西七十里江口地方分為二，南源為西豆，北源為紅丹，紅丹又分南北兩源，故奏飭煐等查證會典圖說所述大圖們二水是否即係紅丹水之南北兩源。[133]以此種圖誌證明圖們即豆滿，即國界，甚為有用，證明紅丹為界水則事與願違。重夏固未睹會典圖說，然以圖說校讀《吉林省通志》〈琿春圖〉，則小圖們江顯即紅溪河（亦曰紅旗河），其西大圖們江南岸有三條江口，此三江必為紅丹及其他兩條較短之流。（參閱圖2-4至圖2-8）

　　至於〈一統輿圖〉上既然大圖們與紅丹並列，何能求證紅丹即大

---

[127] 〈土門勘界〉，《白山學報》，第2號，頁173，「別單草」。
[128] 〈照會談草〉，《白山學報》，第2號，頁205；〈問答記〉，《白山學報》，第4號，頁269。
[129] 中央研究院近代史研究所編，《清季中日韓關係史料》，卷4，頁2092、2094。
[130] 中央研究院近代史研究所編，《清季中日韓關係史料》，卷4，頁1931。
[131] 托津等奉敕纂，《大清會典圖》（嘉慶十六年托津等撰，會典館刻本），卷91，頁136。
[132] 按奏文中所稱地名知此圖為同治二年湖北撫署所刊〈皇朝中外一統輿圖〉。
[133] 中央研究院近代史研究所編，《清季中日韓關係史料》，卷4，頁2095。

圖們？故總署已自陷矛盾，處於必敗之地。十一年勘界時重夏無圖，
焃等雖有而不出示，[134]十三年重夏即抱圖而來，並專據圖論證紅土山
水即大圖們江。[135]焃等雖謂其圖為坊本，不足據，但終不能折服重
夏，[136]在無可如何之下，乃別尋石乙以代紅丹。重夏稟其王云，石乙
亦大圖們江之一源，載在一統輿圖，[137]意似石乙為界亦屬有據。然光
緒十四年（1888）仍拒之。

圖2-4　鴨綠、圖們江流域圖[138]

134　〈覆勘圖們談錄〉，《白山學報》，第2號，頁184。
135　〈土門勘界〉，《白山學報》，第2號，頁175，「勘界使李重夏丁亥狀啓」，頁
　　　173、176、180-181、183、186、201、203、205。
136　〈土門勘界〉，《白山學報》，第2號，頁175，「勘界使李重夏丁亥狀啓」，頁
　　　184、194。重夏謂十一年歸漢城購得〈一統輿圖〉，並云圖中鴨、圖源間有點劃，
　　　因知其圖乃鄒伯奇之《皇輿全圖》。
137　〈土門勘界〉，《白山學報》，第2號，頁175，「勘界使李重夏丁亥狀啓」，頁
　　　175。
138　J. B. Du Halde, *Description de la Chine* (Paris: P. G. Lemercier, 1735), tome iv.

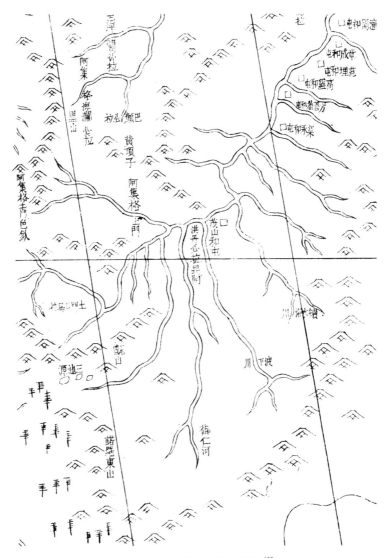

圖2-5　鴨綠、圖們江源地區形勢圖[139]

---

[139] 〈琿春必拉、寧古塔和屯圖〉，收入張其昀監修，《清代一統地圖》（臺北：國防
研究院，1966年據1932年北平故宮博物院「重印乾隆內府輿圖」影印），頁101-
102。

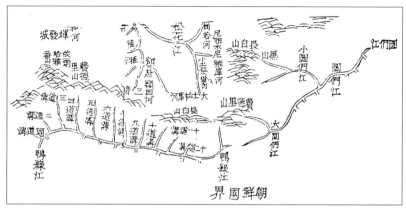

圖2-6　鴨綠、圖們江圖[140]

圖2-7　鴨綠、圖們江源形勢圖[141]

---

[140] 嘉慶《大清會典圖》，卷91，頁1-2。

[141] 鄒伯奇繪，《皇輿全圖》，頁24-25。

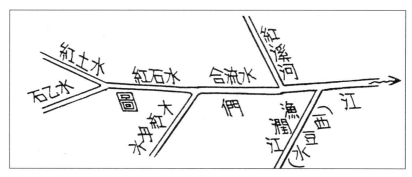

圖2-8　「合流水」、「紅石水」示位圖（作者自繪）

　　不僅嘉慶以後之圖志如此，《古今圖書集成》是雍正間所修，其〈職方典〉一百七十九卷之〈寧古塔疆域圖〉亦不例外。1733年法國巴黎印行之〈唐維爾地圖〉，[142] 及乾隆二十五年（1760）之內府輿圖均明列「土門烏拉」，審其形勢，即後之紅土山水。故依此等圖志而論，李重夏之堅持完全合理。

　　不過研究穆克登定界自以當時之文獻為主要憑藉，後世之圖僅居參考地位。故今據朝鮮舊記對穆克登所定圖們源界予以重新探究，其結果如與上述圖志相符，百年來之疑點即可由此澄清；如不符亦可知其問題之焦點何在，設法解釋。然而在文獻中探求長白山亂崗中之初派、次派必然徒勞無功，故應自其大範圍著眼，考究朝鮮經營圖們江上流之歷史，追尋穆克登定界時行經之地名，從而考察其所得水源之地望。

　　康熙帝（1654-1722）令穆克登查明鴨綠、圖們江源不明之區時，雖未說明其確切起迄地點，但從下述考證可知茂山附近江界明確，不明之處係在茂山以西。這與光緒十三年（1887）總署奏議完全符合。康熙五十一年（1712），穆克登副手侍衛布蘇倫在茂山等候穆克登時，發現朝鮮人民私越圖們盜伐木材。由於該國譯官金指南之懇求，布蘇倫未將此事報告穆克登。然朝鮮政府於穆克登歸國後仍嚴懲犯越

---

[142] Jean-Baptiste Bourguignon d'Anville, *Nouvel Atlas de la Chine, de la Tartarie Chinoise et du Tibet.*

人民及該地方官員。[143]

康熙二十五年（1686），朝鮮持平李徵明（1648-1699）稟其王曰：

> 聞自茂山府西行一日許程，豆滿江上流分為三派，彼此之界未
> 知在於第幾派。第三派以南則我國之人常常往來，任自耕牧。
> 日後之慮難保必無，此亦不可不預慮者也，下詢大臣從長善處
> 何如？[144]

可知李氏認為雙方疆界之不明在此豆滿江三源；第三派以南雖有朝鮮
人耕牧往來，然李氏以其為未定之地，恐清廷干涉，故請從長善處。
這三派源流之地望應自第三派考察。康熙四十年（1701），該國特進
官李思永（1634-1710）云：「朴下川在茂山西南四十里，而土甚膏
沃，仍有貂、蔘之利，奸民冒入者，殆至百餘戶。」[145]四十年該國之
墾區尚限於朴下川，不足百戶，且「奸民冒入」四字顯示該國禁民至
此，則二十五年時之墾民必無越此水流域之理。由此可知李徵明所指
之第三派最大限度當為朴下川西之漁潤江，即後來所稱之西北川或西
豆水，第二派應為合流水，第三派為阿集格土門（小土門），即清季
所稱之紅旗或紅溪河。

此三者既係疆界不明之所在，則穆克登定界時必擇其一作為界
水。許樑、朴道常供稱，穆克登立碑後，中韓人員沿流而下，「自
即今設標處，下至大紅丹水各二日半程」。[146]「今設標處」指次派源
頭。沿次派而下可至大紅丹水一語表示次派為大紅丹源流之一，然非
正源。許、朴又說，定界人員自「湧出處」下行時旁經南甑山，又

---

[143] 《朝鮮肅宗大王實錄》，第40冊，卷51，肅宗三十八年五月五日丁亥條；《承政院
日記》，第25冊，頁506-507。
[144] 朝鮮備邊司，《備邊司謄錄》，第3冊，頁923。按李氏前年奉使北道故有此見聞。
見《朝鮮肅宗大王實錄》，第39冊，卷17，肅宗十二年三月九日癸亥條。
[145] 《朝鮮肅宗大王實錄》，第39冊，卷35，肅宗二十七年三月二十二日己酉條。
[146] 《朝鮮肅宗大王實錄》，第40冊，卷52，肅宗三十八年十二月七日丙辰條。

「過盧隱東山，來會於漁潤江使臣待候處」。[147]「湧出處」指次派源頭，使臣乃接伴使朴權及李善溥。他們自昆長隔別穆克登至茂山等候，今聞穆克登下山而來，故往迎於漁潤江上。

朴權見穆克登時說：

> 臨江遠近處，有一水來合於大紅丹水，明是白山東流之水。此乃真豆江，而欽差所得水源乃是大紅丹水上流也。……自此相距不過十餘里，欽差暫時往見可知實狀。

穆克登答稱：

> 臨江臺上邊來合之水，必非豆江之源，似是大國地方眾水合流來會於此者。[148]

從朴、穆談話可知：次派確為大紅丹水上流。大紅丹水流經臨江臺附近，在臨江臺附近注入大紅丹水之另一條河流，穆克登未定為豆滿江正源。大紅丹水上流及其上源之一，即次派，穆克登定為圖們江，為兩國界水。換言之，在臨江臺附近的一段圖們江時稱為大紅丹水，其上流諸源則無定名，穆克登定界之後，大紅丹及次派始得圖們、土門或豆滿江之定名。

按康熙五十二年（1713）之朝鮮紀錄，臨江臺在茂山以西七十里，又十里為漁潤江。[149]韓末文獻謂距茂山五十里。[150]據韓國乾隆中葉所製茂山圖，此臺在豆滿江南岸，西距西北川（漁潤江）較遠（見圖2-9及附錄一）；乾隆五十年（1785）所繪之圖此臺在西北川東岸，距豆滿江稍遠。

---

147 《朝鮮肅宗大王實錄》，第40冊，卷52，肅宗三十八年十二月七日丙辰條。
148 《朝鮮肅宗大王實錄》，第40冊，卷51，肅宗三十八年六月三日乙卯條。
149 《朝鮮肅宗大王實錄》，卷53，頁8。
150 朴容大等奉勅撰，《增補文獻備考》，卷29，頁13。

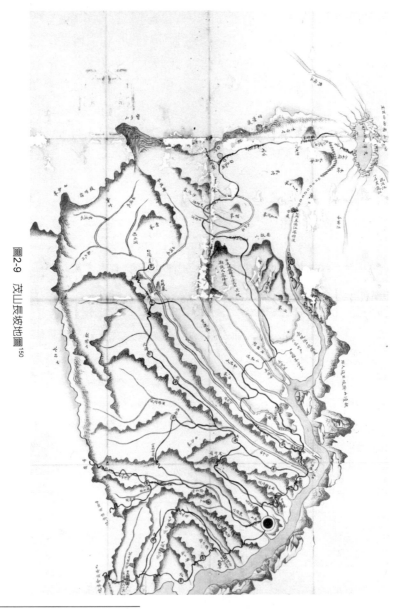

圖2-9　茂山長坡地圖[150]

---

[151] 〈長坡地圖〉，藏於韓國漢城大學中央圖書館奎章閣檔案館（收藏記號：奎12160），繪於1785年。編按：即今首爾大學奎章閣韓國學研究院。

上文中許、朴將漁潤江及大紅丹水分別稱呼，可知大紅丹水非漁潤江，乃合流水，而朴權主倡，穆克登否定之真豆江為紅旗河。合流水有紅丹水及紅土山水兩源，而上文中我們曾說次派乃大紅丹水之上源而非正源。然則後之紅丹水即大紅丹水正源，而穆克登所得次派確係紅土山水（非圓池水）。依此考證論之，中國康熙以來輿圖所繪並無差誤，李重夏主紅土山水為界亦屬正確。

　　要確定江源必需照顧南甑山及蘆隱東山之位置地望。康熙三十年（1691），清廷要求朝鮮支援查山，圖納等往鴨圖區核實地志資料時，該國備局草擬的嚮導支援路線是自惠山經雲寵至吉州轉茂山。咸鏡監司建議改自惠山栢德嶺過蘆隱東山至茂山，以此路為捷徑，且處白頭山之南，長白山之北，正是豆滿江上流。[152]穆克登定界時該國以為他或取此路，且云此路係白頭、長白間稍低處，名為「甫多會分水嶺」。[153]是栢德即甫多會，又稱「寶髦山」或「寶多山」，秦煐等作「蒲潭山」，後又呼「胞胎山」。該國備局所擬之接待穆克登別單中並謂，過此分水嶺後，至茂山境前有漁潤江。[154]

　　綜上所述，可知過栢德嶺或甫多會山後即蘆隱東山，越此為漁潤江。穆克登往時自栢德直上白頭，未越此嶺而東，而回時則經蘆隱東山，足證其所尋得之水源係流經此分水嶺與蘆隱東山之間。〈唐維爾地圖〉中有Noro-tum chan，在Yugin-ho R之西，乾隆內府輿圖作諾羅東山，筆者認為Noro-tum chan即蘆隱東山之韓語讀法。

　　在朝鮮早期文獻中，除上述《肅宗實錄》外，未見南甑山之名。唐維爾及內府輿圖中有甑山，位在Toumen oula（土門烏拉）之南，當即此山；乾隆、朝鮮所繪兩幅茂山圖也將其置於同樣地位，而蘆隱東山則置於大紅湍水以北，甑山之南。依此圖形勢論之，如穆克登等中

---

[152] 朝鮮備邊司，《備邊司謄錄》，第4冊，頁439，肅宗十八年正月十三日條；《朝鮮肅宗大王實錄》，第39冊，卷24，肅宗十八年二月十七日丁酉條。
[153] 朝鮮備邊司，《備邊司謄錄》，第6冊，頁362-363。
[154] 朝鮮備邊司，《備邊司謄錄》，第6冊，頁363，下欄。

韓定界人員所沿下之大紅丹水上流為紅土山水，則過甑山後即可直至漁潤江，不必經蘆隱東山；既經南甑又過蘆隱，則所沿行之水必為紅丹水，而非紅土山水。

大韓光武年間所修之《增補文獻備考》云：「豆滿江出自白頭山之陽，甲山天坪。」[155]甲山係指甲山府，天坪的位置在朝鮮史中屢有變更，乾隆間指朝鮮的長白山，即吉州、明州北境橫列山脈以北之地，[156]同書卷十九述長白山脈南向分佈的形勢道：

> 白頭山……由鴨綠、土門兩江之間而南，南至於臙脂之峰，虛項之嶺環為天坪。東南迤為寶多、沙伊、緩項、漁隱，至於圓山。臙脂峰一麓東迤至大角、甘土、南甑之山。沙伊峰一麓東為蘆隱洞山……。[157]

光武乃朝鮮爭「間島」最烈時期，故此處所謂土門係指松花上流，即穆碑東邊之溝，我們可置諸不論。至其所述山脈形勢：長白南下為臙脂峰，自該峰分兩枝，一枝南下為虛項嶺，一枝東出為大角峰——甘土峰——南甑山，此兩枝山脈間之地名曰「天坪」。按上述各種地圖，紅土山水係流經南甑之北，此處既明言豆滿江出自天坪，而天坪乃在大角——甘土——南甑山系之南，則豆滿江非紅土山水，而是紅丹水甚為明顯。

穆克登定界時繪了兩本地圖，其一送朝鮮國王，而今均不見，故考證困難。國立中央圖書館藏有滿文紙本彩繪之〈寧古塔圖〉一幅，[158]其所標圖們江源頗似紅丹水。清季中日交涉時，日本外務省屢次調取

---

[155] 朴容大等奉勅撰，《增補文獻備考》，卷20，頁31-32。

[156] 《朝鮮英祖大王實錄》，第43冊，卷70，肅宗二十五年十月十八日癸巳條；《朝鮮正祖大王實錄》，第44冊，卷3，正祖元年四月七日壬寅條。

[157] 朴容大等奉勅撰，《增補文獻備考》，卷19，頁1-2。

[158] 其製成時間尚不知，然純滿文地圖多康熙時代者。滿文承李學智先生（1919-2003）讀釋。編按：該圖現收藏於國立故宮博物院。

對韓國有利之資料，[159]並以同樣目的委託內藤湖南（1866-1934）調查研究。[160]內藤氏報告筆者未見，然中日協定以石乙（紅土山水之一源）定界；對韓有利之界為石乙，則客觀公平之界或即紅丹水。

穆克登定界回國後，朝鮮咸鏡監司李善溥報控茂山人蔡震龜罪狀，請攷司稟國王處理。報告說：「蔡震龜入居朴下川，彼我境界無不通曉，而私率地師占地求山於彼邊，實是亂民伎倆。」又說：他在「莫重定界之時粧撰擬似之說，終至無實之境，心術作用陰譎矣。蓋震龜作出大紅丹真豆江之說，以其占山之處為若在於豆江之內，稱為我境者然。而今次定界時審定豆江水源，則其所占地處為豆江之說，實狀現著矣。」[161]

這份報告說明震龜自朴下川至清朝境內占地求山，此處在大紅丹水之內（自茂山方面言），震龜為使所占合法化，故倡言大紅丹水為真豆江，為國界，然穆克登審定之豆江水源非大紅丹水，故其所占仍在豆江之外，在清朝領土。上文據朴權、穆克登對話推測大紅丹乃合流水，且穆克登定之為界水，而李善溥則否定大紅丹為真豆江，故真豆江何在又成疑問。朴權稱在臨江臺附近入大紅丹之水（紅旗河）為真豆江，可能震龜所言之大紅丹、真豆江即此，朴權此語乃受震龜言論之影響，但既云此水入大紅丹，則其非大紅丹甚明，故此一解釋不能成立。大紅丹水既非真豆江，則真豆江只有漁潤江，即西豆水足以當之了。

綜上而論，石乙水、紅丹水、西豆水均似為穆克登所定之圖們界源。然而西豆水之可能性極少。如穆克登自圖們下流上溯，或有可能，因該水確為圖們諸源之長而大者。奈穆克登係自山而下，必先經石乙、紅丹方至西豆。且清季勘界時發現西豆北源距穆碑一百八十

---

[159] 外務省編，《日本外交文書》（東京：日本国際連合協会，1961），第40卷，第2冊，頁78-79、122-123、135-136、141、145-146、171、175-176、187、191、194。

[160] 内藤戊申，〈内藤湖南・北韓吉林旅行日記〉，《朝鮮學報》，第21、22合併特輯號（奈良，1961年10月），頁405。

[161] 《承政院日記》，第25冊，頁505，肅宗三十八年七月二十日。

里，而穆克登等於康熙五十一年五月十一日中午自天池南下，下午即尋獲湧出之水，雖騎馬而行，五、六小時是否能行一百八十里之山路甚成疑問。按中國圖志及上述考證，石乙水之可能性甚大。但按蘆隱東山、南甑山之地望則又似紅丹。

如以紅丹為界源，則中國圖志之記載又如何解釋？本章康熙〈皇輿全覽圖〉中朝鮮部分乃參考穆克登、何國柱得自朝鮮之圖而成，而此圖中之白山山脈多有錯誤。筆者以為康熙以後之中國輿圖均緣此而錯誤。〈唐維爾地圖〉及乾隆二十五年（1760）內府輿圖中甑山南及漁潤江間之水未標名稱，而遽將甑山以北之水流作土門烏拉，此即錯誤之痕跡。筆者以為土門烏拉或應以此無名水當之，而阿集格土門應在土門烏拉之位置（參圖2-1）。一言以蔽之，穆克登所定圖們界源現在尚無法確切肯定。

探求圖們江正源為何水，只是邊界問題的一環，確定圖們、鴨綠兩江間的界線方為全部問題的解決。朝鮮自始以靠近天池之穆碑為論界之重點，即不論何水為圖們正源，連接兩江界源的國境線必須經過穆碑。中國雖亦主以碑為界，然以碑應在小白山以南，即無論圖們正源為西豆水或紅丹水，其與鴨綠間之界線必須東西橫截白山。總署稱鴨綠江源不名「鴨綠」而曰「健川溝」，並令吉林考證紅丹水之二源是否即〈一統輿圖〉中大圖們江之二源，[162]即擬在紅丹與健川溝間劃界。

光緒十三年（1887）勘界前中國預置十五塊石碑於紅丹源頭，即欲實行此議。十三年勘界後秦煐等所擬「華夏金湯固河山帶礪長」十字碑址，亦趨東西橫截方向，而未顧及天池南之穆碑現址。十四年（1888）中國咨知朝鮮派員沿石乙水會立界碑時，朝鮮即行拒絕。其拒絕之旨並不在石乙或圓池水為界，而在中國自石乙至鴨綠橫截劃界。[163]換言之，如中國所設界線係自石乙經穆碑至鴨綠源頭，朝鮮

---

[162] 中央研究院近代史研究所編，《清季中日韓關係史料》，卷4，頁2095。
[163] 光緒十四年四月二十日韓國「將圖們江源勘界情形詳細轉奏事」咨北洋大臣衙門，見〈間島案〉，《白山學報》，第6號，頁189。

不一定反對。宣統元年（1909）中日所訂圖們江中韓界約第二條規定，兩國以圖們江為界，其江源地方自定界碑——穆碑起至石乙水為界。[164]這是光緒十三、四年中韓交涉之折中辦法，即圖們江正源則依中國石乙為界之旨，而圖、鴨間界線則循韓國緣穆碑劃界的主張。前後相較，韓國比中國所得為多，然日本利用此問題取得在中國修築安奉鐵路等五項特權，與中韓所得相較，日本取得了獅子分（Lion share）。

## （二）穆克登之失地及其原因

無論穆克登所定界水為紅土、紅丹，甚至漁潤江，中國在此次定界中損失甚大，朝鮮則建得廣大土地。茲將其得失大略及原因撮述如下。

穆克登於康熙五十一年（1712）六月初離朝鮮，同月二十日該國領議政徐宗泰說：「定界後疆域增拓，誠為幸矣。」[165]該國因穆克登定界時處處順當而得地，頗有睦清弛防之狀，翌年副提學鄭澔上疏攻擊道：「昨年六里青山之許割，何利於我！」[166]其後安鍾和作〈朴權小傳〉云，定界時朴氏機變因應，該國拓地五百里。[167]朝鮮拓地正確數字作者此刻尚難確定，然其範圍梗概大略可知。

康熙十九年（1680）侍衛費耀色使朝鮮，該國聞其曾與武默納同探白山，疑此來乃清人預籌敗於三藩時假道朝鮮北境返寧古塔之工作。在議論應付之道時，諸臣建議以「白頭即汝土，何必從我而歸」對之，而金錫冑（1634-1684）則以為「山南亦其土地，若敗則必從我而歸也」。[168]足證長白山南為中國領土。

康熙三十年（1691）清廷派查山、圖納等往鴨綠、圖們查對地誌

---

[164] 王希隱輯，《清季外交史料（宣統朝）》（臺北：文海出版社，1963），卷8，頁43（全書頁222）。

[165] 《承政院日記》，第25冊，頁478下，肅宗三十八年六月二十日條。

[166] 《朝鮮肅宗大王實錄》，第40冊，卷53，肅宗三十九年四月二十七日甲戌條。

[167] 首爾大學校圖書館編，《國朝人物志》（首爾：首爾大學校出版部，1978），卷3，頁184。

[168] 《朝鮮肅宗大王實錄》，第38冊，卷9，肅宗六年三月五日甲午條。

資料前，咨朝鮮供驛嚮導，該國備局建議以道險不通咨絕，國王令撰咨文時加入「且惠山以後難可嚮導」一由，史官解釋道：「蓋自甲山過惠山則乃彼國地方，非我國人所嘗通行處，欲藉此為持難之一端云。」[169]可知惠山以北鴨綠、圖們之間悉為清土。朴權奉接伴使命後曾云：「兩江連陸之處道里遼遠……既無地名標識，又無文字可據。且聞土人輩皆以白頭山下空曠之處認為彼地云。」[170]此與金錫冑所說山南亦清朝領土一致。

以上為兩江間土地歸屬情實，至於會寧以西圖們流域，則明末老土等女真部落居於朴下川流域，萬曆二十八年（1600）老土降建州，[171]其領土自亦歸於建州。然因努爾哈赤父子聚民練兵，將該等部落悉行北遷，其地遂空。朝鮮乃於康熙十三年將原設於車踰嶺南之茂山鎮北移於朴下、圖們之交，並於二十三年（1684）罷鎮置府，作為一行政區，即今之茂山。[172]

然而此種建置乃片面侵占行為，故穆克登查邊時朝鮮政府因茂山城池館舍新築，非久遠之狀，恐清人責問，曾令朴權勿引穆克登至此。[173]而該國君臣討論蔡震龜罪案時，亦屢述女真部落撤退後，讓政府以此區地近白山，禁農民入墾，並謂「今則疆界既定，朴下川不必更論」。[174]是定界之前朝鮮猶覺朴下川地位仍在未定之天。綜上所述可知，自朴下川而西，圖們諸源流域，及惠山以北長白山區，本皆清土，定界時朝鮮以種種方法占為己有。

康熙五十一年（1712）二月清朝查邊咨文到達漢城後，該國備局忙於接待及嚮導問題，未深慮境界一節。三月六日知經筵崔錫恒（1654-1724）及侍讀吳命恒（1673-1728）始提請注意。他們以為鴨

---

[169] 《朝鮮肅宗大王實錄》，第39冊，卷23，肅宗十七年十一月二十四日甲戌條。

[170] 朝鮮備邊司，《備邊司謄錄》，第6冊，頁375-376，肅宗三十八年二月二十四日條。

[171] 田村實造編，《明代滿蒙史料：李朝實錄抄》（東京：東京大學文學部，1958），第13冊，頁142-143。

[172] 朴容大等奉勅撰，《增補文獻備考》，卷29，頁12。

[173] 《備邊司謄錄》，第6冊，頁363-376。

[174] 《承政院日記》，第25冊，頁505-506，肅宗三十八年七月二十日條。

綠、圖們之幹流固可為界，而兩江源區眾水雜流，難於以水為限，必須審查地形，詳考故實，細詢土人，的確折定，庶免臨時差失，並請准令威鏡道南北兵使查勘報告。[175]

三月八日，李頤命（1658-1722）說，白頭山距甲山六、七日程，而亂山澤樹，人跡難通，故朝鮮把守鎮堡皆在山南五、六日程。清人若以此把守處為界，則甚為難處。因建議，雙方既以圖們、鴨綠為界，則無論發源處與下流，水南皆當為朝鮮地方，接伴使須以此力爭。[176]十五日國王吩咐，如清人果欲以把守處為界，則以「白頭山以南即為我境之意措辭爭執」。[177]二十四日朴權以爭地無明白文字可據，恐無以壓伏清人之心，故請以《盛京通志》為憑。因該志〈烏喇寧古塔形勢圖〉邊註：「南至長白山一千三百餘里，其南朝鮮界。」〈山川卷〉長白山條云，山上有潭，周圍八十里，為鴨綠、土門兩江所從出，均可為山南即屬朝鮮之證據。[178]但當時清朝法禁史書外流，如以此為證，恐惹事端，故作罷論。[179]

李頤命繼欲以《大明一統志》為據，而該書云長白山屬女真，亦不可援引。最後決定彼此境界既無文書可據，惟當堅持兩江為界，其間連陸之處則以兩江發源處橫截作限。[180]當穆克登問金慶門知否邊界何在時，金氏答稱：「雖未目見，而長白山巔有大池，西流為鴨綠江，東流為〔豆滿江〕，大池之南即我國界。」問有可據文書否，慶門巧妙回答：「立國以來至今流傳，何待文書乎！」穆曰：「白山之南連有把守耶？」金對：「此地絕險，人跡不到，故荒廢無把守，有

---

[175] 《朝鮮肅宗大王實錄》，第40冊，卷51，肅宗三十八年三月六日己丑條；《備邊司謄錄》，第6冊，頁366-367。

[176] 《朝鮮肅宗大王實錄》，第40冊，卷51，肅宗三十八年三月八日辛卯條。

[177] 《備邊司謄錄》，第6冊，頁371下，肅宗三十八年三月十六日條。

[178] 《備邊司謄錄》，第6冊，頁374。編按：當係〔康熙〕《盛京通志》（1711年刊本），卷首，〈烏喇寧古塔形勢圖〉，頁7b-8a。長白山條見卷9，〈山川志〉，頁42a。感謝劉序楓老師提示。
《盛京通志》(1711刊本)，卷首，圖，頁7b-8a；卷9，山川志，頁42a。

[179] 《備邊司謄錄》，第6冊，頁381，肅宗三十八年四月八日條，參考頁374-379。

[180] 《備邊司謄錄》，第6冊，頁376上。

同大國柵門外之地耳。」穆克登未再詰問。朴權報其王曰：「白山南即我地之說既發，而無大段爭詰之舉，爭界事無甚可慮。」[181]此為朝鮮爭地嘗試成功。

穆克登至惠山後不沿鴨江支流東下圖們，而直上白山之巔，亦因朝鮮人之誘導。穆克登下山後對朴權說：「爾國知路人言，東流之水斷流後百餘里始為湧出云，今吾所得水源與此言相符。」[182]此知路人應即上述魚山僉使及仁遮外萬戶。他們曾探得圖們源自山頂，斷流八、九十里後湧出，凡三派，合而為江。穆克登自天池南下尋湧出之水時，朴道常與甲山指路人先至次派源頭，指此為圖們江源。這也是按魚山僉使之調查而行。按朝鮮於是年二月討論是否沮阻穆克登之來時，吏曹參議李光佐（1674-1740）即言「可欺以其方」，[183]觀上述諸節可知該國君臣運用智慮之狀。近代韓國學者每斥其先人無能，甚非公平之論。在當時兩國強弱懸殊情勢下，能有如此優異之交涉，實屬罕見。

綜觀穆克登建界之行，可謂是一筆糊塗賬。鴨綠、圖們流域原為女真所居之地，清朝以女真族統主中國，最有資格取守此區。若於事先詳研故實，查考文獻，慎選使節，事非難成。縱不以此土本屬清廷，至少亦係未定界地，應如朝鮮一樣竭力爭取。而事竟不然，其中原因甚值得檢討。

穆克登為查邊定界主持者，而其人勇武有餘，智慮不足。第一次查邊時赤身躍入鴨綠江中，躬挽船索；登白山時矯捷如猿，在山頂大吼一聲，巨熊驚走，足見其勇。康熙五十年（1711）被俞集一導入絕途，此次又事事聽信於韓人，足證其不智。洪致中因見穆碑短狹，厚不過數寸，琢磨不精，豎立不堅，評穆克登：「以貴幸臣，奉命定界，而虛疏如此，其無致力之意可知矣。」[184]這點尚可以在白山荒野中立碑不易諒之，但當朴權、李善溥提議立標設柵應有清人臨檢時，他答稱不必，

---

181 《朝鮮肅宗大王實錄》，第40冊，卷51，肅宗三十八年五月五日丁亥條。
182 《朝鮮肅宗大王實錄》，第40冊，卷51，肅宗三十八年六月三日乙卯條。
183 《備邊司謄錄》，第6冊，頁357，肅宗三十八年二月三十日條。
184 《朝鮮肅宗大王實錄》，第40冊，卷53，肅宗三十九年正月二十二日庚子條。

立標與否由貢使知會，以為轉奏即可，且令設標後由朝鮮每年派人巡審。[185]定界設標巡審乃何等要事，而竟全委之朝鮮，可謂顢頇之至。

穆克登對朝鮮似有偏愛，第一次查邊時俞集一迫他折牙斷齒，中途而返，但他卻奏稱朝鮮對之尊敬優禮，聖祖以此減朝鮮歲貢方物額，並予褒獎。第二次奉使途次瀋陽時遇朝鮮謝恩使團，其通官對朝鮮人說，穆克登「為東國宣力甚勤，不特方物之賴此人得蠲，定界之際亦必善處」。[186]穆克登何以如此？朝鮮與清交涉每行賄賂，然自該國文獻觀之，他兩次使行，所得禮物並未超過法定數額，且謂其律己待下均嚴，二次之行，朝鮮欲額外加送，而穆克登始終未受。

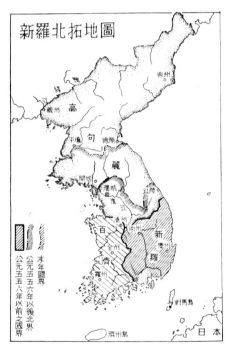

圖2-10　新羅北拓地圖（作者自繪）

185 《朝鮮肅宗大王實錄》，第40冊，卷51，肅宗三十八年六月三日乙卯條；朝鮮承文院編，《同文彙考·原編》，卷48，〈疆界〉，設柵便宜呈文。
186 《承政院日記》，第25冊，頁519，肅宗三十八年七月二十六日條。

第二個解釋是他出身於打牲烏拉原野，生性純厚，短於計慮，易為人欺，而朝鮮則襲新羅以來事大之妙術，於實際利益雖一絲不苟，而禮儀節文方面則盡量予天朝的人以滿足。一個粗野無文之人與工於計術者周旋，其不失敗者幾稀。第三項可能是，其時中國雖準部未平，然已敉三藩，平臺灣，訂《尼布楚條約》，幅員廣大，府庫充盈，對屬國朝鮮已不復如崇德、順治間之苛刻，而以天朝對屬邦的傳統理論氣度待之。穆克登在此氣氛下，對定界一事亦順當苟且了之。

　　康熙帝為有清一代明君，武功政事多有可觀，且於天算輿地之學頗為講求。然翁文灝（1889-1971）責其地理不精，自滿獨斷。[187]以此次定界而言，長白山之屬女真，《大明一統志》明載，《盛京通志》乃其欽命撰修，謂山南為朝鮮界，不言天池之南為朝鮮，而竟令該國移花接木，取得大幅疆土。此固穆克登之誤，實為聖祖之差錯。國疆重事，而以祖宗發祥、滿洲故域之部落情感處理，以致案情不發於朝報，事蹟不登於實錄。康熙三十年（1691），朝鮮以鴨江、長白之間道險不通，咨阻查山等經該國前往核實地誌資料，禮部駁之，聖祖則是之。

　　穆克登兩次奉使前後，但見上諭指揮，不聞部院將軍建白。觀朝鮮廷議時君臣密接，詳細論辯，凡事折中於至當而後行之，可知清朝君主之專制，制度之不良，誤事良多。此外，聖祖當時以儲嗣問題心煩意鬱，駕幸熱河時，雖徵招算學明士研討修纂，然此舉或在移情輸志，非盡為學術，而於定界一事亦於恍惚迷離之中處理，故有此錯誤。

　　清季勘界諸員雖聰明敏達，不蹈穆克登上白山覓水源之覆轍，而從圖們下流尋源覓界，然卒因穆克登僨事在先，無可如何。清季交涉中亦顯示出中國因制度紊亂而推諉的情形。大致自康熙之後，負責中韓交涉事務者為禮部，光緒八年（1882）韓國門戶開放，故中韓水陸

---

[187] 翁文灝，〈清初測繪地圖考〉，頁438。

通商章程之訂定，因係屬洋務，故由北洋大臣負責。其後許多事務北洋固經手，禮部猶承轉，勘界交涉時，二者即同時行文該國，該國也以同樣咨文分致兩衙門。總署雖承命議奏事件，而不直接行文，亦交由禮部北洋轉咨。[188]總署、禮部、北洋又同時向吉林當局行文指揮。光緒十四年（1888）四月，袁世凱電告李鴻章，朝鮮於會立石乙界碑有異議，欲先咨商再派員。[189]李氏迅即電世凱云：勘界事韓若另有意見，當咨總署核辦。[190]此即事權不一，遇重難則推諉之狀。制度之不良於交涉事務自有不利影響。

## （三）韓國的北拓傳統

　　康熙間定界失地固由聖祖與穆克登之疏慢，致清季亦無法挽回。不過中韓邊疆多事之真正原因並不在此，而是原於韓國自新羅以來的北拓傳統。據筆者所知，自李朝至今，韓國學者對三韓民族領域之解釋有兩種。一種上溯至高句麗，謂遼河以東之地均應屬韓。一種則沿新羅以後之發展。按高句麗係扶餘族，由遼東南向開拓，韓國固可視之為其源脈，中國史家亦將之列為中華民族之一，[191]且高句麗為唐朝所滅，以政權繼承論之，其領土自應屬唐。尤有進者，領土之意義主要視其歸屬之情況。鴨綠、圖們以北之地，自元至清，一統於中華帝國六、七百年，捨此不顧而追論隋唐時代，於理不合。如依此方式，則中國亦可追論漢代四郡領土。故論今日韓國領土，應自新羅以來之發展為據。

　　新羅與唐朝共滅百濟，並瓜分其土地後，不數年即迫唐移熊津都護府於遼東，開元二十三年（735），唐朝正式承認大同江以南為其所

---

188 高麗大學校附設亞細亞問題研究所編，《舊韓國外交文書》，卷8，頁326。
189 高麗大學校附設亞細亞問題研究所編，《舊韓國外交文書》，卷8，頁446-447、476。
190 高麗大學校附設亞細亞問題研究所編，《舊韓國外交文書》，卷8，頁451。
191 金毓黻，《東北通史》，頁28云：「如東北民族之在古代，則有漢族、肅慎族、夫餘族、東胡族之分，在近代，則有漢族、滿洲族、蒙古族之分。然其同為構成中華民族之一分子，則任何人不能有異議者。」

有。該國末年之北界，西限大同江，東至今之元山、安邊，以北屬渤海。其後遼、金承渤海，而高麗代新羅之後仍續北進。金朝末年，其國土西北至義州，東北至平定，中間連築長城以守之。元朝興起後，界線復南縮。西面慈悲嶺以北之地，即後之平安南北道為元之東寧府；東邊退至新羅舊界，其北為元之開元路雙城府，鐵嶺在其南。東寧府歷二十年即廢（1270-1290），地仍歸高麗。

元順帝十六年（1356），高麗乘元內亂，西略鴨綠江中游以南之地，東陷雙城府，並進取北青以南地，即元之曷蘭甸，後進至明州界。[192]明洪武十九年（1386）設東寧衛遙控鴨綠、圖們以南女真部落，二十一年（1388）欲設鐵嶺衛於雙城故地以復元代疆域，然終因高麗已捷足先登，雖歷經交涉而終不能行，乃設於遼東境內，即今之鐵嶺。[193]

李氏朝鮮於洪武二十五年（1392）開國，至明宣宗九年（1434）已將圖們南岸會寧至海之地收入版圖，而鴨江南岸惠山以西區域，自永樂十四年（1416）至英宗正統十一年（1446）間，漸次完全控制，在鴨江外曲（今遼寧臨江縣南）設閭延、茂昌、虞內、慈城四郡，後復於天順三年（1459）盡棄於女真，此即所謂廢四郡。自是至明末，鴨江一線無變動，圖們方面則自會寧稍西，沿虛修羅峴至惠山，以南屬朝鮮，以北屬女真，即會寧以西圖們江流域全屬女真。[194]康熙初，該國復佔朴下川，設茂山府。

由上所述可知，朝鮮在穆克登定界時極圖拓地乃其千餘年來一貫傳統。定界後朝鮮因拓地而讚揚穆克登處處順當，舉措大方，為無前之事；在謝表內稱，審界結果，幸逾始望，感激中情，將益篤忠貞，

---

[192] 津田左右吉，《朝鮮歷史地理》（東京：南滿鐵道株式會社，1913），卷2，15-21節。

[193] 和田清，〈明初之滿洲經略（上）〉，收入東京帝國大學文科大學編，《滿鮮地理歷史研究報告》（東京：東京帝國大學文學部，1934），第14冊，頁229-247、259-273。

[194] 津田左右吉，《朝鮮歷史地理》，卷2，22-23節；李相佰，《韓國史：近世前期篇》（漢城：乙酉文化社，1964），頁120-134。

思隙結之報，並恒尊定制。[195]對「胡皇」、「虜廷」的觀念態度大為轉變。然而隨時間之運逝，滿足之意漸消，饑貪之念復萌，終於不顧定制，任民越江墾佔，將昔日視同內服，寵眷有加之皇恩，說成以強凌弱之恨仇。

乾隆十一年（1746）咸鏡道審理使尹容復命時，國王以其曾遊白山，問定界是否有不足之處。尹氏回稱，自界碑望之皆空曠無用之地，失之無害。[196]可見此時已有定界不足及失地之言論。申景濬（1712-1781）讀《柳下集・白頭山記》按云，一般皆以土門、豆滿為一江，然據〈龍飛御天歌〉，豆滿北距會寧一日程處有土門江，亦出自長白山，東流後入豆滿江；志書皆謂豆滿出自白山潭水東流，而穆克登所定界水則南流甚遠後始東流，似非山潭正派；國界當以山潭正派為之。以此申氏謂朴權奉命不謹。[197]

此論自係因志書誤載圖們源自天池東流而發，然已見其不滿穆克登定界，及應以天池東流水為界之意，且其會寧北別有土門之說已啟清季鍾城北一日程處有土門之機。朝鮮實學派祖師李瀷（1681-1763）云，土門即豆滿，國人雖欲北拓，「然最古則北路皆靺鞨地，今則疆定矣，何必更賭無用之地，惹動爭端乎！」[198]此亦顯示當時對定界不滿之狀。然李氏以新羅為朝鮮發基論之，故不主更惹爭端。

朝鮮在嘉慶十三、四年（1808-1809）間所修之《萬機要覽・軍政篇》引〈輿地圖〉云：「分界江在土門江之北，江名分界，則定界碑當豎於此，……識者嘆其無一人爭辨，坐失數百里疆土云。」[199]筆者不知〈輿地圖〉之來歷，然既引於《萬機要覽》，則其著成時間至晚

---

[195] 《承政院日記》，第25冊，頁478下，肅宗三十八年六月二十日條；朝鮮承文院編，《同文彙考・原編》，卷48，〈疆界〉，謝定界表。
[196] 《朝鮮英祖大王實錄》，第43冊，卷62，英祖二十一年八月十四日癸丑條。
[197] 申景濬，《旅庵全書》（首爾：景仁文化社，1976），卷7，〈疆界考四〉，白頭山。
[198] 李瀷撰、安鼎福選，《星湖僿說類選》（上）（漢城：朝鮮古書刊行會，1915），頁50-51。
[199] 徐榮輔、沈象奎編，《萬機要覽・軍政篇》（京城：朝鮮總督府中樞院，1938），頁622。

亦在乾嘉之交。是此時朝鮮人已明斥朴權奉命失職，失地數百里，且所云分界江宛似清季朝鮮所指之海蘭河或布爾哈圖河。

總之，十八世紀中葉，朝鮮有兩派意見，一承北拓傳統精神，非難定界，一主維持既定界限，免惹爭端，而前者聲勢較大。同治末年韓民雖越圖們墾佔，仍為非法行為。適會寧府使洪南周（1827-?）舊友趙重應（1860-1919）自俄都歸訪，南周陳民生疾苦狀，重應講論天下大勢，並勸其許民越墾。南周亦以解民倒懸，開疆拓土立功後世而納其議，遂於光緒元年（1909）私自開放禁令，[200]於是鍾城、茂山等府踵相效尤。及清朝發現墾民，諭令遣還，南周等恐被私許之罪，墾民慮無以為生，乃索性摭拾流來豆滿北別有土門之說，比附輸送開市清人物貨之故實，[201]創出有土如門之說，將非法越墾變為領土疆界問題。

光緒九年（1883），魚允中以西北經略使往勘中韓水陸通商章程所定之會寧、鍾城、慶源開埠地點，受地方墾民及官員之影響，派人往長白山搨碑文，審石堆，然後自製「民狀」，由鍾城府使據以照會敦化縣。[202]此即清季界務糾紛所由起。光緒初兩次勘界未獲協議，甲午戰後界務交涉再起，韓人之主張言論大致載於《北輿要選》一書。

---

[200] 玄圭煥，《韓國流移民史》（漢城：語文閣，1967），上冊，頁136。

[201] 自清崇德年間至光緒八年，中韓在韓國之會寧、慶源定期市市易。吉林、寧古塔人每年至會寧開市一次，琿春一帶女真部落每兩年至慶源市易一次。開市時例由北京派通官，吉林派筆帖式同往監市。如逢雙市，即兩市同年開，會市畢通官等復往監慶市，然後取道鍾城府而歸。該府例發驛馬供騎乘，軍馬供馱載，並派兵房軍官領運至鍾城北一日程處。見咸鏡監營編，《重刊咸鏡道會源開市定例》（首爾：首爾大學奎章閣韓國學研究院藏咸豐壬子〔1852〕芸閣重刊本），頁9-10。此即朝鮮所稱輸役之事，然此與國界無關。如鳳凰城邊門距鴨綠江一百二十里，兩國在此市易，朝鮮貢物於此交卸，其護送軍亦止於此。欽使之支供在此一百里中亦由朝鮮負責，然無妨於鴨江之為國界。

[202] 〈土門勘界〉，《白山學報》，第2號，頁174，「別單草」。按允中於正月二十八日辭朝時國王問鹿屯島可否歸朝鮮，允中答稱，此島與中國琿春相接，中隔豆滿江，歸正非易。此意味該島屬中國。然十月四日復命時即謂，豆滿北非中國土，鹿屯島本屬朝鮮。（見魚允中著，韓國學文獻研究所編，《魚允中全集》〔漢城：亞西亞文化社，1979〕，從政年表，卷3，高宗二十年正月二十八日、十月四日。）自此可知前後轉變係受北道官民影響。

綜其較以前突出者約有兩端：1. 追溯高句麗舊疆，主吉林一帶亦應屬韓。2. 謂康熙定界乃穆克登憑藉大國威勢強迫朝鮮接受者。[203]此項完全歪曲歷史事實的說法，充分反應出朝鮮傳統北拓的慾望精神。大韓民國以來之言論，多襲甲午後之謬說，然有三點值得注意，即否定日本有權訂立宣統元年之中日圖們江條約，主張以民族自覺方式解決「間島」問題，並將間島範圍更為擴大。[204]是韓國北拓傳統至今猶在。

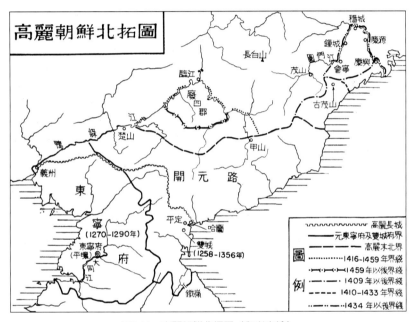

圖2-11　高麗朝鮮北拓圖（作者自繪）

---

[203] 金魯奎，《北輿要選》（漢城：筆寫本，1904），李乾夏、柳完茂序；卷上，頁12、19；李秉純跋。

[204] 申基碩，〈간도귀속문제〉，收入中央大學校論文集編纂委員會編輯，《三十周年紀念論文集》（首爾：中央大學校，1955），頁23-92；李瑄根，〈白頭山과　間島問題＝回想되는　우리　疆城의　歷史的受難〉，《歷史學報》，第17、18號合集（首爾，1962），頁547-570；玄圭煥，《韓國流移民史》，上冊，頁38-47。玄氏〈間島地形略圖〉將和龍、延吉、汪清、琿春四縣均列為「間島」，較光緒末日人所倡猶廣。參見吳祿貞，《延吉邊務報告》，第6章第3節。

韓國此種傳統，乃其民族尋求發展空間的心理意志趨向之表現。此種志念，每不顧法律及歷史事實，而曲設途徑以求旁通，有如水之就下，雖厓岸在前亦乘隙穿鑿，必遇高山峻嶺方旁轉他注。今中日條約猶在，且東北地區亦不復如清代之封禁空虛，自掘谿壑，而是人口稠密，有如峻嶺極嶽，故此後中韓間當無復界務問題。

## 五、結論

中韓之間一切關係均甚和睦暢順，然兩國的學術輿論界仍偶有關於邊界之爭議。中國方面多舉穆克登定界，謂兩國間無界務問題，而不知穆克登定界實造成清季界務交涉原因之一。本章雖未能判明穆克登以圖們江何源為界水，然已究明其定界之整個故事，對此問題之瞭解當有所裨益。此外清季勘界時，中國不認穆克登之定界行為，故亦拒絕穆碑為鴨綠、圖們間邊界線之中心。本章據原始資料肯定穆克登之查邊實即定界，而鴨圖間界線必須經過穆碑。今韓人之論此事者，多襲甲午以後之謬說，本章特申光緒十二、三年（1886、1887）交涉時，朝鮮承認其光緒九年（1883）後所持圖們、豆滿非一，江北土地屬韓之說之錯誤，俾供不顧往史而肆言放論者之參考。至於造成中韓界務問題之基本原因，可於本章對韓國北拓傳統之探究中得到答案。

# 附錄一　金庠基氏藏茂山地圖考

韓國白山學會編刊之《白山學報》第6號（1969年6月）載金庠基教授〈關北輿地圖解題〉一文，並附其所藏十三幅地圖中之茂山等六幅。金氏雖未說明其所藏地圖之來歷，而其解題一文已由日本《朝鮮研究年報》翻譯刊出，[205]足見此等地圖之參考價值甚被重視。金氏說茂山圖繪製於康熙五十一年（1712）穆克登長白山定界前後。用「前後」二字足證金氏態度之謹慎，因為數年或數十年均可謂之前後。該圖左下角載戊午年該府戶口及田額，金氏將此戊午釋為朝鮮肅宗四年（1678，康熙十四年），故有此結論。結論固無甚差違，而對證據之解釋則顯屬錯誤。欲明其錯誤，需先研究李端夏（1625-1689）的《北關誌》。

此誌之完成年代，一般解題書均稱不詳。按該誌述茂山府建置沿革云：「今上甲子罷鎮置府。」茂山改鎮為府乃肅宗十年（1684，康熙二十三年），故知「今上」乃指肅宗（1661-1720）。又該誌李三碩（1656-1710）〈癸酉識文〉云，此誌係李端夏在北關所著而未刊行，歸京後以抄本遺大將軍申汝哲（1634-1701）。汝哲出鎮北關時攜此參考，而以其完成至今已三十年，故汝哲復將此三十年中之變革益之，並囑三碩刊行。可知此誌經申汝哲增補。按申汝哲肅宗十八年（壬申，1692）在北兵使任，[206]則癸酉即十九年。[207]自此上推三十年，係顯宗四年（1663）。可知凡誌中所載顯宗四年以後之事均為汝哲增補。

此誌來歷既明，便可據以考證金氏所藏茂山圖之時代。誌載「今上庚午」茂山府有民七百四十七戶，男丁二千三十五，女二千五十；雜項並田八百九十八結四十六卜九束，畓三結四十二卜九束。庚午乃

---

[205] 朝鮮研究會編，《朝鮮研究年報》，第12號（京都：朝鮮研究會，1970），1970年7月20日。

[206]《備邊司謄錄》，第4冊，頁453上，肅宗十八年三月十四日條。

[207] 誌中茂山官案載最後一任府使李天根壬申來，知此誌紀事終於壬申。

肅宗十六年；十六年之戶田數如此，則四年戊午之數絕不可能如圖中戊午年之數，戶二千一百十九，男丁六千八百二十六，女丁六千五百八十三，元田一千七百四十八結餘，續田一千九十四結餘，畓二結餘。故知此戊午非肅宗四年。按同治十一年（1872）《茂山邑誌》載庚午式帳籍四千七百戶。[208] 自1872年前推，第一個庚午為1870年。假如此年戶數為四千餘，則前此之第一個戊午（1858）時該府戶數不應為二千一百餘，因1858年至1870年僅十二年，戶口不可能加倍。故有戶二千一百餘之戊午最晚亦應為1810年。又乾隆五十年（1785）北兵使所製地圖中有館洞、農事洞等名稱（見附錄二），而此圖中無，可知該圖之製作時間在1785年之前。按乾隆三十五年（1770）該國臣申一清疏請茂山宜設獨鎮於圖們上流時，曾謂該府人口五千餘戶，[209] 這數字可能因強調設獨鎮之需要而誇大，然四千左右應屬合理。1770年前之第一戊午為1738年，第二戊午即茂山有七百餘戶之1678年。由此推知圖中之戊午應為1738年，即乾隆三年，朝鮮英祖十四年。則此圖應在1738至1770年間製成。

---

[208] 作者不詳，《關北邑志》（出版項不詳）。
[209] 《朝鮮英祖大王實錄》，第44冊，卷114，肅宗四十六年五月十三日己丑條。

# 附錄二　茂山長坡地圖考

　　韓國漢城大學中央圖書館所藏奎章閣圖書中有一幅地圖，標名為「茂山地圖：長坡地圖」，作者及繪製時間均不詳。筆者對韓國輿地沿革及輿圖所知甚少，此處擬只從圖中數點記載，參以史書加以判斷其製作時期。圖中有館洞、農事洞地名，有「長坡新設火底烽處」、「長坡江口設鎮處」之記述。不直言長坡新設火底烽及長坡鎮，而加一「處」字，顯示此乃擬設地名，非已存在。最重要的是「長坡江口設鎮處」傍有「人戶六家」四字，可供考據之重點。因輿圖不常製，而民戶數則不可能長期不變。穆克登定界之後，朝鮮在圖們上游的墾殖迅速擴展，至乾隆四十年代已推至紅丹水東南，漸漸開發長坡地區。為保護墾區，繼續擴展，並溝通茂山、甲山間交通，乃有長坡設鎮之呼聲。乾隆四十九年（1784）此事被提出，討論結果令咸北兵使詳細勘查報告後再決定。[210]翌年七月該兵使提出勘查地圖及報告，比較在館事洞、農事洞、長坡江口設鎮之優劣條件，建議在江口設鎮，並在蘆隱東山設火底烟臺，地圖及報告中均說明江口只有人戶六家。[211]由此可以判斷此茂山長坡地圖當為乾隆五十年（1785）北兵使所繪呈之圖。

---

*本章原刊於《中央研究院近代史研究所集刊》，第2期（臺北，1971年6月），頁463-503。

[210] 《朝鮮正祖大王實錄》，第45冊，卷18，正祖八年十一月五日丙辰條；頁477，十一月八日己未條；《備邊司謄錄》，卷16，頁525-527、551、554-555，正祖八年十一月十一日、三十日條。
[211] 《朝鮮正祖大王實錄》，第45冊，卷20，正祖九年七月十四日辛酉條。

# 第三章
# 清韓陸防政策及其實施：
# 清季中韓界務糾紛的再解釋

## 一、前言

　　在本書第二章所收錄之〈清代中韓邊務問題探源〉一文，以釐清穆克登（1664-1735）長白山定界史實來解釋清季中韓界務糾紛。從多方面去觀察問題是研究歷史的法則，因之，現擬再從兩國陸防政策及其實施過程得對上述糾紛的進一步瞭解。此即寫作本章的動機。以下將從兩方面探討，一為清朝對朝鮮的國防政策及其演變，一為朝鮮利用清方的封禁政策，要求在中國邊區內保持一甌脫，從而衍成清季的邊務糾紛。

## 二、朝鮮半島防禦工事的禁制及其解除

　　崇德二年（1637）滿清征服朝鮮，二者乃有宗屬的關係，後者成為前者的屬國。以這樣方式建立的封貢關係，其基礎當然是不穩固的。崇德期間明朝猶在，所以朝鮮人在心理上尚未誠服，相信明朝總會轉敗為勝，自己的處境也可從而改善。順治入關後朝鮮雖感失望，然而當三藩之亂時（1673-1681）朝鮮的希望又死灰復燃，且喊出北伐

的口號來。[1]

　及三藩之亂敉平，朝鮮復仇的念頭始斷，清韓宗藩關係遂走上正常軌道。在這段關係不穩定的期間，照理清朝對朝鮮應該有所防範，在靠近朝鮮的邊區也應修建防禦工事。然而事實不然，這一宗主國似乎一無軍事戒備及設施可言。吉林、寧古塔地區與朝鮮最近者為琿春，初時只有屯長，康熙五十三年（1714）始設協領及士兵一百五十名。[2]興京為循渾江進出朝鮮平安北道東北地區的前進據點，然至乾隆為止，其屯兵數額最多不過五百餘名。[3]惟一可視為針對朝鮮而採取的措施，是崇德三年（1638）將遼東區的國防前哨自通遠堡推進移設於鳳凰城。[4]可是自該處至朝鮮尚有一百二十里，其屯兵額也並不多，除康熙三十至五十九年間（1691-1720）達一千至一千五百餘名外，其他時間均為數百名。[5]

　此外，清廷在東北施行的局部封禁政策也反映其不重視防禦朝鮮。清朝入關後，為了保持皇室及八旗王公在東北的山澤之利及純清的滿洲習俗文化，將今吉林省的大部地區，及遼寧的東、南部和黑龍江的部分地區加以封閉，禁止漢人進入開墾採獵，[6]而與朝鮮相近的圖們、鴨綠兩江流域，及長白山區均在封禁之內。為了禁阻漢人潛入禁區，清廷建立了一道柳條邊牆。自開元東北的威遠堡至鳳凰城西南的一段於康熙十一年（1672）左右完成，即後世所稱的東邊。其間設立六處邊門，北自威遠而南為英額門、汪清（興京）門、鹻廠（嘉木禪）門、靉陽門，及鳳凰城邊門。鳳凰城邊門距城十里，距鴨綠江一

[1]　李相佰，《韓國史：近世後期篇》（漢城：乙酉文化社，1965），頁22-26。
[2]　田校《同文》，卷3，頁807-808。清高宗敕撰，《清朝文獻通考》（上海：商務印書館萬有文庫本，1936），卷271，頁7279；卷182，頁6432。
[3]　清高宗敕撰，《清朝文獻通考》，卷182，頁6432。
[4]　清高宗敕撰，《清朝文獻通考》，卷271，頁2726-2727；王河、魏樞纂，《盛京通志》（清乾隆元年〔1736〕刊本），卷10，頁14。
[5]　清高宗敕撰，《清朝文獻通考》，卷182，頁6427。
[6]　劉選民，〈清代東三省移民與開墾〉，《史學年報》，第2卷第5期（北平，1938年12月），頁69-70；蕭一山，〈清代東北之屯墾與移民〉，《學術季刊》，第6卷第3期（1958），頁1-4；Robert H. G. Lee, *The Manchurian Frontier in Ch'ing History*（清代滿洲邊疆史）（臺北：虹橋書局，1972），頁21、22。

百一十里。[7]

一般而言，重邊防必移民實邊，而清朝則封禁之，似特空其邊以待外國。這可由下述事實印證之。鳳凰城至鴨綠江間百餘里地，中國不置郵不設站。朝鮮貢使行經時固由該國自行臨時設站供應，即中國欽使往來其間也由該國供應。[8]朝鮮貢物須運至邊門始雇中國車或由中國官方運輸，在中國所買貨物交接遞運也在此邊門，清軍於此檢查出入境韓人。不僅如此，朝鮮貢使入中國時，其義州通事直伴送至連山關，而回程時該府人員攜帶糧饌深入至通遠堡迎接。[9]總之，這東柳條邊牆成了中國實際的「邊」，而邊門與鴨綠江間百餘里地區成了朝鮮人活動的天下。

滿清不重視對朝鮮的防務可有數種解釋：（一）清朝對朝鮮採攻勢政策，有事時騎兵自瀋陽、遼東出發很便捷，故不必大量屯兵於邊鎮；（二）滿清每年向朝鮮取得大量物資，已從財經方面削弱了該國的力量，並且因不時抽調朝鮮軍隊從征作戰，[10]足可監視防禦其軍事力量。不過這是對朝鮮的一般綜合政策，非邊務政策，故可略而不論，此處要提出討論的是清朝解除朝鮮半島防禦工事的政策，及其自然廢弛的經過。

滿清在結束其與朝鮮丙子之役（1636）的丁丑和約（1637）中規定，朝鮮「新舊城垣不許繕築」。[11]朝鮮為農業國家，軍隊以步兵為主，抵抗清人的鐵騎全憑設險固守。現在清廷不單禁其新築城池，就是舊城頹敗了也不許繕修。這無異完全解除朝鮮的防禦能力。因之，

---

7  王河、魏樞纂，《盛京通志》，卷12，頁14；卷16，頁8b；卷19，頁28-29。清高宗敕撰，《清朝文獻通考》，卷183，頁6427。

8  金慶門、李湜等編，《通文館志》（京城：漢城珍書刊行會，1907），卷4，敕使行，頁3；朝鮮備邊司，《備邊司謄錄》（漢城：國史編纂委員會，1958），哲宗三年七月一日條云中國有三站。本章所稱冊，乃國史會裝釘冊。

9  李承五，《燕槎日記》，收入《燕行錄選集》（漢城：成均館大學校大東文化研究院，1962），下冊，卷1，頁1241下，〈赴燕譯員秩〉；李德懋，《青莊館全書》（漢城：漢城大學古典刊行會，1966），下冊，頁564。

10  張存武，〈清韓封貢關係之制度性分析〉，《食貨月刊》，復刊第1卷第4期（臺北，1971年7月），頁13。

11  《朝鮮仁祖大王實錄》，第34冊，卷34，仁祖十五年正月二十八日戊辰條。

朝鮮在戰後便很注意解除這條和約的約束。

朝鮮國王曾企圖不理會該項規定，遂自修築南漢山城以防清軍大砲，[12] 而負責修城的兵曹判書則以為和約中有山城勿築之語，倘或因擅修而被詰責，則事甚可慮；如既築之後，被迫撤毀，亦甚狼狽，不如先告清國，觀其所答而後行。但國王則慮報告後不為清方所允。正當為難之際，有人提議以防盜為由請求允許。此議觸動了國王的靈機，立刻利用日本來侵，情勢危迫為由，請准築城。[13]

日本豐臣秀吉（1537-1598）侵韓至是雖已四十年，兩國也有使介往還，然而韓人恐懼倭寇之情依然未滅，朝鮮為清人戰敗後更是謠言時起，謂倭寇必來。[14] 崇德二年（1637）十二月日本對馬藩主遣人要求朝鮮回答兩國交易貨物不如舊時，係因通明路絕，抑或北狄為難，以及其他變更往來禮節等七事。[15] 朝鮮認為此乃日本有意試探，故除加強南方水師警備外，復討論將倭寇動態告知清國之事。

朝鮮官員以為，雖告急，清國未必來援。國王則堅信清軍必將出援，蓋清、韓僅一水之隔，朝鮮如為日有，滿清亦危，形勢所至，不得不救，正如明人援韓一般。[16] 而朝臣深懼清國以馳援為名，派兵數萬進駐三南，故主不向清人告急，而專意治兵強國，兵強非但可南備倭，瀋陽聞之亦必有所忌憚。[17]

翌年（1638）三月，對馬藩復以日本國內有耶穌（吉伊施端）之亂告韓，[18] 於是韓廷再度討論倭寇來侵之可能性及其對策。朝臣以為日本不會再起戰端，而國王認為事甚可疑，堅促提出對策。[19] 最後朝

---

[12] 朝鮮備邊司，《備邊司謄錄》，卷1，頁322-323，仁祖十六年二月十一日條。
[13] 《朝鮮仁祖大王實錄》，第35冊，卷36，仁祖十六年正月十六日庚辰條。左相崔鳴吉也怕為清人所責而勸只修頹圮，見前註。
[14] 《朝鮮仁祖大王實錄》，第35冊，卷36，仁祖十六年二月十日甲辰條。
[15] 《朝鮮仁祖大王實錄》，第35冊，卷36，仁祖十六年正月二十一日乙酉條。
[16] 《朝鮮仁祖大王實錄》，第35冊，卷36，仁祖十六年正月二十四日戊子條。
[17] 《朝鮮仁祖大王實錄》，第35冊，卷36，仁祖十六年正月二十六日庚寅條；朝鮮備邊司，《備邊司謄錄》，卷1，頁318，仁祖十六年正月二十八日條。
[18] 《朝鮮仁祖大王實錄》，第35冊，卷36，仁祖十六年三月十三日丙子條。
[19] 《朝鮮仁祖大王實錄》，第35冊，卷36，仁祖十六年三月二十日癸未條。

鮮政府在國王堅持下乃移咨清朝兵部，告以日本動態及該國加強海防情形，並請「修築漢江以南城池，以為待變之計」。[20]由此可以瞭解，韓王之所以堅信日本可能來侵，主張向清告急求援，逼使朝臣籌議對倭策略，其立意似亦在欲達到修繕漢江以南城池之目的。以日人或將來侵為由請修城池，滿清勢難不允，故最後韓人終於達到於朝鮮半島南部修建防禦工事之目的。

此後朝鮮續將日本動態報告清廷。崇德七年（1642），朝鮮報稱日本願得該國鍾鑪燭臺等物置於日光山源家康（德川家康，1542-1616）願堂中，並詢是否可以給予。[21]清廷覆稱朝鮮與日本誼屬鄰邦，著該王自行斟酌，然「勿聽群小之言」。[22]此種答覆實係一種警告，蓋清廷稔知朝鮮行士族政治，門閥對國王的影響力很大，故不時告誡國王，勿受制於臣下。此外，兩國交涉有時齟齬，為了便於轉圜，清廷雖明知其故在朝鮮國王，也每故意歸咎該國臣子。最重要的是，該年清廷查知朝鮮暗通明朝，[23]因對朝鮮所報日本情形也起懷疑，故有此語。

順治元年（1644），一艘往日本長崎貿易的廣東船漂到朝鮮，該國以中原動亂無主，將船上五十二人交付東萊府日本商館。[24]順治五年（1648），朝鮮續報日本凶狡恐嚇之況。順治六年（1649），據慶尚道觀察使李曼（1605-1664）及東萊府使盧協（1587-?）所啟，該國官員入倭館時為日人鞭打等情入奏，認為釁隙已成，請准「修城練兵，以為陰雨之備」。[25]奏文稱該國不僅城池久已墮毀，即軍隊訓練也已十餘年停廢，若一旦日本入寇，惟恃清軍馳援。然自釜山至漢城

---

[20] 《朝鮮仁祖大王實錄》，第35冊，卷36仁祖十六年三月二十一日甲申條；朝鮮承文院編，《同文彙考‧別編》（1787-1881陸續刊行），卷4，〈倭情〉，頁49-51。

[21] 朝鮮承文院編，《同文彙考‧別編》，卷4，頁53，仁祖二十年壬午條，〈報島倭來請信使咨〉。

[22] 朝鮮承文院編，《同文彙考‧別編》，卷4，頁54。

[23] 金慶門、李湛等編，《通文館志》，卷9，頁7、8，仁祖二十年壬午。

[24] 金慶門、李湛等編，《通文館志》，卷9，頁10，仁祖二十二年甲申。

[25] 金慶門、李湛等編，《通文館志》，卷9，頁14，仁祖二十七年已丑。

不十日可至，而北京至漢城則道里遼遠，非數十日不能達，恐使介往來之際，清軍調動之時，日軍已迫，故需修城練兵以待。[26]

此處所請准修之城池，自係指北朝鮮境內者而言，但以朝鮮官員間之黨爭告密，非但修城練兵之目的未能達到，而且惹出很大的麻煩來。是年朝鮮王李倧（1595-1649）去世，由其曾經為質於瀋陽之次子繼位，是為孝宗（1619-1659）。人質的感受使他深具北伐復仇之念，即位後重用反清之士，而國中輿論也頗支持之。然失勢的前領議政金自點（1588-1651）則促使譯官向清廷告密，說日韓關係甚和睦，朝鮮所報盡皆虛說。[27]

清廷遂遣欽使至漢城查辦，結果證明確無日本威脅存在。清使遂追問既無倭患，修城練兵何為，何人主使此事，何人撰寫奏文。一時情況非常嚴重，幸值皇父攝政王多爾袞（1612-1650）徵妃朝鮮，韓王乃速允婚事並竭力懇求，其有關大臣方得減刑充軍，而清廷諭旨仍謂「欲與朕為難也，意圖進修城池、招集兵馬、整頓器械，所以欺罔巧詐，禮節有違，朕惟備之而已」，朝鮮復卑辭厚禮謝罪，其事乃已。[28]

此後朝鮮似乎未再設法請修城池，直至康熙五十年（1711）始藉防海賊為由達到其修城之目的。康熙四十年代黃海、渤海一帶有海賊之患。康熙四十九年（1710）盛京將軍奏報金州擊破海寇事，聖祖（1654-1722）以餘賊乘船遁去或侵擾朝鮮，諭速咨該國，俾免其以寇為大國人而不擊。咨文抵漢城後，韓政府立刻抓住此一機會，致咨禮部說，應旨防海，關防守備另加修繕。雖不明言修城，而修城自在其中。[29]康熙六十年（1721）的朝鮮文獻說：

---

26　朝鮮承文院編，《同文彙考‧原編》，卷78，頁8，陳請築城備倭奏。
27　李相佰，《韓國史：近世後期篇》，頁22-23。
28　朝鮮承文院編，《同文彙考原編》，卷78，頁12-14，本案前後請參閱《朝鮮孝宗大王實錄》，第35冊，卷3，孝宗元年八月二十七日戊辰條；金慶門、李湛等編，《通文館志》，卷9，孝宗元年庚寅、二年辛卯；田校《同文》，卷2，頁380-381。
29　《朝鮮肅宗大王實錄》，第40冊，卷49，肅宗三十六年九月二十八日己未條、十月四日乙丑條、十月二十一日壬午條、十月二十三日甲申條。朝鮮備邊司，《備邊司

庚寅年（康熙四十九年）北咨中，海賊為用心防守之語，故西
路城池皆已乘時修築，而前後勅行曾無以此生梗之弊。[30]

北咨乃指清國禮部咨文，而西路係指黃海及南北平安道而言。換言
之，禁朝鮮繕築城池的議和條款至此已無形廢止。

## 三、朝鮮的甌脫政策

　　清、韓兩國政府均禁其人民私自往來彼此國境。清律規定，凡
外國人均不許擅進邊口，違者守邊官弁皆從重治罪，而內地人潛出或
交通境外者處絞刑。[31]朝鮮的規定亦同樣嚴格。然而由於遼、吉二省
為未開發的處女地，蔘貂菓木豐實，故漢人冒禁潛入伐木、採蔘、獵
貂者頗多。韓人亦然，該國毗鄰長白山之三水、甲山二郡，以農穫不
足，民多依採獵為生，故動輒潛入中國。

　　清朝守邊官兵又多與朝鮮民人相通，有造小舟接送潛越，抽分其
所獲蔘貂者，甚至更有主動教誘邊民潛越以獲利者。[32]咸鏡北道之六
鎮隔圖們江與中國延吉區相接，以江北則蔘貂獐鹿林木柴草無數，而
江南則全無；且江北無賦稅，江南則賦役繁重，[33]故朝鮮人甘冒嚴禁
潛入中國伐木、拾橡、採蔘、狩獵，甚至與中國人之私入禁區者交易
換質，而引起殺人掠貨事件。

　　朝鮮潛越者若為中國發現則釀成交涉，為其國招致禍害羞辱。其
見之於交涉文件者，自順治元年（1644）至康熙五十年（1711）間，

---

　　　膽錄》，第6冊，頁34，肅宗三十六年十一月二日條。
[30]　朝鮮備邊司，《備邊司膽錄》，第7冊，頁292，景宗即位年七月十六日條。
[31]　《大清會典事例》（上海：上海商務印書館印行，1909），卷628，頁1：卷774，
　　　頁1。
[32]　朝鮮備邊司，《備邊司膽錄》，第4冊，頁570上，肅宗二十年正月十六日條，又頁
　　　572上，同日條。
[33]　朝鮮備邊司，《備邊司膽錄》，第6冊，頁500-501，肅宗三十九年四月二十三日條。

韓人越境重大案件有十一起，清廷派欽使至漢城及鳳凰城親自審理者七次。[34]其中兩案曾使朝鮮政府採取影響較為深遠的政策。

康熙二十四年（1685），朝鮮三水郡厚州禁斷差使員約同他人潛渡鴨綠江至中國境內採人蔘，並以鳥槍擊斃奉旨在三道溝繪畫輿圖的清朝官兵一人，傷佐領勒楚等二人，死傷馬十二匹。清廷遣欽差至漢城查辦後，奏准人犯六人立斬，其餘免死減等發落，朝鮮國王被罰銀二萬兩，咸鏡道觀察使革職，三水郡守革職流二千里。[35]這次事件之所以特別嚴重，除越境殺傷官兵本即重案外，朝鮮在三藩之亂時的反清態度及言論也是重要因素之一。[36]事後朝鮮政府曾將三水、甲山兩郡邊民所有鳥槍由官家刻標置簿，每五日考點一次，並廢止對中國及日本的人蔘貿易，犯者境上梟示。

此外，凡潛出邊界私入中國者，無論採蔘、佃獵、伐木或其他原因，一概境上梟示。[37]朝鮮北邊人民多以採獵為生，騎兵鳥槍手多出

---

[34]

| | 時間 | 越犯事實 | 審擬程序 | 資料來源 |
|---|---|---|---|---|
| 順治 | 三年 | 採蔘 | | 田校《同文》，卷3，頁781-784。 |
| | 五年 | 狩獵 | 欽使至漢城會審 | 田校《同文》，卷3，頁784-786。 |
| | 九年 | 採蔘 | 欽使至漢城會審 | 田校《同文》，卷3，頁786-796。 |
| | 十一年 | 伐木殺人 | 欽使至漢城會審 | 田校《同文》，卷3，頁810-831。 |
| | 十七年 | 採蔘 | | 田校《同文》，卷3，頁832-841。 |
| 康熙 | 元年 | 伐木 | | 田校《同文》，卷3，頁842-850。 |
| | 十九年 | 伐木 | 欽使至漢城會審 | 田校《同文》，卷3，頁857-871。 |
| | 二十四年 | 採蔘殺傷官兵 | 欽使至漢城會審 | 《同文·原編》，卷51，頁5-29。 |
| | 二十九年 | 採蔘殺人掠貨 | 欽使至漢城會審 | 《同文·原編》，卷52，頁12-29。 |
| | 四十二年 | 殺人掠貨 | | 《同文·原編》，卷53，頁1-22。 |
| | 四十九年 | 殺人 | 欽使至鳳城會審 | 張存武，〈清代中韓邊務問題探源〉，收入氏著，《清代中韓關係論文集》（臺北：臺灣商務印書館，1987），頁475-476。 |

[35] 朝鮮承文院編，《同文彙考·原編》，卷51，頁5、9、10、22。
[36] 朝鮮承文院編，《同文彙考·原編》，卷51，頁25-29。
[37] 朝鮮備邊司，《備邊司謄錄》，第3冊，頁910，肅宗十二年正月十日條，〈南北蔘商沿邊犯越禁斷節目〉。

此間，而今鳥槍管制，人民使用不便，武備因之廢弛，[38]且考點時地方官乘機勒索，苛擾人民，致壯者逃散，弱者凍饑，農業荒蕪，邊地空虛。[39]朝鮮對外貿易以人參為大宗，現在因禁採禁販而商業不興，甚至國用、民生兩俱困難。[40]

另一案件是康熙四十九年（1710）該國平安道渭原郡人越界殺人掠貨，清廷派人至鳳凰城與朝鮮官共審擬，犯人立斬，妻子為奴，有關地方官亦分別革職、杖配或流配。[41]自犯人供辭中得知，他們之所以殺人掠貨，乃因與結幕鴨江畔的中國人冒禁潛商，負債被逼而然。[42]故參與會審的朝鮮按覈御史鄭栻（1664-1719）報告國王說：

> 彼人（清人）採獵者必沿江結幕，與我民相近，往來無常，或多齎蔘皮，潛換鹽糧，故無識邊氓見利忘死。今若移咨彼（清）國，使清人不得結幕於沿江近處，我民亦令撤移稍遠處，則可無犯越之患。[43]

這是欲在中韓邊界兩側相當距離內空其地以為甌脫。事後朝鮮似乎並未自江邊稍撤其民，然而卻向清廷提出了交涉，且得到滿意的結果。

康熙五十三年（1714），清朝在琿春設立協領等官以及士兵一百五十名後，翌年又自烏拉、寧古塔撥兵四十名。[44]為了安頓這些兵丁的家眷，琿春當局乃預先在和朝鮮慶源府相對，西距圖們江二里的地方構築窩棚，開墾田地。同時土著庫爾喀齊（瓦爾喀）人也在與該國

---

[38] 《朝鮮肅宗大王實錄》，第40冊，卷51，肅宗三十八年五月二十八日庚戌條，正言權斗經疏；卷54，肅宗三十九年十一月二十日甲子條，正言趙綱疏。

[39] 朝鮮備邊司，《備邊司謄錄》，第4冊，頁570下，肅宗二十年正月十六日條；頁647上，同年十二月二十六日條。

[40] 朝鮮備邊司，《備邊司謄錄》，第5冊，頁632上，肅宗三十三年正月二十七日條；第5冊，頁800上，肅宗三十四年六月五日條。

[41] 張存武，〈清代中韓邊務問題探源〉，頁475-476。

[42] 金慶門、李湛等編，《通文館志》，卷9，頁43，肅宗二十七年辛巳。

[43] 《朝鮮肅宗大王實錄》，第40冊，卷50，肅宗三十七年三月十三日壬寅條。

[44] 清高宗敕撰，《清朝文獻通考》，卷182，頁6432；卷281，頁7279。

訓戎鎮相對，距圖們江三里之處建棚墾田。[45]朝鮮為此於是年底咨禮部轉奏處理。其咨文中有如下語句：

> 小邦迤北地方與上國連疆，只隔一揭屬水為之分界。自來豆江以北空曠無人，小邦之人雖無夤緣事端，奸民猶或冒禁擾越。況今至近之地，開荒作舍，墾田治道，兩處人煙相接，雞犬相聞，江水一合尤無限隔，彼此人民易致滾藏，或不免丐貸求覓，潛相往還，一有不協，懷嫌造釁。雖上國禁令本來嚴明，小邦另飭邊氓，無敢少忽，而恐法弛人玩，歲久奸滋，弊起於耳目之外，患生於絲髮之微，日後之慮將何所不至乎！仍伏念聖朝御宇，設柵鳳城以譏出入，柵門迤外仍舊荒虛，不許人居，與小邦邊徼稍遠，不相混雜，至今疆域免致大端釁戾者，莫非聖朝深計是賴，而至於昨年又蒙皇上特遣近臣劃定白山地界，其所以眷念小邦，慎固封疆者，尤出尋常……今此上國人移居，雖未知緣何事由，若復因此而漸成聚落，則末梢之弊將如前項所陳。[46]

結果清廷應該國陳訴，將上述兩處窩棚拆毀，遷其人於距江稍遠之處，屯墾區也別擇於琿春以東之間荒地，且嚴禁嗣後在沿江近處蓋房墾地，如有違者，官則參處，兵民治罪。[47]

朝鮮的移咨請禁是援明代舊例，[48]且欲仿鳳凰城柵門外空地之規。以常理論，欲在兩國間設置甌脫應雙方並空其邊地，不應作片面

---

[45] 出校《同文》，卷3，頁752；《朝鮮肅宗大王實錄》，第40冊，卷55，肅宗四十年八月八日丁丑條。《朝鮮肅宗大王實錄》云訓戎鎮對岸所居只三戶，乃原住琿春之胡人，《同文彙考》所載乃寧古塔當局之報告，將寧古塔移來官兵之屯與安都、立他、木奴之屯相舉，可知安都、立他、木奴即訓戎鎮對面之三戶土著。

[46] 田校《同文》，卷3，頁750-751。

[47] 田校《同文》，卷3，頁752。

[48] 朝鮮備邊司，《備邊司謄錄》，第6冊，頁662-663載：「皇朝（明朝）時自九連城有鎮堡，與我國接界，雞狗之聲相聞，遼東人或有來耕威化島者，則輒自我國移咨遼東都司而禁之，至於立碑以定界。其時天下一家，我國邊民與華人如鄰邑之人，尚慮其無防限，況今日乎。」

要求。然清廷竟允所請。這是因康熙五十年（1711）左右清廷對朝鮮改行寬大政策，表現泱泱大宗主國的風度。不過此舉卻造成了一個先例。乾隆十三年（1748），烏喇人移住琿春，又在訓戎鎮對岸二、三里處伐木構舍，朝鮮咨請撤毀時即謂「聖祖仁皇帝成命，明著若日月，嚴重若關石」，說今次伐木構舍「實違聖祖旨意」。[49]而清廷也自依舊例令拆毀房舍，懲辦違禁人民及負責地方官。[50]不獨圖們江方面，在鴨綠江北朝鮮也援例拒清設軍事檢查站，以維持甌脫狀態。

## 四、東邊外軍事設施的禁止

　　從雍正年間開始，東北的軍政人員均主張東柳條邊（簡稱東邊）外移，尤其鳳凰邊柵須遷移至鴨綠江邊。雖然這些建議均未被採納，然這意味著東陲情勢有變更的需要。雍正九年（1731），奉天將軍那蘇圖（？-1749）奏稱：鳳城邊外設有陸路防汛之虎兒山附近有草河、靉河二水，源自邊內，流至邊外莽牛哨地方匯合入中江。中江中有洲名江心沱，沱西屬中國，沱東屬朝鮮。每年嘗有匪類乘小船由水路偷運米糧，而虎兒山汛因河水阻隔不能稽查，且界連朝鮮難以遍行捕緝，故請在莽牛哨地方設水汛，造備船隻，調虎兒見山陸汛部分官兵，再添設部分弁兵，以專查緝，冰封後則撤回虎兒山陸汛。

　　清世宗（1678-1735）以設汛之處既與朝鮮連界，令詢問該國王設汛對該國有無不便之處。[51]朝鮮咨覆請遵舊例，維持現狀，即曠棄鳳城邊柵外地界，不容人戶相接。理由是該國邊民間多頑點，稍得乘便輒復生奸，且若設水汛於距該國至近之處，則窩鋪相鄰，舟楫相通，種種奸弊必生，該國勢必因而獲咎。[52]設汛之議因此遂寢。[53]

---

[49] 田校《同文》，卷3，頁776。
[50] 田校《同文》，卷3，頁778，「禮部知會准請咨」。
[51] 田校《同文》，卷3，頁754-755。
[52] 田校《同文》，卷3，頁755-756。
[53] 田校《同文》，卷3，頁756。

乾隆初，由鳳城中江關稅官遷御史之惠宗奏請，將鳳城邊門向鴨江方面推進移設，以防邊外偷採人蔘之弊。然因盛京戶部奏稱，偷採人蔘者皆來自關內，防禁惟在守邊，與移柵無關，且移柵多有邊界之弊，殊屬不便，因而議不得行。[54]乾隆六年（1741），御史祿謙以鳳城邊外荒無人居，每年朝鮮貢使經過時常常露宿，以致人員凍死，馬匹被虎傷害，因奏請在邊門外與中江間適中之地建公館備用，平時則由巡哨官兵住宿看守，防範越邊匪類，一舉兩得。[55]此議雖志在修官舍，然涉及巡哨軍事，故盛京將軍奉旨議奏時即稱，官兵平時巡哨只在沿邊附近往來稽查，不便遠出邊外，逼近外藩，如允邊外宿住，日久或有不肖之徒內隱蔘犯，外擾朝鮮，均屬不便，請勿庸議。[56]事再寢。所有這些提議及反對的理由，均與朝鮮有關。

乾隆十年（1745），奉天將軍達爾黨阿（？-1760）將那蘇圖在莽牛哨設水汛之議舊事重提，奏請實施，並以舊議調虎兒山陸汛官兵充水汛為不合理，無益巡防，而請調南金州無田地漢軍官兵百餘名任之。該等官兵每年至旅順與水師會操，習知水上作業。此外共造八槳船四隻，每船有兵二十五人。達爾黨阿為了使建議被接受，他在奏摺中強調了以下兩點：

（一）莽牛哨不僅控草、靉兩河，亦是由鴨江入佟家江，上溯至哈爾民、厄爾民（民亦作敏），二道江一帶封禁山場必經之處，該等山場因出產人蔘，陸路沿邊有卡倫官兵巡邏，但因無水汛稽查，所以不肖之徒私造小船偷運米穀，由莽牛哨沿鴨江入佟家江，潛入蔘場偷參，尤其自那蘇圖奏設水汛被拒後情形更為猖獗。[57]雍正九年（1731），朝鮮反對設水汛理由，一為該國邊民頑點，稍得乘便即作奸生事。

---

54 朝鮮承文院編，《同文彙考・補編》，卷5，頁24。
55 朝鮮承文院編，《同文彙考・補編》，卷5，頁26-27。
56 朝鮮承文院編，《同文彙考・補編》，卷5，頁27-28。
57 田校《同文》，卷3，頁758-759。

（二）為水汛設後，兵民密接，該國恐與其民私相往來，而致陷
　　　該國於罪咎。達爾黨阿根據第一點推論說，可能該國人民
　　　潛入山場違禁偷蔘，是該國司民之員目無其事，不能保全
　　　已屬顯然。莽牛哨若不設汛防守，則經年累月覓利之徒漸
　　　多，倘與該國居民互相串通，侵擾疆界，將滋事不已。他
　　　說他的建議是經過深思熟慮的，非獨為蔑法之徒私採人
　　　蔘，實為寧謐該國邊疆，永息事端。

　　針對第二點，他規定水汛船隻全在江之西岸停泊，不許兵丁與朝
鮮居民往來及貿換物件，違者題參治罪，巡邏官兵更不得侵擾朝鮮方
面。[58]為了解決水汛官兵生活，達爾黨阿並請在鳳城邊門外蓋草房兩
百餘間供住，將沿邊開墾荒地，分令耕種。[59]不僅如此，他又奏請威
遠堡至鳳城一帶地方整齊邊牆，開墾地畝。[60]由上可見，達爾黨阿不
僅要在莽牛設汛，且有意在調整整個東邊及擴大墾區計畫下開墾鳳城
邊外，換言之，即將鳳城一帶邊柵推進移設於鴨江之畔。此邊柵之展
遷自中國方面而言固曰「展柵」，而自朝鮮方面言則稱為「退柵」。

　　達爾黨阿所舉理由大部分是針對以前朝鮮的反對而發，因為他知
道此事一定會通知該國。兵部完全支持他的建議，並且和他一樣，所
舉理由也均針對朝鮮可能提出的反對而發。在奉旨議覆達爾黨阿的題
本中，該部除複述將軍的說辭外，並謂設汛駐兵處所若係朝鮮邊界，
或對該國小有不便，如係內地（中國）界址，則添設防汛，量度地
勢，因地制宜，乃該將軍應辦之事，毋庸詢問該國。因請令將軍再加
悉心妥籌，設汛地址果與該國界址不致混雜滋擾，即應如所奏辦理。[61]

　　兵部的奏議牽出了另一問題，即中韓國界究在何處。如能確定
國界即可確定莽牛哨是在朝鮮抑在中國；如在中國，即可不理該國逡

---

58　田校《同文》，卷3，頁759-761。
59　田校《同文》，卷3，頁761。
60　田校《同文》，卷3，頁770。
61　田校《同文》，卷3，頁760-761。

自設汛。管轄鳳城地方之熊岳副都統親至莽牛哨勘查後報稱，鴨江中心有石嶼，為兩國分界之處，而莽牛哨係在中國境內。達爾黨阿遂奏稱，設哨之地俱在中朝邊界之內，復有一江之隔，各相嚴禁，彼此實不相通。[62]兵部復全力支持，請令詳估造房之價，報告墾田劃分精形。奉旨依議，並諭咨知朝鮮國王。而咨文剛發，朝鮮奏寢添兵屯田專使即到北京。

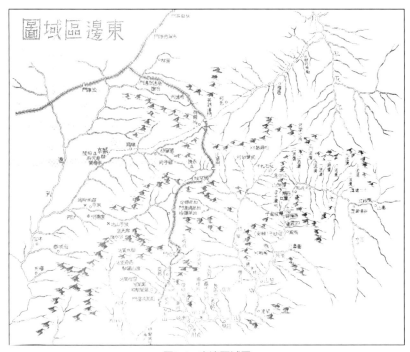

圖3-1　東邊區域圖

　　朝鮮於平常邊事均咨禮部轉奏辦理，今次特遣專使奉懇，足見其對此事之重視。該國奏文要點有三：

---

[62]　田校《同文》，卷3，頁761。

第一，盛讚清廷的中韓邊防政策，「嚴內外疆界之限，軫奸細攙越之患，樹柵鳳城以譏出入，而柵以外至於沿江百有餘里，虛其地方禁人居作，使煙火不相望，聲聞不相接。宏謨遠計，慎在四方，慮及萬世」。[63]此種讚美意味著清廷的封禁政策符合朝鮮的利益。換言之，該國在利用清方的封禁政策以維其在中國境內造成的甌脫。

第二，強調該國對設汛墾土之重視。謂莽牛哨設汛處即雍正九年（1731）世宗防汛停罷之所，而且今設屯墾土之舉，比諸土門、中江兩河等事重要的多，前既屢被曲軫之聖恩，今更望皇慈照察。

第三，言詞特別恭順，如：

> 今若墾土設屯一如所聞，則衣帶之水不足以為限，往來之路易得以相通，法有所不及施，禁有所不得行，潛越益滋，奸弊百出，臣邦之獲罪封疆從此始矣。一方君民憂懼之心將何所極！臣伏惟皇朝聖德覆疇四海，而至於小邦視同一家，雖在大朝疆內之事，苟有關於小邦切害，則凡於咨奏之上不踰時而輒皆允可……小邦之於皇朝雖云外藩，無異內服，有懇必聽，有懇必施，天地之仁若有所偏厚於小邦，此小邦君臣之所以日夜讚頌，而凡有疾痛悶急不憚於奔走呼籲者也。[64]

兵部對於朝鮮的反對至為激動，在奉旨議奏中，該部除複述以往理由外，並據中韓界在鴨江中心之報云，現今所議添駐官兵之處係在內地，與護國界址尚隔巨浸，即開展邊牆及墾闢地畝亦俱係奉天所屬附近內地，固不至於人戶相接，煙火相望，或有混雜滋擾之慮。因請應將朝鮮奏請停罷莽牛設汛、鳳城展柵墾土之處均毋庸議。[65]

然而，清高宗（1711-1799）以該國所稱鳳凰城樹柵之外尚留空地

---

[63] 田校《同文》，卷3，頁765。
[64] 田校《同文》，卷3，頁765-766。
[65] 田校《同文》，卷3，頁770-771。

百餘里，務使內外隔絕，以免人煙輳集混雜生事，尚屬可行，論照所請，停止鳳城展柵墾荒。至於莽牛設汛事，則以未知該地實在情形，令兵部尚書班第親往視查，若設汛之處果係中國內地與該國無涉，則即該國王懇請亦不便准行，如其地界犬牙相錯，難免有混淆之處，亦據實奏聞，候旨處理。[66]然班第雖查奏莽牛哨確在中國界內，與朝鮮無涉，應設水汛，而高宗仍以「該國王世戴國恩，甚屬恭順，若安設此汛，彼國之無知小民，倘有違禁者，……以致該國王得罪，朕心有所不忍」，諭罷設汛之事。[67]

　　綜觀此案，朝鮮獲得滿意之結果。而東北地方當局與兵部對於展柵拓邊設汛始終感到有此必要，為了能使提議獲皇上允行，除針對朝鮮往年反對理由提出對案外，並特別強調設水汛對保護山場之重要，冀引起皇帝的重視。清朝皇帝向以皇室及王公貴族利益重於漢人利益，故封禁山場禁漢民採墾，而對於屬邦朝鮮反而多方顧及其利益，使兵部及東北地方當局護邊的措施不得徹底實行。這只能以中國傳統的字小封貢政策解釋之。

　　達爾黨阿以其計畫被朝鮮阻駁不得實行而感不快，所以在鳳城加強對朝鮮貢使人員的檢查，以致朝鮮走私等案件紛紛被揭發。[68]然而這僅是一時的洩憤而已，對整個政策無大影響，而高宗複述朝鮮奏文中鳳城樹柵之外仍留空地百餘里的話，則被該國據為片面齟脫政策的把柄，其後每有交涉，動輒引援，致形成清季之中韓爭界。再則，清朝自此以後未曾再提展柵之事，直到同治年間因國際情勢變更方被迫改變政策。換言之，此時期中無論客觀情勢如何需要，清廷仍維持朝鮮所提的鳳城柵門外拋荒政策。這可由道光年間兩次驅逐東邊外流民的措施證之。

---

[66] 田校《同文》，卷3，頁769。
[67] 田校《同文》，卷3，頁772-773。
[68] 朝鮮承文院編，《同文彙考・補編》，卷5，頁29。

# 五、統巡會哨及片面甌脫之終局

　　道光二十二年（1842）四月朝鮮咨致禮部、盛京禮部及將軍說，自二十一年（1841）春發現與該國上土鎮卡屹洞相對的中國境內有人構草舍四處，並開墾田地。其地距鴨綠江遠者五里許，近者二、三里。同時與該國滿浦鎮、如雲浦對面地方也有草舍六處。二十二年春又發現上土鎮下西海坪相對地方構草舍四處，請以往例成憲處理，俾絕生事之弊。[69]清廷即令盛京將軍依法辦理。結果查出中國流民所構窩棚二十八處，草房九十餘間。偷墾田地三千三百餘畝，其位置及數量如下：

> 靉江西岸，距江一里許之曲流地方（朝鮮滿浦鎮如雲浦對岸）：窩棚十二處，草房五十六間，墾田五十一段，約為一千二百餘畝。
>
> 帽兒山卡倫境內距江二里許石湖溝口（朝鮮上土鎮卡屹洞對面）：窩棚六處，草房二十七間，墾田六段，約一千餘畝。
>
> 帽兒山卡倫內距江三里許樺皮甸子（上土鎮海西坪對面）：窩棚十處，草房十五間，田七段，約一千一百餘畝。

清軍當即平其耕田，毀其棚舍，墾民或逃散或被捕法辦。[70]雖平燬田地棚舍如此之多，然不旋踵間又復舊觀。

　　道光二十六年（1846），朝鮮又告與該國江界府左中右三寨及上土鎮所轄閭閣四把等處對面地方有四十餘處結幕作舍，伐木墾田。[71]清廷於是年秋委員分南北兩路，並令吉林也派員搜查。[72]又因邊外山

---

[69] 朝鮮承文院編，《同文彙考‧原編續》，〈疆界一〉，頁1。

[70] 朝鮮承文院編，《同文彙考‧原編續》，〈疆界一〉，頁7-11。此處所稱靉江顯係鴨綠江，而非與草河滙流之靉江。

[71] 朝鮮承文院編，《同文彙考‧原編續》，〈疆界一〉，頁12-13。

[72] 朝鮮承文院編，《同文彙考‧原編續》，〈疆界一〉，頁21-25。

場遼濶，草木叢茂，搜查難周，故先期令朝鮮指派官員過江引路。[73]
結果共拿獲流民三百名，焚草房兩百餘座，燒稼平田五千餘畝，查獲
砍伐木植一萬二千餘件。其中北路在樺皮甸子、李子溝（朝鮮左寨對
岸）、葦子溝（中寨對岸）、東提塔（右寨對岸）各處毀房十二處，
四道溝查出窩棚二十五處。南路委員在沿江三道溝、浪頭等處捕得伐
木犯人一百二十二名，木植三百八十五件。其餘係在他處查獲。[74]

　　此次查毀引起了巡邊制度的更張。東柳條邊查巡制度，除每年四
月一日派官兵至邊內外卡倫坐放並一年更換外，復一年分四季由內外
城守尉、防守尉、協領內按季各派一員帶領官兵統巡邊之內外卡倫境
界，查拿不法，[75]然未遠至上述鴨江一帶。道光二十二年（1842）查察
後規定，四季統巡中之春秋二巡須巡至上述地區。[76]二十六年（1846）
進一步規定，四季統巡均須至此。二十七年（1847）八月，柏俊等奏
准更定章程，除在邊外靉江西岸增設三個卡倫，將四季統巡改為春秋
二季外，每次統巡，先期知會朝鮮地方官，公同會哨，嚴加查勘。

　　清兵至中江上下陸路難行處，照中江向例，借用朝鮮大船四、五
隻，由水路巡查。如無塔蓋窩棚，朝鮮地方官具文，並由統巡官申告
將軍。嗣後每屆三年由盛京將軍開列盛京五部侍郎、副都統名銜，欽
派一人參加統巡查邊。此後朝鮮地方官如發現沿江一帶山場有開墾之
處，即就近告知守臺官平毀，或知會鳳城守尉查辦。[77]稍後並定春季
統巡時間自二月一日至五月底止，秋巡為七月一日至十月底止，而與
朝鮮地方官分別於四月二十日及八月二十日在頭道溝口會哨。[78]

　　道光二十八年（1848），盛京將軍以砍伐木植者多於冬天為之，

---

[73]　朝鮮承文院編，《同文彙考‧原編續》，〈疆界一〉，頁13-14。
[74]　朝鮮承文院編，《同文彙考‧原編續》，〈疆界一〉，頁21-25。
[75]　《大清會典事例》，卷722，關門禁防。或云此制乃嘉慶十四年所立；朝鮮承文院
　　編，《同文彙考‧原編續》，〈疆界一〉，頁21-25。
[76]　朝鮮承文院編，《同文彙考‧原編續》，〈疆界一〉，頁21-25。
[77]　朝鮮承文院編，《同文彙考‧原編續》，〈疆界一〉，頁31-32。
[78]　朝鮮承文院編，《同文彙考‧原編續》，〈疆界一〉，頁37-42。

乘雪或因夏季水漲運入邊門，奏准將二季統巡恢復為四季，[79]二十九年（1849）將一年日子平均分配入四季統巡之期，春巡為正月一日至四月八日，夏巡為四月九日至六月十六日。如此一來春夏巡官兵均趕不及於原定四月二十日之期與朝鮮會哨，乃改在五月一日舉行。[80]欽差大臣統巡於道光三十年（1850）開始，派盛京兵部侍郎毓恒充之。自此照章每三年一次。[81]欽使出汪清門，至靉江西岸之頭道溝與朝鮮官會哨。是時行四季統巡，其中春秋二季與朝鮮會哨，而每三年夏季統巡時由欽使行之，也與朝鮮會哨。

　　道光二十年代的查毀及定制立法乃清朝保護山場的最後努力，也是朝鮮利用此政策的最後機會。從整個中國或東北局部的徵候看來，變革的日子就要到來。

　　道光二十二年（1842）查毀了那麼多的棚舍田地，而短短的四年中，到二十六年（1846）竟又發現如許犯禁墾構。這說明了謀生者犯越滲透力量之強，同時更證明官方的邊門、卡倫稽查，及統巡制度的無效。二十六年搜查時發現，邊外六道河、古河兩處臺卡官二員及兵三十四名收受「山犯」規費，因之統巡官、各卡倫官均受處分。[82]二十八年（1848）盛京將軍奕興（1812-1858）指出駐守內外二十四處卡倫官兵，因期年而代，為時過長，致形懈怠，每私自進邊門逗留，甚且藉機營私，反可一手包辦，始終其事。故奏請坐卡官兵每半年一更，則春季之容留墾田者不能保其秋收，冬季之縱容偷砍者亦不能待其夏運，可杜弊端。

　　奕興並指稱，四季統巡時，兵役包庇，官弁容縱，出則攜鹽菜以行，入則飽囊橐而返。[83]這證明邊禁之無效乃由邊官貪墨。因為邊地官兵不足信，所以才定每三年欽派大員親巡，及中韓會哨之制。然

79　朝鮮承文院編，《同文彙考‧原編續》，〈疆界一〉，頁42-46。
80　朝鮮承文院編，《同文彙考‧原編續》，〈疆界一〉，頁48。
81　金慶門、李湛等編，《通文館志》，卷11，頁38，哲宗元年庚戌。
82　朝鮮承文院編，《同文彙考‧原編續》，〈疆界一〉，頁25-26。
83　朝鮮承文院編，《同文彙考‧原編續》，〈疆界一〉，頁24-26。

而行之僅六、七年朝鮮就認為已成「按例文歸，漸無警動之效，只為彼此煩弊。」[84]而欲奏請停辦。從清朝致朝鮮的公文中固看到統巡時拏獲伐木墾田人的記錄，[85]然而同治二年（1863）副都統恩合的奏摺及上諭將此制的效力完全否定了。是年因御史吳台壽（道光三十年進士）奏，奉天東邊及錦州曠地甚多，應變通利用，旨令錦州副都統查奏。恩合查報說，東邊一帶近有流民私墾，聚集日眾，已建廟演戲，立會團練，通傳轉牌，查辦甚難，請改派封疆大員查辦。上諭亦說奸民流聚眾多，私墾「歷年既久」，「此事朝廷早有所聞」。[86]由道光二十七年（1847）驅逐流民，至同治二年也不過十五、六年，諭旨既稱「歷年既久」及「早有所聞」，則流民至遲則在咸豐中葉已開始復集，足證卡倫及統巡等制形同虛設。

該年上諭又令調查靉陽邊門以北，何處應照常戍守，何處可以展墾地畝，妥議具奏，並對地方官也不咎既往。[87]這意味著開禁准墾，然因拘於傳統法例，仍未明白開禁。同治六年（1867）私墾民何名慶等呈稱，旺清門外六道河等處聚眾數十萬，墾田數百萬晌，請照吉林五常開荒成案，一律升科，奉旨允准。辦理之初，盛京地方當局及清廷即顧及朝鮮的立場及歷代政策，然以時宜不同。此次只曲示機宜，消除該國猜疑之意，專申加強邊境稽查，而且因每年兩國會哨時朝鮮官員均具「並無私墾」切結，而懷疑該國游民也潛行越界私墾，故令朝鮮詳查實狀，妥籌安插之策奏聞。此外又令勘查欽使調查接界地區情形。[88]

朝鮮除咨報並無鮮民越墾，每年具結乃就隔江瞭望所及三、五十里而言，隔江遠處自難得知外，並以成憲及貢道、中江市場安全為

---

[84] 朝鮮備邊司，《備邊司謄錄》，第24冊，頁796，哲宗六年六月十五日條。

[85] 自道光二十七年至咸豐六年均有咨文記錄，見朝鮮承文院編，《同文彙考・原編續》，〈疆界一〉，頁34-39、50-51、53、59-60、66、68-69、73。

[86] 王先謙編，《東華錄》（臺北：臺北文海出版社影印，1963），卷24，頁11，同治二年四月辛卯條。

[87] 王先謙編，《東華錄》，卷24，頁11，同治二年四月辛卯條。

[88] 朝鮮承文院編，《同文彙考・原編續》，〈疆界二〉，頁5-8。

由咨請嚴行禁斷柵外構舍墾田，[89]換言之，即反對展邊，仍保甌脫之制。清廷除重申自康熙以來允准該國查拏私入該國清人外，[90]復允盡可能在鴨江北岸保留三、五十里空地，朝鮮也未再事爭辯。[91]於是自康熙以來朝鮮利用清廷封禁的政策至此終止。至於三年一次夏季欽使統巡會哨之制，於同治七年（1868）停止。[92]

　　光緒元年（1875），清廷開放大東溝，二年（1876）在沙河子設安東縣，朝鮮只咨請訂立嚴禁往來章程，不及其他。[93]七年（1881），圖們江以北開放，清廷諭朝鮮說，此次開墾係官為經理，著該國邊官勿生疑慮。朝鮮無反應。自清初以來為朝鮮人自由活動的鳳城邊門外一百餘里荒蕪地方，也在迅速的改變。光緒四年（1878），欽使赴韓時預飭安東縣於羅漢甸營房設帳供應，並開始新建唐三城營房，至七年（1881）完成，中國欽使在鴨江之北始不復勞朝鮮之供應。[94]

# 六、結論：字小政策與界務糾紛

　　三省遼河以東地區及朝鮮半島北部原本為扶餘和肅慎兩系民族的

---

[89] 朝鮮承文院編，《同文彙考·原編續》，〈疆界二〉，頁5-8。

[90] 朝鮮承文院編，《同文彙考·原編續》，〈疆界二〉，頁19。禮部曾查咨康熙五十六年准該國依其法結辦潛入該國清人諭旨，而上諭又強調新墾民人私過鴨江者由該國拿交附近邊門懲辦，是連康熙所許特權亦加否定，見朝鮮承文院編，《同文彙考·原編續》，〈疆界二〉，頁22；清歷朝授權朝鮮審辦犯越清人事，見張存武，〈清韓封貢關係之制度性分析〉，頁13。

[91] 朝鮮承文院編，《同文彙考·原編續》，〈疆界二〉，頁21-22。

[92] 該年及八年清咨暫停，後來復行。朝鮮承文院編，《同文彙考·原編續》，〈疆界二〉，頁13-14；金慶門、李湛等編，《通文館志》，卷11，頁58，今上六年己巳。

[93] 朝鮮承文院編，《同文彙考·原編續》，〈疆界二〉，頁43-44、47-49；金慶門、李湛等編，《通文館志》，卷11，頁67，今上十二年乙亥；頁69，今上十三年丙子；頁70，今上十四年丁丑。

[94] 金慶門、李湛等編，《通文館志》，卷11，頁74，今上十八年辛巳。《灣府關牒》，光緒辛巳三月二十九日。《灣府關牒》為朝鮮政府與義州府往來文件，現藏於漢城大學中央圖書館。編按：《灣府關牒》又名《義州府狀啓謄錄》，收錄1877-1881年間義州府的狀啓，該書的收藏記號為奎15135의2。

活動天地。他們壯大時便向中國長城以南地區及朝鮮半島中部發展，如遼金、高句麗、百濟均可作為例證。當然漢民族及三韓民族強盛時也向這一地區墾闢發展。漢、唐兩代漢人從遼東及朝鮮半島中西部分頭東進北拓，三韓政權——新羅也乘勢北上。明代漢人只從遼東方面著手，而半島上的高麗及李氏朝鮮則獨立北進。

算總成績，漢人不如韓人，因為明代在遼東的實際控制地區並不比漢代遼濶，而韓人則自半島中部推進至鴨綠、圖們兩江南側。原因是多方面的。漢人開發遼東只是防禦蒙古地區勢力的副產品，他們可向湘桂滇黔及南洋群島發展，而三韓民族則南東為大海，為中國、日本兩強，無可進展，故不論積極開發，或消極防禦，北方是他們惟一的目標和去處。

東北的開發完成於東北民族為東亞主人的時代，這是頗富意義的。到明代為止，漢人勢力除遼河套外，很少能滲透鑿孔，就是說，既不能子其民，也不能疆其土。即以朝鮮而論，努爾哈赤（1559-1626）興起之前，圖們、鴨綠江以南相當幅員內猶為女真人所據，且戰亂不斷，也就是說朝鮮未能實際控制。滿清王朝雖為其皇室貴族封禁部分地區，然而亦將漢人罪犯發往寧古塔等處，使漢人文化語言在該處推展同化。以往漢人和女真人屬於絕對不同的利益、血緣及政治集團，漢人深入其地有生死的困難。

清時，滿漢同為一姓的子民，在雖非盡同然可換算互通的法律統治之下，在除皇室貴族外，漢人和女真平民及軍士的利益一致下，漢人潛入禁地後，可以納賂免災；即使被擎獲也是照律服罪，非如不同部族間之非死即奴。更重要的是當內地人口過剩，民不聊生時，皇帝有責任開放禁地救濟民生；且因滿漢一家，為防俄、日侵佔，可以漢民實邊疆。

對朝鮮而論，清太祖、太宗（1592-1643）將鴨綠、圖們之南女真人盡行掠遷編旗，空出居地，實無異替朝鮮清除了國境內的異民族及反抗勢力。由於清朝能絕對控制東三省地區，而朝鮮又為清朝的屬

國，所以朝鮮免於受到從北面來的侵掠困擾。清初滿清雖要求朝鮮解除軍事防禦設施，然康熙之後此條已無效力。相反的，朝鮮利用清朝的部分封禁政策，要求在鴨江、圖們之北保持甌脫，這是要在中國境內設置非軍事區。

乾隆十一年（1746），盛京奏請設莽牛哨水汛及展邊時，盛京將軍及兵部均指出設哨之地若是在朝鮮邊境，或慮於該國不便，而經查鴨江中心有石嶼，為兩國界限，設汛處實在中國境內，自不必顧慮，非單意在不允朝鮮在中國境內設甌脫的要求，且查明兩國界限在鴨江之中。高宗雖有若設汛之處係在中國境內，與該國毫不相涉，則即該國王懇請亦不便准行，特派兵部尚書往查。然查得該處確在中國境內，與朝鮮邊界無涉後，仍以該國世戴國恩，甚屬恭順為由，允其所請，否決設汛。至於展邊也因該國王請在鳳城邊外空地百餘里而停止。此一上諭成了朝鮮的護身符，此後遇有類似交涉便援引。

道光後，統巡會哨時要朝鮮地方官出具無墾田構屋切結，似乎清兵乃為朝鮮巡邏稽查者。同治八年（1869）八月十九日朝鮮致禮部咨文中竟有：「乞貴部不靳垂勞，使弊邦江外之地，柵路去處，奉今下飭旨，毋敢更肆違越，實為幸甚」[95]之句。朝鮮在鴨江以北根本無土地，而今竟要求清人毋違越「弊邦江外之地，柵路去處」。迨光緒初，朝鮮遂稱圖們江北延吉區為其領土，其奏咨之含糊朦朧一如上文，甲午後更有所謂西間島之謬說，真所謂冰凍三尺非一日之寒，其由來久矣。張鳳臺氏（1857-1925）述及清末中日韓界務糾紛時感嘆說，這種種麻煩「不得謂非朝廷字小之恩以至此極也」。[96]作者讀完有清一代關於中韓陸防政策及其實施的文獻，並寫完此文後，益覺張氏此語之真切著明。

*本章原刊於《中央研究院近代史研究所集刊》，第3期下（臺北，1972年12月），頁497-517。

---

[95] 朝鮮承文院編，《同文彙考·原編續》，〈疆界二〉，頁2。

[96] 張鳳臺，《長白徵存錄》（宣統二年刊本），卷4，頁16b。

# 第四章
# 穆克登所定的中韓國界

## 一、前言

　　1971年，筆者在《中央研究院近代史研究所集刊》第二期中，發表了〈清代中韓邊務問題探源〉（以下簡稱〈探源〉）一文。[1]該文之作，是因清光緒十一年（1885）及十三年（1887）中、韓會勘圖們江源國界時，均提及康熙五十一年（1712）清打牲烏拉（喇）總管穆克登（1664-1735）長白山查邊立碑事，而又均未道其詳，故而研究，以明其真象。

　　〈探源〉除將穆克登白山之行的原委、過程考究清楚外，肯定了兩點清末中國勘界人員不肯承認的事：

　　（一）穆克登之行的使命是定界。清聖祖（1654-1722）以鴨綠、
　　　　　圖們兩江中下游之國界分明，惟長白山區兩江發源處界限
　　　　　不清，故而遣使查邊。因為如明中國邊界之所止，即知朝
　　　　　鮮邊界之所自，故查邊即是定界。[2]

　　（二）穆克登所立之石碑原就在長白山天池東南十餘里處，非韓
　　　　　人暗自小白山移來者。穆克登當時似不知中國邊界所在，

---

[1]　張存武，〈清代中韓邊務問題探源〉，《中央研究院近代史研究所集刊》，第2期（臺北，1971年6月），頁463-503。收入本書第二章。

[2]　張存武，〈清代中韓邊務問題探源〉，頁476、484-485。

故問朝鮮人朝鮮邊界何在。答以長白山巔有一大池，池水西流為鴨綠江，東流為圖們江，大池之南即朝鮮界，穆克登乃沿鴨綠江登白山勘查。由於發現大池，即今之天池之水根本無東西流，於是另行找尋鴨、圖兩江之源。在天池東南約十餘里處發現一小分水嶺，嶺西一水流入鴨綠，嶺東也有一水溝，他們認為乃圖們江之源。於是在分水嶺上立一石碑，上刻穆克登查邊至此，審視碑東為土門江（圖們），西為鴨綠江的形勢。[3] 此即清季所稱之「穆碑」，韓人視為定界碑。

清季勘界時，發現碑東之水溝不接圖們江源，中國委員以圖們江之天然正源應為發源於小白山東之紅丹水，故疑穆碑應原在小白山頂，其所以在長白山頂，係韓人暗自遷移所致。筆者在〈探源〉中，否定了此種看法。[4] 此外，筆者也簡要地批駁了自大韓帝國以來韓人所持穆克登曾以上國威勢壓迫朝鮮定界之說，指出清朝因穆克登定界喪失了大片土地，並因此而對穆克登及清聖祖有所貶責。[5]

穆克登立碑時已知穆碑東面溝中之水流若干里後即乾涸。換言之，碑東之水與圖們江源流不相接。朝鮮人謂水伏流於地中，下必湧出，於是沿溝而下尋水湧出處。數十里後溝盡而為平野，又三、四十里方有泉湧出。朝鮮人先至一湧出之水派，當時文獻稱為「次派」。穆克登在未至次派十餘里處也見一水派，以為乃潛流湧出之水，時稱「初派」。行至次派源頭下四、五里處又見一小流自北來注入次派中，以為乃初派流至此者。遂沿次派而下至圖們江，並以其所經之溝、野、初派、次派、圖們江為中韓國界，令韓人於農隙沿此線立界標。

朝鮮人建標時發現，穆克登所得初派下流北轉，即入松花江，他認為是源自初派，注入次派的小流，乃山間橫出之水，既不接初派，

---

3　張存武，〈清代中韓邊務問題探源〉，頁480-482、494-495。
4　張存武，〈清代中韓邊務問題探源〉，頁468、485-486。
5　張存武，〈清代中韓邊務問題探源〉，頁492、495-497、500。

也不入次派。朝鮮建標差人以為初派、次派雖不相接，然穆克登明以次派為入圖們江之界水，故將本應循初派建至次派源頭下四、五里處接次派之界標，改為直至次派源頭。界標或循溝谷，或列木柵，或立土石堆。[6]約而言之，穆克登指示建立的界標，也就是國界，是自碑而東，循溝行六十里，然後至初派源頭，沿他認為是初派的小水流，至次派源頭下四、五里處接次派，然後沿此次派而下至圖們江大流。

朝鮮差官所建的界標，自碑至溝盡處相同，自溝盡處而下則不經初派，逕至次派源頭。源頭以下與穆指示者相同，即沿次派至圖們江大流。清季勘界人員看到了沿岸有土石堆的溝，然不見平野上的木柵及土石堆，故無法用歷史證據確認當時所謂次派是現在圖們江五大源流──紅旗（溪）河、西豆水（魚潤江，西北川）、紅丹水、石乙水、紅土山水──中的那一源。筆者在〈探源〉中用何源不是次派的否定法，確定了紅旗河不是次派，然而卒未能確定次派是今之何水。[7]

由於最重要的問題未能解決，所以筆者仍一直注意此事，不斷蒐集資料，試圖完成這篇文章。已故臺灣大學文學院院長沈師剛伯（1896-1977）生前八十大壽辰時，師友徵文慶賀，筆者擬就此問題撰文為壽。然而寫了「為敬愛的沈師壽」前言，進行正文時，發覺資料不足，問題解決不了。其後又欲以此充中央研究院歷史語言研究所發起之屈師翼鵬（1907-1979）及李師濟（1896-1979）之逝世紀念論文集，也未能及截稿之期。

本年初韓國延世大學教授黃元九（1929-2004）為該校韓國研究院院長閔泳珪（1915-2005）教授退休誌念徵文，乃將本題之部分文字冠以「間島」說的由來題名，寄刊於該校出版之《東方學志》第二十三、二十四合輯號。[8]其餘想在漢學會議上宣讀。然因此文須與有關

---

6　張存武，〈清代中韓邊務問題探源〉，頁481-483。
7　曾予考證，然未獲結論，見張存武，〈清代中韓邊務問題探源〉，頁486-491。
8　張存武，〈「間島」說的形成〉，《東方學志》，第23、24合輯（首爾，1980年2月），頁323-330。

地圖同看方易了解，而大會規定宣讀論文時間為二十分鐘，不容放映幻燈片，故而未宣讀。

本章除前言外，分下列五部分：（1）考證次派是現在圖們江何源，也就是圖們江那一源流為穆克登所定的界水，這是本題的重心。（2）論穆克登的查邊定界，解釋穆克登定界時的行為，駁清季以來若干韓人對定界一事的不當說法。（3）「間島」說的形成，指出因穆克登定界錯誤，致在朝鮮形成「間島」說。（4）結論。（5）附錄，查邊定界故實補述。

## 二、界水的考證

在〈探源〉中，除了確定紅旗河非次派，即非中韓界河之外，也曾論證西豆水不是界河，然為一件殘缺的史料所影響，即朝鮮咸鏡監司控茂山人蔡震龜作出大紅丹水真豆江之說，致未確定。[9] 現如再事補充辨證，則曲折過多，反不易說明，故此處重新從頭說起。[10]

康熙五十一年（1712）朝鮮得知清廷再遣人探查白山消息後，曾令咸鏡道

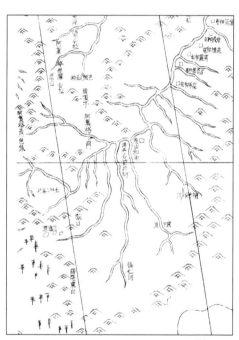

圖4-1　鴨綠、圖們江源地區形勢圖[106]

---

9　張存武，〈清代中韓邊務問題探源〉，頁488-491。

10　〈琿春必拉、寧古塔和屯圖〉，收入張其昀監修，《清代一統地圖》（臺北：國防研究院，1966年據1932年北平故宮博物院「重印乾隆內府輿圖」影印），頁101-102。

南北兵使分路往探鴨綠、圖們江源地形，先審疆界，繪圖報告。[11]穆克登上白山勘查時，朝鮮接伴使朴權（1658-1715）於五月十三日至茂山府臨江臺村民家駐候。主人元益成進謁，閒話間謂：北兵使所報地圖中所稱豆滿江（即圖們江）乃大紅丹水，非豆滿江。有一大水源出白山，合流於南甑山北邊稍下處，即大紅丹及魚潤江合流點稍上處，乃真豆江，而詳知其事者乃土人蔡震龜、韓致益。朴權招問，二人所言相符，乃遣人沿水而上，圖導穆克登沿此水而下，然以大雨糧盡，中途而返。[12]

穆克登等沿次派而下，二十一日行至距臨江臺不遠處的漁潤江帳幕，朴權往迎。朴權的《北征日記》該日說：

> 晚後聞穆差自大紅丹水沿流而下，即為馳進漁潤江，相見於幕次。以今此總管所審視者，非豆江也，乃大紅丹水，更往著審豆江合流處，泝流而上定其界限之意累爭，而終不許。[13]

擔任翻譯的金指南（1654-?）的紀錄較詳明。《北征錄》同日謂：

> 伴相（接伴使朴權）以為臨江臺近處有一水來合於大紅丹水，明是白山東流之水，此是真豆水，而大人所得之水，乃大紅丹

---

[11] 《朝鮮大王肅宗實錄》，第40冊，卷51，肅宗三十八年三月六日己丑條、四月七日己未條。

[12] 朴權，《北征日記》，五月十三、十四、十七日；金指南，《北征錄》，五月十六、十八、二十一日條。朴權，《北征日記》刊於《白山學報》，第16號（漢城，1974年6月），頁247-262。金指南，《北征錄》刊於同刊，頁195-246。金指南為朝鮮名漢語譯官，康熙五十一年奉命隨朴權接待通譯。因其身世職務關係，行動較自由，不拘禮數，對中國使團人員自穆克登而下無不熟悉，故所錄較詳。其子慶門亦為名漢語譯官，時奉命隨另一使臣咸鏡鏡監司李善溥行動，且隨穆克登同上白山。金指南在《北征錄》五月十七日條說，慶門下山後對他詳述途中所歷及穆克登為人情形，他「於是乎取其隨往白山者之所記而另錄於左，以為後日之觀」。所錄顯係慶門登山日記。然《白山學報》所刊《北征錄》並無另錄文字，致不能與洪世泰〈白頭山記〉所錄金慶門語校讀，殊屬可惜。朴權日記雖較簡略，然因其綜察接伴諸務，故自中能得知各事之來龍去脈。此外，二書所記史事日期有不一致者。

[13] 朴權，《北征日記》，《白山學報》，第16號，頁253，五月二十一日。

水上流云……伴相又以為臨江臺上邊來合之水，此地之人皆稱為豆江，自此相距不過十餘里，大人若暫時往見，則可知其實狀矣……則總管曰：「臨江臺上邊雖有來合之水，似是大國地方眾水合流，來會於此者……此水雖為往見，有何益哉？」伴相又曰：「大人既奉皇旨查明邊界，而誤認大紅丹指為豆江，而至於真豆江之來合於不遠之地者不一見，恐有乘於奉使審慎之道云。」則曰：「我若誤尋水源，而果有真豆江自白山流下者，則國王具奏於皇上，然後可以更審。我則決難變改前見云。」[14]

由上所引可得出兩個結果：

（一）穆克登所沿下的次派，即所定的界河，乃大紅丹水。他們將大紅丹水與漁潤江分別稱呼，可知二者非一水之異名，而是兩條不同的水流。穆克登既定大紅丹為豆江，為界水，則漁潤江自非豆江，非界水。漁潤江即西豆水，故西豆水非豆江，非界水。

（二）大紅丹水既為穆克登所定的界河，則朴權所稱在臨江臺附近入大紅丹水的「真豆江」自非界水，自非真豆江（圖們江），何況穆克登根本未接受此說。因為此水是在臨江臺附近，漁潤江及大紅丹合流點稍上處入大紅丹，所以很容易考出乃今日之紅旗河（亦作「紅溪河」，清代稱「阿集格土門」，阿集格乃清語，是「小」的意思），故如紅旗河非穆克登所定之界水。

朝鮮咸鏡北道兵使所繪圖大紅丹水為圖們江，代表當時該地區人已公認大紅丹水為圖們江最大、真正的源流，所以穆克登也定大紅丹水為圖們江（豆滿江）。不過大紅丹水在納西豆水處（清季曰「三江口」）以西三十里處又分為南北兩源，南源為發源於「三汲泡」，即朝鮮所稱「三池淵」以東數十里的紅丹水，北源自兩源會合點而上

---

[14] 金指南，《北征錄》，《白山學報》，第16號，頁233，五月二十一日；又見《朝鮮大王肅宗實錄》，第40冊，卷51，肅宗三十八年五月二十三日乙巳條；參見張存武，〈清代中韓邊務問題探源〉，頁488。

一百里處又分為石乙水及紅土山水。清季朝鮮統稱為「紅土山水」或「紅土水」，中國統稱為「石乙水」，本章將此百里就名為「石紅水」。穆克登等所沿下之次派究為南源紅丹，抑為北源石紅，上述資料並未告訴我們，需另行考證。而根據下列所述六點，似乎次派，即穆克登所定界水，不是南源紅丹，而是北源石紅，現在論證於下。

第一、以理推之，穆克登既然採朝鮮人天池之南為朝鮮地界的說法，登白山之巔，在天池東南十餘里處分水嶺上立東圖（土）西鴨的碑誌，他就不可能捨北面的石紅，遠到小白山以南找紅丹源流。而且紅丹之源與三汲泡不遠，凡言紅丹源流者，亦多言及三汲泡，然穆克登查邊資料中從未提到三汲泡之地形。

第二、登山人員說，他們在「真長山」以南約百里內遍尋水源，此水之外別無他水。所謂真長山即「長山嶺」，朝鮮或曰「北甑山」，中國亦稱「黑山」或「大秫秸垜山」，[15]其地望乃在紅土及石乙水北，與紅丹水源渺不相涉。登山人員又說，穆克登所得之初派與次派相距約二十里，其間微有起岸，仍作真長山，起岸以北之水無入次派者，而起岸以南入次派之小水則四、五條；其後且發現初派北轉入松花江。[16]是初派與次派間的「起岸」乃松花江與圖們江的分水嶺。此種形勢與紅丹上流完全不適合，因紅丹以北猶有石乙等水源密近松花，紅丹距松花江則相當遠。

第三、登山人員說，他們自次派源頭（即朝鮮所建界標所止之處）「下至大紅丹水各二日半程」，[17]這代表次派雖為大紅丹水之一源，然非正源。事實確屬如此。觀乎登山人員稱新得水源曰「初派」、「次派」、「三派」等，可知此次查邊之前無人知道此等水

---

[15] 〈土門勘界〉，《白山學報》，第2號（漢城，1967年6月），頁171-172，「別單」；吳祿貞，《延吉邊務報告》（臺北：文海出版社，1969年據光緒三十四年〔1908〕奉天學務公所再版），第3章，頁3-4。

[16] 《朝鮮大王肅宗實錄》，第40冊，卷52，肅宗三十八年十二月七日丙辰條；張存武，〈清代中韓邊務問題探源〉，頁488。

[17] 張存武，〈清代中韓邊務問題探源〉，頁489；《朝鮮大王肅宗實錄》，第40冊，卷52，肅宗三十八年十二月七日丙辰條。

派，至少水無定名。然紅丹水就不同，它早已被認為是白頭山之南，長白山之北的豆滿江上流，[18]自然也就是大紅丹水的正源。穆克登查界時期，朴權等自甲山過虛項嶺至茂山，即橫過紅丹水上、中游，然後經西豆水下游而前，故朴權及金指南書中均有記述。[19]指南《北征錄》五月十二日曰：「所謂紅丹水，源出沙汰峰底，繞回曲旋，流入於豆滿江者。今日之行三過一水，而水勢漸大於下流，故有小中大之稱。」[20]觀此可知，其時紅丹水不僅有定名，且有大中小之段落稱呼。這就明白表示出，紅丹水事實上為大紅丹水的主源。換言之，紅丹水非次派，非穆克登所定之界源。

第四、登山人員又說，他們沿水而下至大紅丹水時，旁經南甑山，又過蘆隱東山而至漁潤江入大紅丹水口待候穆克登之處。[21]南甑山在紅丹水之北、石乙水之南。蘆隱東山在南甑之東南。筆者在〈探源〉中以為，如他們所沿下之次派為北源石紅，則只旁經南甑山北邊即可達等候之處，今既經南甑，又過蘆隱，足見其沿下之水（次派）不是北源，而是南源紅丹。[22]

此種推論完全合理，然以所據材料不完整，致結論錯誤。據《北征錄》五月二十一日文，他們之所以未專沿南甑山而行，乃因「南甑山以後，則江邊路逕極險且絕，不能接足，故出來於蘆隱東山大路以行」。他們未攜舟楫，全屬騎步，到南甑山後江邊無路可行，始捨水而就通往漁潤江的大路。這並非因沿紅丹水故經蘆隱東山，也就是

---

18 朝鮮備邊司，《備邊司謄錄》（漢城：國史編纂委員會刊，1958），肅宗十八年正月十三日；《朝鮮大王肅宗實錄》，第39冊，卷24，肅宗十八年二月十七日丁酉條。

19 朴權，《北征日記》，《白山學報》，第16號，頁252，五月十一、十二日；金指南，《北征錄》，《白山學報》，第16號，頁226-227，五月十一、十二日。

20 金指南，《北征錄》，《白山學報》，第16號，頁226，五月十二日。

21 《朝鮮大王肅宗實錄》，第40冊，卷52，肅宗三十八年十二月七日丙辰條；待候穆克登之帳幕設於漁潤江入大紅丹水處，見金指南，《北征錄》，《白山學報》，第16號，頁227，五月十三日。穆克登一行沿所得水源而下，到南甑山，由蘆隱東山之路至漁潤江幕次。又見《北征錄》，頁232-233，五月二十一日，豐山萬戶韓世欽屬人所報。

22 張存武，〈清代中韓邊務問題探源〉，頁480-490。

說，其沿下之水非南源紅丹，而係北源石紅水。[23]

第五、乾隆間齊召南（1703-1768）所著《水道提綱》，乃據康熙所刊《皇輿全覽圖》而成，也就是對該圖的解釋，而該圖又為其後各種輿圖之祖，故《水道提綱》所述可幫助解決我們的問題。《水道提綱》述圖們（土門）江源流道：

> 土門江源出長白山頂之東麓，曰「土門色禽」。東流，若隱若現數十里。折東北流又十數里，有一水自西北，一水合二源自南來，並會。俱長白支峰也。東南流百餘里，有一水合二源自西南來會（水南即朝鮮國）。折而東北流百數里，南岸受小水二、大水一（二小水皆甑山以北，北流僅百里許，大水曰「洪丹河」，源西南，出大山，合三池源之水，東流北數十里，折東北流合東一小水，又北經甑山東麓，又東北而北百餘里，入土門江）。[24]

此處所謂洪丹河即紅丹水，而所謂圖們江乃北源石紅水。

第六、筆者在〈探源〉中說，此次定界使中國喪失，朝鮮獲得了大片土地。[25]假如以紅丹水為界，雙方的得失就不會如此之大，朝鮮《輿地勝覽》及《北關誌》所載屬於中國的天坪、長坡就不會自中國轉入朝鮮手中。這種轉移情形，朴權《北征日記》七月十三日條反應的很清楚。這篇似乎是給國王的狀啟文稿說：

> 自吾時川至漁潤江，長白山以北，白頭山以南，周圍千餘里之地，本是我國之土，而以《輿地勝覽》及《北關誌》中皆以彼地懸錄之故，我國之採獵者恐犯潛越之禁，不敢任意往來是白

---

[23] 金指南，《北征錄》，《白山學報》，第16號，頁232-233，五月二十一日。
[24] 齊召南，《水道提綱》（清光緒五年〔1879〕宏達堂雕宏達叢書本），卷26，頁3。
[25] 張存武，〈清代中韓邊務問題探源〉，頁492-493。

如乎。今則界限既定，沿邊之人皆知此地之明為我境。

朴權又說：

南兵營進上及營門所用樺皮分定於三、甲（三水、甲山），而
三、甲境內產樺處不多，每為潛入採取於白頭山下天坪、長坡
等處是白如乎。到今定界之後，則天坪、長坡皆為茂山之地，
同樺皮參酌分定於茂山府，以除三、甲，一分民弊似宜。[26]

只有石紅水為界水，長坡纔能屬之朝鮮。

　　據上述論證，我們固已認為次派為北源，然北源上流又分為石乙
水及紅土山水二源流，究竟何水為次派？由於紅土、石乙兩水相距甚
近，而筆者手中的資料尚不足以下判斷，故此處略而不論。所能確定
者，是這兩水為最接近松花江上源的圖們江源流。

## 三、論穆克登的查邊定界

　　穆克登白山之行的使命為定界，然而他立的碑則說是查邊，以
致使得中韓人民到清末還辯爭不休。穆碑遠離圖們江源，碑文則說東
為圖們（土門）。不僅碑東之水斷流，就是他認為是圖們江源的一條
所謂伏流湧出之水，後來也證明北入松花江，而他認為上承他所得水
源，且沿行而下的次派，作者此刻尚無法斷定是石乙水抑紅土水。這
的確是迷離糊塗的行為，所以筆者在〈探源〉中曾指斥他勇武有餘，
而智慮不足，故為朝鮮人所欺。[27]此外，清季至今若干韓國人說他憑大
國威勢，壓迫朝鮮接受不合理的界線。這些看法都有重新考慮的必要。

　　穆克登上山前對朝鮮人說：「我們此行專為看審邊界而已，雖上

---

[26] 朴權，《北征日記》，《白山學報》，第16號，頁260-261，七月十三日。
[27] 張存武，〈清代中韓邊務問題探源〉，頁495-496。

天入地，當依你們所指示而往。」朝鮮人說長白山巔大池之南即其邊界，他就說：「然則勢將登山以去。」[28]登山後聽朝鮮人水伏流湧出之說，又去找湧出之處。一位審界查邊的大員對自己國界何在一無所知，而專聽外人之言，自屬無能而不稱職。

然而這位隸屬鑲黃旗的打牲烏拉總管並非粗野無文。[29]他既會滿語，與朝鮮漢語譯官金指南則一直直接交談而不用翻譯。[30]他的漢字寫的不錯，為人也很幽默。[31]他一入朝鮮境，接伴使朴權就呈禮單、饋飯食。他說任務未畢，不便收禮單，等出疆時再說。及離朝鮮，仍不收。可見其頗有應付才能。他對待下屬也能恩威並用。[32]在康熙五十年代及雍正初，他曾參與征剿準部之役，任振武將軍，駐節青海、甘肅及外蒙。[33]

穆克登一聽朝鮮人言長白山巔大池之水東流為圖們，西流為鴨綠，便毫不遲疑的上山，是因為明代以來中國史書圖籍便如此記載，大家如此傳說，他受了此種記載傳說的影響。在康熙之前的《大明一統志》謂，長白山巔有潭，周八十里，淵深莫測，南流為鴨綠江，北流為混同江，東流為阿也苦江。[34]康熙年版《盛京通志》也如此說。[35]不僅如此，穆克登查邊定界時已知鴨綠、圖們均非源自天池，而其後的官書如《太祖高皇帝實錄》、《滿洲實錄》，甚至嘉慶《大清一統

---

[28] 金指南，《北征錄》，《白山學報》，第16號，頁220，五月初五日。

[29] 金指南，《北征錄》，《白山學報》，第16號，頁212-215，四月二十九日云穆克登前引導黃緞紅廂金畫龍旗二雙。

[30] 金指南，《北征錄》，《白山學報》，第16號，頁235-236，五月二十三日。

[31] 金指南，《北征錄》，《白山學報》，第16號，頁242，六月初一日記，穆克登上斗里山覽繪圖們江入海情形回慶興後，金指南觀其圖本，見「筆力轉動，似非凡人臆寫之狀」，因問：「此是劉相公（畫員劉允吉）畫的嗎？」穆克登答道：「這是穆相公畫的。」仍大笑。

[32] 金指南，《北征錄》，《白山學報》，第16號，頁239-241，五月二十八日。

[33] 朝鮮承文院編，《同文彙考‧補編》（1787-1881陸續刊行），卷4，別賫咨官金慶門手本；《清世宗實錄》，卷30，雍正三年三月十八日丙辰條；卷31，四月九日丙子條、四月十五日壬午條、四月二十一日戊子條。

[34] 王河、魏樞纂，《盛京通志》（清乾隆元年〔1736〕刊本），卷13，頁17。

[35] 康熙版，《盛京通志》，卷9，〈山川〉，長白山。

《志》，仍持三江源於天池說。[36]這固然顯示出官修書籍之因襲，也代表說流布力量之強大。

說穆克登憑上國威勢，壓迫朝鮮接受其不願接受的界限，甚至說此次定界使朝鮮國土受了損失，均屬無根之談。攻擊的理由之一是穆克登不許接伴使朴權及咸鏡監司李善溥（1646-1721）隨同上山。關於這一點穆克登當時就說的很清楚：山徑崎嶇，踰險探奇俱各步行，二人均高年有壽，隨去必誤公事，故不偕同行。[37]這是實在情形。觀諸洪世泰（1653-1725）〈白頭山記〉中金慶門自述，他雖是壯年人，然而臨到山巔時猶氣喘匍匐，需兩人挾負而行。如此艱難路程，朴、李何堪！

穆克登一行自帶足夠牛、糧，除馬匹預先知會朝鮮供應外，其他完全自給，絲毫不擾朝鮮。自始至終拒受禮單，即簡單飯食也屢屢拒之。[38]穆克登未到時，朝鮮疑慮其咸鏡北道六郡將不保，然定界結果，疆土反而增拓，長白山南之天坪、長坡從此正式收入版圖，故在謝定界表中謂「聿睹審界之舉，幸逾始望。」[39]或者以穆克登拒絕朴權所指臨江臺附近入大紅丹之水為真圖們江為武斷，然穆克登說的很明白，如發現他誤尋水源，國王具奏皇上，可以更審。[40]

其後朝鮮果然發現，指臨江臺附近入大紅丹之水為真豆江，乃由蔡震龜企圖私佔土地而來。[41]金指南對穆克登其人及其行為的評語

---

[36] 《高皇帝實錄》，卷1，頁21-2、22-1及《滿洲實錄》謂「潭曰闥門、鴨綠、混同、愛滹三江之水出焉。」「混同」為「花松」之別稱，而「愛滹」即「阿也苦」之快讀異文。《嘉慶重修一統志》（臺北：中國文獻出版社，1964），第22冊，卷67，〈吉林〉，頁3云：「山巔有潭，為鴨綠、混同、圖們三江之源。」

[37] 朝鮮承文院編，《同文彙考原編》，卷48，敕使回帖；金指南，《北征錄》，《白山學報》，第16號，頁224-225，五月初八日。

[38] 《朝鮮大王肅宗實錄》，第40冊，卷51，肅宗三十八年五月十五日丁酉條。

[39] 朝鮮承文院編，《同文彙考·原編》，卷48，謝定界表。

[40] 金指南，《北征錄》，《白山學報》，第16號，頁232-234，五月二十一日；《朝鮮大王肅宗實錄》，第40冊，卷51，肅宗三十八年五月十五日丁酉條。

[41] 《承政院日記》，第25冊，頁505，肅宗三十八年七月二十日。日記謂咸鏡監司李善溥狀控蔡震龜罪狀，以「震龜入居朴下川，彼我境界無不通曉，而私率地師占地求山於破邊，實是亂民伎倆。又在莫重定界之時，作出大紅丹真豆江之說，以其占山之處為若在於豆江之內，稱為我境者然，而今此定界時審定豆江之水源，則其所占地處為豆江之外，實狀現著矣。」前因資料不全，不知震龜等說朴權之事，故以為

116　清代中韓關係史論集（卷二）

是：「人品雍容，操心之簡約，奉公之盡誠，處事之明確，有足可稱於他日，詎可與只憑威勢，徒事豪勒者，同類而共評之哉！」[42]朴權也報告國王說：「總管不但凡事務為省弊，以其行中牛隻連續出給以饋從人，十石米又為分給於開路將卒等，實是意慮之外也。」[43]而朝鮮贈送清人的饋物，清人則以三升布、小帽子、帶子等物計價出償。凡此均足證明穆克登當時未憑上國威勢欺凌朝鮮。

若干韓國學者以為，清朝的封禁政策為製造兩國間無人地帶，為緩衝區，這是完全錯誤的。封禁政策之目的在保持皇室及王公貴族的山澤之利，根本未考慮到朝鮮。倒是圖們江下游琿春附近自康熙五十三年（1714）後就禁止人民在沿江近處居住。這是中國為避免人民私相往來發生事故起見，自我約制，在中國境上設置的無人區，而非在兩國之間設置的。[44]其實禁止兩國民人近江居處，兩國官員所見全同，如康熙五十年（1711）朝鮮按覈御史鄭栻（1664-1719）就建議，咨請中國令人民勿沿鴨江居住外，「我民亦令撤移稍遠處，別可無越之患」。[45]

鴨綠、圖們間長白山區中韓邊界附近，中國固自行封禁，同時也要求朝鮮勿令民入居。康熙五十一年（1712）六月三日，穆克登定界查邊畢，行將過圖們江回國之時，朝鮮接伴使朴權及咸鏡監司李善溥送行。朴、李說新定界線之南「荒廢既久，曾無看檢之事。今則境界分明，道路已通，空閑之地，或募民入居，或設立把守，可免如前虛疏之

---

「作出大紅丹真豆江之說」乃震龜主張大紅丹為真豆江，而李善溥又控其非是，遂以為大紅丹非圖們，而為西豆水。（張存武，〈清代中韓邊務問題探源〉，頁491）今自金指南，《北征錄》始知大紅丹真豆江乃蔡震龜等述北兵使圖形，而他們不同意，見本章第二節。

[42] 金指南，《北征錄》，《白山學報》，第16號，頁229，五月十七日。

[43] 《朝鮮大王肅宗實錄》，第40冊，卷51，肅宗三十八年五月十五日丁酉條、六月三日乙卯條。金指南，《北征錄》，《白山學報》，第16號，頁244-246，六月初三日。

[44] 張存武，〈清韓陸防政策及其實施：清季中韓界務糾紛的再解釋〉，《中央研究院近代史研究所集刊》，第3期（臺北，1972年12月），頁504-505。

[45] 張存武，〈清韓陸防政策及其實施〉，頁503；《朝鮮大王肅宗實錄》，第40冊，卷50，肅宗三十七年三月十三日壬寅條。

弊」。而穆克登謂：「自惠山至茂山之間，皆是曠漠之地，若欲移民設把，則弊將不貲。莫如別定官員，一年之內二、三次摘奸之為著實也。」[46]到光緒初長坡一帶已有許多朝鮮居民，顯示該國未守此議。

穆克登形象被扭曲尚不只此。乾隆三十年（1765），朝鮮徐命膺（1716-1787）偕友遊長白山，同行甲山軍校元尚泰言，其兄尚弼曾與宋太先、全愛順同受命為穆克登指路人。元尚弼以病未行，然太先、愛順告他說，接伴使朴權與咸鏡監司李善溥與穆克登相見時問皇上氣候〔安〕，穆克登大喝曰：「若外國臣也，安敢問皇上氣候乎！勿隨我於界至也。」權、善溥大懼，由虛項嶺逕歸茂山。又穆克登沿途見山谷輒指為「此土門之源也，此鴨綠之源也。」太先、愛順與之辯，穆克登叱曰：「去取刀來，矐二人目。」二人懼，不敢言。[47]這與史實全不相符，純粹成了故事傳說。

## 四、「間島」說的形成

由於穆克登未將河流界限查定清楚，他的定界在中韓兩國均發生了不同的解說。韓國形成了「間島」說，中國則不以穆碑及穆克登所認定的圖們江源為國界。清光緒之前出版的所有地圖無一載有穆碑此物，雖載大圖們江三源，然如本章第二節所引齊召南《水道提綱》，並不視江源即為國界，直至「東南流百餘里，有一水合二源自西南來會」下方注「水南即朝鮮國」，無怪乎清季中國勘界委員不以穆碑為界碑，而中日條約之所以以石乙水為界源，也是由於《水道提綱》的此項記載。

光緒九年（1883），朝鮮鍾城府使照會吉林敦化縣知縣，將一水之異名的土門江與豆滿江指為兩江，說在豆滿江北的土門江乃中韓國

---

[46] 金指南，《北征錄》，《白山學報》，第16號，頁244-246，六月初三日；《朝鮮大王肅宗實錄》，第40冊，卷51，肅宗三十八年六月十日壬戌條。

[47] 徐命膺，〈遊白頭山記〉，《白山學報》，第19號（漢城，1975年12月），頁259，六月十四日。

118　清代中韓關係史論集（卷二）

界，二江之間的土地乃韓國領土，並舉出穆碑為證，此外又謂海蘭河、布爾哈圖河，及鍾城對面圖們江北九十里處甘土山下之土門子為分界江。[48]自此形成了中韓、中日關係史上的「間島案」。間島案之提出固因魚允中（1848-1896）等欲擴張領土於中國界內，及其後日本人的以韓制華政策，然上舉說辭則非一時創造，而是導源於穆克登定界後一百五十年中的傳說。

案長白山主峰即在天池周圍，南下偏東為小白山，再南為界於鴨綠、圖們的分水嶺。小白山東行為界於石乙及紅丹水間的南甑諸山。主峰之東為老嶺，乃松花、圖們間之分水嶺。石乙、紅土源頭與松花江間為平坡漫崗，即東北所謂「甸」，或譯為「德」，朝鮮人曰「坪」。此甸之東的老嶺分許多枝，在石乙、紅土與紅旗河之間者曰「長嶺」，朝鮮人呼為「北甑山」。紅旗河與海蘭河之間為大秫稽垛山，海蘭河與布爾哈圖河之間為老嶺。

不過清代的韓國人對此等地形並不明瞭，故做出許多不實的猜測。康熙五十一年（1712）底，朝鮮王庭得知其奉命建立界標人員，發現穆克登所定之圖們江源北入松花江，而且他們將界標直接建立至次派源頭時，召開了一冗長的御前討論會議。會中，前接伴使、時任刑曹判書朴權說：

> 穆差所定之水雖曰北走，似自真長山外迤回流下。其間延袤雖廣，既是穆差所定，則以此仍作界限，固無所妨。終果北走而不屬於豆江，則送言穆差，以為當初所定仍是錯誤，則彼當有所答矣。[49]

這話有三層意義：第一、水如北走而入松花江，自不屬於豆滿江，然

---

[48] 中央研究院近代史研究所編，《清季中日韓關係史料》（臺北：中央研究院近代史研究所，1972），卷4，頁1910-1913。

[49] 《朝鮮大王肅宗實錄》，第40冊，卷52，肅宗三十八年十二月七日丙辰條。

他以為即使北走，也未必定入松花江，而「似是自真長山外迤回而下」，即仍南入豆江，為豆江之一支流。第二、如上所述，真長山即今長山嶺及大秫楷垛山，東北行為老爺嶺山脈，其間並無斷陷。朴氏以為穆克登所定水派似自真長山外迤回而下，顯然以為真長山外，即山北，有斷陷之處，故水能南越。第三、「自真長山外迤回而下」，顯示朴權聞穆克登所定水源北走消息後，又想到了白山東流之水，即今之紅旗河，為真豆江的事。朝鮮政府後來固然仍依設標人員將標界延至次派源頭，即自穆碑東至次派而下為土門，為豆滿，為兩國界限，然朴權的話已含有穆克登所定國界為自穆碑至初派，繞真長山，下為紅旗河，此界與自次派而下源流之間延袤雖廣，自屬朝鮮之意。這就是土門、豆滿為兩水，其間土地屬韓論調的先聲。

圖4-2　圖們源區山水形勢[50]

---

[50]　作者掃描自延吉、琿春一帶地圖縮影。

申景濬（1712-1781）閱讀中、韓地誌及穆克登定界圖籍後，提出了數點疑惑及看法：第一，他說中、韓地誌均謂長白山頂潭水東流為豆滿江，而穆克登所定界水則自白山南流甚遠始東流，似非山潭正派。兩國定界當以白山潭水東流正派為限。第二，據〈龍飛御天歌〉註，豆滿江北有土門江，南距慶源府六十里，距會寧二日程。他說土門江亦出於白山，東流會寧邊外頗遠，下流合於滿豆江。[51]

申氏所言，可能是定界之後首次明白揭出土門、豆滿為兩水，且土門江在豆滿江之北的話。其所據〈龍飛御天歌〉已非清代當時之簡，而是明代資料。其所說土門江源流地望，似是自天池而東，穿長山嶺北，南入豆滿江下流。這與朴權所想像者相同，然所主土門江之下流已遠超過朴權所主紅旗河，而與清季韓人以海蘭河或布爾哈圖河當之之說相彷彿。然而他又說：「明於地理者皆曰，土門是山潭正派，而亦未可知也。」[52]這表示他對所用資料及自己的看法尚有疑惑。

乾隆三十一年（1776）朝鮮徐命膺與趙曒（1719-1777）遊長白山，目睹天池之水無東西流者，因謂「其以鴨綠、土門自大澤發源者妄也」[53]；又眼見穆碑前無鴨綠江痕跡，而疑惑道「嶺名分水何也？」趙曒引用自少習知北方山水源流的茂山人姜莫從言：「土門江出自白頭山東南三十里外天坪頭平處，北流入黑龍江；其謂土門過獐項、害難，至於柔遠與豆滿合者誤也。柔遠之水出自會寧城邊之緊長山。」徐趙所見及姜莫從所言均屬正確，然從姜莫從話中可知，當時已有人認為土門江過獐項、害難至穩城的柔遠入豆滿江。因「害難」即「海蘭河」，故這話不僅仍維持土門、豆滿為兩江，土門在豆滿之北，入豆滿下流的看法，且首次明言海蘭河為土門江。

---

51 申景濬，《旅菴全書》（漢城：景仁文化社，1976），卷7，〈疆域考四〉。
52 申景濬，《旅菴全書》，卷7，〈疆域考四〉。
53 徐命膺，〈遊白頭山記〉，六月十四日，自臙脂峯下至白頭山土。本段均引自該文，不另註。

徐命膺接著說：「大抵穩城西南百里有分界江，在先春嶺下，高麗侍中尹瓘（1040-1111）之定界碑在焉。以江名與碑推之，此為我國界無疑，而況分界江與於尹厚之件加土江合流於豆滿，豆滿又湧出於白頭山之東。」尋其源流一按可決，乃使七百餘里之地，「一朝拱手而失之，嗚呼惜哉」。此處提出了「分界江」一名，這是將發生於較明代猶早的高麗時代，但地望未定的歷史地理名詞假設於圖們江下游，然後將之與他認為經過獐項、害難的土門江聯在一起。「件加土江」亦作「俄加土」、「孛加土」，即布爾哈圖河。徐命膺雖主分界江應為朝鮮界，但嘆惜朴權未尋源按流，致使七百里地一朝失之。換言之，他承認豆滿與土門、分界江間七百里地屬於清國，不屬於朝鮮。

十九世紀前半葉，洪良浩（1724-1802）在其《北塞紀略》「白頭山考」一節中言及，白山大澤之水「東一派隱流於層峰岩石之間，始為土門江，即豆滿江上流」，「自立碑處東距三十里設木柵、土墩，至天坪，是豆滿湧出處」，木柵、土墩自穆碑東行四十里至大角峰，峰下水泉湧出，「東注於彼地鎮長山及我地南甑山之間，乃豆滿江上流」。文中「彼地」是指清國，鎮長山即真長山。

歸納上引三段可以看出，洪良浩知道自南甑、真長間上至穆碑的流道均為豆滿江，只有穆碑至水泉湧出間一段又稱土門江。這雖未盡符土門即豆滿的定界事實，也未將二者作為兩江。但他又說：「分界江源自白頭山戌亥間，流至北甑山後割難地入南海，一支到穩城界達於豆滿江云。土門、分界之間為一百十餘里。自分界江至件加土江為七十餘里。」這「分界江」是徐命膺所說穩城西南百里處分界江的擴大延長，它代替、兼併了徐氏書中所言自白頭山過獐項、害難而至柔遠的土門江。

洪良浩又說：「兵使峰前有鐵碑，西出嶺上亦有鐵碑，昔年分界時所建云。」其所附地圖在「分界江源」上有「古定界碑」四字。案「西出嶺」應即「先春嶺」之別書。由此可知，洪氏既將分界江自

穩城延長到長白山上，自然也將傳說中先春嶺上的鐵碑搬上了長白山「分界江源」。此外，洪氏文所說分界江自白山「流至北甌山後割難地入南海，一支到穩城達於豆江」。文中的「割難」即「害難」，即「海蘭」。案海蘭河入布爾哈圖河，布爾哈圖入吉雅里河，在穩城附近入圖們江是事實，至於自割難地如何入南海，文中未述及，圖中也未表示出來。[54]

綜觀洪良浩「白頭山考」所記，乃集當時各種傳說之大成，其中有真有假、有古有今，有目睹之實狀、有傳聞的附會。這些混淆駁雜的說法繼續流傳變化。比洪良浩的《北塞紀略》晚出，且大部分撮錄洪氏書而成的《北路紀略》，[55]在「山川總要」節敘述豆滿江時，一方面仍謂土門為豆滿之源，一方面說：「大澤一派隱流出戌亥間西出嶺底，是為分界江。」[56]

從本章前一段文字可知，這一段話是從洪良浩「白頭山考」三段來源不同，各自獨立的文字抽鑄而成。於是先春嶺（西出嶺）光明正大的自東方西移到了長白山附近戌亥方向。該書又說：「土門江、分界江之間有山一支，東北行，止於二江合流處。合流處即穩城界也。」[57]這話是根據洪良浩〈白頭山圖〉而來。儘管作者大量撮錄洪氏書，他對洪氏的說法有時還是表示懷疑。如在分界江條後謂：

> 《朔方記》地圖，分界江之北又有一派水來合於分界江者，未知發源於何地。而《朔方記》：「分界江七十里有伐加土江，自土門江一百四十里有佟家江。」是或其一歟？其分流入海者歟？土門江即豆滿江之源也，分界江亦豆滿江之源也，朔方記

---

[54] 洪良浩，《北塞紀略》，《白山學報》，第21號（漢城，1976年12月），頁195-213轉載；洪良浩，「白頭山考」在頁205-210。

[55] 《北路紀略》（漢城：亞細亞文化社影印，1974）。據筆者在〈《北路紀略》的寫成時間及作者〉，《東方學志》，第18輯（首爾，1978年6月），頁227-231中考證，書成於1813-1834年之間。

[56] 《北路紀略》，頁12-13。

[57] 《北路紀略》，頁31。

土門、分界之間為一百十餘里，分界之源尤遠矣！[58]

「朔方記」乃洪氏《北塞紀略》之別名。作者最後一語表示對洪氏記述江源派絡的懷疑。

綜上所述，除穆克登所定自穆碑經初派入次派，入大紅丹水至海，朝鮮修改為自穆碑經次派源頭入大紅丹水至海為土門江，即豆滿江或圖們江，亦即界水之外，關於圖們江源尚有下列六種說法：

第一，土門江是自初派北入松花江之水，與豆滿江無涉。

第二，土門江為豆滿江之一源，自初派北繞真長山入豆滿江，有下流為紅旗河之意。

第三，土門江為豆滿江之一源，自初派北繞北甑山，經獐項、海蘭（害難）入南海，另一支至穩城柔遠鎮附近入豆滿江。

第四，土門江為豆滿江之一源，自湧出處繞北甑山，經獐項、海蘭至穩城柔遠鎮入豆滿江。

第五，土門江自湧出處繞北甑山，經獐項、海蘭，其下曰分界江，入豆滿江。

第六，土門江為豆滿江自穆碑至湧出處一段源流之名稱，即土門、豆滿為一江。然而其北又有一分界江，係源自長白山，繞北甑山，經海蘭入南海，一支到穩城界達於豆江。

這六種說法多同時有數種並存，且如所謂經獐項，海蘭之土門或分界江入南海，也未說明如何入南海，可見其混淆不清之狀。這是因為兩國嚴禁越界，諸說幾全非基於親自查勘經歷，而是道聽塗說，以訛傳訛而成。光緒九年（1883）鍾城府使給敦化縣的照會，即根據此等傳說立論，朝鮮政府也未查證史書檔案，即據之咨禮部，要求轉奏派員勘界。李重夏（1846-1917）前往勘界時，閱咸鏡監營所藏穆克登定界時有關公文，始知朝鮮所持土門、豆滿為兩江，其間土地屬韓之

---

[58] 《北路紀略》，頁13-14。

說錯誤，故自翌年朝鮮即放棄此說，專爭湧出之水，即次派為當時何水。

鍾城府使的照會內容較以前諸說又有增加。它說鍾城越江九十里處之甘土山下有分界江，且昔年往慶源開市清人回國時要求朝鮮送貨物輜重至此，並謂那是朝鮮國界。此處所欲討論者為甘土山。案穆克登定界時，朝鮮曾數次派人先行探查鴨、圖兩江源流情形，其中仁遮外萬戶李重昌及惠山僉使鄭思義查復稟報，豆滿江源自「白頭山巔中間，斷流幾八、九十里，至甘土峰下一息許始自土穴中湧出，凡三派而為豆滿江」。[59]本來在白山東側的甘土峰，現在居然東移數百里至鍾城一帶，實饒趣味。

按前述洪良浩書中已將傳說中高麗時代在先春嶺上立的鐵碑西移長白山上，鍾城府使的照會又將白山附近的甘土峰東移。由此可見，傳說製造者不管事之古今、地之東西，只要聽到一點有關故事，一個相關地名，就將之編在一起。這一發現，應對所謂「間島」問題提供進一步的瞭解。

關於「間島」的原始地貌及位置，李重夏在其1885年的勘界別單中已指稱：「間島」原本鍾城、穩城間圖們江中之灘渚，不過數弓之地，自光緒三年（1887）始允人民墾耕。其後鍾城、會寧、茂山、穩城四邑之民漸耕「間島」之外，即圖們江北岸中國之地，沿江遍野無處不耕，亦呼之為「間島」。[60]重夏此說確屬實情，金指南《北征錄》五月三十日記有穆克登總管和他如下一段談話：

> 總管又謂曰：「我今沿江之來，偶見江中有島，而島上有起田種穀處。如此等事，土官不為禁止耶？」余曰：「未知何處有此可駭之事乎？小官們未及見知也。」曰：「鍾城、穩城之間，行路當面之處也。我之所見，孰不見之？」曰：「實無所

<hr />

59　《朝鮮大王肅宗實錄》，第40冊，卷51，肅宗三十八年五月十五日丁酉條。
60　〈土門勘界〉，《白山學報》，第2號，頁171，「別單」。

見，皆不過泛然放過之致。當告於布政司，即為削平而禁之矣。」曰：「窮民費力已種發茂之田，何可因我言削平之乎！言於土官，後勿更耕，而抑其痛禁者，越境生事之弊也。」曰：「大人之教，無非愛民恤物之言也。」[61]

由這段對話可知，鍾城、穩城間江中之渚，康熙五十一年（1712）已存在，且朝鮮農民已耕種，然因穆克登命該季農作收穫後勿更耕種，故一直荒蕪，至1877年（丁丑）方再允耕墾。

筆者在〈探源〉中曾說，穆克登定界而中韓之界益紛，終於演成所謂「間島」交涉。在康熙中葉前，中韓國界自茂山以東是以圖們江為界，僅只江源地區無所劃分而已。穆克登定界前，中國人固只知兩國天然界限為土門江，朝鮮人也只知豆滿江為清韓間界水，只知發源於三汲泡（韓曰「三池淵」）附近之紅丹水為豆滿正源。

定界結果，穆克登以自穆碑東側之溝谷，經初派，至次派而下為土門江，也就是豆滿江。於是豆滿正源從形勢天成，即自然地理上的正源紅丹水，移於穆克登因定國界而定為豆江的人為正源。這是第一層改變。這人為的豆滿江正源及其下流原本也就是土門江，然而到穆克登所定初派發現北流之後，許多人意識及習慣上稱北流之水為土門江，次派以下之水為豆滿江，有意或無意的忽略了這次派而下的水道是土門江的主要段落。這就演成了土門、豆滿非一水的傳說基礎。

此外，因明代以後圖誌均謂長白山巔大池之水東流為豆滿，亦即土門，於是人們以為穆克登所定之初派雖北走，然未必入松花，而是繞真長山或北甑山東下南入豆滿。這就是清季朝鮮人以海蘭河或布爾哈圖河為土門江或分界江之來由，亦即「間島」說主要成分的來由。這些傳說固然也摻揉了高麗等時代的歷史故事及人名，然以上所述是其產生的基本緣由。

---

[61] 金指南，《北征錄》，《白山學報》，第16號，頁241-242，五月三十日。

# 五、結論

　　現在中韓圖們江及鴨綠源區的國界，是根據清宣統元年（1909）
七月二十日中日圖們江滿韓國界條款第一款：「圖們江為中韓兩國
國界，其江源地方，自定界碑起至石乙水為界。」[62]這一條約部分中
韓人均不滿意。中國人不滿意，是因他們認為穆碑不是定界碑，穆克
登所定的界河為紅丹水，或石乙水，中韓國界應自紅丹水源頭或
石乙水源頭西越長白山而接鴨江之水，不應自石乙源頭至定界碑（穆
碑）。[63]韓國人不滿意有兩層原因：第一，條約沒有依他們主張自紅
土山水至穆碑為界；二，部分韓人仍堅持所謂「間島」說。

　　作者在〈探源〉及本章中認為穆碑是定界碑，而且以為紅丹水不
是穆克登所定的界河，石乙與紅土相會後的一段水流是界河，至於石
乙與紅土二水中何者為界水，則尚未敢確定。案穆克登自白山下來與
韓使朴權等在西豆水與圖們江（大紅丹水）交會處論界時說：

> 鴨綠、土門（圖們）兩江俱從白山根底發源，東西兩邊分流。
> 原定江北為大國之境，江南為朝鮮之境，歷年已久不計外，在
> 兩江發源分水嶺之中立碑。[64]

是其時，只兩江發源處界限不清，源區以下中韓分據江南北之地，十
分清楚。又因穆克登否認紅旗河為豆滿江（圖們江），可知最低限度
石紅水與紅丹水交流點（三江口）以下邊界已定。

　　光緒十三年（1887）勘界後，韓使李重夏照會華使說：

---

[62] 中央研究院近代史研究所編，《清季中日韓關係史料》，卷10，頁69、79。

[63] 張鳳臺等纂，《長白彙徵錄》（臺北：京華出版社，1969年據清宣統二年〔1910〕
　　刊本影印），卷2上，頁15-16。

[64] 朝鮮承文院編，《同文彙考・原編》，卷48，〈疆界〉，敕使問議立柵便否容。

此次覆勘圖們江界，遍審水源，閱月細商。自茂山府以西沿流
至長白山中長山嶺西邊紅土水、石乙水合流處，逐段考證，皆
已勘定。而斷斷所未定者，惟合流處以上兩源。敝職擬在長白
山至紅土水立界，貴局處擬在小白山至石乙水立界，屢次商議
未協。[65]

故依中日圖們界約，則中韓邊界已定自石乙水至穆碑，即使依李重夏
與秦煐等光緒十三年協議，中韓界線自石乙、紅土水會流處以下也已
勘定；如依穆克登之決定，即使本章作者的考證結果不計，三江口以
下以圖們為界也已為不爭之事實。

　　因之，無論依穆克登定界，或李重夏、秦煐協議，或中日圖們
江界約，所謂「間島」均毫無史實根據，不能成立。持「間島」說的
人，不應再繼續宣傳此種無根之論。一般人民無歷史智識，人云亦
云。史學家是知道歷史真相的，應將真相告訴大眾，尤不可投時俗之
好，拋棄真理，引導社會大眾於歧途，甚至為國家製造不應有的外交
糾紛。

---

[65] 〈土門勘界〉，《白山學報》，第2號，頁175，「勘界使李重夏丁亥狀啓」。

# 附錄　查邊定界故實補遺

　　穆克登第一次奉旨往白山查邊是康熙四十九年（1710）夏，因朝鮮人將其導入險阻路徑，故未到達目的地。以情理度之，穆克登必異常不悅。然而他回朝後，盛稱朝鮮對他的禮敬，康熙帝為之免除該國年貢銀千兩、紅豹皮一百四十二張，並命修整該國貢使行經之沿途官舍。對於此一異常措施的原因，筆者在〈探源〉中曾予推測，以為是質樸的穆克登為朝鮮人的恭貌馴言所迷，以及康熙帝為日後再查白山預留地步。[66]

　　現在我們知道了此事的原委。康熙五十三年（1714）朝鮮冬至使團有針醫卞三彬隨行。清大學士松柱召請醫病，並告卞氏說；當初穆克登回朝後確屬不悅，故欲奏譖威脅朝鮮，強使導往白山。松柱勸以如此於朝鮮不便，將來仍難得其順利嚮導，且朝鮮國小民貧，應善奏施恩，再往必無憂。穆克登大悟，因奏請減貢、修舍。[67]

　　《北征錄》二月二十六日條錄有清兵部牌文，說穆克登定二月十五日自北京出發，由義州江（鴨綠江）源溯流而上，經長白山南直抵圖們江。[68]朝鮮據此派出接伴使權尚游（1656-1724）往義州迎迓。權氏途中接該國貢使發回報告，說穆克登曾於正月二十七日至北京會同館朝鮮貢使寓所談論查邊之事，且於發覺兵部牌文未指明朝鮮應於何地何時迎接他後，請使臣遣人回報近情，他自己於二月十二日離北京直回打牲烏喇任所，再至瀋陽整理行李，餵養馬匹，待邊上草青後始起程往頭道溝，而其所率人員則於二月十八日離京往瀋陽。

　　權尚游據此乃回漢城，朝鮮政府改派朴權為接伴使，由咸鏡道前往接伴。[69]這些曲折以前我們都不十分清楚。又前知穆克登所率人員中

---

[66]　張存武，〈清代中韓邊務問題探源〉，頁478。
[67]　朝鮮承文院編，《同文彙考·補編》，卷3，頁40。
[68]　金指南，《北征錄》，《白山學報》，第16號，頁196-197，二月二十六日。
[69]　金指南，《北征錄》，《白山學報》，第16號，頁197-202，三月初一至十五日。

有一等侍衛布蘇倫、筆帖式蘇爾昌、通事洪二哥，另一人名字不詳。據《北征錄》二月二十六日條所錄兵部牌文，布蘇倫作布克蘇倫，乃二等侍衛，蘇爾昌作「蘇爾禪」，七品，洪二哥為「二格」，六品通事，此外有無品通事余殊及佐領席哈。席哈後因故未行，以韓佐領代之，而《北征錄》中所稱次通官吳玉桂當即上述之余殊。[70]

筆者在〈探源〉中已臚列有力證據，證明穆克登白山之行名雖查邊，實即定界，以及其所立之碑原就在長白山巔天池稍南處，未曾為朝鮮人所移動。現在自《北征錄》可得到更多證據。該書四月二十九日條云，穆克登見金指南時問道：「兩國境界你能明知乎？」指南答以：「長白山巔有一大池，東流為豆滿江，西流為鴨綠江，大池之南即我小邦境界。」這與洪世泰〈白頭山記〉中金慶門的話一樣。五月初五穆克登在惠山說：「我今此行，只因皇帝軫念本國（朝鮮），欲審彼此境界，以杜奸民犯越生事之弊也。」然後又令金指南說明朝鮮邊界何在。

所謂皇帝軫念朝鮮，是因鴨綠、圖們間界限不清，兩國採蔘狩獵人常入彼此國境中，致造成交涉案件，朝鮮且因此數遭罪責，其中以康熙二十四年（1685）殺傷清軍一案最為嚴重。康熙五十年（1711）左右，聖祖命給瀋陽、吉林、寧古塔三處披甲五千至一萬人採蔘票，在靠近朝鮮地方採蔘。此輩如越入朝鮮採挖，自為朝鮮之損失，如朝鮮人越入中國與此官軍相遇，則二十四年之事重演，朝鮮必遭重譴。故查明邊界，杜絕潛越，就是軫念朝鮮。此意穆克登隨行通官於康熙五十一年正月間即對在北京的該國貢使譯官數次說明，而穆克登在白山行程中也對朝鮮官員屢屢申說。[71]

《北征錄》五月十五日文載，穆克登決定立碑地點，撰出碑文後，差隨行朝鮮軍官持碑文要接伴使朴權等署名，並謂「豎碑定界，

[70] 金指南，《北征錄》，《白山學報》，第16號，頁212-215，四月二十九日。
[71] 金指南，《北征錄》，《白山學報》，第16號，頁197，三月初一日；頁232-234，五月二十一日；頁239-241，五月二十八日。

出於皇旨」。同月二十一日穆克登下白山至漁潤江（西豆水）口，朴權與之爭論圖們江何源為真圖們江（即正源），穆克登又說立碑定界出於皇旨。二十四日朝鮮接伴使以穆克登所繪地圖中鴨江有兩源，而只近穆碑之南源邊書「鴨綠江源」四字，西北一源旁未書，遣金指南請穆克登補書。在旁的侍衛布克蘇倫向指南說：「明日再來，我給你一箇山，後日再來，主事給你一箇山，共通三箇山，白白的得了。」穆克登答應了指南的請求，然旋即後悔，達夜不寐。[72]侍衛之戲言，穆克登的懊悔，充分證明定源立碑並非只是中國內部事務，而是與朝鮮有關，故碑文中需朝鮮人列名。

上邊的敘述，以及筆者在〈探源〉中所舉乾隆間徐命膺、趙曬遊白頭山時所見穆碑情形，[73]均證明穆碑本在長白山頂，不在小白山上。穆碑無非是標誌證明穆克登認定鴨綠、圖們源流在長白山頂天池稍南處相聯繫。金指南《北征錄》五月二十四日條雖未提穆碑，然說明了上述穆克登所定兩江源流位置的關係情形。他說他接到穆克登送給朝鮮國王的白山水脈圖後便呈給朴權。朴氏細觀，「則鴨江之源有兩派，一自白出嶺南邊流下，一自白山之西北流下，會合為一。而南邊之派與克豆江之源不達而相對」。[74]這相對之源即所謂東圖西鴨，這種形勢與清代地圖所繪完全相符。

---

*本章原刊於《中央研究院第一屆國際漢學會議論文集‧歷史考古組》（臺北：中央研究院，1981），下冊，頁1347-1366。

72 金指南，《北征錄》，《白山學報》，第16號，頁237，五月二十四日。
73 張存武，〈清代中韓邊務問題探源〉，頁485。
74 「達」字疑為「連」字之誤。

# 交通

# 第五章
# 韓人保留下來的明代公牘：
# 《吏文謄錄》殘卷

## 一、《訓讀吏文》的形式

　　數年前葉君泉宏贈以《訓讀吏文》複印本。是書封面題前間恭作
（1868-1941）遺稿，末松保和（1904-1992）編纂。書名中「訓讀」
二字用小號字，「吏文」二字下「吏文輯覽附」五字亦用小號字體。
內頁為末松保和所寫凡例十二條。正文，即吏文，共三卷。首卷缺，
第二卷收文三十二篇，第三卷二十篇，第四卷四十一篇，共九十三
篇。每卷後附有該卷吏文目錄。附錄「吏文輯覽」前有崔世珍（1473-
1542）於嘉靖十八年（1539）所寫凡例八條，後為輯覽，即卷二至卷
四，及續集吏文之語彙釋文。

　　從版權頁可知，是書為昭和十七年（1942）十二月在京城（漢
城）出版，1962年日本東京極東書店影印。從末松保和的〈凡例〉及
其後來的追憶可知，[1]前間恭作為了後進學習漢文，乃將這些吏文加
製訓讀日文，並重寫了各篇吏文的題目，置於各該卷吏文之後。末松
保和編纂工作是，將三卷吏文編號，三卷輯覽也依此號次編排，同時

---

[1]　末松保和，〈前間先生小傳〉，收入氏著，《青丘史草》，第2輯（東京：笠井出版
　　印刷社，1966），頁383。

將原文抬頭書寫處改為連書，並以其他吏文底本，與前間恭作所用的淺見倫太郎（1868-1943）藏本作了校對。

## 二、《吏文》、《吏文謄錄》、《訓讀吏文》的編成時間

何謂吏文？《訓讀吏文》所用吏文來源為何？案高麗王朝設文書監，掌事大交鄰文書，後改稱文書應奉司。李朝初年仍依舊制，設吏文科舉項目，選拔人才。朝鮮太宗（1367-1422）十年（1410）改稱承文院，1417年始於科舉之年取中式文科者十人，依文科三館例分發承文院學習漢吏之文。[2]是吏文即漢吏之文。《世祖實錄》三年（1457）十二月丙辰條謂，承文院講習者為「漢訓、吏文」，而七月甲戌條載：「吏曹啟：『吏科及承蔭出身封贈爵牒等項文牒，皆用吏文，獨於東西班五品以下告身襲用吏讀，甚為鄙俚。請自今用吏文。』從之。」[3]從上引諸條可知，所謂吏文乃漢文公牘，不論出自中國或朝鮮，又稱漢吏。

在承文院學習漢吏者稱學官，教授者稱訓導，以漢音講習《至正條格》、《大元通制》、及《吏文謄錄》等。[4]所謂《吏文謄錄》，係選編的漢文公牘，作為學習製作公牘的教材。世宗十三年（宣德六年，1431）所用《謄錄》，已經是由鑄字所印刷者。世宗三十年（正統十三年，1448）規定，《吏文謄錄》每五年一次書寫，十年一次印出。[5]所謂書寫，應為選集抄編之意，而十年一次印刷時，必重新選

---

2　朴容大等奉勅撰，《增補文獻備考》（京城：韓國古典刊行會據隆熙二年〔1908〕刊本影印），卷221，頁30，承文院節；《朝鮮太宗大王實錄》，卷13，太宗七年三月二十四日戊寅條；卷21，太宗十一年六月十九日戊申條；卷33，太宗十七年三月三十日丙辰條。

3　《朝鮮世祖大王實錄》，卷10，世祖三年十二月二十六日丙辰條；卷8，世祖三年七月十三日甲戌條。

4　《朝鮮世宗大王實錄》，卷29，世宗七年九月二十一日丁巳條；卷51，世宗十三年一月二十一日丙戌條。

5　《朝鮮世宗大王實錄》，卷51，世宗十三年一月二十一日丙戌條；卷121，世宗三十

編。是《吏文謄錄》每五年即有一編，或為謄抄本，或為排印本。端宗三年（明景泰六年，1455）正月丁卯條《實錄》云：

> 承文院判事宋處寬等進《吏文謄錄》四卷、〈詔勅〉一卷、日本國〈書契〉一卷、日本大內殿〈書契〉一卷、〈中朝榜文〉一卷、京外史庫所藏《吏文謄錄》二卷。承文院每五年撰集謄錄以進，此自己巳（1449）至癸酉（1453）五年事也。[6]

可知此次所編《謄錄》中有日本文獻。由於明代韓日往來公文均用漢文製作，故此《謄錄》也是用漢文寫的。中國部分有〈詔敕〉、〈榜文〉各一卷。

　　本章首段曾說到嘉靖十八年（1539）崔世珍著有《吏文輯覽》。其第二條云：「舊抄《吏文》初卷，宣諭聖旨，皆漢語，於習吏文無關，故不著輯覽。」[7]「皆漢語」可能是指明太祖（1328-1398）致朝鮮之諭旨多屬語體文，非典雅的公牘文字，故於習吏文無關。也可能是因為朝鮮為屬國，所製公牘非奏即咨，無諭旨一類，無學習之必要，故不製輯覽。雖不製輯覽，然其所編《謄錄》仍包括舊抄初卷諭旨。崔氏凡例第六條云：「《吏文》舊抄不多，又有不合時格者，故今加抄出弘治、嘉靖年間中朝及本國文字宜於時格可習者，以為續集。」[8]總之，從崔氏所編《吏文輯覽》及〈輯覽凡例〉觀之，他編的《吏文謄錄》有卷一，諭旨；卷二、三，明韓往來公文；卷四，明朝榜文，及吏文續集。與1455年宋處寬（1410-1477）等所進相較，少了兩卷日本書契，多了續集。

---

　　年八月三日丙辰條。

[6]　《朝鮮端宗大王實錄》，卷13，端宗三年正月二十一日丁卯條。

[7]　崔世珍，《吏文輯覽》，收入前間恭作遺稿，末松保和編纂，《訓讀吏文》（京城：朝鮮印刷株式會社，1942），〈輯覽凡例〉。

[8]　崔世珍，《吏文輯覽》，收入前間恭作遺稿，末松保和編纂，《訓讀吏文》，〈輯覽凡例〉。

與崔氏所編比較，前間恭作製日文訓讀所用的《吏文謄錄》少了卷一諭旨及續集。故知前間恭作所用《謄錄》非崔氏嘉靖十八年（1539）所編者。然則前間恭作所用《謄錄》編於何時？前引端宗三年正月丁卯《實錄》云宋處寬等進《謄錄》四卷，並謂每五年新編一次。端宗三年為1455年，其後新編《謄錄》之年分應為1460、1465、1470、1475、1480年。前間恭作《訓讀吏文》所收製作最晚者為第五十號吏文，撰於成化十四年，即1478年。筆者以為《訓讀吏文》謄錄之選編時間，應為1480年，即成化十六年。此一推斷尚有另一理由：吏文之撰編以合於時格為準，故《訓讀吏文》選入成化元年（1465）至十四年間之公牘不少，而成化十四年以後者絕無。

## 三、《吏文》的內容及其史料價值

　　《吏文》卷二、三為有關中韓之公牘。其中朝鮮製發者七件，餘為中國文字。兩卷五十二篇文章之時間與內容如表5-1。

表5-1　《吏文》卷二、三內容分析

單位：文件數

| | 洪武 | 永樂 | 正統 | 景泰／天順 | 成化 | 共計 |
|---|---|---|---|---|---|---|
| 封貢 | 6 | 1 | 1 | 1 | 3 | 12 |
| 市馬 | 4 | 1 | | | | 5 |
| 人口引渡 | 3 | 5 | | 1 | | 9 |
| 司法 | 2 | | | | | 2 |
| 邊界 | 1 | | 1 | | | 2 |
| 遼東軍務 | 4（蒙古） | | | | 10（女真） | 14 |
| 漂船 | 1 | 1 | | 2 | | 4 |
| 蘭秀山事件 | 1 | | | | | 1 |
| 倭情 | | | | | 1 | 1 |
| 雲南及安南事 | | | | | 2 | 2 |
| 共計 | 22 | 8 | 2 | 4 | 16 | 52 |

第四卷全屬中國公文，有榜文、告示、批三種。其各期件數如表5-2。四十一件公文，有關朝貢、貿易、驛站者十五件，有關叛亂、宗教、軍務、災荒及救濟鈔法等內政者二十六件。

表5-2 《吏文》卷四機關別文

單位：文件數

| | | 洪武 | 宣德 | 正統 | 景泰 | 天順 | 成化 | 時間不臨定者 | 合計 |
|---|---|---|---|---|---|---|---|---|---|
| 榜文 | 禮部 | 1 | | 1 | | | 4 | | 6 |
| | 兵部 | | 1 | 2 | 1 | 1 | | | 5 |
| | 都察院 | | | 2 | 2 | 1 | 4 | | 9 |
| | 地方 | | | 3 | 1 | 1 | 1 | | 6 |
| 告示 | 吏部 | | | | 1 | | | 1（宣正間） | 2 |
| | 禮部 | | | 1 | | | 1 | | 2 |
| | 戶部 | | | 1 | | | | | 1 |
| | 兵部 | | | | | | 1 | | 1 |
| | 地方政軍 | | | 2 | | 2 | 3 | 1（景天之間） | 8 |
| 批 | | | | 1 | | | | | 1 |
| 共計 | | 1 | 1 | 13 | 5 | 5 | 14 | 2 | 41 |

洪武朝是高麗、朝鮮兩王朝亡興的時期，也是明朝、朝鮮建交及關係多事之時，這情形在表5-1中表現出來。明英宗（1427-1464）正統朝是明由盛而衰的時期，蒙古勢力向關內、東北壓，東北的女真族也蠢蠢而動。這也可自表5-1中顯示出來。

從三卷吏文內容可知，朝鮮學習漢文的方法很實際，學習者從這些教材中，不獨學到了中國時興的公文格式、語彙，如榜文與告示之別等，且瞭解了中國內政外交諸方面情勢。從《吏文》目錄中也看到些史事。如明初高麗國王與中書省文移用「咨」，高麗都評議使司致中書省則用「申」，遼東衛長官致高麗國王用「呈」，定遼都衛則用「咨呈」，遼東都司致高麗國王用「咨」，致都評議司用「照會」等。

《吏文》包含洪武、永樂兩朝三十篇公牘，而內中多數涉及遼東與明韓關係。洪武四年（1371）元遼陽行省平章劉益（？-1371）降明，乃明朝努力進入遼東地區的重要環節。此事在《明史·太祖本紀》及《明太祖實錄》中，記載的很簡單。但《吏文》第二、四篇、明中書省省咨及遼東衛張良佐等呈高麗國王的文內，則劉益遣接洽投降之人，明廷設遼東衛，授益為該衛指揮同知，及所派受降點驗之人名均有，而且劉益旋為元將洪寶寶及納哈出（1320-1388）謀殺之事，也記述頗詳。

　　洪武四年明軍雖取得遼東半島，然無力北上，直至二十年（1387）始將在金山之元將納哈出降服。此其間高麗搖擺於元明之間，其臣亦有親明親元者。洪武七年（1374）明派蔡斌等往高麗調取元濟洲島馬匹，該國遣官金義護送，而義途中殺斌，將馬匹投納哈出。此事乃元明之際，明與高麗關係詭譎波折的一端，而記錄文字則以本書第九號文獻最寶貴，學者也已據之撰成史著。[9]

　　元末封高麗退職國王為瀋王，與高麗國王為敵體，故其屬民有元人，也有高麗人。元紅巾賊亂時遼瀋地區人民四萬餘渡鴨綠江，逃入高麗國。明取得遼東半島後，便自洪武九年（1376）向高麗索取。此等交涉《高麗史》、《明實錄》有記載，然不如第十三及十八號原件詳明，《明實錄》所記載尤為疏略。此外，關於鐵嶺以北土地之歸屬問題，[10]《吏文》第十五及三十二號文件也足資參考。

　　明太祖實行海禁政策，與防張士誠（1321-1367）、方國珍（1319-1374）海上餘部有關，尤其關於定海蘭秀山事件。近有曹永和先生（1920-2014）所寫〈試論明太祖的海洋交通政策〉一文，即利用《吏

---

9　葉泉宏，〈明代前期中韓國交之研究（1368-1488）〉（臺北：國立臺灣大學歷史研究所碩士論文，1987），頁64-65。

10　見吳晗輯，《朝鮮李朝實錄中的中國史料》，第1冊（北京：中華書局，1980），頁44、70、78-79；王其榘編，《明實錄·鄰國朝鮮篇》（北京：中國社會科學院中國邊疆史地研究中心，1983），頁25-28。

文》第三號文件，明中書省致高麗國咨，廓清一些事實。[11]明洪武、永樂兩朝向朝鮮半島市馬的紀錄，此《吏文》中含有不少原件，而永樂至成化年間女真人的動態，此書中所載文件，也是《朝鮮實錄》之所本。

## 四、結論

本章簡略介紹了吏文的來源，從知吏文乃今日所稱之應用文，在本章中為公牘，並推測《訓讀吏文》為明成化十六年（1480），朝鮮成宗十一年所編。《訓讀吏文》之吏文均屬原始歷史文獻，對研究明初至成化年間的中韓關係、遼東情形，及一般中外交涉等，很有幫助，乃不可多得之珍貴文獻。

圖5-1　《訓讀吏文》封面[12]

---

[11] 曹永和，〈試論明太祖的海洋交通政策〉，收入中央研究院三民主義研究所中國海洋發展史編輯委員會編，《中國海洋發展史論文集》（臺北：中央研究院三民主義研究所，1984），頁61-62。

[12] 圖5-1至圖5-3皆出自前間恭作遺稿，末松保和編纂，《訓讀吏文》（京城：朝鮮印

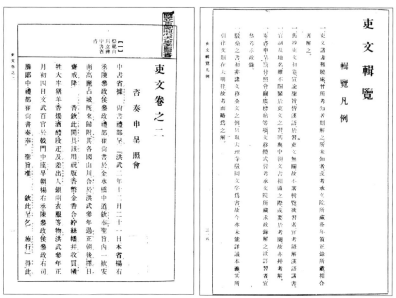

圖5-2　《訓讀吏文》內文首頁　　　　　　圖5-3　《吏文輯覽》內文首頁

*本章原刊於聯合報文化基金會國學文獻館編，《第五屆中國域外漢籍國際學術會議論文集》（臺北：聯經出版公司，1992），頁111-120。

刷株式會社，1942）。

# 第六章
# 清代中國對朝鮮文化之影響

## 一、前言

　　世界上無純然獨立發展的民族與文化。故研究一個民族、一個文化之歷史，總不免要涉及人口血統及文化交流，而成一範圍較大之區域研究，且歸著於文化史。東亞地區，尤其中、韓、越、日、琉球為典型的中國文化區，頗宜作一通盤考察比較。然而茲事體大，非合眾人之力不能為功。筆者研究中韓關係史數年，嘗有志於中韓文化關係之研究。然而兩者關係互數千年之久，不可能一旦窮源要終，故擬專究有清一代。

　　周漢之間，中國文字、典籍、禮儀已傳至朝鮮半島。李唐至元代，新羅極力吸收中國文化；儒學之外，佛學及官制、服飾、地名、姓氏，無不取法。高麗王朝大興佛教，末期宋代理學與孔子、朱子後裔一並入韓。明代除小說、陽明學及工藝外，他無創新，而其時之李氏朝鮮王朝專尚朱學，拒納王學，於其他亦未嘗顧及。及至清代，朝鮮猶以朱學為正宗，然中國對西洋科學及天主教之傳習，考據經世學之興起，康、雍、乾三朝大規模修書運動，及農工商業之發達，均對該國有相當之影響。同光之後，西方勢力進入該國，錯綜複雜，為近代時期。本章即就上述同光之前清代諸端，敘其大略，以為清代中韓文化關係之架構。

　　滿清一如中國歷代王朝，對中韓關係之記述異常缺略。朝鮮國

史政典於雙方軍國政事交涉雖記述頗詳，然於文化史之研究則尚屬不足。該國文教昌明，士人文集繁多，為文化史之必備資料，而國內所藏極少，故於史事之發明頗受限制。至本章之研究方法，則先究其時兩國人士之交通情形，然後勾稽西歐科學及天主教自中國傳入朝鮮之經過及引起之反應，以及清朝繁榮的社會對該國之影響。至於考據學之東傳，及在該國之發展則容後再論。

本章初稿撰寫時蒙國家科學會補助，修改時承韓國漢城大學閔斗基（1969-1998）教授蒐寄〈黃嗣永帛書〉，謹於此一並申謝。

## 二、清韓交通

朝鮮原為明朝屬國，滿清太祖努爾哈赤（1559-1626）時代與該國無正式邦交關係。清太宗天聰元年（1627）東征該國，雙方始結為兄弟之交，每年彼此使聘二次，並在邊區開市交易，然往來極不順利。崇德元年（1636），太宗改國號後金為大清，以朝鮮不賓戴，再事東征，於翌年（1637）正月降之為屬國，迫其斷絕與明宗屬關係。太宗又質其世子（王儲）、大君（王別子）及六卿子或弟姪於瀋陽，責納歲幣，並要求依明制每年遣使賀冬至、正旦、萬壽，還調其軍隊於遼西共擊明軍，[1]以及令在朝鮮之慶源、會寧及鴨綠江中之蘭子島互市。慶源市每二年一次，會寧每年一次，蘭子島又名中江，曰「中江互市」，每年兩次。[2]此即清朝入關前雙方之交往接觸機會。

然而其時滿清文化落後，除朝鮮在瀋世子館所觀察記錄清朝之國政民風而為今日研究清初歷史之第一手資料外，[3]滿清對朝鮮一無文化

---

[1] 張存武，〈宗藩關係之建立及其規制〉，收入氏著，《清韓宗藩貿易：1637~1894》（臺北：中央研究院近代史研究所，1978），頁1-60。張存武，〈清韓關係：1637-1644〉，《故宮文獻》，第4卷第1期（臺北，1972年12月），頁15-38；第4卷第2期（臺北，1973年3月），頁15-36。

[2] 張存武，〈邊市〉，收入氏著，《清韓宗藩貿易：1637~1894》，頁167-222。

[3] 世子館之侍講院官員按日記錄館內事，與清人之交涉，及清人之風俗軍政事務，本名「侍講院日記」，因世子卒後諡號「昭顯」，且在瀋陽所在，故原抄本曰《昭顯

影響，反而自後者得知日本情形，[4]學得種植生薑之術，[5]朝鮮之醫生為太宗治病，[6]其工匠為太宗造墓建碑。[7]順治元年（1644），清朝入北京，成為中華帝國之主人，於是自崇德二年以來中斷近八年之久的朝鮮與中華關係重新開始。該年留質於瀋陽之朝鮮六卿質子及從征至北京之軍隊撤歸。世子、大君入北京，前者元年底回瀋返國，後者二年春亦永歸。[8]

因之，其後雙方接觸除順治十一年（1654）及十五年（1658）數百朝鮮軍隊至吉林協剿俄軍外，[9]限於邊上三處互市及往來使聘。中江互市，清人為鳳凰城一帶臺站官兵，會寧市為烏拉（吉林）、寧古塔八旗及莊園人員，慶源市為琿春以東女真部落。此外，北京禮部派會同館韓語通事，盛京遣筆帖式參與會、慶二市。朝鮮與市者均為商人及地方經辦軍需錢糧人員。[10]前述人員文化水準低，關心者為販賣取利，對彼此無甚文化影響，故肩負文化交流任務者惟往來使節人員。

---

瀋陽日記》。始於崇德二年（1637），終於順治元年（1644）甲申八月。崇德七年（1642）壬午以前部分，由日人內藤虎次郎（1866-1934）於大正十年（1921）刊行，列為「滿蒙叢書」第九卷，名為《瀋陽日記》，其餘部分，韓國學者刊於《東洋史學研究》第2輯（京都，1967年10月）及第3輯（1969年4月）。此外館所不時將所接事務報告其朝廷，以朝鮮體制叫種報告曰「狀啓」。日治時期之京城帝國大學法文學部，於昭和七年（1932）將之刊為「奎章閣叢書」第一種。狀啓起自崇德二年，終於八年。世子於順治二年（1645）春始永歸祖國，而上述兩文獻均未概括全部時間。《瀋館錄》一書撮《瀋陽日記》及《瀋陽狀啓》之要而成，載有順治元年八月至十二月事，雖猶未全，而足補二者之缺。

[4]　朝鮮自明末豐臣秀吉之役後，凡關與日交涉均奏報明廷，屬清後仍保守此規。崇德三年（1638）、七年（1642）、八年（1643）曾將日本國情及對日使聘事奏陳請允，因之太宗隨向該國世子詳詢日本事。見田校《同文》，卷4，〈倭情〉。朝鮮侍講院著，《瀋陽日記》（東京：滿蒙叢書委員會，1921），壬午年三月二十九日、四月一日。京城帝國大學法文學部校訂，《瀋陽狀啓》（漢城：京城帝國大學法文學部刊，奎章閣叢書第一種，1935），頁428-432。張存武，〈清韓封貢關係之制度性分析〉，《食貨月刊》，復刊第1卷第4期（臺北，1971年7月），頁203。

[5]　京城帝國大學法文學部校訂，《瀋陽狀啓》，頁547、625。

[6]　京城帝國大學法文學部校訂，《瀋陽狀啓》，頁567。

[7]　京城帝國大學法文學部校訂，《瀋陽狀啓》，頁604、622。

[8]　張存武，〈清韓關係：1637-1644〉，頁34。

[9]　稻葉岩吉，〈朝鮮孝宗朝に於ける兩次の滿洲出兵に就いて〉（朝鮮孝宗之兩次出兵滿洲），《青丘學叢》，第15號（京城，1934年2月），頁1-28；第16號（京城，1934年5月），頁48-60。

[10]　張存武，〈邊市〉，頁167-222。

清使聘韓之任務為冊封、弔祭、頒詔、查案，均因事而發，並無定期。故每年使行頻度甚低，自順治二年（1645）至光緒六年（1880）之二百三十六年間共遣使一百五十一次，平均每年0.64次。出使人員均以滿洲人為之，而朝鮮提防甚嚴，絕無像明使至韓時，賓主唱和、宴遊之事，故對雙方文化交流未起任何作用。

朝鮮定期使清，原為每年四次。順治入關後，念該國至北京路遙費繁，順治二年命將四次併為一次，稱為「三節年貢使」，或「節使」、「冬至使」。然而進賀、陳慰、進香、謝恩、奏請、陳奏、告訃、問安等臨時差遣，不時發送，稱為「別使」。此外因奉清正朔，每年定期遣官賫咨文至北京禮部領取皇曆，稱為「曆咨」，而逢交涉事件不煩遣使，只派員致送奏章或咨文者曰「賫奏行」、「賫咨行」。後者復稱「別咨」，以別於定期之曆咨。

在上述二百三十六年間，朝鮮所遣使節及賫咨官平均每年2.6次，其中順治年間（1644-1661）為4.3次，康熙元年至三十年（1662-1691）為2.9次，三十一年至六十一年（1692-1722）為2.61次，雍正年間（1723-1735）為3.46次，乾隆元年至三十年（1736-1765）間2.7次，三十一年（1766）以後始低於總平均數。

朝鮮使節團由正官及各種僕從如庫直、奴子、馬頭、軍牢、轎夫、引路、廚子、馬夫等組成，人共二至三百名，馬近兩百匹。正官中有正使一名、副使一名（告訃、問安行無）、書狀官一名，合稱為「三使」。其餘為負責各種事務的譯官及寫字官、畫員、醫員、軍官等。其正官名額，告訃使行大致為二十名，問安為十五、六名，其餘使行均三十四、五名。正使以顯官或王室宗親充之，副使、書狀必嫻於文學，後者為使團祕書長，職司紀錄見聞，起草報告，及糾查一行，所以必兼司憲府官銜。康熙中葉之後，朝鮮大官子弟及文人學士，或假名正官，或以閒員藉機至中國遊覽交際，而僕從人員也多有商人冒充。

使團所循道路曰「貢道」，清初經遼陽至盛京，清入關後改經海

州、牛莊、廣寧、山海關至北京。康熙十八年（1679）後復經遼陽、盛京至廣寧。他們自漢城至鴨綠江間因數處滯留，約需時一月，自鴨江至北京一月左右，在北京通常滯留月許，久時至六十餘日，平均來回共五月左右。[11]在中國境內，譯官僕從所注意者是賞賜、貿販及情報收集。使臣除與禮部官員往來，參與朝會活動外，時或各處遊覽。貴官子弟及文人學士身無公務，時間全用於遊覽交際。許多人將其見聞及交際情形詳細記錄，錫名「燕行錄」或「燕行記」等名稱。

此外，使臣及首席譯官所聞見重要事件在回到漢城前奏報國王。使臣所報稱「聞見事件」，首譯所報曰「譯官手本」。據《同文彙考‧補編》所載，自清初至光緒初年間此種奏報共三百七十件，[12]旅行記數量亦多，茲將管見所及列於表6-1。[13]

表6-1　使臣奏報文件

| 名稱 | 著者 | 使行職分 | 版別 | 卷冊 | 使行年 | 備考 |
|---|---|---|---|---|---|---|
| 瀋陽日乘 | 金宗一 | | 刊本，魯菴集 | 1 | 崇德2（1637） | |
| 瀋館錄 | 申濡 | | 刊本，竹堂集 | 1 | 崇德4（1639） | |
| 瀋陽日錄 | 金鍾正 | | 選集下，據寫本陽坡遺稿影印 | 1 | 順治元（1644） | |
| 陽坡朝天日錄 | 鄭太和 | 正使 | 選集下，據寫本影印 | 1 | 順治6（1649） | 太和字陽坡，在陽坡遺稿名飲冰錄，1冊 |
| 燕行日乘 | 沈之源 | 正使 | 刊本，晚沙稿 | 1 | 順治10（1653） | |

---

[11] 以上據全海宗，《韓中關係史研究》（漢城：一潮閣，1970），頁64-77。
[12] 朝鮮承文院編，《同文彙考‧補編》（1787-1881陸續刊行），卷1-6。
[13] 表6-1據中村榮孝之〈事大紀行目錄〉，《青丘學叢》，第1號（京城，1930年8月），頁177-184及《燕行錄選集》（漢城：成均館大學校大東文化研究院，1962）等作成。

| 名稱 | 著者 | 使行職分 | 版別 | 卷冊 | 使行年 | 備考 |
|---|---|---|---|---|---|---|
| 燕途紀行 | 李㴒 | 正使 | 選集下，據松溪集刊本影印 | | 順治13（1655） | 麟坪大君㴒，仁祖子，孝宗弟，三入瀋陽九使燕京。松溪集八卷，卷1-3為詩，乃往來瀋陽北京所作，卷5-7紀行，全集均與清有關。卷8為附錄。 |
| 燕京錄 | 姜栢年 | 副使 | 刊本，雪峯遺稿 | | 順治17（1660） | |
| 陽坡朝天日錄 | 鄭太和 | 正使 | 選集下，據寫本陽坡遺稿影印 | | 康熙元（1662） | |
| 燕京錄 | 李侯 | 正使 | 排印本，青丘學叢第4號 | | 康熙2（1663） | 侯，封郎善君 |
| 燕行錄 | 南龍翼 | 副使 | 刊本，壺谷集 | 1 | 康熙5（1666） | |
| 使燕錄 | 朴世堂 | 書狀官 | 刊本，西溪集 | 1 | 康熙7（1668） | 寫本西溪遺稿稱燕行錄 |
| 老峯燕行記 | 閔鼎重 | 正使 | 寫本 | | 康熙8（1669） | 老峯集刊本曰燕行 |
| 燕京錄 | 李侯 | 正使 | 寫本，飲冰錄收 | 1 | 康熙10（1671） | 此乃瀋陽問安日記，不應曰燕京錄 |
| 燕行錄 | 申晸 | 副使 | 寫本，汾厓集收 | 1 | 康熙19（1680） | |
| 檮椒錄 | 金錫冑 | 正使 | 刊本，息庵遺稿收 | 2 | 康熙21（1682） | 十月三節年貢使行 |
| 燕行日錄 | 韓泰東 | 書狀官 | 寫本 | | 康熙21（1682） | 七月進賀謝恩陳奏使行 |
| 甲子燕行錄 | 南九萬 | 正使 | 刊本，藥泉集收 | 1 | 康熙23（1684） | |
| 丙寅燕行錄 | 南九萬 | 正使 | 刊本，藥泉集收 | 1 | 康熙25（1686） | 六月謝恩陳奏使行 |
| 燕槎錄 | 吳道一 | 書狀官 | 刊本，西坡集收 | 1 | 康熙25（1686） | 同上 |

| 名稱 | 著者 | 使行職分 | 版別 | 卷冊 | 使行年 | 備考 |
|---|---|---|---|---|---|---|
| 燕京錄 | 李侒 | 正使 | 寫本，飲冰錄收 | 1 | 康熙25（1686） | 十一月謝恩三節年貢行 |
| 燕行詩集 | 任相元 | 副使 | 刊本，恬軒集收 | 1 | 康熙26（1687） | |
| 燕行日記 | 徐文重 | 副使 | 選集下，據寫本影印 | | 康熙29（1690） | |
| 燕行日記 | 柳命天 | 正使 | 選集下，據寫本影印 | | 康熙32（1693） | |
| 後燕槎錄 | 吳道一 | 副使 | 刊本，西坡集收 | 1 | 康熙33（1694） | |
| 燕行錄 | 洪受疇 | 副使 | 刊本，壺隱集收 | 1 | 康熙34（1695） | |
| 瀋行錄 | 尹弘离 | 書狀官 | 寫本 | | 康熙37（1698） | |
| 燕行雜錄 | 李頤命 | 正使 | 刊本，疎齋集收 | 1 | 康熙43（1704） | |
| 燕行錄 | 閔鎮遠 | 副使 | 選集下，據寫本影印 | | 康熙51（1712） | |
| 老稼齋燕行日記 | 金昌業 | 上使軍官 | 刊本 | | 康熙51（1712） | 亦名稼齋燕行錄 |
| 燕行錄 | 崔德中 | 副使軍官 | 選集下，據寫本影印 | | 康熙51（1712） | |
| 庚子燕行雜識 | 李宜顯 | 正使 | 陶谷集卷29-30，選集下，據集影印 | | 康熙59（1720） | 紀行詩一卷，載陶谷集卷20 |
| 壬子燕行雜識 | 李宜顯 | 正使 | 陶谷集卷30，選集下，據集影印 | | 雍正10（1732） | 紀行詩1卷，陶谷集卷30 |
| 燕行日錄 | 韓德厚 | 書狀官 | 選集下，據寫本影印 | | 雍正10（1732） | 內含承旨公燕行日錄聞見事件，別單，座目彼中賜記，狀啟及別單謄書（簡冊呈繳日錄） |

| 名稱 | 著者 | 使行職分 | 版別 | 卷冊 | 使行年 | 備考 |
|------|------|----------|------|------|--------|------|
| 甲寅燕行錄 | 黃梓 | 書狀官 | 寫本，畢依齋遺稿收 | 4 | 雍正12（1734） | |
| 燕京雜識 | 俞彥述 | 書狀官 | 刊本，松湖集收 | 1 | 乾隆14（1749） | |
| 庚午燕行錄 | 黃梓 | 副使 | 寫本，畢依齋遺稿收 | 2 | 乾隆15（1750） | |
| 湛軒燕記 | 洪大容 | 書狀官軍官 | 選集上，據抄本影印 | 6 | 乾隆30（1765） | |
| 燕行錄 | 嚴璹 | 副使 | 抄本 | 1 | 乾隆38（1773） | |
| 燕行紀事 | 李押 | 副使 | 選集下，據抄本影印 | 上、下 | 乾隆42（1777） | |
| 聞見雜記 | | | | 上、下 | | |
| 入燕記 | 李德懋 | 書狀官隨員 | 青莊館全卷66、67，據抄本影印 | 2 | 乾隆43（1778） | |
| 熱河日記 | 朴趾源 | 正使隨員 | 易見者1955年臺北中華叢書影印抄本六冊，1966年韓國慶熙出版社影印，1932年排印燕巖集本 | | 乾隆45（1780） | |
| 燕雲紀行 | 洪良浩 | 副使 | 刊本，耳溪集收 | 1 | 乾隆47（1782） | |
| 燕行錄 | 俞彥鎬 | 正使 | 選集下，據抄本影印 | | 乾隆52（1787） | |
| 燕行紀 | 徐浩修 | 副使 | 選集上，據抄本影印 | 4 | 乾隆55（1790） | 賀高宗八旬壽，歷熱河北京 |
| 灤陽錄 | 柳得恭 | 副使從官 | 遼海叢書本，1968年臺北廣文畫局影印本 | 2 | 乾隆55（1790） | |
| 燕行日記 | 金士龍 | | 抄本 | | 乾隆56（1791） | |
| 燕行錄 | 金正中 | 布衣從遊 | 選集上，據抄本影印 | | 乾隆56（1791） | |

| 名稱 | 著者 | 使行職分 | 版別 | 卷冊 | 使行年 | 備考 |
|---|---|---|---|---|---|---|
| 燕行日記 | 未詳 | | 抄本 | 22（缺1） | 乾隆56（1791） | |
| 燕雲續詠 | 洪良浩 | 正使 | 刊本，耳溪集收 | 1 | 乾隆59（1794） | |
| 戊午燕錄 | 未詳 | | 抄本 | 1 | 嘉慶3（1798） | |
| 燕行錄 | 李基憲 | 書狀官 | 選集下，據刊本影印 | | 嘉慶6（1801） | 燕行詩軸，燕行日記上下，日記啟本，聞見事件 |
| 薊山紀程 | 未詳 | 書狀官伴倘 | 選集上，據抄本影印 | 5 | 嘉慶6（1801） | 事大紀行目錄作徐長輔著，誤 |
| 燕臺再游錄 | 柳得恭 | 副使隨員 | 遼海叢書本，選集上，據抄本影印 | | 嘉慶6（1801） | |
| 燕行錄 | 李敬咼 | | 抄本 | | 嘉慶14（1809） | |
| 續北征詩 | 李時秀 | 正使 | 選集下，據抄本影印 | | 嘉慶17（1812） | |
| 薊程散考 | 金學民 | | 抄本 | 1 | 道光2（1822） | |
| 游燕藁 | 洪錫謨 | | 抄本 | 33 | 道光6（1826） | |
| 赴燕日記 | 未詳 | 醫員 | 選集下，據抄本影印 | | 道光8（1828） | |
| 心田稿 | 朴思浩 | 正使從事 | 選集上，據抄本影印 | | 道光8（1828） | 內燕薊紀程，詩，留館雜錄（燕行雜著） |
| 瀋槎錄 | 朴來謙 | 書狀官 | 選集下，據抄本影印 | | 道光9（1829） | |

| 名稱 | 著者 | 使行職分 | 版別 | 卷冊 | 使行年 | 備考 |
|------|------|----------|------|------|--------|------|
| 燕行日錄 | 未詳 | 正使隨員 | 選集下，據抄本影印 | | 道光11（1831） | 選集作正使鄭元容著，誤。見小序及12月12、18、23、29日記事 |
| 燕轅直指 | 金景善 | 書狀官 | 選集上，據刊本影印 | 6 | 道光12（1832） | |
| 燕行日記 | 黃惠庵 | | 抄本 | 1 | 道光29（1839） | |
| 燕槎日錄 | 鄭義永 | | 抄本 | 1 | 同治2（1863） | |
| 燕歌行 | 未詳 | | 選集下，據抄本影印 | | 同治5（1866） | |
| 燕行錄 | 林翰洙 | 副使 | 選集下，據抄本影印 | | 光緒2（1876） | |
| 燕槎日記 | 李承五 | 正使 | 選集下，據抄本影印 | 4 | 光緒13（1887） | |
| 燕轅日錄 | 未詳 | | 抄本 | 6 | 光緒14（1888） | |

說明：「選集上、下」為《燕行錄選集》（共二冊）上、下冊之簡稱。《燕行錄選集》，漢城：成均館大學校大東文化研究院，1962。

　　上列約七十種，筆者雖未全見，然從《燕行錄選集》上、下兩冊所收清代遊記二十種，朴趾源（1737-1805）之《熱河日記》，李德懋（1741-1793）之《入燕記》（青莊館全書），柳得恭（1748-1807）之《灤陽錄》、《燕臺再游錄》已足可窺見朝鮮貢使人員遊蹤所及，所注意之事物，會見之人物，及所談所思。

　　自鴨綠江經遼、瀋、山海關至北京一線，幾乎為每次貢使所歷，此外有數次貢使自遼境直驅或自北京往熱河。北京為中國政治中心，諸國貢使所集，人文學術薈萃，百工、技藝、商賈輻輳之地；而牧野雄風，旱田農墾，也並於幽燕見之。他們於沿途之山川地理，城廓建築，名勝古蹟，莫不考其古往興廢，日下情景。宮殿之華麗，學雍之絃歌，盡在紀中。建築以磚甓，運輸以車輛，為該國人士所始終稱道

並欲模仿者。遼冀牛羊成群，人多肉食，被視為強身之本。此外物價貴賤，銀錢比價，度量衡制度，均在注意之中。

康熙、雍正之後，遼東沿途城鎮已相當發達，故朝鮮人士一渡鴨江目睹鳳凰城，便嘆其市肆車馬之盛。自後而遼陽、瀋陽、山海關、通州，逐步繁華。通州為北京之東門，兩者相距四十里，青石鋪路，林蔭夾道，運河止於此，帆檣林立。在此遙想北京，真不知此八代金粉如何壯麗，故不自覺而口誦「不見長安大，不知天子威」之詩句。

該國人士在北京數十日，於城闕宮殿，寺剎苑海，匾聯題辭，莫不詳觀畢錄。琉璃廠書肆是他們最常徘徊之地，或翻檢錄目，考其舊梓新刊；或重價購進，或請託代致。而於各書肆的歷史，乃至當時之齋號、莊名也一一考詢紀錄。北京之天主教堂乃西式建築，最引人注意。韓人多往參觀，甚或討教西學，故多種遊記均記載。貢使人員不獨目視，且彙集資料，明瞭中國的官制、十九省財賦。因之，如謂中國於朝鮮一無所知，朝鮮於中國則瞭如指掌，當不為過。

他們不僅見北京之天主教堂、俄羅斯館、回回館，且每與琉球、安南、暹羅等國使臣參朝賀，從知其狀貌、服飾，甚至交往筆談，瞭解各國大概。是朝鮮自北京得知天下之大，世界上除中國、朝鮮、日本外，別有邦域。[14]然而朝鮮人接觸最多，受影響最大者自為中國士宦。朝鮮歷代外患，多自北方之東胡、女真，而以滿人有效控制東北，故有清一代，該國北邊無警，四境晏然。

當康雍乾之世，該國之肅宗（1661-1720）、英宗（1694-1776）、正祖（1752-1800）三王亦共享國一百二十餘載，頗能獎勵文教，故文人學者輩出。康熙中葉之後，清朝對朝鮮貢使人員之行動限制放寬，該國對當初被兵之仇恨亦漸淡忘，且因聖祖（1654-1722）治下之中國並非全被胡化，中國之傳統儒學猶在，天算曆學昌明，物阜民殷，故該國學者乃漸以偏裨名義隨使入華觀光。第一位是進士金昌

---

[14] 以上所述每種遊記均有詳細描寫，不勝枚舉，此處但綜合而言，詳細內容分析猶待未來。

業（1658-1721），號稼齋，於康熙五十一年（1712）隨兄冬至正使金昌集（1648-1722）入燕，著《燕行錄》，通稱《稼記》。乾隆三十年（1765）冬，洪大容（1731-1783）湛軒隨叔父書狀官洪檍（1722-1809）前往，著《湛軒燕記》。其後朴趾源、朴齊家（1750-1805）、李德懋、柳德恭均以名文人學者而往。其入燕次數及時間如表6-2。

表6-2　入燕表

| 姓名 | 朴齊家 | 李德懋 | 朴趾源 | 柳德恭 |
|------|--------|--------|--------|--------|
| 乾隆四十三年 | △ | △ | | |
| 乾隆四十五年 | | | △ | |
| 乾隆五十五年 | △ | | | △ |
| 嘉慶六年 | △ | | | △ |

　　洪大容除傳統儒學外並究天算，朴齊家與李德懋為趾源學生，柳德恭以詩聞名，與朴齊家、李德懋同年入為奎章閣檢書。數人學承淵源同，均為新文體派人物，素常注意中國學術發展，故相將入燕時廣事交遊。《稼記》筆者未見，從間接資料知其與清人趙華、馬維屏、程洪交好，而數人均無籍籍名。洪大容所交接人士之姓名、籍貫、出身、現職如表6-3。

表6-3　洪大容交接人士表

| 姓名 | 字號、原名 | 籍貫 | 年齡 | 身分、現職 |
|------|-----------|------|------|-----------|
| 嚴誠 | | 浙江錢塘 | 三十五歲 | 舉人，赴會試 |
| 潘庭筠 | 字蘭公、香祖，號秋庫、德園 | 浙江錢塘 | 二十五歲 | 舉人，赴會試 |
| 陸飛 | 字起潛，號篠飲 | 浙江錢塘 | 四十七歲 | 舉人，赴會試 |
| 吳湘 | 字素軒，號筐村 | | 三十九歲 | 翰林院庶吉士 |
| 彭冠 | 字魯宜，號莊士 | | 三十四歲 | 翰林院庶吉士 |
| 張經 | 號石存 | | 三十歲 | 欽天監博士，琉璃廠開古玩店，刻印石 |
| 周應文 | | 江西 | 二十歲 | 監生 |

| 姓名 | 字號、原名 | 籍貫 | 年齡 | 身分、現職 |
|------|-----------|------|------|-----------|
| 蔣本 | | 河南 | 五十三歲 | 監生 |
| 愉郡王 | | | | 少子 |
| 張元經 | | 浙江 | | 國子監助教 |
| 陳哥 | | 山西 | | 鋪商，天主教徒 |
| 劉松齡 | Augstinus von Holstein | 德國 | | 天主教士，欽天監正 |
| 鮑友管 | Antonius Gogeis | 德國 | | 天主教士，欽天監副 |
| 鄧文軒 | | 山西太原 | | 貢生，河北三河縣開鹽店 |
| 孫有義 | 字心裁，號蓉洲 | 三河 | | 貢生 |
| 趙煜宗 | 字繩先，號梅軒 | 三河 | | 貢生 |
| 賈熙 | | 河南 | | 撫寧知縣 |
| 孫跟來 | | | | 進士，山海關遇 |
| 王渭 | | | | 舉人，寧遠遇 |
| 郭？ | | | | 舉人，沙河堡營商 |
| 梧？ | | | | 滿人，奉天府學助教 |
| 白？ | | 山西 | | 貢生，甜水站營商 |
| 希？ | | | 滿人 | 盛京戶部員外郎，中江稅官 |

說明：嚴誠到鮑友管等人皆為北京交友。

　　洪氏參觀天主教堂與劉松齡（Ferdinand Augustin von Hallerstein, 1703-1774）、鮑友管（Antonius Gogeis, 1701-1771）晤談兩次，與吳湘、彭冠筆談兩次，往來最多者為與嚴誠（1733-1783）、潘庭筠、陸飛三人。洪氏滯北京六十日，雙方會晤多次，每次幾日以繼夜，飲酒、作畫、賦詩、贈書遺畫，並結為金蘭之交。[15]洪氏歸國後仍因貢使之便與此三人及鄧文軒、孫蓉洲等往來通書，即洪氏《湛軒燕記》外集十二卷《杭傳尺牘》所載。朴趾源、柳得恭等之赴燕在乾隆四十三年（1778）至嘉慶六年（1801）之間，其所交人士大致如下：

---

[15] 以上並見洪大容，《湛軒燕記》，收入《燕行錄選集》，上冊，頁233-430。

紀昀、戴衢亨、戴心亨、翁方綱、曾煥、李調元、李鼎元、李
驥元、祝德麟、沈沁醇、唐樂宇、孫星衍、阮元、魏成憲、王
念孫、張問陶、楊夢符、徐大榕、潘庭筠、孔憲培、羅聘、張
道屋、吳照、莊復朝、劉鐶、熊方受、蔣祥墀、鐵保、彭蕙
支、王霽、蒲人甲、奚大莊。[16]

此中人士固不少為當時赴試舉子，然名儒碩宦、文學藝術亦多。朴齊
家、柳得恭均能漢語，即不能者亦筆談酬應，贈書贈詩。且如柳得恭
身未入華，其詩文已傳至北京，歸後猶書函往來。

　　歸納諸人所交談內容則因人因時而異。嘉慶六年，柳得恭與紀曉
嵐（1724-1805）所談多為書籍修纂，舊識之時下境遇，及各學者治
學詩文情形。李鼎元（1750-1805）使琉球還，故多談琉球事。[17]一般
而言，兩國歷史、地理、文風、衣制、教育、科舉、任官、官制及經
學、詩學、書畫、古今人物、為學之道、器物製造，甚至飲食男女無
所不談。朝鮮人每喜問滿漢關係，誇其不變明朝服制，而此則為漢人
所諱忌者。[18]

　　書籍交流也為自清至韓呈一面倒之勢。朝鮮政府從未主動送書
中國。康熙五十一年（1712），聖祖賜該國書籍，乘便令呈其詩賦文
章，該國以其近世詩文中多有辱罵清人之文句，乃取久遠文集中無諱
礙者抄出，鑄字更印，名為《東文選》，共兩帙十五冊而呈之。[19]

---

[16] 四人所父大致相同。此據柳得恭之《灤陽錄》（臺北：廣文書局影印，1968）、
《並世集》（收入《燕行錄選集》，上冊，頁615-651）、《燕臺再遊錄》（臺北：
廣文書局影印，1968）等。

[17] 柳得恭，《燕臺再遊錄》，頁2-5。

[18] 洪大容，《湛軒燕記》，收入《燕行錄選集》，上冊，卷1，頁234-245，〈吳彭問
答〉；卷5、6，頁372-431，〈乾淨筆譚〉。

[19] 《朝鮮肅宗大王實錄》，卷53，肅宗三十九年八月十五日庚寅條；朴容大等奉勅
撰，《增補文獻備考》（漢城：韓國古典刊行會據隆熙二年〔1908〕刊本影印），
卷242，頁22；金慶門等修，《通文館志》（漢城：珍書刊行會，與《海游錄》合刊
本，1907），卷9，頁45，肅宗三十九年癸巳。

清朝賜該國書籍共三次，一為上述康熙五十一年賜《全唐詩》一百二十卷、《淵鑑類函》一百四十卷、《佩文韻府》九十五卷、《古文淵鑑》二十四卷，共三百七十九冊，裝為五十六函。[20]第二次為雍正元年（1723）賜御纂《周易折中》、御纂《朱子全書》。[21]雍正七年（1729），復賜《康熙字典》、《性理大全》、《詩經傳說》，及御纂《音韻闡微》。[22]諸書中無歷史政典，而為音韻文字、詩文，及性理之學，可知清廷除投該國對理學之嗜好外，更加強其漢化。

　　中韓人士私下贈遺者，此刻雖尚難統計，然為數自不龐大，且多為自著及友人之作，其品類為詩文、書畫。中華書籍東流主要出自該國之購買。朝鮮對於書籍搜購自來不遺餘力，雖然清初因雙方關係不睦、中國禁止史書外流而遭遇不少麻煩，[23]然仍多方努力求購。朝貢人員購得書籍後受到一定獎賞，其價銀在使團之預備金——不虞備銀項下開支。[24]縱或為清朝查出追究，該政府也多方予以維護。

　　朝鮮購買中華書籍的方式有兩種：一為隨現隨買，一為預先開列目錄，按目購求，一次不得，繼續為之。康熙末葉後，禁令執行鬆弛，朝鮮復大事賄賂關卡，故得大量購得。有時或派專人購買特定書籍，如康熙五十九年（1720），李宜顯（1669-1745）自北京一次購書五十二種一千四百一十五卷，雍正十年（1732）復購十九種四百餘卷。乾隆四十三年（1778），徐浩修（1736-1799）購得《圖書集成》

---

20　金慶門等修，《通文館志》，卷9，頁45，肅宗三十九年癸巳。崔德中，《燕行錄》，收入《燕行錄選集》，下冊，頁402，〈日記〉。朴容大等奉勅撰，《增補文獻備考》，卷175，頁13；卷242，頁15。

21　田校《同文》，卷3，頁195。

22　田校《同文》，卷3，頁197。

23　田校《同文》，卷4（原書卷63-64）及朝鮮承文院編，《同文彙考·原編續》，卷13，〈犯禁〉類中多有犯禁史書交涉案件，惟其次數及性質尚未統計。

24　《朝鮮肅宗大王實錄》，卷53，肅宗三十九年四月十日丁巳條提到領議政李濡請准譯官中北行時購納文書者分輕重論賞。又如《備邊司謄錄》，英祖十四年八月二十四日譯官卞重和、金裕門論賞，二十一年七月十二日譯官安命悅等因購《曆象考成後編》論賞，事例不勝枚舉。以不虞備銀支付事如朝鮮備邊司，《備邊司謄錄》（漢城：國史編纂委員會，1958），肅宗三十二年四月二十二日條、四十年十月二十三日條。

一部五千零二冊（見表6-4）。嘉慶六年（1801），柳得恭為購善本朱子書而隨使赴北京。[25]

　　朝鮮購書的對象初限於經史詩賦古典，其後販者並稗說雜記及天主教「邪書」一並市往。嘉慶元年（1796），該國乃禁止此等「左道異端蠱人心術」之書，雖經傳書冊也要以鄉本（朝鮮刊本）代之。[26]天主教禁案繼續發生後，復於道光十九年（1839）規定，犯者境上杖一百，如在柵門開市時購入，則地方官及管市差使員即地流配。[27]然而並無多大效果。

　　朝鮮為收集清朝軍政財經等情報，對於當時地圖、軍政典章、縉紳錄，及上諭、題本等著力蒐求。這些是禁賣書冊，所以均由譯官賄賂會同館通事代購。經史典籍間因朝貢人員與中國官員相識，託其代致外，多半購自疏璃廠書肆，且亦多經會同館序班之手。

　　朝鮮之勤於搜購書籍，早已聞名於中國，姜紹書《韻石齋筆談》謂：「朝鮮國人最好書。凡使臣之來限五、六十人，或舊傳，或新書，或稗官小說在彼所缺者，日中出市中，各寫書目，逢人遍問，不惜重值購回。故彼國反有異書藏本也。」上文所述朝鮮人留連琉璃廠之情形更為直接證明。朝鮮所購固有異本舊藏，但通常多屬通行習見本。李圭景（1788-1856）的《五洲衍文長箋散稿》云：「中原近日新出奇書甚多，來於我東者亦夥。」他舉出崔漢綺（1803-1879）家藏的《海國圖志》、《阮氏全書》、《瀛圜志略》、《壽山閣叢書》及《彙刻書目》六種，[28]既曰「近日新出」，可見朝鮮於新書之購買頗能及時。除西歐科學宗教書籍之東傳於下節討論外，今就所見史料記載該國所購一般書籍列表於表6-4。

---

[25] 柳得恭，《燕臺再遊錄》，頁2。

[26] 朝鮮備邊司，《備邊司謄錄》，頁526，正祖二十年十月十五日。

[27] 朝鮮備邊司，《備邊司謄錄》，頁122，憲宗五年七月二十五日。

[28] 李圭景，《五洲衍文長箋散稿》（漢城：東國文化，1959），上冊，頁571。

## 表6-4 朝鮮購書表

| 書名 | 卷冊數 | 購買時間 | 備註 |
|---|---|---|---|
| 爵秩全覽 | 2 | 康熙2（1663） | 據《同文補編》，卷4，頁25 |
| 八旗官爵 | 1 | | |
| 轉政要覽 | 1 | | |
| 中樞備覽 | 1 | | |
| 定例全篇 | 34冊 | | |
| 題駁公案 | 49卷（10冊） | | |
| 冊府元龜 | 301卷 | 康熙59（1720） | 據《燕行錄選集》，下冊，頁51 |
| 續文獻通考 | 100卷 | | |
| 圖書編 | 78卷 | | |
| 荊川稗編 | 60卷 | | |
| 三才圖繪 | 80卷 | | |
| 通鑑直解 | 24卷 | | |
| 名山藏 | 40卷 | | |
| 楚辭 | 8卷 | | |
| 漢魏六朝百名家集 | 60卷 | | |
| 全唐詩 | 120卷 | | |
| 唐詩正聲 | 6卷 | | |
| 唐詩直解 | 10卷 | | |
| 唐詩選 | 6卷 | | |
| 説唐詩 | 10卷 | | |
| 錢註杜詩 | 6卷 | | |
| 瀛奎律髓 | 10卷 | | |
| 宋詩鈔 | 32卷 | | |
| 元詩選 | 36卷 | | |
| 明詩綜 | 32卷 | | |
| 古文覺斯 | 8卷 | | |
| 司馬溫公集 | 24卷 | | |
| 周濂溪集 | 6卷 | | |
| 歌陽公集 | 15卷 | | |
| 東坡詩集 | 10卷 | | |
| （秦）准海集 | 6卷 | | |

| 書名 | 卷冊數 | 購買時間 | 備註 |
|---|---|---|---|
| 楊龜山集 | 9卷 | | |
| 朱韋齋集 | 6卷 | | |
| 張南軒集 | 20卷 | | |
| 陸放翁集 | 60卷 | | |
| 楊鐵厓集 | 4卷 | | |
| 何大復集 | 8卷 | | |
| 抱經齋集 | 6卷 | | |
| 西湖志 | 12卷 | | |
| 盛京志 | 6卷 | | |
| 通州志 | 8卷 | | |
| 黃山志 | 7卷 | | |
| 山海經 | 4卷 | | |
| 四書人物考 | 15卷 | | |
| 黃眉故事 | 10卷 | | |
| 白眉故事 | 6卷 | | |
| 列朝詩集小集 | 10卷 | | |
| 萬寶全書 | 8卷 | | |
| 福壽全書 | 10卷 | | |
| 發微通書 | 10卷 | | |
| 狀元策 | 10卷 | | |
| 彙草辨疑 | 1卷 | | |
| 製錦編 | 2卷 | | |
| 豔異編 | 12卷 | | |
| 國色天香 | 10卷 | | 諸書數種為序班所獻 |
| 米元章書 | 1帖 | | |
| 顏魯公家廟碑 | 1帖 | | |
| 徐浩書三藏和尚碑 | 1件 | | |
| 趙孟頫書張真人碑 | 1帖 | | |
| 董其書 | 1件 | | |
| （明）神宗御畫 | 1簇 | | |
| 西洋國畫 | 1簇 | | |
| 織文畫 | 1張 | | |
| 張菘菜畫 | 1張 | | |

| 書名 | 卷冊數 | 購買時間 | 備註 |
|---|---|---|---|
| 宋史 | 100卷 | 雍正10（1732） | 據《燕行錄選集》，下冊，頁519 |
| 紀事本末 | 64卷 | | |
| 鳳洲綱鑑 | 48卷 | | |
| 元史 | 50卷 | | |
| 太平廣記 | 40卷 | | |
| 元文類 | 24卷 | | |
| 三國志 | 24卷 | | |
| 草廬集 | 20卷 | | |
| 西陂集 | 16卷 | | |
| 古今人物論 | 16卷 | | |
| 陸宣公集 | 6卷 | | |
| 宗忠簡集 | 6卷 | | |
| 許文穆集 | 6卷 | | |
| 高皇帝集 | 5卷 | | 此當為明太祖高皇帝 |
| 朱批詩經 | 4卷 | | |
| 蚤尾集 | 4卷 | | |
| 岳武穆集 | 3卷 | | |
| 羅昭諫集 | 2卷 | | |
| 萬年曆 | 2卷 | | |
| 別註武經七書 | | 乾隆元（1736） | 《備邊司謄錄》，第10冊，頁245，英祖十二年五月四日 |
| 天下地圖 | | 乾隆14（1749） | 《同文補編》，卷5，頁31、32 |
| 天下圖 | 29副 | 乾隆16（1751） | 《同文補編》，卷5，頁32 |
| 畿輔統志 | | | |
| 山海關志 | 96卷 | | |
| 盛京志 | | | |
| 世祖章皇帝聖訓 | | | |
| 聖祖仁皇帝聖訓 | 91卷 | | |
| 世宗憲皇帝聖訓 | | | |
| 圖書集成 | 5,020冊 | 乾隆42（1777） | 李圭景，《五洲衍文長箋散稿》，上冊，頁101 |
| 大清縉紳案 | | 嘉慶6（1801） | 《燕行錄選集》，下冊，頁768 |
| 刊改皇朝文獻通考 | | 道光3（1823） | 《燕行錄選集》，下冊，頁768 |

| 書名 | 卷冊數 | 購買時間 | 備註 |
|------|--------|----------|------|
| 皇明實錄 | | 道光10（1830） | 《備邊司謄錄》，第26冊，頁826，高宗十二年五月五日「韓國史年表」 |

　　李朝王家圖書館奎章閣所藏中國本書目現仍在編製中，此刻無法窺知該政府所購書籍之全貌，而民間藏書更難周知，故上列書單極不完備，只供作一例樣而已。然而已見其網羅之廣，類書、子、集、政典、歷史、輿地無所不有。這不獨反映出該國愛好智識，注重收藏，亦可見此一時期中該國博考廣證之學術風向。

　　因入燕人員之遊觀、交談，及大量購買書籍文獻，遂使該國之學術研究、思想言論發生重大變化。以下數節分就西歐科學與天主教及中國社會經濟實況對該國之刺激及其反應略加檢討。

## 三、清用西曆對朝鮮之影響

　　清代中韓文化關係中最引人注意並饒有興趣者，是西歐科學與天主教之自中國，且經中國人、中國文字之媒介傳入半島。朝鮮對歐洲之接觸來自兩個方向，一自海上，一自陸上。海上乃西、葡、荷蘭諸國自東南亞向日本活動之結果，陸上則有在中國內地之接觸，及在中國東北與俄國之接觸。海上及與俄人接觸係短暫偶然，未持久，故無何影響。在中國內地之接觸則持續甚久，開花結果。現在先就前者略加陳述。

　　十五世紀末及十六世紀初，西班牙、葡萄牙人發現北美洲往東方之新航路後，便由東西兩方向東南亞作鉗形進佔。葡國自印度而麻六加，明正德十二年（1517）至廣東，嘉靖二十二年（1543）至日本之種子島，三十六年（1557）租借澳門，作為對中國及日本貿易基地，獨佔十六世紀對中日兩國之貿易。西班牙則於隆慶五年（1571）佔呂宋，天啟六年（1626）佔臺灣北部。荷蘭人繼起，萬曆三十

七年（1609）正式通商日本，四十七年（1619）佔爪哇，崇禎五年（1632）佔臺灣南部，並繼將西班牙人驅除，而領有整個臺灣。

隨軍隊商船而來者為天主教。耶穌會於嘉靖十三年（1534）成立，二十年（1541）其教士至印度錫蘭一帶傳教，二十八年（1549）在日本鹿兒島登陸，九州山口地方傳教，三年間信教者三千名。[29] 萬曆九年（1581），利瑪竇（1552-1610）至中國澳門。朝鮮雖不在東亞重要航海線上，然而葡國十六世紀所刊地圖，在印度傳教士之報告，及其他文字之記錄中，已有Coray、Coria、Gores之名稱。[30] 嘉靖三十五年（1556）耶穌會葡萄牙神父Gaspar Vilela（1526-1572）曾計畫至朝鮮佈教，萬曆三十九年（1611）在菲律賓之西班牙神父Dominico Juan也有此策劃，然均未實現。[31]

天主教直接傳佈於朝鮮人，乃萬曆二十年（1592）壬辰，豐臣秀吉（1537-1598）侵韓所促成。日軍統帥小西行長（1558-1600）部下軍官為九州地方人，篤信天主教，要求日本教區主教派遣日本教士一人至所駐熊川城一帶為軍中服務。其對象雖非朝鮮人，但傳教士當然不會放過此次傳佈福音之機會。此次戰爭中，朝鮮人被俘至日本者五萬餘，教士趁機向之傳道，受洗者二千餘人。此批俘虜，戰後部分返回朝鮮，部分留在日本。

萬曆末年，日本德川家康（1542-1616）禁教、朝鮮教徒死者三十餘人，另有四人至印度，一人至歐洲，為朝鮮人第一位至歐洲者。其中一權姓人企圖回國傳教而未達目的。[32] 海路所接觸之第二種歐洲人為海難船員。天啟五年（1627）荷蘭人Jan Jansz Weltevree（1595-?）等自臺灣往長崎途中遭風，漂到朝鮮全羅道海岸，三人上陸後為官方捉住，並永久住下，後取朝鮮名朴燕（一作淵），與朝鮮女子結婚，生

---

29 以上見李相佰編，《韓國史：近世後期篇》（漢城：乙酉文化社，1965），頁122-125、129、494。

30 李相佰編，《韓國史：近世後期篇》，頁126-127。

31 李相佰編，《韓國史：近世後期篇》，頁496。

32 李相佰編，《韓國史：近世後期篇》，頁128、487-498。

育子女。他們隸於訓練都監，負責製大砲。其中二人於萬曆四十七年（1619），明鮮軍隊征討後金時戰死。[33]

順治十年（1653），另一批荷蘭人Hendrick Hamel（1630-1692）等三十六人又在同一海線上遭風，漂朝鮮濟州島被捉。他們中有懂星曆，能製鳥銃、大砲者，故復被隸於訓練都監，從事製造，以備討伐清朝。康熙五年（1666），八人逃去日本，歸國後著書報導經過，一時洛陽紙貴，先後有法、英、德語三種譯本。此為歐洲人首次對朝鮮直接觀察之報告。[34]在中國東北對俄接觸，限於軍事戰鬥。俄人於順治間至黑龍江及松花江合流處，築城作久居計，清軍曾數次進剿。順治十一年（1654）調朝鮮鳥銃手百餘名參戰，十四年（1657）再次調二百名攻呼瑪爾城。[35]兩次接觸除得知羅剎為何物外，文化交流上未留下任何痕跡。

朝鮮在中國內地接觸西歐文化之所以有良好結果，乃因以利瑪竇為首的耶穌會士在華傳教得法，立下良好基礎。利氏與較其稍後來華之教士在數省傳播教義，介紹西方科學，深得士大夫之容接。利瑪竇於萬曆二十八年（1600）入北京貢物，蒙准留居傳教，與徐光啟等共譯書籍。三十八年（1610），利氏去世後，因明朝命徐光啟（1562-1633）用西法造曆，傳教士遂得繼續留居。曆成，清朝順治帝（1638-1661）頒行，並以湯若望（Adam Schall, 1591-1666）為欽天監正。

康熙初，西曆最後戰勝中曆後，南懷仁（Ferdinand Verbiest, 1623-1688）等繼續掌欽天監，康熙帝（1654-1722）亦躬自學習，並提倡西方曆算之學，設蒙養齋親自授徒，編成《律曆淵源》，將明末以來中西人士用漢文所著譯西方曆算之書文彙集其中。其間復得法王路易十四（1638-1715）兩度派來具有各種科學知識之教士，幫助清廷辦理外交、測繪地圖。故教士得朝廷信任，續掌欽天，乾隆中如郎世寧

---

[33] 編按：二人死於崇禎十年（1637）的丙子胡亂，特此說明。

[34] 李相佰編，《韓國史：近世後期篇》，頁131-133。引安鼎福《順庵集·天學篇》。

[35] 李相佰編，《韓國史：近世後期篇》，頁138-139。

（Giuseppe Castiglione, 1688-1766）等且供奉內廷畫苑。朝鮮即在此環境下，遂與西歐文化因緣際會。

朝鮮後期紀錄云，萬曆三十六年（1608）頃，介紹西洋文化之中國文字著作已傳至該國，名卿碩儒無人不見，視之如諸子佛道之屬，以備書室之玩，但所取者惟象緯勾股之術。[36]此說極為合理，因利瑪竇、徐光啟等所著譯之書在此之前已有不少刊行，而朝鮮貢使每年至北京至少三、四次，不難買到。[37]該國李睟光（1563-1628）所著《芝峰類說》刊於泰昌元年（1620），其中引明人劉忭、沈遜奇（1603-1664）等所撰《續耳談》介紹利瑪竇其人，及所著《天主實義》、《交友論》之文字。該國同時期所刊柳夢寅《於于野談》中也有類似介紹。[38]

傳播此等書籍的人與確切時間今已不詳，自萬曆三十六年（1608）後始較明晰。該年貢使李光庭（1552-1629）自北京攜回〈歐

---

[36] 李相佰編，《韓國史：近世後期篇》，頁501。
[37] 據徐宗澤，《明清間耶穌會士譯著提要》（上海：中華書局，1949），頁350-354，及方豪，《中國天主教史人物傳》（香港：香港公教真理會，1970），第1冊，各書刊出情形如下：

利瑪竇著譯：
〈坤輿萬國全圖〉（或稱〈輿地全圖〉、〈山海輿地圖〉）自萬曆十二年起至三十六年，曾在肇慶、南昌、蘇州、南京、北京、貴州翻刻12次。
《天主實義》（亦作《天學實義》）萬曆二十三年南昌初刊，二十九、三十二北京兩次重刻，三十三年杭州重刻。
《交友論》萬曆二十三年南昌印行，二十七年南京再版，三十一年北京版。
《西國記法》萬曆二十三年南昌印行。
《二十五言》萬曆三十二年北京印行。
《畸人十篇》萬曆三十六年北京印行。
《幾何原本》萬曆三十三年北京印行。
《渾蓋通憲圖書》萬曆三十五年北京刊本。
《西字奇跡》萬曆三十三年北京刊。
蘇如望著：
《天主聖教約言》萬曆二十九年韶州刊。
龍華民著：
《聖教日記》萬曆三十年韶州本。
《聖若瑟行實》萬曆三十年韶州本。
[38] 山口正之，〈近世朝鮮に於ける西學思想の東漸と其の發展〉，收入小田先生頌壽紀念會編，《小田先生頌壽紀念朝鮮論集》（京城：大阪屋號書店，1934），頁1010-1013、1015-1016。

羅巴輿地圖〉一件六幅。[39]按利氏於萬曆三十五年（1607）在北京重刊〈坤輿萬國全圖〉，共六幅。[40]故此〈歐羅巴輿地圖〉當即〈坤輿萬國全圖〉。三十八年（1610），貢使許筠（1569-1618）在北京信教，並帶回地圖與《偈十二章》。[41]

　　明失遼東後，朝鮮貢道遵海而行。崇禎四年（1631），貢使鄭斗源（1581-?）經登州回國，時天主教徒孫元化（1582-1632）巡撫登萊，教士陸若漢（João Rodrigues, 1561-1633）幫同製砲守城。[42]鄭陸因得邂逅，陸贈以「《治曆緣起》一冊、《天文略》一冊、《利瑪竇天文書》一冊、《遠鏡書》一冊、《千里鏡說》一冊、《職方外記》一冊、《西洋國風俗記》一冊、《西洋國貢獻神威大鏡疏》一冊、〈天文圖南北極〉兩幅、〈天文廣數〉兩幅、〈萬里全圖〉五幅、《紅衣砲題本》一冊。」[43]這是朝鮮貢使第一次攜回如許有關西洋文化圖書，其中多屬天算輿地等之學，而貢使譯官李榮後且與陸若漢往復函討其中義理。

　　順治元年（1644）五月，質於瀋陽之朝鮮世子（1612-1645）與清兵同入北京，當時因軍馬紛亂，生活困苦，乃請求返回瀋陽，九月下旬，復與其弟鳳林大君（1619-1659）隨太后再至北京，十一月二十六日，蒙允離京，永歸故國，只留鳳林大君一人為質。[44]世子留北京六十餘日，居住在東華門內文淵閣，因聞湯若望之名，時往宣武門內之南天主教堂造訪。若望以其為王儲，如能相友則朝鮮或因此而成東方之天主教國，故亦不時詣世子館所久談。結果二人甚相契合，若望為講天主正道，世子頗喜聞，並詳詢其事。

---

[39] 李龍範，〈法住寺所藏의 新法天文圖說에 對하여＝在清天主教神父를 通한西洋天文學의 朝鮮傳來와 그 影響〉，《歷史學報》，第31輯（首爾，1996年），頁35。

[40] 徐宗澤，《明清間耶穌會士譯著提要》，頁317。

[41] 山口正之，〈近世朝鮮に於ける西學思想の東漸と其の發展〉；李相佰編，《韓國史：近世後期篇》，頁5100。

[42] 方豪，《中國天主教史人物傳》，第1冊，〈孫元化〉；第2冊，〈陸若漢〉。

[43] 朴容大等奉勅撰，《增補文獻備考》，卷242，頁19。

[44] 張存武，〈清韓關係：1636-1644〉，頁33-34。

及朝鮮世子東歸，湯若望贈以所譯天文、算學、天主教正義書籍多種，並與地球儀一架、天主像一幅。世子敬領，手書致謝。[45]可惜世子歸後，因其久居清朝，被疑有倚清傾向，不數月而遭毒害，其妻及岳家多人也被逮擊而死，兩幼兒同被放逐軟禁，故湯若望之努力，全部落空。

以上所述均係偶然接觸，且朝鮮人對西歐學之接納多屬智識上之好奇。自順治二年（1645）後，朝鮮由於修訂曆法之實用需要，乃主動向此歐洲文化干進。半島王國自新羅至李朝用中國曆書，故有本章第二節所述之賚曆咨行。然李氏朝鮮文化發達，亦從事簡陋之推步工作。惟與明朝一樣，用大統曆法，差誤甚多。

順治二年三月質清朝鮮鳳林大君（後為國王，曰「孝宗」）蒙允永歸，其護行宰臣韓興一（1587-1651）攜回《改界圖》、《七政曆比例》一卷，六月呈進政府，且箚請令觀象監審查裁定，依湯若望所造曆，釐正已用四百年之郭守敬（1231-1316）曆法。[46]十二月丙申，該監提調金堉（1580-1658）箚謂，舊法途窮之際，適西洋曆法出，誠修改之時機。[47]同日奏請使金自點（1588-1651）自北京帶回新曆，金堉立刻翻覽，並復上箚陳新舊曆之異同：大小月相同、二十四節氣少同多異、新曆有退後十二月者、舊曆一日為百刻、新曆為九十六刻、舊者十五日節氣、新法則或十五日或十六日，並謂不可以《時憲曆》所載之文究神妙之處，必得諸率立成各年縷子，然後可知造曆之法。因請派能算之人到北京學習。國王許之。[48]

順治三年（1646）二月，金氏為謝恩兼陳奏副使往北京，攜日官

---

[45] 黃伯祿，《正教奉褒》（上海：慈母堂，1903），頁25。

[46] 《朝鮮仁祖大王實錄》，卷46，仁祖二十三年六月三日甲寅條；李龍範，〈法住寺所藏의 新法天文圖說에 對하여＝在清天主教神父를 通한 西洋天文學의 朝鮮傳來와 그 影響〉。《朝鮮仁祖大王實錄》，卷46，仁祖二十三年十二月十八日丙申條云：「西洋國人湯若望者為清國欽天監掌管印務，作新法改舊曆，又論星度之差數，節氣之盈縮，名曰《新曆曉式》，韓興一自北京得其書來。」則《改界圖》、《七政曆比例》之全名為《新曆曉式》。

[47] 《朝鮮仁祖大王實錄》，卷46，仁祖二十三年十二月十八日丙申條。

[48] 《朝鮮仁祖大王實錄》，卷46，仁祖二十三年十二月十八日丙申條。

二人同往。然以清朝門禁甚嚴，不能出入，未能會晤湯若望，只買部分書籍，令日官金尚範極力精究，[49]同時以白金數十兩予通算術，慣華語，為日官之子而被俘在清之李奇英使購曆法書於湯若望，以便他日來取。[50]

　　朝鮮使臣私下購買之同時，復具咨禮部，請頒曆書。清廷於順治五年（1648）一月頒給國王曆一本，民曆一百本。[51]《朝鮮仁祖實錄》二十六年二月二十七日壬辰條云：

> 謝恩使洪桂元回自北京。清人移咨送曆書，所謂《時憲曆》也。其曆法與我國不同，即西洋國新造者也。節氣稍有先後，且我國則以三月為閏，而所謂時憲曆則四月也。[52]

此處雖稱《時憲曆》，而清朝咨文內則仍沿崇禎十六年（1643）詔名「時憲」為「大統」之稱。[53]同年九月，該國遣日官宋仁龍學時憲曆算法於清國，[54]然仍以門禁甚嚴，僅得一見湯若望。劃字質問，辭不達意，只學日躔行度之法。若望贈《縷子草》冊十五卷、星圖十丈，使之歸究其理。[55]

　　朝鮮孝宗即位後（順治六年，1649），右議政金堉請參以西洋新法改曆，國王以新法中亦有不然者，命估新法推算以觀其效而後

49　朴容大等奉勅撰，《增補文獻備考》，卷1，頁5-6，《備考》編者以為金氏所買者為《日月五星曆指》。

50　《朝鮮仁祖大王實錄》，卷47，仁祖二十四年六月三日戊寅條。貢使李景奭（1595-1671）等月云：「其書凡一百四、五十卷云。」按李天經等五次呈進之曆法書　百三十七卷，而此云百四、五十卷，可知朝鮮對該書之全貌尚不知，且證知金自點等帶回者亦非全部，而或為湯若望順治二年所刊之百零三卷本。

51　朝鮮備邊司，《備邊司謄錄》，第1冊，頁873，仁祖二十五年二月七日；朝鮮承文院編，《同文彙考・原編》，卷3，頁443。

52　《朝鮮仁祖大王實錄》，卷49，仁祖二十六年二月二十七日壬辰條。

53　朝鮮承文院編，《同文彙考・原編》，卷3，頁443；王萍，《西方曆算學之輸入》（臺北：中央研究院近代史研究所，1966），頁62。

54　《朝鮮仁祖大王實錄》，卷49，仁祖二十六年九月二十日辛巳條。

55　《朝鮮仁祖大王實錄》，卷50，仁祖二十七年二月五日甲午條；《朝鮮孝宗大王實錄》，卷4，孝宗元年七月十九日庚午條。

定。[56]翌年七月，觀象監以未詳新曆之訣法而捨舊說新，似難率爾斷定，不如另選聰敏日官，令治新曆之法，日加程督，待其開悟後送北京質正，而新曆未學之前仍用舊法。國王從之。[57]順治八年（1651）冬遣金尚範隨使至京，以重賂得學於欽天監。[58]歸後觀象監令其日夜推算，並選多官向之學習。但以推算費時，且東土與中原地異，又須參令舊法，故十年（癸卯，1653）之曆不及以新法印行，而仍以舊曆頒之。新曆撰成繕寫後猶待清曆頒到考準，因定十一年（甲午，1654）始頒行新曆。[59]

順治九年（1652）九月，觀象監復以七政曆法未及學習，日課則行新法，而七政則仍舊事，頗有相礙。且月蝕測候時兼測水、木二星，發現違於舊而合於新。因有此差謬，故請於冬至使時再送日官往學。[60]十一年正月遂決定自甲午年依新法推算印行。[61]然而金尚範所學者並不完全，五星運行算法猶未得，故再度赴燕學習，不幸道卒。[62]觀象監曾於十二年（1655）正月請准再遣日官隨該年四月之謝恩陳奏使往學，購得《日躔表》、《月離表》而回。[63]

以上所述乃湯若望為欽天監正時期朝鮮之求習情形。康熙四十四年（1705）該國觀象監發現所造翌年（乙酉，1706）曆書與清朝所頒者，十一月十二月大小進相左，乃更令算術精明者再三推算，結果與

---

[56] 《朝鮮孝宗大王實錄》，卷2，孝宗即位年十二月三日丁亥條。

[57] 《朝鮮孝宗大王實錄》，卷4，孝宗元年七月十九日庚午條。

[58] 朴容大等奉勅撰，《增補文獻備考》，卷1，頁6；李龍範，〈法住寺所藏의 新法天文圖說에 對하여＝在清天主教神父를 通한 西洋天文學의 朝鮮傳來와 ユ影響〉，頁66。

[59] 《朝鮮孝宗大王實錄》，卷8，孝宗三年三月十一日壬午條。

[60] 《朝鮮孝宗大王實錄》，卷9，孝宗三年九月四日癸酉條。

[61] 《朝鮮孝宗大王實錄》，卷10，孝宗四年正月六日癸酉條。

[62] 朴容大等奉勅撰，《增補文獻備考》，卷1，頁6，金堉云：「乙未又遣尚範，不幸道卒。」然按《朝鮮孝宗大王實錄》，孝宗六年乙未（順治十二年）正月觀象監啟報尚範死，請另派人，則尚範之再往北京應為孝宗五年甲午（順治十一年）隨冬至使而行。參閱《朝鮮孝宗大王實錄》，卷14，孝宗六年正月十六日辛丑條。

[63] 《朝鮮孝宗大王實錄》，卷14，孝宗六年正月十六日辛丑條。按先一日庚子差定以全昌君柳廷亮等為謝恩使，故知觀象監所云更擇精於曆法者，隨使行以送乃指此行。參閱《使行錄》順治十二紀事。購得事見《朝鮮肅宗大王實錄》，卷42，肅宗三十一年六月十日壬寅條。

原來推算少無差謬，乃仍以原曆頒行。其後發現順治十二年（1655）
所得《日躔表》、《月離表》乃抄本，朝鮮據以刊印時將抄本紙頭之
細字數行遺漏，而此數行字即各年年根，以四宮空九度加之為次年
年根。乙酉年根為二宮十空度（即十度），而刊本將「空」字誤為
「四」字，故有大小進之差。

　　觀象監除啟請改正外，復請選稍解算法者隨該年冬至貢使入燕購
求真本。[64]於是日官許遠入燕買得方書回。[65]自後大小月二十四節氣，
上下弦望時刻分秒無不脗合。但兩百恒年表中日躔之最高衝及金、水
星之引數年根與籌法不合，乃函詢欽天監教籌者何君錫。何氏以乙酉
至癸巳年根書送。然癸巳以後無推算之路，日月食時刻分秒多違。於
是再派許遠往北京購得時憲法《七政表》於欽天監。故自康熙四十七
年（1708）該國曆用時憲五星法。[66]

　　康熙五十二年（1713），清朝欽天監五官司曆何國柱隨頒康熙五
紀昇平詔使至漢城測量經緯度，[67]許遠乘機向其學習儀器算法，甚至
清使回程時也直伴送至義州，沿途學習，「盡得其術」。何國柱以黃
赤正球，及南懷仁所著《儀象志》相贈，且謂朝鮮所無書儀器當歸奏
覓給。[68]五十四年（1715），朝鮮將《儀象志》翻刊，共十三冊、圖二

---

64　《朝鮮肅宗大王實錄》，卷42，肅宗三十一年六月十日壬寅條。按朝鮮承文院編，
　　《同文彙考・原編》，卷3，頁449，自順治十八年（1661）起朝鮮每年十月遣council自
　　北京領回清曆。
65　朴容大等奉勅撰，《增補文獻備考》，卷1，頁6。按朝鮮承文院編，《同文彙考・
　　補編》，卷3，頁34，謝恩兼冬至行書狀官聞見事件謂，許氏以乙酉丙戌時憲曆及
　　《七政曆查草假令》、《日月五星籌法目錄》，及《三元交食總成稿》、《萬年
　　曆》、上元中元下元曆、《日躔細草書》懇於欽天監官，而只得乙丙兩午正月初一
　　日縷子一張。朝鮮備邊司，《備邊司謄錄》，第5冊，頁547，肅宗三十二年四月十
　　七日條云據咨臣狀啟私下購得諸件書冊。《朝鮮肅宗大王實錄》，卷44，肅宗三十
　　二年十月二十七日辛亥條云：「時憲七政法今幸學來。」《朝鮮英祖大王實錄》，
　　卷31，英祖八年二月十日戊戌條云購得「清國所改萬年曆」。
66　朴容大等奉勅撰，《增補文獻備考》，卷1，頁6-7。
67　張存武，〈清代中韓邊務問題探源〉，《中央研究院近代史研究所集刊》，第2期
　　（臺北，1971年6月），頁483-484。
68　《朝鮮肅宗大王實錄》，卷54，肅宗三十九年七月三十日乙亥條。按《朝鮮肅宗大
　　王實錄》，卷55，肅宗四十年五月二十三日癸卯條云《儀象志》乃許遠貿自北京，
　　然自肅宗三十九年七月三十日乙亥條觀之，似是此時何氏所贈。

冊則模畫而成。[69]同年冬，許遠三度隨使入燕，見國柱，並購回《日食補遺》、《交食證補》、《曆草駢枝》等共分九冊，以及測算器械六種，西洋自鳴鐘一架。朝鮮政府命仿製自鳴鐘置於觀象監。[70]按國柱即前述何君錫之子，其兄國宗（？-1767）亦為天算輿地學家。

雍正三年（1725），朝鮮用梅穀成（1681-1764）修正徐光啟崇禎曆指之法步日月五星交蝕，名為《新修時憲七政法》。[71]又以曆紀之法漸不如古，二十四氣令朔望，日出入時刻之差殆近五、六分，曆注之不相合多至二十餘處，《七政曆》經緯度分又從而相違，送曆官燕京，使之校準曆法，貿回七曜算本。然仍無補於事，次年，復令冬至使買御定《曆象考成》及《細草》等冊子，以利推算成曆。[72]結果以五千兩銀子之高價自欽天監購得此書。[73]

雍正七年（1729）八月，日官李世澄隨謝恩使入燕買《曆象考成後編》及《日月蝕稿》、《火星緯度》、《八線表》等。到北京後，因有更多發現，乃由貢使啟報說：

> 日官李世澄，而又別定行中解文字曉語譯官金裕門，與世澄訪問於欽天監西洋國人，則今皇帝御製有《律曆淵源》七十三卷六帙，而《曆象考成》即其帙中篇名也，初以《欽若曆書》更加釐正，名之曰《曆象考成》，而添之以《律呂正義》、《數理精蘊》二篇以成書。三編相為表裏，刊之未久，而所謂《八線表》載於《精蘊》，其法甚詳，易以推測矣。《曆象》今春

---

69 《朝鮮肅宗大王實錄》，卷55，肅宗四十年五月二十三日癸卯條。按徐宗澤，《明清間耶穌會士譯著提要》，頁391云：「《儀象志》十四卷。」
70 《朝鮮肅宗大王實錄》，卷56，肅宗四十一年四月十八日癸未條。
71 朝鮮承文院編，《同文彙考‧補編》，卷4，頁41，戊申冬至使尹淳副使趙翼命別單。該行使六年十一月起程，七年四月復命。
72 朝鮮承文院編，《同文彙考‧補編》，卷4，頁45-46，己酉謝恩使正使驪川君增副使宋成明別單。據《朝鮮英祖大王實錄》，卷31，英祖八年二月十日戊戌條，所購猶有《鰲頭》、《通書》、《六壬指南》、《易林補遺》、《淵海子平》、《六壬金口訣》、《火星細草》、《格海子平》、《地理四彈子》、《七曜推步稿》、《忌辰錄》。
73 朴容大等奉勅撰，《增補文獻備考》，卷1，頁7-8。

雖有貿去者，而既不釐正，又無線表，不得檢表而推籌。今既知有全書，不可不購得，故艱難尋覓，倖而貿取。……日月食及五星緯度推籌之法皆詳於《八線表》，今既得之，若無稿本則猝難依樣。……故所謂日月食漏子與七政漏子等並得之。自今以後庶可推計。《日食草稿》、《月食草稿》未及奏行者亦得之。又有御定《三元甲子萬年曆》，自黃帝甲子至雍正百年壬午而止，歷序年年節候甚明。又有《新法七政四餘萬年曆》，或給優價，或費物贈，皆用私財如數覓得而返。[74]

按《律曆淵源》於雍正元年（1723）刻成，共一百卷，而此處云七十三卷，似仍未得其全書。十年（1732），觀象監以曆象新法得後，時憲曆七曜躔無不合，而二十四節氣、合朔、弦望，則時有早晚，或至差數刻者五、六數，使曆官再三推之而莫知其差違之由，且《大統曆》專用舊法推算作曆，而所見中國本《大統曆》則八節之進退或至三、四日，置閏之先後亦差二、三朔，此必中國別有推步，與時憲無差，而曆官等茫然不能曉解。故請遣日官入燕，學習時憲漸差之端，大統新修之法。[75]

日官安重泰至欽天監，向何國勳學得其不知之術，且購回《七政四餘萬年曆》三冊、《時憲新法五更中星紀》一冊、《二十四氣昏曉中星紀》一冊、《日月交食稿本》各一冊，及西洋國所造日月圭一座。[76]至此朝鮮所用者全為《曆象考成》之法。但十二年（甲寅，1734）觀察復啟稱，該國曆書以中國曆法為準，但以甲寅曆書相較，則節氣合朔時刻舉皆相左，至於一、二時之差，其所變更之法無由知，以此推之則明年閏、朔及七、八月之大小似致差違，故復派安氏入燕問正，得知《曆象考成》以康熙甲子為元，清朝時下用者則以雍

---

74 國史編纂委員會編，《同文彙考‧二》（漢城：國史編纂委員會，1978），〈補編卷四‧使臣別單四‧謝恩行正使驪川君增副使宋成明別單〉，頁1654-1655。
75 《朝鮮英祖大王實錄》，卷32，英祖八年九月六日庚寅條。
76 《朝鮮英祖大王實錄》，卷35，英祖九年七月二十日己亥條。

正元年為元。於是貿回《日躔表》、《月離表》、《七曜曆法》等。

朝鮮乃於雍正十三年（1735）決定自翌年丙辰（乾隆元年）始依新法「推步作曆」。[77]按《日躔表》、《月離表》乃雍正八年（1730）欽天監正戴進賢（1680-1746）為補《律曆淵源》之缺而作，因無解說及推算之法，只一、二人能用，乾隆二年（1737）顧琮（1685-1755）始請修其解圖說。[78]

由於朝鮮所得天算資料不完整，所推之結果每與清曆有差違，所以雍正以來，常常差人隨時入燕京學習、購書。乾隆六年（1741），該國以事實需要，規定此後每年節使時均送日官一員隨行，永為定例。[79]因之復得新智不少。該年日官安國麟與譯官卞重和往北京天主堂見戴進賢（1680-1746）與徐懋德（Andreas Pereira, 1690-1743）問曆法差誤。進賢言五星用甲子為元之法，而日月交蝕參以《八線表》及《對數八線表》，然以之驗天則所蝕分數違於天者猶多，故時方測驗釐正交食表，完工當在來歲。安國麟等懇得《日、月蝕籌稿》各一本，並買回《日蝕表》、《月蝕表》、《交蝕表》、《八線表》、《對數八線表》、《對數闡微表》、《日月五星表》、《律呂正義》、《數理精蘊》等十三冊而回。安、卞且報告說：「進賢西洋人，明於曆法，康熙二十五年來住天主堂，今假銜禮部侍郎。徐懋德亦西洋人，康熙六十年來住天主堂，今領欽天監副，加四級。」[80]這是朝鮮第二次報告戴進賢事。第一次在康熙五十九年（1720），將於後文述之。

---

[77] 《朝鮮英祖大王實錄》，卷40，英祖十一年一月三十日辛丑條；朴容大等奉勅撰，《增補文獻備考》，卷1，頁80。《朝鮮英祖大王實錄》並未明言安氏何時入京，然《增補文獻備考》云冬至將迫而所遣曆官猶無消息，是曆官必為十二年所派。按《使行錄》該年七月朝鮮遣陳奏使，十三年正月初復命，安氏必隨此使而往，與《朝鮮英祖大王實錄》十一年一月三十日辛丑條記事在時間上正相配合。

[78] 李儼，《中算史論叢》（上海：商務印書館，1930），第1冊，頁190-191。

[79] 《朝鮮英祖大王實錄》，卷54，英祖十七年九月十四日丙子條。

[80] 朝鮮承文院編，《同文彙考·補編》，卷5，頁25，辛酉（英宗十七年）冬至行正使驪善君瑩副使鄭彥爕別單。朴容大等奉勅撰，《增補文獻備考》，卷1，頁9。

朝鮮既得此新法，其日官安國賓，遂研究融會，作為文字。[81]此外又模繪戴進賢所製〈黃道總星圖〉及〈五層輪圖〉，今猶存在。[82]乾隆元年（1736），安國賓入燕，與譯官卜重和、金在鉉向戴進賢、何國宸問學紫氣推步，坐向涓吉之法，並交食新法之未盡知者，亦無遺學得，歸後推究既往，無不合者。翌年「甲子」遂定自乾隆十年（1745）乙丑始，《七政曆》中添入紫氣，《時憲曆》中釐正坐向，[83]並依安國賓新學得之中星法測夜間時刻，以補舊用漏刻法更籌不均適，罷漏因而早宴之缺點。安國賓並撰成《漏籌通義》一書。[84]

　　清朝於乾隆七年（壬戌，1742）在曆中添入紫氣一曜，朝鮮之學用僅落後三年。[85]按紫氣即清蒙氣，乃太陽、地球半徑差所形成，最早為西人第谷（Tycho Brahe, 1546-1601）發現，刻白爾（Johannes Kepler, 1571-1630）複測，噶西尼（Giovanni Domenico Cassini, 1625-1712）以望遠鏡更測而修正其說，雍正八年（1730），戴進賢以噶西尼法測證者。[86]至此朝鮮之曆法於日躔月離尊噶西尼法，而五星則仍守梅瑴成法。[87]乾隆七年（1742）《曆象考成後編》十卷成，翌年朝鮮日官金兌瑞與譯官安命說即貿得一部東歸。[88]

　　乾隆十二年（1747），日官李德星隨冬至使入北京，在東西天主教堂及欽天監叩問曆籌諸法，且求未見之書，發現果如六年安國麟所言，有新成《日蝕籌法》寫本一冊，時方刪定，尚未刊行。彼等重價

---

[81] 《朝鮮英祖大王實錄》，卷57，英祖十九年二月二十五日己酉條。
[82] 李龍範，〈法住寺所藏의 新法天文圖說에 對하여＝在清天主教神父를 通한 西洋天文學의 朝鮮傳來와 그 影響〉，頁87、90。
[83] 《朝鮮英祖大王實錄》，卷59，英祖二十年五月十五日壬辰條。
[84] 《朝鮮英祖大王實錄》，卷81，英祖三十年四月十七日丙申條。
[85] 李龍範，〈法住寺所藏의 新法天文圖說에 對하여＝在清天主教神父를 通한 西洋天文學의 朝鮮傳來와 그 影響〉，十年閏四月丙辰。書疑即《朝鮮英祖大王實錄》，卷57，英祖十九年二月二十五日己酉條所謂「作為文字」。因該年二月國賓尚未入燕，無從學得也。
[86] 李龍範，〈法住寺所藏의 新法天文圖說에 對하여＝在清天主教神父를 通한 西洋天文學의 朝鮮傳來와 그 影響〉。
[87] 朴容大等奉勅撰，《增補文獻備考》，卷1，頁7。
[88] 《朝鮮英祖大王實錄》，卷62，英祖二十一年七月十三日癸未條。

覓見，託人抄出攜回。使臣報告說：

> 年前所得《對數表》及《八線表》，但知其用於交食，而不知
> 其推用於諸曜矣。李德星與欽天監官員累日究質，盡學其術，
> 則凡交食與諸曜推步之法具在其中，不待籌計，舉皆瞭然，乘
> 除浩繁之役比前減半。其他諸般籌法常所疑碍未解處，一一質
> 問以去。[89]

其後乾隆十五年（1750），譯官卞泰禧、徐慶運於上述二處購得《新
法日月蝕算表》十冊、《日月五星七曜表》十冊、《凌犯表》二冊、
《儀象圖》二冊，及新造儀器等。[90]十八年（1753），該國復購新刊
《恒星表》及《七曜推籌》等書二十四卷。[91]按《儀象圖》乃乾隆十
七年（1752）所成之《儀象考成》中一部分。

上述諸書，多在雍正年間開始寫，而於乾隆年間印出。自《曆
象考成續編》及《儀象志》之後，因歐洲及在華教會、教士內閧，中
國禁教趨嚴，西人向中國介紹天文曆算學之工作停滯，雖歷嘉慶至道
光，欽天監中猶有西洋人，然無新學之介紹。而朝鮮自北京求覓新智
之努力亦告緩歇。乾隆二十八年（1763）改每年均遣日官入燕之例為
每三年一遣，三十六年（1771）復改為因時而遣。[92]

就史料所見，嘉慶三年（1798）該國觀象監啟遣日官入燕欲購書
中甚少有關西洋曆法者。[93]而就欽天監質正曆法者僅道光三年（1823）
及三十年（1850）兩次。前次會見葡萄牙人李拱辰（José Riberio-Nunes,

---

[89] 朝鮮承文院編，《同文彙考・補編》，卷5，頁30，丁卯冬至行正使洛豐君楸副按李
喆輔別單。

[90] 朝鮮備邊司，《備邊司謄錄》，第12冊，頁884，英祖三十二年閏九月四日。

[91] 朝鮮承文院編，《同文彙考・補編》，卷5，頁34-35，癸酉冬至行正使洛豐君楸副
使李命坤別單。

[92] 金慶門等修，《通文館志》，卷3，頁30；朝鮮備邊司，《備邊司謄錄》，第13冊，
頁959，英祖三十九年六月二十一日。

[93] 朝鮮備邊司，《備邊司謄錄》，第18冊，頁932，正祖二十二年十月十二日。

1767-1826）並得《古今交食考》帶回。[94]朝鮮對新法之利用，則乾隆四十七年（1782）做《千歲曆》。其法仿中國以黃帝六十一年上元甲子之意做「曆元圖」，以朝鮮世宗二十六年甲子（明正統九年，1444）為上元甲子，自正祖元年（乾隆四十一年，1776）起數至百年止，預置未來之算。每十年一改，則百年減為九十年，故又增置十年以充本數而補過去之算，以省司曆者奔走測驗，隨時隨改之勞。[95]

　　乾隆四十八年（1783）定經緯中星紀。[96]中國在康熙年間已測出各省地區之經緯度，從而測定日出入及氣節、日刻載在曆書中。漢城經緯度等係康熙五十二年（1713）何國柱所測，載於《曆象成》。該國東西千里，南北二、三千餘里，八道經緯時節自與漢城不同，而該國日官不知據以加減推算，悉以漢城時節當各地時節。因之觀象監提調徐浩修據《曆象考成》新法測定之，於乾隆五十六年（1791）啟准刊於翌年曆書中。然時刻一項以諸議不一，而旋即廢止。[97]該國於光緒二十年（1894）甲午戰後改用泰西陽曆，而仍參以時憲，二十三年（1897）改「時憲」為「明時」，其後復將「千歲曆」更為「萬歲曆」。[98]

　　以上所述乃以朝鮮觀象監為中心，專從實用觀點輸入西方天算學之經過。然該國人士在智識觀點上對於該種科學之評論如何，及西方輿地學傳入該國之情形亦當有所檢討。本節前已提及，明末中文著述之西學書已多有傳之該國者，其名卿碩儒無人不見，視之如諸子、佛道之屬，以備書室之玩，惟所取只象緯勾股之術。李朝崇尚儒術，尤重朱子之學，尊為學術之正宗，諸子、佛道均在其次。今將西學與諸子、佛道並視，即不甚重視之意。惟象緯勾股新奇實用，故取之。

---

[94] 朴容大等奉勅撰，《增補文獻備考》，卷1，頁10-11；《朝鮮哲宗大王實錄》，卷1，即位年九月己丑。

[95] 朴容大等奉勅撰，《增補文獻備考》，卷1，頁9。

[96] 朴容大等奉勅撰，《增補文獻備考》，卷1，頁10。

[97] 朴容大等奉勅撰，《增補文獻備考》，卷1，頁10。《朝鮮正祖大王實錄》，卷33，正祖十五年十月十日辛亥條。所謂「曆象考成新法」當即戴進賢之《儀象志》。

[98] 朴容大等奉勅撰，《增補文獻備考》，卷1，頁11-12。

西洋傳教士陸若漢贈與鄭斗源者有《天問略》、《治曆緣起》、《職方外紀》、及《西洋國風土記》諸種，而譯官函陸若漢詢問者全屬天算問題。他純從傳統中國天算學立場提出問題，如中國之天體觀為蓋天、渾天，何以西方為十二重天；十二重天中既有三垣二十八宿，何以又有其他十一重天等。然全無執著之意，且謂西洋之算多有所驗，則其深得乎精妙可見。故問歲差之數何以為定，並提出極中肯之問題。[99]

鄭斗源稱陸若漢飄飄然若神仙中人，精於天文，故明朝改修曆法，專用其言。[100]可見鄭、李對若漢其人其學傾慕之狀。然順治年間金堉提倡以西法改曆時亦頗有人不以為然。順治五年（1648），清《時憲曆》頒到，對證之下，發現時憲閏四月，該國曆閏三月。禮曹以為此乃日官錯推，啟請治罪。國王令議於大臣，領相金自點及右相李行遠（1592-1648）說：

> 清國則時用湯若望新法，我國則仍用舊法。今以日月食驗之，（舊法）未為差違，我國算法未可謂全然錯誤矣。取考丁丑（崇禎十年）曆書，乃是丙子印出，大明所頒降者，而其法無異於我國之曆。清國在瀋時所送曆日大概相同，及其移入北京之後，始有依西洋新法，印造頒行天下之文。此乃大明時所未有之法，而我國日官未及學者也。且考大明《時用通書》及《三臺曆法》。《通書》則今年閏朔之在三月並皆昭載，三月非閏，未可的知也。[101]

由此可見，此時對《時憲法》並不相信。其時自清歸去任吏曹參判之

---

99 李龍範，〈法住寺所藏의 新法天文圖說에 對하여＝在清天主教神父를 通한西洋天文學의 朝鮮傳來와 그 影響〉，頁38。
100 李龍範，〈法住寺所藏의 新法天文圖說에 對하여＝在清天主教神父를 通한西洋天文學의 朝鮮傳來와 그 影響〉，頁48。
101 《朝鮮仁祖大王實錄》，卷49，仁祖二十六年閏三月七日壬申條。

韓興一獨以清曆為是，家祭日期無不依之。朝鮮史臣說：「人皆病其無知。興一本非通曉天文者，何知清曆之果為是而斷而用之乎！……甚哉其無謂也。」[102]史官之言論頗含政治意味，因為韓興一曾居清數年。

順治七年（1650），觀象監說：「西法之法，不售明朝，到今始行，其合於定理，亦未可知也。」[103]這是從清人智識不如明人而聯想到西曆未必優越。然而正如明清之際中國採用西法一樣，事實證明西法之高明，故終於採用。康熙四十年（1701）左右，朝鮮崔錫鼎（1646-1715）讚美西洋推曆之法甚細甚密，不可草草看。[104]康熙五十九年（1720），朝鮮貢使李頤命（1658-1722）在北京時，欽天監正戴進賢及監副蘇霖（Joseph Saurez, 1656-1736）往訪，李氏回拜。兩次會晤中，李氏曾堤出許多天算問題。自其發問中可知其天算知識係來自中國固有之聲及《治曆緣起》與《天問略》等書。[105]

乾隆三十年（1765），博學多聞，深通天曆之朝鮮學者洪大容兩度參觀北京南天主堂，並與監正劉松齡，監副鮑友管晤談。洪氏除對堂內建構、裝飾、器物深嘆其真美之外，對問時鐘、鬧鐘、望遠鏡等器物之技巧妙化尤感驚異。最重要者是其自始至終抱有一片學道誠心。[106]換言之，他對於西洋科學已完全傾服。

李瀷（1681-1763）是十八世紀朝鮮大學者，於學無不窺，所著《星湖僿說》包羅各方面學問，有如中國之顧亭林，被視為朝鮮實學鉅子，對於西洋天算輿地之學完全服膺。其〈跋《天問略》〉一文說：

---

[102] 《朝鮮仁祖大王實錄》，卷49，仁祖二十六年閏三月七日壬申條。
[103] 《朝鮮孝宗大王實錄》，卷4，孝宗元年七月十九日庚午條。
[104] 李龍範，〈法住寺所藏의 新法天文圖說에 對하여＝在清天主教神父를 通한 西洋天文學의 朝鮮傳來와 그 影響〉，頁60。
[105] 李龍範，〈法住寺所藏의 新法天文圖說에 對하여＝在清天主教神父를 通한 西洋天文學의 朝鮮傳來와 그 影響〉，頁65-72。
[106] 麟坪大君，《松溪集》，收入《燕行錄選集》，下冊，卷7，頁240-245，〈燕途紀行下〉。

蓋中國曆法至太史郭守敬最號精通，比諸西洋之書，未或測其皮膚。故及西洋之書出而推算之術幾於大成矣……（中曆）自容成以後幾千萬年猶不免有憾，賴西土曉以啟之，遂得十分地頭，豈非此道之明有數存者耶！[107]

由於崇尚西學，很自然對於文化已不如人而猶自大之中國人提出了責備。他針對李之藻（1571-1630）奏文中「大西洋國歸化陪臣」一語說：

夫西洋之於中土未之相屬，各有君皇王君主域內。彼（教士）特以救世之意間關來賓，故官之而不肯拜，惟費大官之廩，即一客卿之位耳。中國君臣方沾其膬馥而尊奉之不暇，猶見聞局於卑狹，敢為井底語曰陪臣某，豈不為達識之所嗤也，良為秉史者惜之。[108]

他又說：

《天問略》者，即陽瑪諾之條答中土也。其論十二重天既騫乎其至矣，而其言曰：「宜有全書論，不復致詳。」惜乎其全書之不盡譯也。今以李之藻所上十四事看，則列宿之外別有兩重之天，動運不同。其一東西（歲）差，出入二度二十四分，其一南北差，出入一十四分，各有定算，其差甚微，從古不覺，蓋之藻之親受者如此，而其略在於書中也。余昔與曆家論，妄謂天圓四轉，四時生焉，是必有四時所繫之天，今以古今中星之差，驗之列宿，天之上又必有一天為四時之所符者也。聽者或未契悟。今其言曰有一重東西歲差之天，恰與符合，但南北

---

[107] 李瀷，《星湖先生全集》，卷55，〈跋《天問略》〉。
[108] 李瀷，《星湖先生全集》，卷55，〈跋《天問略》〉。

之差，中國未曾覺也，恨不能聞定算如何也。[109]

按〈天問略〉乃敷會宗教之天體論，非純科學，自不能圓其說，而李瀷亦以之解釋其自己之思維天體論，足見其沉迷之狀。他對時憲曆之評價是：「今行時憲曆，即西洋人湯若望所造，於是乎曆道之極矣，日月交食未有差謬，聖人復生必從矣。」[110]李瀷是隱居星湖之畔的學者，根本不知時憲法之日月交食時有錯誤，不斷更驗修改，故有此論。

　　朝鮮王廷無清聖祖之氣魄，對西學專重曆法，而於輿地之學略無研習。然而其士人則頗為注意。李瀷有跋艾儒略（Giulio Aleni, 1582-1649）〈職方外紀〉一文，對地圓說深信不疑，且引申說，對耳目以外學問亦不可斷其全為鑿空。李氏讀過熊三拔之《泰西水法》，故其書中有論水斷、地陷、潮汐、泉脈等文，[111]此處不贅述。

　　歐洲人於十五世紀末發現西航路，繞地周行，無所不至，擴大了地理知識，故輿地之學大為發展。又自十六世紀前葉，哥白尼（1473-1543）創出太陽系說後，歷十七、十八世紀，天文學亦猛力前進。利瑪竇等天主教士適於其時來至中國，將西歐之新科學帶入中華，與中國士人或譯或著，以中國文字表示之。雖因宗教顧忌而不著哥氏太陽系之說，而專闡第谷地球中心之理，然於中國天曆、輿地之學或增益其不能，或促成古學之復明，誠為東西文化傳播之良使。

　　朝鮮因貢使燕京之便，得接西人西學，光輝其文化。由於朝鮮吸收西洋科學文化是跟在中國之後，中西文化之辯論爭鬥均發生決定於中國，該國在吸收過程中無甚爭辯。這是在本節結束時值得說明之一。該國吸收西學之倡導者金堉曾說：「外國作曆乃中原之所

---

[109] 李瀷，《星湖先生全集》，卷55，〈跋《天問略》〉。
[110] 李瀷，《星湖先生僿說》，卷2，〈天地門‧曆象〉。
[111] 李瀷，《星湖僿說類選》，卷1-3，〈天地門〉。

禁」，[112]現代學者從而發揮之，以為該國之不能緊隨急追宿由中國禁止之故。[113]

中國帝王以國運與曆數有關，不許私造曆書容或有之，然曆象書並不在禁止之列。清人所禁者為史書，非緯象。故有清之世，該國曾因犯禁史書，遭遇麻煩，而從無犯禁曆象書籍之累。康熙五十二年（1713），五官司曆何國柱以黃赤正球及《儀象志》相贈，且謂該國所無書冊儀器，當歸奏覓給，而五十四年許遠三度入燕，即購回多種書籍儀器。這充分證明禁止說之不實。

事實上，朝鮮買書之難，全由北京會同館吏役藉機勒索所致。從乾隆元年（1736）梅瑴成請准許民間翻刻《律曆淵源》一事觀之，清朝縱禁曆書之刊傳，也非專對外國，而是中外一致。這是應該辨明之第二點。然而朝鮮之不惜重價，連次購買書籍儀器，努力鑽研，亦充分表明韓國民族熱愛新智之性格。檢討該國學習曆法之情形，可知其僅以清曆為題解答案而從事演算練習而已。雖依新法造曆，而與清曆對照，每多錯誤，於是立刻入燕質正。

朝鮮節氣交蝕里差加減之法，載於《時憲曆》，故觀象監能按表推步，而朔望時刻，因時憲只著北京，未別立各地加減之目，該監亦不知變通，仍用中曆。且中星以漢城子午取準，則列宿偏度與北京異晷；漏以漢城極高取準，則五更率分比北京早，但觀象監《中星紀》及《漏籌通義》仍一依燕京為準，可見其學而未化之狀。[114]大韓光武年間所修《增補文獻備考》、《象緯考》代表該國對天文曆象學問之全貌，對上述缺失，雖有所指論，然所引據仍多徐光啟及梅氏祖孫之言，是該國之於西法終未臻創新之境。

---

[112] 《朝鮮仁祖大王實錄》，卷46，仁祖二十六年十二月六日丙申條。
[113] 李龍範，〈法住寺所藏의 新法天文圖說에 對하여＝在清天主教神父를 通한 西洋天文學의 朝鮮傳來와 그 影響〉，頁64-65。
[114] 朴容大等奉勅撰，《增補文獻備考》，卷2，〈象緯考二〉，頁15。

# 四、周文謨神父與韓國天主教會之發展

天主教士到東方來的最終目的在傳播宗教，吸收信徒，而不在傳習科學。其所以介紹部分天算、輿地之學，乃以之為餌食，為消解士大夫之歧視，轉變其印象的手段。因之，在歐洲科學傳介之時，中國人信天主教者年增紀加。[115]朝鮮的情形亦復如此。

上節已言，明末朝鮮許筠在北京受洗信教，帶回《偈十二章》，利瑪竇之《交友論》、《天主實義》等已出現於其書籍文字中。湯若望則曾向昭顯世子傳教，並贈與教理科學等書籍。上文並述順治及康熙至乾隆間該國日官、譯官屢次至北京天主堂、欽天監學習曆法求購儀器之事。

以情理推之，傳教士等自不會只傳天算不傳天主，只贈推步之書，不與宣教之冊籍，只因日者、譯官懼該國之法，不敢登諸文報，故不見於史冊而已。與教士相接之朝鮮人實不只曆譯人員，隨行學者及使臣亦在其中。康熙五十九年（1720）七月李頤命如燕，告其肅宗大王（1661-1667）之訃音，乘機至南天主堂參觀，會晤戴進賢、蘇霖。戴、蘇旋即回拜，談論科學、宗教之外，並贈以利瑪竇、艾儒略所作宗教書。命頤函謝二人道：

> 冒叩仙堂，歡迎若舊。旋蒙臨顧，重以嘉貺。東西十萬里之人成此奇緣，真是異事。情好款曲實出望外。自顧薄劣何以

---

[115] 據德禮賢，《中國天主教傳教史》（臺北：商務印書館，1968），頁67-68，各時期人數如下：

| | | |
|---|---|---|
| 萬曆三十八年（1610） | 約 | 2,500 |
| 四十三年（1615） | | 5,000 |
| 四十五年（1617） | | 15,000 |
| 崇禎 九年（1636） | | 38,200 |
| 順治 七年（1650） | | 150,000 |
| 康熙 九年（1670）左右 | | 270,000 |

獲此。中心感愧，耿耿數日。竊聞百餘年來貴邦有志之士出萬死，浮大海，入中國而未歸者踵相接也。謂必有所願欲，甚於好生者矣。昨瞻殿閣崇深，金碧炫晃，異像高掛，香燭在卓（桌），疑若釋子之伽籃。橫寫細字籤軸充棟，又似梵貝之文書。覿見驚疑，茫然不知何故，及讀所示利、艾諸先生之書，略得其梗概矣。噫！使世間樂道之士發願皆如貴邦之士，千古聖賢之學何患乎不傳，其苦心可以感鬼神也。蓋其對越上帝，勉復性初，似與吾儒法門無甚異同，不可與黃老之清淨，瞿雲之寂滅同日而論；又未嘗絕倫背理，以塞忠孝之途，海內之誦義、文、周、孔之言者孰不樂聞……。[116]

以欽天監正副而回拜貢使，可知戴、蘇傳教之用心，而李頤命對天主堂建築陳設之宏麗，教士不憚辛苦傳教之精神深致敬佩，雖於地獄報應之說表疑慮，[117]但仍以天主教與儒教不甚相背而讚可。李宜顯於同年使燕，未暇參觀天主堂而恨嘆不已，但買得西洋國畫一簇。[118]

雍正十年（1732）七月，李宜顯復以進賀兼謝恩使入燕，隨於十月十二日與副使、書狀官同往西洋人「費哥」（費隱）所主之「新造廟宇」參觀。[119]「費哥」於茶敘之外，贈以《三山論學記》、《主制群徵》二書，及彩紙四張、白紙十張，大小畫十五幅、吸毒石一個、苦果六個。[120]乾隆三十年（1765），洪大容說：「康熙以來，東使赴

---

[116] 轉引自山口正之，〈清朝に於ける在支歐人と朝鮮使臣：西歐キリスト教文化の半島流傳について〉，《史學雜誌》，第44卷第7期（東京，1933年7月），頁19，句讀經作者稍作調整，後同。

[117] 李氏謂：「然天主之降彷彿牟尼之生，地獄之說反取報應之論何耶？思以此易天下則難矣。」山口正之，〈清朝に於ける在支歐人と朝鮮使臣〉，頁19。

[118] 李宜顯，《陶谷集》，收入《燕行錄選集》，下冊，卷30，頁511-512（原書頁22）。

[119] 韓德厚，《燕行日錄》，收入《燕行錄選集》，下冊，頁533-534，〈承旨公燕行日錄〉；李宜顯，《陶谷集》，收入《燕行錄選集》，下冊，卷30，頁516，〈壬子燕行雜識〉。按《燕行錄》，下冊，頁511-520為〈壬子燕行雜識〉，而頁邊仍註〈庚子燕行雜議〉，誤。

[120] 李宜顯，《陶谷集》，收入《燕行錄選集》，下冊，卷30，頁517（原書頁34）。

燕或至堂求見，西洋人輒歡然引接，使遍觀堂內異畫神像及奇器，仍以洋產珍異饋之。為使者利其賄，喜其異觀，歲以為常。」[121]這裏不僅道出該國貢使訪問教堂者多，「使者為其所賄」也顯示出教士傳教之手法運用。其後貢使人員造訪者仍多，如朴趾源於乾隆四十二年（1777）參觀西堂。[122]

　　接觸密切，加上教理書東傳者多，自有信服者。康熙二十五年（1686）該國國史即有「天主教熾行」之記錄，[123]乾隆二十三年（1758）自黃海道至江原道其徒實繁，幾家家人人毀祠廢祀。[124]丁若鏞（1762-1836）乃朝鮮實學之集大成者，幼亦受洗，取教名「約瑟」。他晚年向國王報告童年時期天主教傳播及其學習過程道：

> 臣於所謂西洋邪說嘗觀其書矣，嘗欣然悅慕矣，嘗舉而夸諸人矣……臣之得見是書蓋在弱冠之初，而此原有一種風氣，有能說天文曆象之家，農政水利之器，測量其推驗之法者，流俗相傳指為該洽。臣方幼眇，竊獨慕於此。然其性力躁率，凡屬艱深巧密之文不能細心究索，故其糟粕影響卒無所得，而乃反繾綣於死生之說，傾向於克伐之誡，惶惑於離奇辯博之文，認作儒門別派，看作文垣奇賞。與人談論，無所忌諱，見人詆排，疑其寡陋。原其本意蓋欲博異聞也。[125]

從此可知傳教士以科學為餌，傳教之功效大著，及當時士人對此種書籍嗜好之情形。文中所謂克伐乃指龐迪我（Diego de Pantoja, 1571-1618）所著《七克》議論，為當時士人所討論者。

[121] 洪大容，《湛軒燕記》，收入《燕行錄選集》，上冊，卷1，頁240，〈劉鮑問答〉。
[122] 朴趾源，《燕巖集》（漢城：韓國慶熙出版社影印，1966），卷19，頁9-11。
[123] 申叔舟等編著，《國朝寶鑑》（漢城：世宗大王紀念事業會，1980），卷48，《肅宗朝·八》，頁668-671，「肅宗十二年」。
[124] 《朝鮮正祖大王實錄》，卷33，正祖十五年十一月十三日丁丑條。
[125] 《朝鮮正祖大王實錄》，卷46，正祖二十一年六月二十一日庚寅條，丁若鏞上書。

又如李瀷，他於科學書外，《天主實義》、《主制群徵》、《七克》等書無不讀，著有〈跋《天主實義》〉等文。其著名門生安鼎福（1712-1791）壯年亦閱讀此類書，並沙守信（Emeric de Chavagnac, 1670-1717）之《真道自證》亦得而讀之。[126]其時朝鮮政治上黨爭激烈，南人派中某些人以廣州之楊根縣為中心，講學論道，頗似明末之東林黨，而天主學亦在其講論之中。

乾隆四十年代，李瀷之子孫、門生、姻親及故舊，暗組教理研究會，講論教義之外，並作主日祝拜，於是天主教從理論宣講進入實踐運動。[127]然以於教義頗多疑論，尤與當地習俗乖離，為謀求得信經以決疑，乃於乾隆四十八年（1783）託冬至貢使書狀官李東郁（1739-?）之子承薰（1756-1801）往北京天主堂。已讀若干天算書籍之李檗（1754-1785）告承薰：「北京有天堂，堂中有西士傳教者。子往見之，求信經一部，並請領洗，則西士必大愛之，多得奇物玩好。必勿空還。」[128]

李承薰於乾隆四十九年（1784）正月至南天主堂，會晤欽天欽正兼國子算學館長方濟各會教士葡人湯士選（Alexandre de Gouvéa, 1751-1808）。據該年汪達洪（Jean-Matthieu de Ventavon, 1733-1787）教士及嘉慶二年（1797）湯士選教士信函，承薰年二十七，曉曆算，與湯士選筆談時要求領洗。湯氏等告以信徒不可納妾。李氏答以不畏任何艱險，且現只一妻，將來絕不納妾。隨由Louis de Grammont教士授洗，賜教名伯多祿（Peter），並贈以科學天主教書籍多種而歸。當時北京教士均以朝鮮人自動領洗傳教，為天主教傳教史上空前之事，並計畫

---

[126] 山口正之，〈近世朝鮮に於ける西學思想の東漸と其の發展〉，收入小田先生頌壽記念會編，《小田先生頌寿記念朝鮮論集》（京城：大阪屋号書店，1934），頁1024。

[127] 柳洪烈，《朝鮮天主教會史》（首爾：朝鮮天主教會殉教者顯揚會，1949），頁78-82；山口正之，〈近世朝鮮に於ける西學思想の東漸と其の發展〉，頁1026-1029。

[128] 山口正之，〈近世朝鮮に於ける西學思想の東漸と其の發展〉，頁1031；黃嗣永〈帛書〉言李檗已讀天算之書。

派教士入朝鮮傳教。[129]

　　李承薰歸後傳教大興。李檗以讀經悟道擴大宣傳，士族中多信之。李瀷從孫家煥素以東國天算學種子自居，以文章名於朝，入教以教主自居。名學者權近（1352-1409）後人哲身（1736-1801）、日身（1751-1791）受洗受教名。丁氏兄弟若銓（1758-1816）、若鍾（1760-1801）、若鏞（1762-1836）同參道法，若鍾且以教會會長自居，而忠清、全羅道亦相繼有士人入教。[130]

　　然而宗教不同於天算之學，後者幾在毫無反對之情形下輸入，為士人所一致歡迎接受。而天主教則以其與該國所宗奉之中國儒學理論不符，自乾隆中葉之後已為士大夫所批評。由於羅馬教廷否定利瑪竇容忍祀祖、尊禮孔孟的傳教方法，教徒均埋主廢祀，且禮拜時男女混雜，故為大多數人士所不以為然，以其為無父無君，背倫滅性如禽獸，並懼黃巾之禍重演。

　　因此朝鮮官方自翌年（乾隆五十年，1785）起即採取壓制行動，捕殺重要教徒，並禁止向北京購買書籍。宗教信仰自非政治力量所能壓制，故教徒依然活動，且將教會創設及傳教經過密報北京教堂。傳書譯官尹有一（1760-1795）、池璜、崔仁喆等亦在北京教堂領洗。為尹有一施者為法國神父M. Raux，潘廷章（Joseph Panzi）為之畫像。[131]然因無上帝之使者——神父在，傳教者自封會長，教友為教友洗禮，號為代父，不成體制，於心不安；且因遭受壓制，精神極需安慰鼓勵，故請北京教區派遣教士至該國傳教。

　　乾隆五十六年（1791），北京教會乃派在澳門傳教之Johanne des Remedris神父前往，然至鳳凰城邊門不得過境而回。[132]三年後，即五十九年（1794）乃改派周文謨神父（1752-1801）。周氏乃第一位奉教會

---

[129] 山口正之，〈近世朝鮮に於ける西學思想の東漸と其の發展〉，頁1031-1035。
[130] 柳洪烈，《朝鮮天主教會史》，頁90-93；黃嗣永，〈帛書〉（影印本，原件藏於羅馬Vatican圖書館）。
[131] 柳洪烈，《朝鮮天主教會史》，頁93-96、121，吳神父事見頁100-101。
[132] 柳洪烈，《朝鮮天主教會史》，頁98-101。

之命進入朝鮮，在其地傳教七年，成績輝煌，而為信仰殉道之中國籍神父。

　　周文謨為蘇州人，七歲喪母，八歲喪父，受養於姑母。姑母晝以針繡為業，夜則教以文字。文謨二十娶妻，三年喪偶後，不復娶。自幼從事天主教，後入讀北京神學校，為第一屆畢業生，教名Jacques Vallozo。[133]乾隆五十八年（1793）冬朝鮮貢使譯官天主教徒池璜、尹有一再傳密書於北京，主教乃決定派一學德兼備，貌似朝鮮人，年方二十四歲之中國神父入韓。梁棟材神父（1736-1812）派介周氏與池璜等相見。翌年（1794）二月自北京出發，二十日至鳳凰城邊門，因檢查甚嚴，不得出。乃決定待至十二月朝鮮冬至貢使入邊時混出。

　　滯留的十個月中，周氏遍歷盛京地方之教會。十二月中喬扮為朝鮮馬夫，改姓李氏，由池璜導之，出邊門，過鴨綠江，二十三日混入該國義州邊門，又十二日至漢城，由譯官崔仁喆安排居住於漢城北部民家。周氏旋即展開教會活動，為教徒補行洗典、告誡，舉行復活節彌撒，六個月中忙碌異常。[134]然旋以有人告發，官府遣人逮捕。幸周氏預知，及時避入女子姜完淑（1761-1801）家得免，而崔仁喆、池璜、尹有一此三譯官被捕入獄拷斃。[135]

　　周文謨入朝鮮時，湯士選僱中國驛卒一名，朝鮮驛卒一名，分置兩國境上，專司打探傳遞朝鮮教消息。然而乾隆六十年（1795）朝鮮貢使入中國時未見朝鮮聯絡人，嘉慶元年（1796）冬該國士族出身之黃沁（1756-1801，Thomas Van）始帶周文謨之拉丁文帛書入北京。書中除報告朝鮮民情風俗政教法律外，並陳述該國迫害天主教之經過，說明禁止祀典乃傳教之一大障礙，並建議請葡萄牙國王派遣使臣及精

---

133 《朝鮮純祖大王實錄》，卷2，純祖元年三月十日庚寅條、十六日壬辰條；山口正之，〈朝鮮王國に於ける召天主教の確立〉，《青丘學叢》，第12號（京城，1933年5月），頁13-14。方杰人（方豪，1910-1980）師告，當時北京無神學校，乃傳教士私收之門徒。
134 山口正之，〈朝鮮王國に於ける召天主教の確立〉，頁14-15；柳洪烈，《朝鮮天主教會史》，頁118-120。
135 柳洪烈，《朝鮮天主教會史》，頁121；參見黃嗣永，〈帛書〉。

通醫學、數學之教士於該國，締結條約，容許傳教。[136]然其時葡國已為三流小國，自無結果。

周文謨寄居姜完淑家六年，組明道會，傳宣教義，以丁若鍾為會長，婦女則以姜完淑負責。其間嘗密巡全羅、忠清道，所到之處施洗告誡，安慰鼓勵，雖官方嚴緝之下，而教會業務蒸蒸日上。入韓後五年教徒自四千名增至一萬名。[137]圍繞文謨熱心教務者可分為三類：

一為兩班士族，即丁若鍾、李家煥（1742-1801）、洪樂敏（1751-1801）、李承薰、權日身、姜彝天、金建淳（1776-1801）等。若鍾、家煥、洪樂敏均至高官清要。金建淳是知名學者，且為不降滿清之文正公金尚憲（1570-1652）奉祀孫，門第財富皆足號召。[138]姜彝天進士，文尚小品，活躍於漢城及外郡，號周文謨為南郭先生，廣事傳介。[139]李承薰則為受洗北京，創設教會，函請文謨之人，官至縣監。

第二類為婦女，以姜完淑為首。完淑是忠清道禮山人，出身兩班士族，為同郡德山縣洪芝榮繼室，始究佛教，後信天主，與夫離異，與洪氏前妻子弼周移住漢城。後嫁於李氏，容接周文謨六年，並受洗，教名葛隆巴（Colomba）。因其聰慧活躍，且為士族婦女，故接觸人士頗多。向婦女傳道勿論，文謨與外界接洽，士族教友間消息之傳遞，多賴此人。教友被捕則入獄探望，逃亡者則安排匿藏，實為文謨之得力人士，韓國天主教史上之重要人物。[140]其次為金連伊女士，受洗於文謨，周流各處傳教，朝鮮官憲稱其為邪學中之媒婆。[141]

第三類人為中人階級之譯官，如黃沁，及賤民驛卒，如金有山。

---

[136] 山口正之，〈朝鮮王國に於ける召天主教の確立〉，頁22-23。
[137] 柳洪烈，《朝鮮天主教會史》，頁124-126。
[138] 柳洪烈，《朝鮮天主教會史》，頁157-158；《朝鮮純祖大王實錄》，卷2，純祖元年三月二十七日癸卯條、四月二十日丙寅條。
[139] 《朝鮮純祖大王實錄》，卷2，純祖元年四月二十日丙寅條。
[140] 《朝鮮純祖大王實錄》，卷3，純祖元年五月二十二日丁酉條；柳洪烈，《朝鮮天主教會史》，頁122；黃嗣永，〈帛書〉。
[141] 《朝鮮純祖大王實錄》，卷3，純祖元年五月二十二日丁酉條。

此等人素受階級歧視，而今得接上帝使者、華人神父，在教會中與兩班士族稱兄道弟，故特別熱心，消息之傳達，尤其屢次與北京教堂之聯繫，胥賴此輩。[142]朝鮮教徒萬名，其中四千名固在周氏入韓前已入教，然文謨為之補行洗典，其餘六千自皆文謨親洗。教徒身分除上述者外，猶有王室宗親封君號之夫人子媳，及內廷宮女。[143]

前文已說，天主教之活躍及其背棄東方禮教的作風早為部分人士不滿攻擊，政府也在注意緝查，並捕殺數人。[144]然因正祖大王（1776-1800）以寬大為治國之基本政策，且士族之信教者多數為南人，而乾隆五十年代，南人蔡濟恭（1720-1799）秉國政，暗中庇護，故無重大迫害。嘉慶五年（1800）六月正祖死，新王純祖（1790-1834）年幼，素仇南人之大王太妃（貞純王后，1745-1805）垂簾聽政，於是反對派乘機奪權，而南人崇信邪教邪學遂成為攻擊之絕好藉口。

嘉慶五年十一月，朝鮮官方開始攻擊天主教，翌年春全國施行五家統法（五家連保），查緝教徒，以逆律從事。[145]翌年（1801）二月中展開全國性掃蕩。上述重要教徒除黃嗣永（1775-1801）等一、二人潛逃外，在漢城及各道者悉數被逮下獄，屢次嚴刑迫供，並追問異國傳教人所在。教徒等均甘心刑戮，矢志耶穌，無一語透露周文謨者，甚至指斥王廷，謂大審判之期不遠。[146]

周文謨不忍教友過被誅戮，乃於三月十二日出面自首。[147]朝鮮政

---

[142] 《朝鮮純祖大王實錄》，卷3，純祖元年九月十一日乙酉條、十月二十三日丙寅條、十一月五日戊寅條；黃嗣永，〈帛書〉。

[143] 《朝鮮純祖大王實錄》，卷2，純祖元年三月十六日壬辰條。

[144] 部分人士之批判見於李星湖翼之〈《天主實義》跋〉、安鼎福之〈天學問答〉、李獻慶之〈天學問答〉，及慎後聃之《西學辯》，是書批判《靈言蠡勺》、《天主實義》、《職方外紀》三種書，乃李朝學者批判西學最有深度之作。洪以燮有〈實學의 理念的 一貌：河濱 慎後聃의 西學辨의 紹介〉一文刊於韓國之《人文科學》第1輯（首爾，1957年）。此外《朝鮮實錄》中亦有許多批改文字。迫害捕殺事見柳洪烈，《朝鮮天主教會史》，頁101-117，《朝鮮正祖大王實錄》卷47，正祖十一月十一日丙子條、十二日丁丑條。

[145] 柳洪烈，《朝鮮天主教會史》，頁137-139，《朝鮮純祖大王實錄》，卷2，純祖元年正月十日丁亥條；黃嗣永，〈帛書〉。

[146] 柳洪烈，《朝鮮天主教會史》，頁141-142；黃嗣永，〈帛書〉。

[147] 《朝鮮純祖大王實錄》，卷2，純祖元年三月十五日辛卯條。

府雖加刑訊，然以其為中國人，如何處理頗費周章。二十七日（癸卯）御前會會議對此曾詳加討論，會議紀錄如下：

> 大王大妃曰：「……周文謨則卿等將欲何以處之乎？」（領義禁府事李）秉模曰：「不必捧其根腳而留其文跡以致日後之慮，直以軍法施行為好矣。」（領義政沈）煥之曰：「渠既長髮於我國，言語衣冠又無殊異之跡，不須問其根本之為某處人，但當執其行事之兇獰，速令軍門斷之以一律可矣。」左議政李時秀曰：「渠既犯越已久，凡諸邪黨父事之，故我東之國事民俗無不諦知矣，今若移咨入送（北京），則其為不測之慮反有加於不入送而致葛藤之慮矣。」右議政徐龍輔曰：「雖以法律言之，蹤跡之詭秘無異盜賊，今以繩盜之律自軍門舉行似無所妨矣。」
> 大王大妃教曰：「以軍法用之則無擅殺之嫌乎？且渠之為彼國人之狀昭載於獄案，舉國之人無不知之，如是而能無後患乎？」秉模曰：「建淳言於周哥曰：『吾將造巨艦，繕甲兵，入大海中可都可郊之地，直搗彼國以雪先恥云云。』而先恥即謂丙子事也。周哥答曰：『此則必不成之事也，吾有正術可授者，姑舍汝所營而從我學也云云。』此酬酢既出於周哥招辭，今若移咨入送，則彼國所過處各衙門必將盤詰其曲折，而若其繕甲搗國等說或恐執煩於彼國，其為慮容有極哉。」
> 大王大妃教曰：「設使彼國必無聞知之理，其在我國遠慮之道但當靡不用極矣。今以犯越之罪人所為叵測，禍迫朝夕，不待時置辟之意一邊移咨，一邊用法，未知如何耶？無已則有一焉，罪人之負犯罔赦將有不測之患，故急急誅之矣，或以為被誅之人來自大國云果然乎之意奏文（聞），亦不害為誠信底道理也。以小國而擅殺大國之人，揆以道理甚為不可。為今之計莫如多般商量，須以萬分無一慮之道處之可也。」煥之曰：

「依治盜之律以軍法施行，此一策也；未詳其為彼人而所犯極重，故不待時置辟之意移咨相報，亦一策也。於此二策之間，臣等筵退更加爛商後仰奏矣。」大王大妃教曰：「周哥則決不可入送，姑待諸囚供招後處斷可也。」[148]

四月二十日（丙寅）朝鮮政府即將周氏在漢江之畔梟首。其判決書如下：

罪人周文謨，自稱蘇州之人，為布西洋之學於國中，潛越東來，七、八年之間藏蹤匿影，愚夫愚婦率被誆誘，漸染訛誤，尊之以神父教主，其為患將至於胥溺禽獸之域。及其邦禁至嚴，詞捕四密，無地容身，自首王府，冀有萬一倖免之計，自以為言語未熟，書納供辭。蓋以么麼醜類，究厥行止，即是奸究之餘套。揆以國法，合施師律。出付軍門，梟首警眾。[149]

時周氏年方三十二歲，蓄長鬚，豐容溫潤，彬彬儒雅。[150]據柳洪烈（1911-1995）書云，該政府原定四月十五日處決，而主管行刑之禁衛大將託病不出，新命大將後始於二十日舉行。[151]原任大將之託病不出，或因懼清朝查問被罪，或因天主教之神聖已深入人心，恐受天譴。周氏雖已被刑拷膝杖，而臨刑時泰然自若。[152]

　　嘉慶六年（1801）十月，黃嗣永等被捕，並搜出欲傳到北京教堂之帛書一件，長一萬三千餘言。[153]書中詳述周文謨等被害事實，並建議圖得清帝皇旨，諭朝鮮接容西洋人；請中國開按撫司於安州，以親

---

[148]《朝鮮純祖大王實錄》，卷2，純祖元年三月二十七日癸卯條。
[149]《朝鮮純祖大王實錄》，卷2，純祖元年四月二十日丙寅條；柳洪烈，《朝鮮天主教會史》，頁168-169。
[150]《朝鮮純祖大王實錄》，卷2，純祖元年三月十五日辛卯條。
[151]柳洪烈，《朝鮮天主教會史》，頁168。
[152]柳洪烈，《朝鮮天主教會史》，頁168。
[153]柳洪烈，《朝鮮天主教會史》，頁183，以帛作書縫入衣中以應付官憲檢查。

王監臨該國；通書西洋，派大船數百艘，精兵五、六萬，多載大砲等利器，震駭該國，使之行教；[154]請派人在鳳凰城柵門內開設店舖，為聯絡站。足見天主教徒已因李氏王朝迫害宗教而欲將之推翻。

朝鮮政府於處決黃嗣永等之同時，決定該年冬至使行時將此天主教獄事（尤因周文謨在其中）奏聞清朝。[155]經屢次商議後所撰之奏文，除敘述譯官等於使行時入西洋教堂學得「邪學」外，著意天主教之違背禮教，及黃嗣永帛書中謀通西洋之狀，然於請清朝派親王監該國一款略而不提，於周文謨則開始只著其姓名，文末方謂：

> 至若周文謨事，自初逮問時，衣服言語容狀與本國人無少差殊，只認以邪黨巨魁，並施邦刑。今於黃嗣永之供猶不無疑信未定，真假莫測之慮。而上國人之說既發賊供，則勿論其言之虛實，在小邦恪守侯度之道，不敢不劃即上聞。[156]

貢使臨行前，大王大妃特別召見，商討若清人詢問，則以雍正十一年（1733）諭令該國對犯越清人直施邦刑對。[157]此次使行乃賀冬至兼陳奏天主教獄事，該國將貢物特別封裹，不用兼使之例。故禮部官員讚為得體，於周文謨則以為絕非中國人。上諭亦云朝鮮奏文所謂每因朝京使行，傳書洋人，潛受洋術等語絕非北京洋人居住之所。因北京洋人供職欽天監，只推躔度，向不准與外國人交接，而渠等也咸知奉公守法，從無私行傳教之事，亦未引誘習教之人。[158]該國「邪黨」等必係向他處學得「邪學」，而妄供出自北京。[159]

---

154 《朝鮮純祖大王實錄》，卷3，純祖元年十月五日戊申條；柳洪烈，《朝鮮天主教會史》，頁184。

155 《朝鮮純祖大王實錄》，卷3，純祖元年十月十五日戊午條。

156 《朝鮮純祖大王實錄》，卷3，純祖元年十月二十七日庚午條，〈討邪奏文〉、十二月二十二日甲子條，「行討邪陳賀於仁政殿。頒教文」。

157 《朝鮮純祖大王實錄》，卷3，純祖元年十月七日庚戌條。

158 《朝鮮純祖大王實錄》，卷4，純祖二年四月十日庚戌條。

159 金慶門等修，《通文館志》，卷11，頁2，純祖二年壬戌。

朝鮮使臣並報告其在北京時，雇人裝作教徒入教堂與神父筆談之事如下：

> 臣等既入彼域，不可不探問洋人之情。而我國之人無慣熟於洋人者，乃於行中募得一人伶俐者入洋人所住所謂天主堂，某條探問彼情，以筆談有所酬酢者。此則已為送示於廟堂矣。大抵昨年鋤治之後，熟不知邪類之為極惡窮兇。而今番聞洋人之言，則其腸肚相連之狀尤為昭然。……至於西洋大舶云云，我國賊招以今年正月洋人當有回答云，故以此探問，則彼曰：「不知幾萬里水路，豈有裝船送軍之道乎？此則萬不成說之事也。藉使有此計，吾道以慈悲為主，與物無競，此等之說萬萬怪駭云矣。」故且以柵中設舖交通一款詰問，則渠以為汝國既以此事成獄之後，若有設舖交通之事，則三、四年內必見綻露，此亦不成說云云。……洋人聞我國陳奏之事，氣已沮喪矣。陳奏咨文進呈之後，渠以皇帝判下者謂之上諭，而頗有懲畏之意云矣。[160]

周文謨事就如此在朝鮮君臣之巧妙安排下消歇。當然，即使朝鮮將之咨送中國，禁教的清廷也不可能放過，因其所行在當時視之已非中國之人。文謨之殉道在天主教傳教史上固已炳耀千秋，然其犧牲實由羅馬教廷之固執廢棄東方根深蒂固，但無妨於宗教的祀典以致之。

由於周氏在韓七年中為天主教打下深厚基礎，故雖經此摧殘及其後數度迫害，[161]而其勢不衰。教徒仍密與北京教堂聯絡，請再派神父入韓。道光十一年（1831）教廷宣佈朝鮮教區獨立，繼而中國神父劉方濟、西洋神交鄭牙各伯（Jacques Honoré Chastan, 1803-1839）、羅伯多祿（Pierre Philibert Maubant, 1803-1839）先後入韓傳教，[162]教會勢力

---

[160] 《朝鮮純祖大王實錄》，卷4，純祖二年四月十日庚戌條。
[161] 柳洪烈，《朝鮮天主教會史》，第23、25-27章。
[162] 李相佰編，《韓國史：近世後期篇》，頁512-520。

益強。此種成績之造成，實多由周文謨神父之努力與犧牲所致，而北京教堂之存在，中文教理教義書籍之著譯，朝鮮貢使之往來，北京自為根本因素。

明清時代天主教之傳佈於日本實較中國為先，而其根植朝鮮不由日本而由中國，除韓日政治關係不如中韓之密切外，主要原因仍在文化。在近代之前，中國為東亞文化泉源，當時中韓日三國人且以為中國為天下文明之冠。朝鮮以小華自居，認為日本文化也是學自中國，故無足效法。西洋科學宗教既為中國所接納，如徐光啟、李之藻不獨取西方之學，亦信其宗教，故該國之開明學者，也躍事宗仰。以天主教而論，中國固亦屢有迫害，然不如朝鮮之慘酷。此乃由於該半島民族性之強執，政治上黨爭激烈，學術上固守朱子，不如中國儒、道、諸子、釋氏、回教之兼收並容。

## 五、學習中國與內政改革之呼聲

朝鮮自明初立國之後，社會政治上沿高麗以來之身分等級制，即所謂士族社會政治，學術上獨宗朱子儒學，而且漸陷入性理學之窠臼，不復見其格物致知、修齊治平之一貫大道。西歐科學及天主教之傳入，為對此種固有型制之挑戰衝決，故政府及衛道之士不惜以殘酷對待。此新來科學與宗教因源自西方，故該國學者以西學稱之，而將因受清國影響而突起之經世考據學名為「實學」，於洪大容、朴齊家、朴趾源等之思想言論別名為「北學」。

「北學」一辭係由朴齊家於乾隆四十三年（1769）遊北京歸後所著《北學議》一文而來。朴齊家盛讚中國之文教昌明、工商發達，批評該國人士之識見局囿，各方之缺點，倡力學中國，改革國政；取《孟子》中「陳良楚產也，北學於中國」典故名篇，故該國學者將洪、朴等因北入燕京而產生之學說統名曰「北學」。此種分法固有其方便之處，因天主教及清初之天算輿地學確屬來自西方，考據學中國

又稱「樸學」，與經世致用學均為實事求是之學；而洪、朴等說因其涉及較廣、見解較深刻、批評較激進，故別立名稱，以示區別。

　　然而如謂「北學」為學自中國，而「實學」則否，便非事實。且思想學術之相互影響，彼此通假，乃自然之事，極難劃一絕對界限。清代經世致用之學固為對陽明學流弊之反動，而諸家究輿地、研算學、推步天曆明已受西學之影響。以利瑪竇之傳教而言，容祀典，以儒學佐證西教，謂上帝即孔子所謂之上帝，則也已非純歐洲之基督，而有中國色彩之上帝矣。因之筆者以為與其強為立名，不如混一通詮。西歐科學及天主教固不宜納入中國學中，而該國所稱實學及北學則宜並以「北學」名之。[163]

　　朝鮮有名之學者名宦金堉於明崇禎年間出使北京，見中國文物，心甚喜之，欲事事模仿，旋以清人犯侵不果，入清後只行錢法及改曆。然其他一二學者如柳馨遠（1622-1673）等已跳出性理學之藩籬，博究廣稽，奠學風轉變之機。[164]順治、康熙、雍正間，由於包括西學在內之書籍大量東流，李瀷、安鼎福、李重煥（1690-1756）、申景濬（1712-1781）數人治學之風丕變，天文、地理、算學等無所不究。[165]自乾隆至道光，即十八世紀中葉至十九世紀中葉，因書籍流入益廣，如顧炎武（1613-1682）之文集《日知錄》等禁書亦東傳，[166]且使行人員廣事交接，故經世學之大家輩出。然而此處不擬探究此學術成就，而欲就洪、朴等對中韓發展差距之描述，對該國之批判，及其呼籲改革等情形加以檢討。[167]

　　朴趾源過鴨綠江進入中國後，因望見鳳凰城邊門內，房舍高起五樑，苫草覆蓋，屋脊穹崇，門戶整齊，街衢平直若引繩，牆垣甎築，

---

[163] 朴容大等奉勅撰，《增補文獻備考》，卷159，頁90。
[164] 李相佰編，《韓國史：近世後期篇》，頁459-462。
[165] 李相佰編，《韓國史：近世後期篇》，頁463-464。
[166] 金聖七，〈燕行小攷——朝中交涉史의　一齣〉，《歷史學報》，第12輯（首爾，1960年5月），頁51-52。
[167] 李相佰編，《韓國史：近世後期篇》，頁465-469。

乘車及載車縱橫道中，擺列器皿皆畫瓷，而覺其制度無村野氣，有大
規模細心法。想到柵門乃中國之東盡頭，尚繁盛如此，與其國都漢陽
對比之下，不覺羨妒愧汗，更前遊覽之興忽然而沮，直欲逡遯。[168]此
為朝鮮有心人士入中國之第一印象及反應。及深入遼冀、北京細察，
除中國衣冠盡皆「胡化」之外，其餘事事物物皆非該國所及。茲以
其所舉用車、用甋、畜牧、人民生活、學術、社會結構數項之對比
如下。

朝鮮人自明朝已注意中國用車之制，然未善為模仿。清代燕行
人士幾人均描述此器用，然發揮盡致首推洪、朴等人。朴齊家首論不
用車之弊，謂該國東西不過千里，南北三千里，然而山隅之人以水果
取酸代鹽，見海鹽而以為異物。江原道有蜜無鹽，平安道產鐵而乏柑
橘，咸鏡道善麵而貴線布。此均因無車運之所致。[169]朴趾源更發揮盡
致，說車為陸地之舟，能行之屋，有國之大用莫如車。戎車、水車、
砲車不論，載車、乘車尤為民生先務，不可不急講。

中國之所以貨財殷富不滯一方，皆因以車運輸貿遷之故。而朝鮮則
濱海以魚鮮糞田，一至漢城又物踴價昂。朴趾源因齊家之言而推論曰：

> 今夫六鎮之麻布，關西之名紬，兩南之楮紙，海西之綿鐵，內
> 浦之魚鹽，其生民日用而不可闕者也。青山、報恩之間千樹
> 棗，黃州、鳳山之間千樹梨，興陽南海之間千樹橘柚，林川、
> 韓山之間千畦苧枲，關東之千桶蜂蜜，為民生日用而莫不欲相
> 資而相生也。然而此賤而彼貴，聞名而不見者何也？職由無
> 力而致之耳。方數千里之國，民之產業若是其貧，一言而蔽之
> 曰，車不行域中也。[170]

---

168 朴趾源，《燕巖集》，收入氏著，《熱河日記》（臺北：中華叢書委員會抄本影
印，1954），卷11，頁9-10。
169 朴齊家，《北學議》，收入氏著，《貞蕤集》（漢城：國史編纂委員會，1972-
1974），卷12，〈車〉。
170 轉引自金景善，《燕轅直指》，收入《燕行錄選集》，上冊，卷6，頁1161-1162，

朝鮮人每以該國山多路崎為不用車之理由，趾源駁道，中國固有劍閣九折之險，太行羊腸之厄，而莫不叱馭而過之。是以關陝川蜀江淛閩廣之遠，巨商大賈，挈眷赴官者車轍相擊，如履門庭。即以使行所過遼東之千山而言，其險亦不下該國之巖阻險峻，但未廢車不行。朴氏說：「國不用車故道路不治耳，車行則道路自治，何患乎街巷之狹隘，嶺阨之險峻哉。」並謂車不行，非因路之不治，而是「士大夫之過也。平生讀書則曰周禮聖人之作也，曰輪人、曰輿人、曰車人、曰輈人，然竟不講造之之法如何，行之之術如何，是所謂徒讀，何補於學哉！」[171]則朴氏已由車之不用而攻擊該國之學風矣。洪良浩（1724-1802）於乾隆四十七年（1782）以三節年貢副使入燕，翌年上書國王請用車，所持理論大致相若，而於治路一端謂為王政所先，不獨專為行車。[172]推而言之，即使車不行由於道不治，其責亦在王政。

朝鮮雖亦造磚，然以不得法，用途不廣。朴趾源入華，細加查究，知中國之窰制與所用燃料均不同。因謂朝鮮之窰非窰，直一臥灶。由於初無造窰之磚，故支木而泥築，以松木為薪燒堅其窰。此燒堅之費已多。又因窰長不能高，故火不上昇，熱力不足，因之松木猛燒，致磚之火候不齊，粗劣不堪用。該國無論瓦窰、磚窰，其制無別。且因以松為薪，致使山林日盡。而中國之窰高大如覆鐘，頂上作池盛水，旁穿烟道，磚胚斜支架空，以蜀黍為薪。燒時火焰上達，火候均齊，且成本小。[173]

洪良浩謂中國燒土為甓（磚），範出一型，長短廣厚，均齊平方，千層萬疊，鑿鑿相合。內而宮牆都壁，外而州府郡縣，小而烽臺譙樓，虹蜺之門，碑碣之宇均以甄合灰而築，堅固順滑，雖猿猴不能攀登。以中國之富，築成之法如此，「惟我國不能用焉。豈無土也？

〈留館別錄〉。
[171] 轉引自金景善，《燕轅直指》，收入《燕行錄選集》，上冊，卷6，頁1161-1162，〈留館別錄〉。
[172] 《朝鮮正祖大王實錄》，卷16，正祖七年七月十八日丁未條。
[173] 朴趾源，《渡江錄》，收入氏著，《熱河日記》。

豈無薪也？人顧不用耳，寧不惜哉！」[174]礜甄屬製造技術，因其能利用厚生，故該國學者亦細心考究，發現其本國不如人之道理。

洪良浩見中國畜羊驢，建議模仿。謂該國祭祀多用牛，故耕畜不足。畜羊以祭，則耕牛不乏。驢性馴而價賤，中國家家畜之，駕車、載物、服犁、磨粟，惟意所使，代人勞，分馬力，其用至大。騾則任重致遠，兼牛馬之長，故華人愛之甚於馬。如貿取孳生，則服乘有餘，戎馬自足，若行車制，則又可駕載。畜羊所以裕牛，養驢騾所以省馬力。牛馬蕃則民富兵強。[175]

朴趾源在其《熱河日記‧漠北行程錄》中，指出該國御馬者寬袖衫，按轡揚鞭俱有妨碍；且乘者不自馭而有牽馬夫，於是蔽馬一目，與馬爭路；馱載物貨每過負荷，是謂御馬乖方。復謂餵養失宜，故不能員重致遠，易病易斃。在同書〈太學留館錄〉中復謂自國王御乘，武將所騎，郵驛所用，率多購自遼瀋，如遼瀋路絕則無馬可用。此種弊端何由而生？朴氏以為乃由官昧攻駒所致。謂其國士大夫不親庶事，有一學士性頗癖馬，其相馬之術無異伯樂，而論者譏為「古有爛羊都尉，今有理馬學士」。因士大夫不慮有國之大政，以為羞恥，故將馬政付之僕隸之手，雖職居牧監不議牧馬之方。

以上數點只分別而言，朴齊家則將兩國人民生活作一完全對比，茲錄於下：

> 我國既事事不及中國，他姑不必言，其衣食之豐足最不可當。中國之民雖荒邨小戶，率皆灰築數間之庫，不用斛包直輸穀於中，或全庫、或半庫，或環籥于屋中如大鐘，高接於梁，梯而下之。多者可百斛，少者不下二、三十斛，往往一室之內有數堆焉。我國小民之生皆無朝夕之資，十室之邑日再食者不能數人。其所謂陰雨之備者，不過薥黍數柄，番椒數十懸之于蔀屋

---

[174] 《朝鮮正祖大王實錄》，卷16，正祖七年七月十八日丁未條。
[175] 《朝鮮正祖大王實錄》，卷16，正祖七年七月十八日丁未條。

煙煤之中而已。

中國之民率皆服錦繡,寢氍毹,有床有榻。耕夫亦不脫衣,皮鞋束脛,叱牛於田。我國村野之民,歲不得木綿一衣,男女生不見寢具,薦蓆代衾,養子孫於其中,十歲前後無冬無夏,裸體而行,更不知天地之間有鞋襪之制焉者皆是也。

中國邊裔之女無不傅粉插花,長衣繡鞋,盛夏之月,未嘗見其跣足焉。我國都市之少女,往往赤腳而不恥,著一新衣,眾已睽睽然疑其為娼也。

中國無京外之別。其大都會如江南、吳、蜀、閩、粵之遠,而其繁華文物反勝於皇城。我國都城數里之外,風俗已有邨意。[176]

朴氏總結其國之現狀曰:「其衣食不足,財貨不通,學問喪於科學,風氣限於門閥,見聞無由而博,才識無由而開也。若是而已,則人文晦而制度壞,民日眾而國日空。」[177]朴齊家只經中國遼冀、北京,其時邊境人少地多,故其所言如此之富盛。然其生當所謂該國英正(英祖、正祖)盛世,而能洞見國家危機,直如賈長沙(BC 200-168)之痛哭流涕,龔自珍(1792-1841)之先機警告,[178]實令人嘆服。

朴齊家之結論一如朴趾源之因議馬而推及士大夫之不學,不親庶事,且涉及門閥科舉諸端。關於該國學術之禁錮,洪大容早已有批評,他說:

嘗謂我東中葉後,偏論出而是非不公,野史無足觀矣。雖以斯文言之,中原背斥朱子,尊重陸王之學者,滔滔皆是,而未嘗

---

[176] 朴齊家,《北學議》,〈農蠶總論〉。
[177] 朴齊家,《北學議》,〈農蠶總論〉。
[178] 龔自珍在嘉慶中已痛論中國之危機,見張存武,〈龔定盦的建設新疆計劃:龔定盦研究之一〉,《思與言》,第2卷第1期(臺北,1964年5月),頁26-29。

聞得罪於斯文。蓋其範圍博大，能以有公觀，並不受拘虛之偏
見也。[179]

朴趾源對於朝鮮之氏族門閥嘗予尖刻諷刺，他序洪大容之《杭傳尺
牘》說：

> 非古之所謂楊墨老佛，而議論之家四焉；非古之所謂士農工
> 商，而名分之家四焉。是惟所賢者不同耳，議論之互激而異於
> 秦越；是惟所處者有差耳，名分之較量而嚴於華夷。嫌於形跡
> 則相聞而不相知，拘於等威則相交而不敢友。其里閈同也，族
> 類同也，言語衣冠其與我異者，幾希矣。既不相知，相與為
> 婚姻乎？不敢友焉，相與為謀道乎？是數家者，漠然數百年之
> 間，秦越華夷焉，比屋連牆而居矣。其俗又何其隘也。[180]

文中所謂議論之家四乃指該國老論、少論等黨派，名分之家為士族、
中人、平民、奴隸階級。《杭傳尺牘》即洪大容與中國陸飛、潘庭筠
等之通信。故趾源推而論曰，洪氏在國內因局於地，拘於俗，雖有其
人而不能友，鬱然於心，而與萬里之外，不同族類，衣冠殊，語言異
之華人反結為兄弟，函候不斷，全因中國人能破除繁文，滌除苛節，
披情露真，規模之廣大，非該國齷齪於聲名勢力所可比。[181]
　　朴齊家對其國人習氣，相當不滿，謂：「我國之人，莫不長於空
言，而短於實效，勞於近計而昧於大體。」[182]又說：

> 我國之俗尚虛文而多顧忌，士大夫寧遊食而無所事，農在於野

179 洪大容，《燕記》，收入氏著，《湛軒書・外集》（漢城：新朝鮮社，1939），頁
　　6-7，「附錄」。
180 洪大容，《杭傳尺牘》，收入氏著，《湛軒書・外集》。
181 洪大容，〈會友錄序〉，收入氏著，《湛軒書・外集》，卷1。
182 朴齊家，《北學議》，〈兵論〉。

或無有知之者。其有短襦篛笠，呼賣買而過於市，與夫持繩墨、挾刀鑿以傭食於人家，則其不漸笑而絕其婚姻者，幾希矣。故雖家無一文之錢者，率皆修飾邊幅，峨冠闊袖，而游辭於國中。夫其衣食者從何而出乎？於是不得不倚勢而招權，請托之習成，而僥倖之門開矣。[183]

朴氏更進一步攻擊王廷、士大夫均在自欺自弊。謂明者不自欺，智者不自弊。然而人材少而不思所以培之，財用日竭而不思所以通之，世降而民貧，是國之自欺。官位愈高，視事愈簡，居委下屬，出倚譯象，左擁右扶，徒講禮貌不可屑越，是士大夫之自欺。學惟性理，文競驪儷，束天下之書以為不足觀，此功令之自欺。士大夫國之所造就，而國法不其身；科舉所以取人，而人由科舉而壞；書院所以崇儒，而逃役犯酒禁者依為庇護之地。此皆自弊之事。[184]

洪、朴等之檢討攻擊，自非為攻擊而攻擊，而是欲有所改革。改革之道為何？學中國。前述洪良浩上疏請用車、用甓、畜牧，即學中國，惟未明著「學中國」三字而已。朴齊家則明明白白大聲疾呼「學中國」。其〈財賦論〉說：

善理財者上不失天，下不失地，中不失人。器用之不利，人可以一日，而我或至於一月二月，是失天也。耕種之無法，費多而收少，是失地也。商賈不通，游食日眾，是失人也。三者俱失，不學中國之過也。[185]

又曰：

---

[183] 朴齊家，《北學議》，〈商賈〉。
[184] 朴齊家，《北學議》，〈丙午所懷〉，見金聖七，〈燕行小攷──朝中交涉史의一齣〉，頁64引證。
[185] 朴齊家，《北學議》，〈財賦論〉。

我國之人亦莫不耕且蠶矣。然而彼（中國）之穀已米，而我方不及刈焉；彼之織已成，而我方不及繰焉；彼之綿已彈，而我方一月之後與之齊焉；中國之人方馳騁弋臘以為樂，而我方圃有菜不暇收，山有樵、水有魚而不暇漁採。百藝怠荒，有廢而無修，日有加而力不足者何也？不學中國之過也。[186]

該國學者所要學習於中國者頗多，除用車、造甓、畜牧外，有颺扇（風車，吹除粟糠之具）、瓠種（旱田播種之具）、水車、蠶箔、蠶綱、繰車、織機、攪車（去棉核者）、桔橰玉衡、龍尾車。[187]

　　朴齊家因知日本、琉球、西洋人貿易於中國東南沿海，故主該國亦通商閩廣，國內亦開市，招來商舶以裕財富。其海船之製造則因中國至朝鮮之船人而習之。[188]而上述耕織等百工技藝則選經綸才技之士，每歲十人，一人領之，隨貢使入清學習其法，或購買其器，頒其法於國中，設局以教之。[189]朴氏謂國內開市通商除習其技藝外，猶可「訪其風俗，使國人廣其耳目，知天下之大，井灶之可恥，則其為世道地，又豈特交易之利而已哉」。[190]

　　所謂通商舶即欲開海禁，廢棄朝鮮自明洪武時立國以來之閉關政策。朴氏此論發於乾隆四十年代，真乃先知先覺。其欲學於中國者自不止此，凡入燕人員所稱道之中國事務，所批判之朝鮮缺失，均在學習之列。然而本章所重者不在此等事項之臚舉畢列，而在提倡學習者所遭之困難，及其應付之法。

　　二朴在呼籲學習中國，發展該國財經言論中，頗有獨到之處。前舉朴趾源以為該國車之不行非因道之不治，車行則道自治之理論已

---

[186] 朴齊家，《北學議》，〈農蠶總論〉。
[187] 朴齊家，《北學議》，〈農蠶總論〉。
[188] 朴齊家，《北學議》，〈通江南浙江商舶議〉。
[189] 朴齊家，《北學議》，〈財賦論〉。
[190] 朴齊家，《北學議》，〈丙午所懷〉。

極清新。而朴齊家對節儉、奢侈與財經發展關係之看法，尤屬超越時代。他說：

> 夫善治國家者，清其本，不治其末，故事省而功博。今之議者莫不曰「奢日甚」。以臣視之，非知本者也。夫他國固以奢而亡，吾邦必以儉而衰。何則？不服紋繡，而國無織錦之機，則女紅廢矣。不尚聲樂，而五音六律不叶矣。乘廠漏之船，騎不浴之馬，食窳器之食，處塵土之室，工匠、畜牧、陶冶之事絕矣，以至農荒而失其法，商薄而失其業。四民俱困，不能相濟；彼貧人者，雖日撻而求其奢也，將不可得矣。今殿庭行禮之地布其棲苴，東西關守門之衛士衣木綿，帶藁索而立，臣實恥之。不此之計而乃反毀閭閻之高門，捉市井之鞋衫，憂馬卒之耳衣，不亦末乎！[191]

其在〈財賦論〉中亦謂如財足國裕，「雖人服錦綉，戶設金碧，將眾樂之不暇，亦何患乎民之奢侈也」。此種論調與二十世紀英國經濟學者凱因斯（J. M. Keynes, 1883-1946）之以消費刺激生產理論若合符節。該國英正時代提倡節儉，禁止中國有花紋之絲織品輸往，然而國不加富，中國雖衣錦綉者多，然不以此加貧。此即朴氏發明其消費論之背景。

改革論者之主要方法為學習中國。然而清代之中國非復朝鮮人所感戴的「我皇明」之中國，而是滿洲「胡虜」統治之天下。[192]而滿洲乃兩度征伐該國，殺俘其人民，迫其國王背離「皇明」，俯首稱臣，質留其王儲，強索歲幣，並滅亡「皇朝」之敵人。該國君臣雖力未足以報仇雪恥，然此志此情，百餘年間未嘗忘懷，此即朝鮮所謂尊周攘夷。

---

[191] 朴齊家，《貞蕤集》（漢城：國史編纂委員會，1972-1974），文集卷3，〈所懷〉，頁335。

[192] 清代朝鮮人稱明如此。稱有明代又每曰「皇朝時」，則將「皇朝」二字變為專指明朝之專有名詞矣。

本為應攘之夷，而今竟欲師法之，自令人難解難恕。此外朝鮮人以為胡人文化落後，而滿清入關後，堯、舜、文、武、周公、孔、孟、朱子之一貫大道已不存在於中國，只有朝鮮仍繼承此華夏文明，為海外中華，為文明之國度，即周禮盡在東國。故該國人入燕時，於滿人不必論，即對漢人士大夫，也每有睥視自傲之意態。既然自己文明，中國落後，則為何學中國，學習甚麼，又成問題。故倡導學中國者欲人信從其說，必須證明清代之中國有可學之學，並對尊周攘夷之論加以解釋，使學中國與尊周攘夷兩事，不惟不相矛盾，且相輔相成。

其實上述各家所舉應學中國事務，已足證明中國有可學之學。朴齊家為明其所論之不妄，又特著〈北學辨〉一文，以為論證。他說朝鮮之下士見五穀則問中國有無，中士以為清人之文章不如「我」，上士謂中國無理學。朴氏道：「果如是，則中國遂無一事，而吾所謂可學之存者無幾矣。」朴齊家謂天下之大，何所不有！其所經中國之地，不過幽燕一隅，所遇文學之士不過數人，其中並無傳道大儒，然並不敢以此遂謂中國無其人。因天下之書未盡讀，天下之地未盡踏，云：

> 今不識陸隴其、李光地之姓名，顧亭林之尊周，朱竹坨之博學，王漁洋、魏叔子之詩文，而斷之曰中國道學文章俱不足觀，並與天下之公議而不信焉，吾不知今人何所恃而然歟！[193]

繼謂天下載籍極博，道理無窮，「不讀中國之書者是自劃也，謂天下盡胡者誣人也」。朴氏說中國固有陸王之學，然朱子之嫡傳自在；朝鮮則說程朱國無異端，士大夫不敢為江西餘姚之學，「豈其道出於一而然歟！」驅之以科舉，束之以風氣，不如是則身無所容，不得保其

---

[193] 朴齊家，《北學議》，〈北學辨〉。

子孫，「此其所以反不如中國之大者也。凡盡我國之長技不過為中國之一物，則其比方較計者已是不自量之甚者矣」。

朴齊家謂他自北京回後，國人踵門請問清國情形。當他告以中國恰如其錦緞上之花鳥、龍紋閃爍欲生，不似該國綿布只具經緯而已；其語文，其屋金碧，其行也車，其臭也香，其都邑城郭，笙歌之繁華，虹橋綠樹之殷殷訇訇，熙來攘往宛如圖畫之時，聞者皆茫茫然不信，失望而去，以為朴氏「右祖於胡」。齊家感嘆道：「嗚呼，夫此人者，皆將與明此道，治此民者也，其固如此，宜今俗之不振也。夫子曰惟願識理義人多，余不可以不辨於茲。」[194] 朴氏此文，不僅明白宣稱中國之足資取法，且力斥懷疑者愚妄。朴趾源謂該國出使清朝者有五妄，並力加指斥。他說：

> 地閥相高本是國俗之陋習，有識者之居國也，且恥言兩班，況以外藩土姓反凌中州之舊族乎！此一妄也。中州之紅帽蹄袖，非獨漢人恥之，滿人亦恥之。然其禮俗文物四夷莫當，顧無寸長可與頡頏中土，而獨以一撮之髻自賢於天下，此二妄也。昔月汀尹公根壽奉使於皇明，道逢御史汪道昆，屏息路左，瞻望行塵，猶以為榮。今函夏雖變而為胡，其天子之號未改也，則閣部大臣乃天子之公卿也，未必加尊於昔，而有貶於今也。奉使者自有見官之禮，而恥其公庭拜揖，輒圖寬免，便成規例。時有接遇，率以亢簡為致，恭謙為辱。彼雖不與苛責，安知不侮我之無禮乎。此三妄也。自知文字以來，莫不借讀於中州談說歷代，無非夢中占夢，乃以功令之餘習強作無致之詩文，忽謂中州不見文章。此四妄也。中州之人士，康熙以前，皆皇明之遺黎也，康熙以後，即清室之臣庶也，固將盡節本朝，尊奉法制，若造次談論，輸情外藩，是固當世之亂臣賊子也。然而

---

194 朴齊家，《北學議》，〈北學辨〉。

一遇中州之士，見其誇張休澤，輒謂一部《春秋》無地可讀，每嘆燕趙之市未見悲歌之士，此五妄也。[195]

朴趾源就事論「是」，非獨斥其出使者之妄，實亦肯定清朝之地位。既肯定其地位文化，則從而學之而已，其他自不必顧慮。

朴齊家之辯證分兩段。第一段採二分法，將滿清統治者與中國之人、中國之社會文化分離。說中國之學與滿人無關，乃由來所傳，即該國昔時所取法者。既如此，則自可學之。其《尊周論》道：

> 尊周自尊周也，夷狄自夷狄也。夫周之與夷必有分焉，則未聞以夷之猾夏而並與周之舊而攘之也。我國臣事明朝二百餘年，及壬辰之亂，社稷播遷，神宗皇帝動天下之兵，驅倭奴而出之境，東民之一毛一髮罔非再造之恩。不幸而值天地崩坼之時，薙天下髮而盡胡服焉。則士大夫之為春秋攘夷之論者磊落相望，其遺風餘烈至今猶存者，可謂盛矣。然而清既有天下百餘年，其子女玉帛所出，宮室舟車耕種之法，崔盧王謝士大夫之氏族自在也。冒其人而夷之，並其法而棄之，則大不可也。苟利於民，雖其法之出於夷，聖人將取之，而況中國之故哉。[196]

「苟利於民，雖其法之出於夷，聖人將取之。」為其第二段辯證法。為富民強國，達到攘夷尊周之目的，雖中國之法出自滿洲，亦應取法。故曰：

> 昔趙武靈王卒變胡服，大破東胡。古之英雄有必報之志，則胡服而不恥。今也，以中國之法曰可學，則群起而笑之。匹夫欲報其讐，見其讐之佩利刃也，則思所以奪之。今也以堂堂千乘

---

[195] 朴趾源，《燕巖集》，卷14，頁1。
[196] 朴趾源，《北學議》，〈尊周論〉。

之國，欲申大義於天下，而不學中國之一法，不交中國之一士，使吾民勞苦而無功，窮餓而自廢，棄百倍之利而莫之行。吾恐中國之夷未暇攘，而東國之夷未盡變也。故今之人欲攘夷，莫如先知夷之為誰。欲尊中國也，莫如盡行其法之為逾尊也。若夫為前明復讐雪恥之事，力學中國二十年後共議之，未晚也。[197]

中國在清季變法圖強時，為杜反對者之口而有西學出自中國說，及魏源（1794-1857）師夷之長技論。前者同於朴齊家之第一段兩分法，後者與其苟利於國，雖法之出於夷，聖人將取之以復仇雪恥一致。朴氏之說成於乾隆四十年代之朝鮮，魏源等之論發於自道光而後之中華，時隔三、四十年，地距數千里，齊家固不知源等之論，默深等亦未睹齊家之書，只以所面臨之問題相若，故其論證相同。前人理同心同之說，誠為不虛。至於此種辯證之法，筆者名之為「師敵型之改革論」。

## 六、結論

李氏朝鮮自明初建國時起，即以文武兩班士族及朱子理學為其立國之支柱。除理學外，百家之說皆在排斥之列，而中人、平民、奴隸階級均為此士族王朝之供役。至明末為止，此種形勢大致穩固。然自萬曆二十年代豐臣秀吉之役及清太宗兩次征戰後，社會經濟破壞，人心已不安定，而從事國家重建時以理學所作育之人材，復呈不足應付之勢。

適逢其會，西歐近代天算輿地之學與天主教傳入中國，而漢人因陽明學之弊及亡國之痛亦揚棄性理學，轉趨經世之學。朝鮮國因年年

---

[197] 朴趾源，《北學議》，〈尊周論〉。

貢使入燕，將此種學術思想因緣帶回。其結果為學術界及社會群眾掀起解放改革運動。學術界之治學，首先跳出理學範牢，趨向百科全書之方式，繼而則捨棄專向故紙堆中尋找智識之方法，觀察現勢，發掘問題，尋求原因、答案。因正視現勢而發現其社會經濟之落後，發現其原因在階級劃分、閉關政策、智識落後。故展開對社會、學術、政治之全面批判攻擊，要求模仿中國，從事改革。此即自純學術走上實踐，為中國經世學精神之所在。天主教之無分階級，博愛平等，救人救世精神，博得自士族中之覺醒人士、婦女、譯官、驛卒等中下階級之衷心接納。

天主教因教會禁制祀典，有背東方傳統倫理，被目為邪學，屢遭摧殘。改革派朴趾源所創發之新文體——遊記小品體——同被禁止。他們所倡之改革無一實現，而自有關記載中且知其憂讒危已處境。故此一中國學術及西歐科學宗教透過中國所引發之十八世紀末葉朝鮮改革運動，當時未結碩果。一百年後，該國政府因中國之勸告，於光緒八年（1882）對西洋各國開放門戶，並自中國間接學習西法，歷史軌跡復回到十七、八世紀。朝鮮領選使率學生至華學習之制是否師承朴齊家之意雖不知，然與朴氏說無二致。而少壯士人亦因朴趾源後裔圭壽（1807-1877）所傳齊家等之改革思想而組成開化黨。當時以中國自強不如日本，故開化黨主仿效日本。

其後，朝鮮雖為日本所亡，然自取法變通之目標而言，改革派之主張一貫，較政府所行為積極。近世共產主義以為人類有階級性，其行動全為本階級之利益而發。然朝鮮之倡導改革者均出身士族，其目標在全體之利益，且所舉應革事項，多屬中下階級之痛苦。故知人性固有自私之一面，然智識教育可使人去私而知是非善惡，仁人愛物。其所以有背道而行，如朝鮮之反對改革者，全因其見聞不廣，智識淺陋。故凡閉關自守，禁民交通外界，杜塞人民耳目者，實為國家人類之蠹賊。

本章雖僅四萬餘字，然清代中國對朝鮮文化之影響，除考據學一

端外，重點已盡於此。所猶待充實者，不過添加佐證、量化濃縮，進一步發揮其意義而已。至於名中韓學者取法敵人之辯證法曰「師敵型之改革論」，則筆者淺陋，似尚未聞前人有此種說法。

*原刊於《中央研究院近代史研究所集刊》，第4期下冊（臺北，1974年12月），頁551-599。

# 第七章
# 朝鮮對清外交機密費之研究

## 一、前言

　　朝鮮對清外交機密費有兩種，一為對出使該國的清朝使節差官之密贈，一為該國出使清朝的使節差官所費之公用銀。本章研究專在後者。

　　朝鮮自清太宗（1592-1643）崇德二年（1637）至德宗（1871-1908）光緒二十年（1894）間為清朝的屬國。其間彼此使節差官往來頻繁，以執行有關事務。清朝使節朝鮮或稱敕使。該國使節分為兩種，一為「三節年貢使」，簡稱「節使」或「冬至使」，例於舊曆年關前到北京，以朝賀元旦，並進正朝、冬至、萬壽方物，繳納歲幣。另一種為不定期使行，如謝恩、進賀、陳慰、進香、問安、陳奏、奏請、告訃、參覈等均因事臨時差遣，稱為「別使」。其差官也有兩種。每年十月朔前，進京領取皇曆者曰「皇曆賫咨官」，簡稱「曆咨」，而臨時差出傳送公文或解送中國海難人員者曰「別咨」。雙方出使及接待對方使差均需相當經費，而朝鮮使差於一般路需之外還有一種機密費的開支，叫作「公用銀」。

　　根據朝鮮的政典《萬機要覽‧財政篇》說，此項機密費（公用銀）有兩種，一為「經常費」，即每次使行均有，另一種曰「別公用」。前者中一大部分，初期由貢使團中的經營貿易者，按所持資本

抽成聚斂而成，此外在平壤的管餉府和在義州的運餉府每次給丁銀各五百兩，合一千兩，曰「不虞備銀」。別公用是陳奏，奏請、參覈等有特別事故出使時由政府大量撥給的。不虞備及別公用銀多少須報告政府，剩餘者繳還。[1]

　　經常費中的第一部分通常就稱公用銀，有時也叫「人情銀」。為了行文方便，有所區別，以下概稱為人情銀。管運餉府所給的不虞備「丁銀」乃日本貨幣，有數種，自康熙至嘉慶間通行於朝鮮者，合十成銀八錢。《萬機要覽》是嘉慶初年修成，所謂「管運餉給丁銀」千兩乃時制，早期並非此數。順治至康熙初只給百兩，康熙二十年（1681）前後加八十兩，三十至三十二年間（1691-1693）為五百兩，五十二年（1713）始有「自前使臣往來之時，西路銀貨一千兩例為賷去，以備意外需用矣」的記載，[2]則千兩之制乃康熙三十至五十年間形成的。

　　別公用也叫「別人情」，實亦不虞備銀，有時稱「別不虞備」。這一「別」字是經常不虞備銀的對待辭，即因特別事故而多帶者。但因特別事故派出的使臣之開支並非專恃此別公用銀，部分仍由貿易經營者抽斂而來。也就是說他們仍有經常性人情銀的支出，不過此種時機貿易人多半獲得政府貸款。別公用除使行持用外，賷咨官有時也持往，見下列公用銀撥貸表示綜述，此處不贅。此外曆咨官每次也有人情銀之開支，惟以其未求政府支援，悉由行中貨殖資本籌措，所以文獻中絕少記錄，本章也無從論述。除最後一項不計外，公用銀之名稱項目如下：

[1]　朝鮮總督府中樞院，《萬機要覽・財政篇》（京城：朝鮮印刷株式會社，1937），頁717-720。

[2]　百兩及百八十兩見《備邊司謄錄》，第3冊，頁803，肅宗十年十月二十五日條。康熙三十年，管餉給二百兩、運餉三百兩，見《備邊司謄錄》，第4冊，頁411，肅宗十七年十月二十四日條。康熙三十二年，管、運餉始平均各給二百五十兩，見《備邊司謄錄》，第4冊，頁554，肅宗十九年十月二十九日條。千兩定制見《備邊司謄錄》，第6冊，頁350，肅宗三十八年二月二十二日條。

　　朝鮮的使節差官究竟用這些機密費做什麼？此項費用是如何籌措的？這是此處要回答的問題。以本章的旨趣而言，第一個問題尤為重要，但為了行文的方便，我們先對第二個問題加以考察。

## 二、公用銀的籌措

### （一）斂商譯、貸公款

　　公用銀的籌措，在有清一代分為數個階段。就資料所見，在康熙一十年代之前，除有一次政府撥款之外，全由使團中的貿易經營者抽聚而來。所謂貿易經營者是指使團中的譯官、其他品官，以及若干政府衙門的人員或代理商。此時期很短，且無資料可據，我們略而不論。

　　自康熙一十年代至乾隆二十二年（1757），由於最初幾年政府連次派使請求清廷昭雪下節所討論的史誣，大量用公銀。公用既因國事支出，即須政府籌措，故撥款外，又大量貸予官銀，以便抽斂。自此形成一先例。朝鮮所市清貨大部分經由東萊府釜山的日本商館，即倭館轉輸日本，換回白銀。因兩國外交事故及商務慣例，日商支付遲延，康熙十六年（1677）朝鮮實施貿易限制政策，即譯官等從事販貿者，按品級限持一千至三千兩資本，且因日清直接貿易，朝鮮居中之利衰。

　　由於貿易資本限額，或日本貨款支付不及貢使出發之期，或根本

無交易收入，致形成資金短絀，出使者亦要求政府貸款。[3]所以此一階段是以政府貸款為特色。表7-1係就資料所見朝鮮政府予各使行的撥款貸款情形，然非完全統計。

從這份不完整的統計可知，貸款次數與數額均較撥款為多。這是由於撥款多係因特別事而遣使時為之，而特別事故究屬較少。此外，朝鮮政府在撥貸之間多選擇後者，因款項撥給後使節人員支用較奢，剩餘繳回的可能及數目較少，而貸款則法理上必須還本，且有利息。撥貸款額除全部無數據或「量宜持去」、「參酌持去」、「從優許貸」、「參酌定數」等不定語詞外，撥款額每次自數百兩至一萬六千兩，貸款額最少三千兩，最多十萬。

撥貸機構，中央有戶曹、五軍門、兵曹、賑恤廳、司僕寺、經理廳、糧餉廳，及性屬中央而由地方官兼領的管餉府和運餉府，地方有平安監營、兵營、黃海監營、北漢京廳，及統營，其中以戶曹、五軍門、管運餉府，及平安監兵營撥貸次數最多。由表中也可得知，別賚咨官之公用有時撥給，有時貸款作貿易資本殖利取用。雍正七年（1729）前有撥有貸，該年至乾隆元年（1736）間不貸，只撥五百兩，其後專貸不撥，數額則自二千至三千兩不等。[4]

各軍政機關之所以貸款固奉王命而為，然也因各處本來就有將經費貸殖利息的傳統慣例。[5]此外，他們還利用這一機會將廢銀換成通

---

3 後來使行貸款尚有三因：一為使行及曆咨之競爭。曆咨於舊曆七、八月間出發，在年關之前回國，在時機上內銷有利，故出發時每收羅到大量資金。節使在十至十一月出發，資金已難。二為貿易者為逃避抽歛，乘隙走私，隱匿資金不報。三為譯官貿易失利。其原因或謂乾隆中葉後中國物價上漲，但主要受私商貿易之打擊。中韓貿易消長非本章主旨，故除間或順帶略述外不加詳論，讀者可於張存武，《清韓宗藩貿易（1637-1894）》（臺北：中央研究院近代史研究所，1978）中見之。

4 康熙二十九年撥，見《備邊司謄錄》，第4冊，頁338，肅宗十六年十一月一日條。停貸及恢復，見《備邊司謄錄》，第8冊，頁747-748，英祖五年十月十二日條；第10冊，頁385，英祖十五年七月五日條。英祖十三年貸二千，十五年一千五百，其後均三千，見《備邊司謄錄》，第13冊，頁35，英祖三十三年十二月一日條；第17冊，頁68，正祖十二年四月五日條。

5 《備邊司謄錄》，肅宗八年十月一日條，都江所在銀貨有發市生息之議，故請貸；肅宗十二年十月二十五日條，領中樞府事許云，各軍門財貨必須生殖然後可成模樣；十二年十月二十五日條云西路假貨例為給債取殖，以為需用之資；三十年十月

表7-1 貸款撥款表（1676-1757）

| 使行出發時間 | | | | 使行任務 | 貸款額（銀兩） | 撥款額（銀兩） | 貸撥機關 | 備註 |
|---|---|---|---|---|---|---|---|---|
| 中國紀年 | 朝鮮紀年 | 月 | 日 | | | | | |
| 順治6 | 孝宗即位 | 6 | 12 | 告訐，請諡及承襲 | | 1,000 | | |
| 康熙15 | 肅宗2 | 7 | 26 | 謝、陳奏誣 | 從優貸給 | | 京各衙門、關西監兵營、運餉 | 備膳，冊3，頁343（肅4年）云，依上年辨誣使入去例貸給。 |
| 康熙16 | 肅宗3 | 4 | 19 | 賀、謝、陳奏誣、犯禁事 | | 15,000 | | 肅宗朝鮮王朝實錄，卷6，頁25，3年4月乙丑條。 |
| 康熙17 | 肅宗4 | 閏3 | 18 | 慰、香 | 從優貸給 | | 京各衙門、關西監兵營、運餉 | 備膳，冊3，頁343。 |
| 康熙17 | 肅宗4 | 10 | 30 | 謝、賀、陳奏誣 | 總額不詳 御營桼千兩 | | 京各衙門、管運餉 | 備膳，冊3，頁437云御營銀貨出給項目三度辨誣之行，又見頁443。 |
| 康熙21 | 肅宗8 | 10 | 29 | 謝冊妃、節 | 15,000兩 木10同 | | 戶曹、江都等處 | 備膳，冊3，頁363；冊4，頁26、237。然都數不詳。 |
| 康熙22 | 肅宗9 | 11 | 1 | 節 | 量宜許貸 | | 各衙門 | 請貸二三萬兩，備膳，冊4，頁701。 |
| 康熙23 | 肅宗10 | 10 | 27 | 謝、節 | ？ | | 戶曹、御營、管運餉 | 備膳，冊4，頁800、803，參見頁791。 |
| 康熙24 | 肅宗11 | 3 | 25 | 謝 | | 皇宦持去 | 管餉 | 備膳，冊4，頁836。 |
| 康熙24 | 肅宗11 | 11 | 2 | 陳、謝、節 | | 參酌持去 | 管餉 | 備膳，冊4，頁892。 |

| 使行出發時間 | | | | 使行任務 | 貸款額（銀兩） | 撥款額（銀兩） | 貸撥機關 | 備註 |
|---|---|---|---|---|---|---|---|---|
| 中國紀年 | 朝鮮紀年 | 月 | 日 | | | | | |
| 康熙25 | 肅宗12 | 1 | 28 | 陳、謝（使鄭載嵩） | 從優許貸 | 10,000 | 各衙貸、戶曹撥 | 備膳，冊4，頁910。撥款實用5千，見頁948。 |
| 康熙25 | 肅宗12 | 6 | 22 | 謝、陳 | | 7,000 | 戶曹 | 備膳，冊4，頁948。 |
| 康熙25 | 肅宗12 | 11 | 4 | 謝、節 | 3,000 | | 管餉、平監 | 備膳，冊4，頁88。 |
| 康熙26 | 肅宗13 | 11 | 2 | 謝、節 | 3,000 | | 京衙千、平監2千 | 備膳，冊4，頁88。 |
| 康熙28 | 肅宗15 | 8 | 11 | 賀、謝、陳、請冊妃 | 5,000 | | 管餉 | 備膳，冊4，頁233-295。 |
| 康熙29 | 肅宗16 | 5 | 12 | 賀、請、陳 | 3,000 | | 管餉 | 備膳，冊4，頁295、5月1日條。 |
| 康熙30 | 肅宗17 | 閏7 | 7 | 謝、陳 | 3,000 | | 各衙門 | 備膳，冊4，頁392云依前例許貸，則為三千兩。 |
| 康熙36（丁丑） | 肅宗23 | 3 | 29 | 陳、謝、請冊世子 | 104,000 | 16,000 | 三軍門、戶、兵曹 | 備膳，冊7，頁660、677、678；冊5，頁85。 |
| 康熙37 | 肅宗24 | 11 | 2 | 賀、謝、節 | ？ | | 各衙門 | 備膳，冊4，頁796（肅宗25年6月12日）云「上年去時所給各衙門公債勿捧邊利為宜」。 |
| 康熙39 | 肅宗26 | 11 | 3 | 節 | 從優許貸 | | 各衙門、諸軍門 | 備膳，冊4，頁452。如萊銀至不貸，貸否不詳。 |
| 康熙41 | 肅宗28 | 11 | 2 | 請冊王妃、節 | | 依丁丑例送給？ | 諸衙門 | 備膳，冊5，頁85、肅宗28年10月29日。 |

| 使行出發時間 | | | | 使行任務 | 貸款額（銀兩） | 撥款額（銀兩） | 貸撥機關 | 備註 |
|---|---|---|---|---|---|---|---|---|
| 中國紀年 | 朝鮮紀年 | 月 | 日 | | | | | |
| 康熙43 | 肅宗30 | 8 | 27 | 謝、陳 | 10,000 | | 各衙門、軍門 | 備膳，用5，頁353、390，兵曹所貸不足分派數。 |
| 康熙43 | 肅宗30 | 10 | 27 | 謝、節 | 量宜許貸 | | 平兵、運餉 | 備膳，用5，頁390。 |
| 康熙46 | 肅宗33 | 10 | 28 | 謝、節 | ？ | | 諸衙門、軍門 | 備膳，用5，頁723。戶曹及諸衙以少數塞責，未准數貸去見頁838。 |
| 康熙47 | 肅宗34 | 11 | 1 | 節 | 參酌定數 | | | 備膳，用5，頁838。 |
| 康熙49 | 肅宗36 | 10 | 29 | 謝、節 | 參酌分貸 | | 戶曹、賑廳、諸軍門 | 備膳，用6，頁33。 |
| 康熙50 | 肅宗37 | 10 | 30 | 謝、陳、節 | 20,000 | | 戶曹、軍門、管運餉 | 備膳，用6，頁298、301。 |
| 康熙51 | 肅宗38 | 2 | 22 | 謝 | 10,000 | | 平監平兵、運餉 | 備膳，用6，頁351。如來銀至則不貸。貸去否不詳。 |
| 康熙51 | 肅宗38 | 11 | 3 | 謝、節 | 23,000 | | 各衙門 | 備膳，用6，頁708。肅宗40年10月28日條。 |
| 康熙52 | 肅宗39 | 7 | 28 | 賀、謝 | 23,000 | | ？ | 備膳，用6，頁559云、依節使時出給之數。 |
| 康熙53 | 肅宗40 | 11 | 2 | 謝、節 | 20,000 | | 戶兵曹、五軍門、司僕平監、平兵 | 備膳，用6，頁708。 |

| 中國紀年 | 朝鮮紀年 | 月 | 日 | 使行任務 | 貸款額（銀兩） | 撥款額（銀兩） | 貸撥機關 | 備註 |
|---|---|---|---|---|---|---|---|---|
| 康熙55 | 肅宗42 | 10 | 30 | 謝、節 | ？ | | | 備膳，冊6，頁834，10月21日條云，自今番使行貸以元銀，不足，以丁銀補充。 |
| 康熙56 | 肅宗43 | 12 | 26 | 謝 | ？ | | | 備膳，冊6，頁1002，12月16日條。 |
| 康熙57 | 肅宗44 | 2 | 27 | 慰、香 | 40,000 | | 各衙門 | 備膳，冊7，頁78，元銀丁銀並貸，出息。 |
| 康熙57 | 肅宗44 | 11 | 1 | 節 | 30,000 | | 各衙門 | 備膳，冊7，丁銀。而貸209云慰香使貸3萬5千，節使貸3萬3千。 |
| 康熙58 | 肅宗45 | 8 | 8 | 賀、謝 | 30,000 | | 各衙門 | 備膳，冊7，頁157，肅45年6月16日條。 |
| 康熙58 | 肅宗45 | 11 | 4 | 節（使趙道彬） | 40,000 | | 各衙門、平監、平兵 | 備膳，冊7，頁209、210，內元銀1萬，無息。 |
| 康熙59 | 景宗即位 | 7 | 27 | 告訃、承襲、請諡 | 四五萬兩 | | 京衙、兩西 | 備膳，冊7，頁293、294。貸貨不足此數，戶曹垃兩西均減貸，見頁294、311。 |
| 康熙59 | 景宗即位 | 11 | 3 | 節 | 30,000 | | | 備膳，冊7，頁315，10月17日條。 |

| 使行出發時間 | | | | 使行任務 | 貸款額（銀兩） | 撥款額（銀兩） | 貸撥機關 | 備註 |
|---|---|---|---|---|---|---|---|---|
| 中國紀年 | 朝鮮紀年 | 月 | 日 | | | | | |
| 康熙60（辛丑） | 景宗元 | 10 | 27 | 陳請冊世弟、節 | 60,000 | 10,000 | 戶兵曹、五軍門、司僕平監、平兵 | 備膳，冊7，頁660、677，英元年3月26、4月19日條。 |
| 康熙61 | 景宗2 | 10 | 27 | 謝、陳、節 | 20,000 | | 衙門、軍門、平監、平兵 | 備膳，冊7，頁338、339。 |
| 雍正元 | 景宗3 | 1 | 11 | 慰、香 | 10,000 | | 戶曹、五軍門、平監、平兵 | 備膳，冊7，頁344、345，正月7、9日條。 |
| 雍正元 | 景宗3 | 4 | 3 | 賀 | 5,000 | 500 | 戶曹、五軍門、平監、平兵 | 備膳，冊7，頁379、459。五百兩乃取用利息，政府允免還。 |
| 雍正元 | 景宗3 | 8 | 8 | 慰、香 | 5,000 | | 戶曹、五軍門、平監、平兵 | 備膳，冊7，頁426。 |
| 雍正2 | 英祖即位 | 10 | 6 | 告訃、請諡、承襲 | 20,000 | | 戶曹、五軍門、平監、平兵 | 備膳，冊7，頁563。 |
| 雍正3 | 英祖元 | 4 | 25 | 謝、陳請冊世子 | 60,000 | 10,000 | 戶兵曹、五軍門、司僕、平監、平兵 | 備膳，冊7，頁679，參見頁660。 |
| 雍正3 | 英祖元 | 11 | 3 | 節 | 紋銀四五千 | | 戶曹 | 備膳，冊7，頁828，英2年1月24日條。 |
| 雍正4 | 英祖2 | 2 | 8 | 謝、陳史諮 | 10,000 | 10,000 | 戶兵曹、五軍門、平監、平兵 | 備膳，冊7，頁834、838。另有管運餉例給1千，共2萬1千兩，撥款用去8千，見頁939。 |

| 使行出發時間 | | | | 使行任務 | 貸款額（銀兩） | 撥款額（銀兩） | 貸撥機關 | 備註 |
|---|---|---|---|---|---|---|---|---|
| 中國紀年 | 朝鮮紀年 | 月 | 日 | | | | | |
| 雍正4 | 英祖2 | 11 | 4 | 謝、節（並周旋史誣） | 10,000 | 2,000 | 兩西等處 | 1萬由兩西貸，備膳，冊7，頁939；冊10，頁645。 |
| 雍正6 | 英祖4 | 1 | 10 | 謝、陳鮮商欠清債事 | | 5,000 | 戶曹、禁、御營、北漢京廳 | 備膳，冊8，頁238。 |
| 雍正7 | 英祖5 | 11 | 12 | 賁咨、報犯越 | | 500 | 關西 | 備膳，冊8，頁747、748。 |
| 雍正8 | 英祖6 | 11 | 1 | 謝恩、兼購明史 | | 10,000 | 管餉 | 備膳，冊8，頁904、11月1日條。 |
| 雍正12 | 英祖10 | 7 | 2 | 陳犯越 | 10,000 | | 平藍 | 備膳，冊9，頁821、827。 |
| 雍正13 | 英祖11 | 10 | 2 | 慰、香 | 5,000 | | 平兵 | 備膳，冊10，頁108。 |
| 乾隆元 | 英祖12 | 3 | 6 | 賀、謝 | 3,000 | | 謝 | 備膳，冊10，頁195。 |
| 乾隆2 | 英祖13 | 1 | 25 | 賁咨、報犯人勘斷 | 2,000 | | 管餉 | 備膳，冊10，頁383。 |
| 乾隆2 | 英祖13 | 7 | 25 | 陳請冊世子 | 70,093 | | 統營、五軍門、賑恤廳、經理廳、糧餉、平藍、平兵、江都、戶兵曹 | 備膳，冊10，頁447、7月2日條。統營江都貸元銀。 |
| 乾隆3 | 英祖14 | 7 | 25 | 賀、謝、陳請頒全部明史 | | 10,000 | 戶兵曹、五軍門、糧餉、賑恤、經理廳、平藍、平兵 | 備膳，冊10，頁667。並賁人參2斤，見冊10，頁676。 |
| 乾隆4 | 英祖15 | 2 | 29 | 慰、謝、兼購明史 | 3,000 | | 平藍、平兵 | 備膳，冊10，頁762、764。 |
| 乾隆4 | 英祖15 | 6 | 29 | 賁咨、報犯越 | 1,500 | | 關西 | 備膳，冊10，頁816。 |

| 使行出發時間 | | | | 使行任務 | 貸款額（銀兩） | 撥款額（銀兩） | 貸撥機關 | 備註 |
|---|---|---|---|---|---|---|---|---|
| 中國紀年 | 朝鮮紀年 | 月 | 日 | | | | | |
| 乾隆8 | 英祖19 | 7 | 7 | 瀋陽問題 | | 8,000 | 管餉 | 備膳，冊11，頁394。 |
| 乾隆9 | 英祖20 | 11 | 4 | 節、謝 | ? | | | 備膳，冊11，頁516。 |
| 乾隆10 | 英祖21 | 11 | 1 | 節 | 3,000 | | 平監、平兵 | 備膳，冊11，頁516。 |
| 乾隆11 | 英祖22 | 4 | 19 | 謝、陳請罷展邊柵 | 40,000 | 1,500 | 戶兵曹、五軍門、賑恤廳、平監、平兵、黃海監營 | 備膳，冊11，頁597。1千5百係貸款應還利息用用下，見頁702。 |
| 乾隆20 | 英祖31 | 10 | 18 | 賀、謝 | ? | | 平監、平兵、黃海監營 | 備膳，冊12，頁810，英32，年5月16日條；頁912，11月22日條。 |
| 乾隆20 | 英祖31 | 11 | 8 | 節 | 6,400 | | 平監？ | 備膳，冊12，頁791。 |
| 乾隆21 | 英祖32 | 11 | 2 | 節 | 8,000 | | 運餉？ | 備膳，冊12，頁912，英32，年11月22日條。 |
| 乾隆21 | 英祖32 | 12 | 4 | 質咨、報犯殺 | 3,000 | | 管餉 | 備膳，冊13，頁35，英33，年12月1日條。 |
| 乾隆22 | 英祖33 | 11 | 4 | 謝、節 | 5,000 | | | 備膳，冊13，頁28，英33，年11月3日條。 |
| 乾隆22 | 英祖33 | 12 | 6 | 質咨、報再查供辭 | 3,000 | | 管餉 | 備膳，冊13，頁35，英33，年12月1日條。 |

說明：使行任務一欄，「節」指節行、「賀」指進賀、「象」指象胥、「謝」指謝恩、「請」指請表、「陳」指陳表、「慰」指陳慰、「香」指進香、「問」指問安。備註一欄，「備膳」指《備邊司謄錄》，國史編纂委員會本。以下表格同。

行銀。朝鮮產銀很少，國中銀兩多係對日貿易流入的日本銀兩。康熙三十年代前，流入者為八星丁銀，即八成色銀，三十七年（1698）開始有六星元銀，四十年（1701）更為新八星丁銀。朝鮮政府規定後者為通行貨幣，而元銀成為廢幣，市面上不再流通。[6]因之藏有元銀的官署先是自行，後奉命將此廢幣「無息」貸於商譯，攜往接受通用的北京販買貨物，歸後以通行八星丁銀償還。[7]貸款對象絕大多數為譯官，然也有私商。[8]

貸款利息初期通常為十分之二，然亦有種種例外。[9]或以利重難償而命減，[10]或為便於收斂應使臣之請免除利息。[11]元銀合足色銀（朝鮮曰「天銀」）只六成，既命償以八成之丁銀，故或免息，然限十月還本，逾期則加利。[12]大致說，這九十年中利息多半是十分之一，即所謂半邊利，期限為兩周年，[13]而元銀貸款因還本期延長，也

---

二十二日條謂，戶曹原不殖利，而亦開此路。

6　朴容大等奉勅撰，《增補文獻備考》（京城：韓國古典刊行會據隆熙二年〔1908〕刊本影印），卷164，頁13-14。

7　自康熙三十五年（1696）開始，無論使行及曆咨行准於限額資本（八包）外加送元銀，以換丁銀，此外亦免息貸予商譯（《備邊司謄錄》，第6冊，頁834，肅宗四十二年十月二十一日條），至五十七年（1718），中央政治財經衙門所儲幾換完，該年乃加息貸之（第7冊，頁78，肅宗四十四年十月十四日條。五十六年貸見第6冊，頁1002，肅宗四十三年十二月十六日條）。五十八年，始貸平安監兵營所儲（第7冊，頁209-210，肅宗四十五年十一月二日條），雍正元年（1723），貸訓練都監者一萬三千（第7冊，頁338，景宗三年正月一日條）。乾隆二年（1737），貸統營及江都所儲（第10冊，頁413、447、456，英祖十三年四月三日、七月二日、八月七日條）。

8　《備邊司謄錄》，第3冊，頁1003，肅宗十二年十月二十五日條云，西路銀貨例為貸放取殖，以為需用之資。既貸，「則商賈、譯官亦不當私捨矣」。

9　見《備邊司謄錄》，第4冊，頁796，肅宗二十五年六月十二日條。又頁26云，康熙二十一年，金錫冑使清時貸江都銀七千兩，本利八千四百兩。

10　《備邊司謄錄》，第4冊，頁796，肅宗二十五年六月十二日條；第3冊，頁910，肅宗十二年正月五日條。

11　《備邊司謄錄》，第7冊，頁682，英祖元年四月二十四日條。

12　《備邊司謄錄》，第6冊，頁1002，肅宗四十三年十二月十六日條。

13　肅宗十三年，謝恩使行貸款即半邊利，見《備邊司謄錄》，第4冊，頁84，肅宗十三年十一月二日條。三十九年時，已定貸期二周年，隨相沿，見《備邊司謄錄》，第6冊，頁507、559，肅宗三十九年七月二十二日條；第7冊，頁209，肅宗四十五年十一月二日條；頁459，景宗三年十一月十六日條；第10冊，頁453，英祖十三年七月二十六日條。

收十一之息。[14]

　　本息償還的物品、方式，及時間前後不一。康熙十五年（1676）辦誣使行貸款，據云原定以本色，即銀兩還之，但貸款機構受譯商用自中國買回的白絲、緞疋償之，送之東萊釜山倭館（日本商館）賣換銀兩。接著各軍政機關並給受貸人一公文，稱之為官差，將所償貨稱為公貨，送倭館發賣，先得售銀，致私商不滿。且此等「差人」乘機大事走私，留東萊經年不還。朝鮮政府以此舉有弊，於康熙十八年禁止。[15]

　　康熙二十一年（1682），金錫冑（1634-1684）出使還後，將受貸人所買燕貨統統收入禁衛營，差人送之倭館，令該館譯官（訓導）及別將負責發賣繳銀。[16]二十五年（1686），令管運餉及平安兵營貸銀以本色還。[17]翌年（1687），節使貸中央及地方銀兩，也命以本色還。[18]然命令並未確實遵行。四十三年（甲申，1704），令受貸者回國後將所購貨報戶曹，該曹發賣於東萊，將銀兩直還各貸款機關，餘款始歸物主。[19]其後改令以本銀償之，四十九年（1710）復採甲申定式。[20]

　　康熙六十年（1721），以平安流泉庫、兵營，及義州運餉庫所貸銀均以雜物償還，貯置庫中年久，變作塵土，令以後務還本銀，否則主管監用及兵使論罪。[21]雍正十二年（1734），使臣請貸時，承諾還

---

[14] 《備邊司謄錄》，第10冊，頁456，英祖十三年七月二十六日條。編按，史料原文為「正使徐（徐命均）所啓，今番使行，朝家許給官銀，而此則不為多數收斂，私貨則非時，故銀貴未及來聚，八包多不得充入行中，極為苟艱，不得不以官銀推移用之，而事極難處。依前奏請例二周年半邊利捧納事，分付各衙門何如。上曰，依為之。」

[15] 《備邊司謄錄》，第3冊，頁443。

[16] 《備邊司謄錄》，第3冊，頁874。

[17] 《備邊司謄錄》，第3冊，頁1001。因絹緞年久腐朽。

[18] 《備邊司謄錄》，第4冊，頁84，肅宗十三年十一月二日條。

[19] 《備邊司謄錄》，第5冊，頁366、368；朴容大等奉勅撰，《增補文獻備考》，卷155，頁5-6。

[20] 《備邊司謄錄》，第5冊，頁916。

[21] 《備邊司謄錄》，第7冊，頁311，景宗即位年九月二十二日條。

後將白絲換銀後償納戶曹，而乾隆二年（1737），統營所貸元銀係由該營將貿回白絲，直發倭館賣換銀兩。[22]此後史料少見此等紀錄。總之，貸款償還物品有本色，有絲及絲織品，而用貨換銀或由受貸者為之，或稱以公差，而大多數則由公家變換。

各軍政機關之所以收納受貸者買回貨物自行發賣，主要是把握本息的收回。儘管如此，拖欠者仍多。康熙四十一年（1702）十月，使行貸款時，戶曹判書說，使行貸款後，輒分給各員役轉販貨物，不即還償，請此次所貸勿分給員役，令大臣勾管。[23]四十三年（1704）之所以規定受貸人歸後將所販華貨報戶曹，由該曹發賣，以銀還本息，是因受貸者歸國後不即償還，只以其貨送倭館，且一、二年後猶謂發賣貨款未收到，無意償還，致各衙門銀貨徒存虛簿。此次改革且規定使行貸得款後，由首譯管分授使團中殷實之人販貿貨物，若如前拖延償還，首譯論罪。[24]

康熙五十二年（1713）間，該國官員說，貸款有數十年未還，甚至指徵無處者，國庫漸縮，事極寒心，政府因令首譯督徵，未償者，首譯及受貸人並論罪。[25]足見首譯管理亦無效果。乾隆二年（1737）及十一年（1746），使行貸款且由副使掌管，以免致逋欠。[26]雍正初年的紀錄說，元年以前貸出未還者達六萬兩，[27]江華留守府所貯五萬兩銀只餘五千，[28]禁衛營貸出近三萬，庫存僅丁銀三千。[29]主管國家財政的戶曹所貯更直線下降，舊存三十萬兩，康熙六十年（辛丑，1721）降至十九萬，雍正二年（1724）至七萬，四年至五萬。如果再

22 《備邊司謄錄》，第9冊，頁413、453、827。
23 《備邊司謄錄》，第5冊，頁85。
24 《備邊司謄錄》，第5冊，頁353、366-367；朴容大等奉勅撰，《增補文獻備考》，卷155，頁5、6。
25 《備邊司謄錄》，肅宗三十八年二月二十一日條、三十九年五月五日條。論罪規定在三十九年，景宗即位年七月十八日重申前令。
26 《備邊司謄錄》，第11冊，頁596，英祖二十二年四月三日條。
27 《備邊司謄錄》，第7冊，頁781，英祖元年十一月七日條。
28 《備邊司謄錄》，第7冊，頁343，景宗三年正月五日條。
29 《備邊司謄錄》，第7冊，頁778，英祖元年十一月五日條。

貸出十三萬兩，則全國現存僅六萬兩。[30]這些話目的在阻止再貸款，不免誇張，然亦反映出是時欠債不還而導致的財政困難情形。

該政府為了整頓財政，於雍正四年（1726）設償債廳，允欠債者每年隨至北京，於核定貿販資本外，多持銀千兩貿殖還債。先是，閔鎮遠（1664-1736）任平安監司時，以管運餉府及監營貸款積欠，奉命設廳討債，頗著成效，其後調陞左議政，乃建議在中央實行此制。始因國王及朝臣以有礙國體反對不果，至是乃採納，專討康熙六十年（1721）以前欠債。然欠債譯官百計逃避，至乾隆八年（1743）償者不及半數，且因政府曾明令將雍正十三年（1735）以後公私債蕩減，而康熙六十年前者反因有償債廳不得蕩減，故欠債譯官日日聚王宮門外呼訴，該政府乃於是年罷償債廳，未還者蕩減。[31]

政府整頓財政的第二個方法是試圖減少貸款。由於欠債及軍事、經濟上的考慮，該國貸款規定屢屢變更，今依《備邊司謄錄》條列整理如下：

康熙二十二（肅宗九）年十月十二日條云，軍門不許貸款才有定奪。

康熙二十五（肅宗十二）年十一月四日條，以正使為宗親，許貸各軍門、衙門銀貨。

康熙四十二（肅宗二十九）年十一月二十日條，國儲多在關西（平安道）而散貸殆盡，此後除奏請使朝家別有分付外，循例使行貸款一概不許。

康熙五十二（肅宗三十九）年七月二十二日條，節使貸銀限二萬三千兩。

---

30. 《備邊司謄錄》，第7冊，頁827，英祖二年正月二十四日條閔鎮遠語。按：閔氏於康熙五十九年庚子任戶曹判書，「舊」字或指該年。
31. 《備邊司謄錄》，第7冊，頁781，英祖元年十一月七日條；第11冊，頁370，英祖十九年四月十七日條，據同書英祖四十年十一月一日條，備局曹令負債譯官每月還十分之一，也未還清，至是明令免除。不知此債係何時所欠。

康熙五十二（肅宗三十九）年七月二十二日條，以昨年規定節使貸款額，未及別使，今次別使視節使例貸。

康熙六十（景宗元）年七月八日條，自今有事使行貸給，無事不貸；貸額隨事之輕重大小而定。

雍正元（景宗三）年七月二十二日條，曾有節使有萊銀則不許貸，意外使則稟定。

雍正二（英祖即位）年十一月十一日條，禁京內外一切貸款，別使而有重大事件者撥給一千兩或六七百兩，非別使或別使無大事者不撥。

雍正四（英祖二）年六月十九日條，此後使行譯官貸款，除朝家變通定給外，各衙門一概拒絕。

雍正十二（英祖十）年六月二十二日條，以前奏請使貸官銀，陳奏使無此規，今次陳奏以八包不充，許貸萬兩。

乾隆八（英祖十九）年四月十七日條，罷償債廳，蕩債，此後京內、地方私債一切嚴禁，犯者嚴繩。

乾隆十（英祖二十一）年十月二十一日條，以去年節使貸三千兩，本年節使援例。

乾隆十一（英祖二十二）十月二十八日條，以新頒紋禁令，拒節使貸款。

乾隆十四（英祖二十五）年十一月三日條，以銀兩外流多，且貿易助張國裕奢侈，此後一切官銀禁貸。

乾隆十九（英祖三十）年十二月七日條，嚴禁譯欲增加，如犯首譯重律。

乾隆二十一（英祖三十二）年五月十一日條，官銀取用依前令嚴禁，國王如忘前令而准，備局可草記封還。

乾隆二十一（英祖三十二）年十一月二十二日條、乾隆二十二（英祖三十三）年十一月三日條，念譯官貧困，特准貸給。

由上所列可見命令不斷的在重申，這表示命令不斷的遭受破壞。軍門禁貸之令方出，很快就因宗班親貴出使而破例；節使不許之命也因種種特例不張；至於貸款額之規定，也是具文。朝臣與地方官多持拒絕態度，多方設限，而譯官及出使臣則竭力呼訴貸給，國王多半站在後者立場。

雍正二年（1724）的規定，即朝臣預料不久奏請冊封必大量撥貸而設。然而毫無效果，翌年四月仍撥貸巨款。乾隆十年（1745）准節使貸平安道所貯銀，該道監司以使行無大事不許貸明有朝令，而竟許之，是朝命苟且，狀啟收還命令，國王不許。[32]二十一年（1756），使行貸款，歸入國境後，平安監司令將貿回貨物收聚，俟譯官償貸款後發給。王命釋放，令推考出給，從之。[33]不過紋禁令頒後，貸款的確較少。該令是朝鮮英祖王（1694-1776）鑑於對清貿易，使得白銀大量外流，且促成國內生活奢侈，故鼓勵多用土貨，書籍也用鄉冊，因之圖以禁之貸款控制貿易。然而公用銀之開支又不能除消，於是只好改變籌措方法。

## （二）官帽法、專稅制

乾隆二十三年（1758），即朝鮮英祖三十四年，該國行官帽法籌措公用銀。前兩年，節使長溪君李楏已建議籌一筆經費作為基金，[34]其後譯官趙箕鼎（1719-?）上言，請撥銀四萬兩為基金，逐年殖利，不出十年即可歸還本金，而盈餘仍可充公用，經領議政俞拓基（1691-1767）提出討論後決定採行官帽法。[35]

朝鮮人俗好白毛冠及白帽子，一向購自中國，順治五年（1648）朝鮮王曾因其類似喪服，下令貢使及義州尹禁止進口。[36]然習俗難

---

32 《備邊司謄錄》，第7冊，英祖二十一年十一月十一日條。
33 《備邊司謄錄》，第7冊，英祖三十二年五月十六日、七月十七日條。
34 《備邊司謄錄》，第13冊，頁164，英祖三十四年十一月一日條。
35 《備邊司謄錄》，第13冊，頁164，英祖三十四年十一月一日條；又見頁145、161。
36 《備邊司謄錄》，第1冊，頁991，仁祖二十六年十月三日條。

禁，繼續進口，中國遼東的中後所，有專以朝鮮為對象的製帽廠，中國商人且販至鳳城售賣，朝鮮的御用商六矣廛中的帽子廛即經售此物，其利甚薄，[37]故朝鮮政府也以此項貿易籌措公用。

根據《備邊司謄錄》所載〈使行時官銀區劃節目〉，[38]該辦法是這樣的：由中央各軍政機關及平安道各出丁銀二萬兩，共四萬作為基金。自該年起，凡節使行時，自四萬兩中提出該次需用例費（即經常公用銀）備支銷，其餘依譯官所願借作販買帽子資本，免稅進口。以進口帽子隻數之半留灣府（義州府），由平安監司及義州府尹分配於關西（平安道）商人經銷；另一半送王京戶曹，配於六矣廛之帽子廛發賣。

配價官定，經銷者須以現銀領配，如七月前未領配完，官方即配發其他商人。配銀須在每年節使行前收齊，否則主管從重論責。該年估計可進口六百四十餘頂帽，平安、戶曹分半。配價較市面打發價每頂八十兩為低，留平安道者定每頂六十八兩，送京中者每頂七十兩，[39]兩處配價合共四萬四千兩。收齊後，四萬兩作為下次節使行時公用貿帽之用，輪流運轉，四千兩繳戶曹存儲，作為別使其他有關朝貢事務的不時之需。

公用銀既有來源，所以此後禁止抽斂商譯。此外，為了鼓勵譯官及義州商人之進口經銷，特別准許他們進口三百頂，不歸配額，自行發售借蒙利。[40]此外帽子進口一律禁止，如有弊犯，備局隨時嚴繩。第一次，即該年節使行進口配額帽子實為六百三十三頂。初將三百一十二頂分配於戶曹，三百二十一頂給關西。後為顧恤開城商人

---

37 朝鮮使團販賣見《備邊司謄錄》，第10冊，頁229，英祖十二年四月十一日條；第12冊，頁791，比包節目。

38 見《備邊司謄錄》，第13冊，頁166-167，英祖三十四年十一月六日條，共十四條。

39 朝鮮總督府中樞院，《萬機要覽·財政篇》，頁718云，配帽元價外每頂加納銀十八兩。此十八兩當即包括於配價中。

40 《備邊司謄錄》，第13冊，頁975，英祖三十九年七月二十一日條云官帽節目時特定私帽三百隻。節目中不載，當係附帶規定。朝鮮總督府中樞院，《萬機要覽·財政篇》，頁717云貿帽一千隻，當係合此私帽而言。

（松商），移戶曹配額四分之一，即七十八頂，關西三分之一即一百零七頂給開城留守配松商經銷。[41]另外在乾隆二十八、九年間（1763-1764），將三節使行進口帽額中撥出一部分，供別使行時進口。[42]

這一設置專款，專由譯官進口，官定價格發賣，以籌措公用而消除欠債的辦法，至乾隆三十九年（1774）廢止，只施行了十六年。廢止的原因，朝鮮後來修的官書說是由於銀價漸貴，市民（帽子廛）商賈繳納配價時，不遵規定納銀，而直以銅錢繳納，因之基金漸少，不能維持。[43]也就是說官定銀錢比價較市面上低，所以承銷者按官價繳錢抵銀，而官方所收銅錢換不足原有銀兩。這是一合理解釋，因為乾隆中葉後，朝鮮銀價一直上漲，而官定價格遠較市價低。

不過詳察有關資料，官帽法施行期中，除各軍政機關所出基金將近全還外，尚有四萬兩在運轉，且於支供別使公用外尚能移作賑穀，自乾隆二十九年（1764）起每年以五千兩銀移作新成立的保民司經費。[44]官帽罷時，各機關所出款已盡行還，且仍保持四萬周轉基金。此四萬兩銀中兩萬撥歸司譯院，兩萬給保民司，此外青布廛（帽子廛）所繳配價銀三千兩，銅錢二萬九千餘兩，開城餘銀五千兩歸戶曹。[45]

朝鮮官方決定每年撥五千兩餘銀給保民司時曾透露，譯官們原希望基金殖利還本後，所餘歸他們自己的機關——司譯院，故聞撥給

---

[41] 《備邊司謄錄》，第13冊，頁236-337、909，英祖三十五年四月十四日、十一月十四日條；第14冊，頁35，英祖三十九年三月十七日、十一月十六日條。

[42] 《備邊司謄錄》，第14冊，頁602，英祖四十三年十月二十一日條載，備局啟稱：「頃年官帽變通時，帽子隻數參互於節行、別行常時出來之數有所酌定，而其後至今無一番別行，故帽貴特甚，人多病之。如此之時，自廟堂觀勢闊狹，許令元包內從略加貿似宜。」國王從。英祖十三年即乾隆三十二年。按《同文彙考·使行錄》，乾隆二十八年有謝恩陳奏行，二十九年有參覈行，自此至三十二年無別使行，故變通時間約略定於此兩年。

[43] 朝鮮總督府中樞院，《萬機要覽·財政篇》，頁718；《朝鮮正祖大王實錄》，卷3，正祖元年六月十一日乙巳條：「非但作銀之未易。」

[44] 《備邊司謄錄》，第14冊，頁253，英祖四十年十一月二十七日條；第14冊，頁321，英祖四十一年四月六日條；《朝鮮正祖大王實錄》，卷3，正祖元年六月十一日乙巳條。《備邊司謄錄》，第14冊，頁321云：當初各衙門所出之本銀亦不及「盡報」，可知已還大部分。

[45] 《備邊司謄錄》，第15冊，頁254-257，英祖五十年十一月一、五、十日條。

保民司後不高興。[46]官帽罷後原以四萬金乃譯官之物，盡歸司譯院，後以其數太多，方折半給保民司。[47]由此看來，當初各機關所出本金已完全歸還，故有將現有四萬盡歸譯院之議。總之，四萬基金所殖餘利，除支付了十六年的公用銀外，還了四萬基金，自乾隆四十九年至五十年（1784-1785），每年撥給保民司銀五千兩，共五萬兩，另外尚餘銀四萬八千兩，錢二萬九千餘兩。

可見官帽之罷，因基金短虧不繼之說不能成立。真正的原因是「子罕言利」的觀念及國家體面問題。官帽的最高管理機關是像清朝軍機處一樣的備邊司，官帽法施行後，中國商人圖提高帽價，該政府令譯官交涉減定，戶曹判書洪鳳漢（1713-1779）並啟准以後遇帽價高漲時不得購買。朝鮮史臣在這條記錄後按謂，貿帽之法，鳳漢雖曰有利於譯官，「而彼人或稱朝鮮國王帽子，其亦辱國大矣」。[48]所謂彼人是指清人，這是借中國人的話顯示帽法有辱國體。

廢官帽法的導火線是，因該年日本銀流入少，市面銀根緊，配價只能繳三千兩，餘無著，請予變通。戶曹判書與領相、左相乃請准以平安道救需庫銀一萬六千兩貸於戶曹，付足京中配帽價額，以便節使攜行。然平安監司蔡濟恭（1720-1799）狀啟抗議，謂今年貸給，明年何以為之，且言救需庫銀係招待清使用的，遠較廛人為重，市民何以不畏綱紀請貸。國王以所啟有理，命取消貸款，嚴飭戶曹，並謂「必也正名，官帽二字，予嘗陋與民爭利矣」。宰臣觀勢提請廢止該法。於是不論官帽之有無弊端，群臣皆以名色不正的理由，決定廢止。[49]至於其間是否有人事鬥爭因素，此刻尚難斷定。

帽法罷後，該年公用銀以撥給司譯院的二萬兩支用，其餘歸譯官

---

[46] 《備邊司謄錄》，第14冊，頁321，英祖四十一年四月六日條。
[47] 《備邊司謄錄》，第15冊，頁254-255，英祖五十年十一月一日條；《朝鮮英祖大王實錄》，卷123，英祖五十年十月二十九日己酉條。
[48] 《朝鮮英祖大王實錄》，卷95，頁16，英祖三十六年五月十日癸丑條。譯官交涉減價事又見《備邊司謄錄》，第14冊，頁846，〈譯官論賞別單〉洪大成事。
[49] 《備邊司謄錄》，第15冊，頁249、251、254-255，英祖五十年十一月十日條；《朝鮮英祖大王實錄》，卷123，英祖五十年十月二十九日己酉條。

用為包外貿販取殖補貼生活。自翌年起，即乾隆四十年（1775），公用銀之籌措改為稅私商。就是將配額制取消，准私商自備資本進口。進口時義州府收稅保管，備邊司綜察。每年所收，除充節使公用外，餘數累聚，以充別使之費。[50]

行之兩年，因帽隻進口無規定，稅額減少，且別使連次，公用加多，經費無著；復因礙於情面，不好恢復官帽法，於是於乾隆四十二年（1777），規定每年限額進口一千頂，節使七百、曆咨三百，若有別使、別咨，則自節曆行配額中移屬若干，但別使勿過二百頂，別咨無過一百。進口時每隻稅朝鮮制錢四十兩（百文為兩），由使行首譯及賚咨負責收納。稅錢每年四萬兩，其支出分配如下：

節使公用　一萬八千兩
曆咨公用　五千兩
灣府雇使行刷馬夫盤纏銀六百兩折　一千八百兩
灣府年例帽稅之資　三千兩[51]

其餘一萬二千二百兩儲司譯院，以為逐次還前數年所貸公款，及充別使經費之用。[52]由於在中國不通行朝鮮錢，稅錢必須換成銀兩，乃責成灣商（義州商人組織）將錢換成銀子。節使公用銀六千兩，北京別使每次公用四千五百兩，瀋陽問安使三千兩，別賚咨一千兩。每兩銀合錢三兩。然市面銀價貴，故換銀不足之錢數由灣商負擔，且商人為逃稅，每少進口帽子而進口其他貨物，所以稅額不足，公用銀間由灣商墊出。[53]

在無可如何之下，該政府乃恢復鳳凰城邊門市易，以擴大稅源、

---

[50] 《備邊司謄錄》，第15冊，頁257-258，英祖五十年十一月十日條。
[51] 官帽法時准商譯進口私帽三百頂，不入配額，然入境時須繳稅給義州府。稅私商後該府收稅，諒亦撥有人事費，此三千兩或即抵前項。
[52] 以上緣由規定見《朝鮮正祖大王實錄》，卷3，正祖元年六月十一日乙巳條，「備邊司進帽稅事目」。
[53] 朝鮮總督府中樞院，《萬機要覽‧財政篇》，頁718-719。

稅目充公用。自康熙時起，朝鮮貢使及曆咨官來往經過鳳凰城邊門時，中韓商人在門外貿易，朝鮮人呼邊門曰「柵門」，故呼此市易為「柵門後市」。由於中韓交涉及朝鮮政策，此市曾數停數復。朝鮮譯官貿易大宗在北京，所販貨曰「燕貨」，間或販自遼東，稱為「柵貨」，柵門市則為義州等地商人貿販之所。

乾隆後期，譯官貿易失利，乃向政府控訴是柵市所害，請求停止。朝鮮政府於乾隆五十八年（1793）命令停市。至是因公用銀無著，乃於六十年（1795）恢復此市，[54]翌年命將馬稅、馬窠（朝鮮核准入清貿易時以馬為單位，一馬曰一馬窠，代表一千或兩千兩銀子不等）、柵貨、後市等稅，或全數或部分充公用，以補原定每年四萬帽稅之不足。且四萬兩中，帽稅雖只佔一部分，但其後仍緣舊名，統稱帽稅。[55]至此公用銀之籌措又走上較合理健全之途。

負責換銀之灣商組合，至嘉慶十八年（1813）改為管稅廳，以經營不善，政府於咸豐四年（1854）派司譯院官監督，[56]灣商管稅也未完全解決問題，其原因有三：

第一，朝鮮中央宮府機關及使節進口貨均行免稅，商人貨也因緣冒充使團行李圖免，故稅收每不足公用。[57]

第二，由於官定銀錢比價較市面低，灣商換銀蒙受損失，故曾請解除管稅之責，由政府自行收稅支應，而未獲准。[58]

第三，灣商浪費乾沒，例如自嘉慶十八年（1813）至道光四年（1824）之十年間，帳面收入稅錢六十二萬兩，除支付公用四十萬及辦公費五萬餘外，應存十七萬多，但庫儲如洗。[59]

---

[54] 見張存武，《清韓宗藩貿易（1637-1894）》，第3章。

[55] 朝鮮總督府中樞院，《萬機要覽‧財政篇》，頁719。

[56] 張存武，《清韓宗藩貿易（1637-1894）》，第3章。

[57] 《備邊司謄錄》，第22冊，頁128；第24冊，頁440、449、657。

[58] 嘉慶二年官定一兩銀子換錢三兩三錢，而市價為四兩二三錢，見《備邊司謄錄》，第18冊，頁684，其後情形一直如此。灣商請解管稅事見《備邊司謄錄》，第20冊，頁603，純祖十二年十一月二十五日條。

[59] 《備邊司謄錄》，第21冊，頁537。

因之，使行公用銀每請官款墊付，以待稅款足時償還。然政府墊出者每每「有貸無還，便成虛簿」。[60]他們有時甚至貸中國商人的款，[61]更常常向朝鮮商人挪借。嘉慶元年至十一年間（1796-1806），該處負債錢數萬兩，咸豐四年竟達三十萬兩。[62]朝鮮政府為籌措公用銀，除禁止免稅以增稅收，整頓管稅廳外，復免還墊借款項，並屢次貸撥款項救助。嘉慶十一年貸予關西巡營庫銀四萬兩，[63]道光三十年（1850）以所收紅蔘稅錢十萬貸之，[64]咸豐元年（1851）規定，該年及次年，每年加收部分包蔘稅錢，合二萬九千二百兩撥給該廳，[65]四年免償墊付款錢六萬兩，此外道光八年（1828）已每年以蔘稅八千三百兩換銀充別使行公用。[66]

上面已不時提及，行官帽法及稅私帽等期間，所籌不足公用時仍由政府撥款，或無息借墊，帽稅充裕時償還。官帽法籌款以供節使為主，故其貸撥款多屬別使行。稅私帽之後，款項統籌調配，加以乾隆末年以後兩國特別事故少，往來多為例行節使，所以此期中撥款多屬節行。據《備邊司謄錄》，純祖五年（1805）十月二十四日及三十一年（1831）十一月二日記載，所貸仍多不償還。今將撥貸時間及數額列表7-2。

---

[60] 《備邊司謄錄》，第19冊，頁772，正祖五年十月二十四日條；第22冊，頁237，純祖二十一年九月十八日。

[61] 《備邊司謄錄》，第24冊，頁686-690，〈灣府管稅廳捄弊節目〉共三十一條，第十七條云曾貸二萬餘兩，時在咸豐四年前。

[62] 《備邊司謄錄》，第19冊，頁825，〈灣府管稅廳捄弊節目〉第十條。

[63] 《備邊司謄錄》，第19冊，頁825。

[64] 《備邊司謄錄》，第24冊，頁123。

[65] 《備邊司謄錄》，第24冊，頁321-323，〈包蔘申定節目〉共二十條，第十六條。按第七條包蔘別將獲貿二萬九千二百斤。

[66] 〈灣府管稅廳捄弊節目〉，第十條；《備邊司謄錄》，第21冊，頁977，純祖二十八年八月三十日條。

表7-2　貸款撥款表（1771-1878）

| 貸撥款時間 | | | | 使行任務 | 貸款額（銀兩） | 撥款額（銀兩） | 貸撥者 | 備註 |
|---|---|---|---|---|---|---|---|---|
| 中國紀年 | 朝鮮紀年 | 月 | 日 | | | | | |
| 乾隆36 | 英祖47 | 5 | 24 | 辯史誣 | | 8,000 | ? | 備膳，冊15，頁85。 |
| 乾隆41 | 英祖51（正祖即位） | | | 告訃、請諡、承襲 | | 30,000 | 關西 | 增補文獻備考，卷155，頁21a。 |
| 乾隆49 | 正祖8 | 7 | 4 | 請冊封世子 | | 20,000 | 關西、各軍門 | 備膳，冊16，頁445。 |
| 乾隆49 | 正祖8 | 11 | 3 | 謝（冊封等）恩 | 3,500 | | 關西 | 備膳，冊16，頁521。 |
| 乾隆53 | 正祖12 | 4 | 5 | 押送漂人咨官 | 3,000 | | 關西 | 備膳，冊17，頁68。中云前後咨官之行輒皆許貸。 |
| 乾隆56 | 正祖15 | 10 | 12 | 節使 | 2,670 | | ? | 備膳，冊17，頁880。節行例六千，餘自帽稅。 |
| 乾隆59 | 正祖18 | 10 | 16 | 賀高宗臨御六十年 | 1,566 | | 關西 | 備膳，冊18，頁260。 |
| 乾隆59 | 正祖18 | 10 | 29 | 節使 | 6,000 | | 關西 | 備膳，冊18，頁279。 |
| 嘉慶5 | 正祖24 | 閏4 | 24 | 請冊封世子 | | 3,000 | 關西 | 備膳，冊19，頁191。 |
| 嘉慶5 | 純祖即位年 | 7 | 20 | 告訃，請承襲 | 5,100 | 5,000 | 關西 | 備膳，冊19，頁227。貸款中六百兩為刷疆費。 |
| 嘉慶5 | 純祖即位年 | 10 | 20 | 節使 | 6,000 | | 關西 | 備膳，冊19，頁251。 |
| 嘉慶6 | 純祖元 | 7 | 17 | 謝恩、進賀 | 3,170 | | 關西 | 備膳，冊19，頁347。 |
| 嘉慶6 | 純祖元 | 10 | 27 | 節行兼陳奏討逆 | 2,000 | | 關西 | 備膳，冊19，頁373。 |

| | 貸撥款時間 | | | 使行任務 | 貸款額（銀兩） | 撥款額（銀兩） | 貸撥者 | 備　　註 |
|---|---|---|---|---|---|---|---|---|
| 中國紀年 | 朝鮮紀年 | 月 | 日 | | | | | |
| 嘉慶6 | 純祖元 | 11 | 16 | 賚咨 | 1,000 | | 關西 | 備膳，冊19，頁382。 |
| 嘉慶8 | 純祖3 | 10 | 15 | 節使兼謝恩 | 1,000 | | 關西 | 備膳，冊19，頁610。 |
| 嘉慶10 | 純祖5 | 9 | 30 | 進賀謝恩 | ? | | 關西 | 備膳，冊19，頁766。 |
| 嘉慶10 | 純祖5 | 10 | 24 | 節使 | ? | | 關西 | 備膳，冊19，頁772。 |
| 嘉慶12 | 純祖7 | 10 | 17 | 謝恩兼節使 | 2,800 | | 關西 | 備膳，冊19，頁951。 |
| 嘉慶14 | 純祖9 | 10 | 15 | 節使兼謝恩 | ? | | 箕、灣兩處 | 備膳，冊20，頁134。 |
| 嘉慶23 | 純祖18 | 10 | 20 | 進賀兼冬至謝恩 | 3,600 ? | 紋銀2,000 | 關西 | 備膳，冊21，頁139、164。 |
| 嘉慶24 | 純祖19 | 10 | 9 | 節使 | ? | | | 備膳，冊21，頁224。 |
| 嘉慶25 | 純祖20 | 10 | 7 | 節使、進香使 | 5,000 | | 關西 | 備膳，冊21，頁305。 |
| 道光2 | 純祖22 | 7 | 5 | 謝恩 | 2,500 | | 關西 | 備膳，冊21，頁372。 |
| 道光2 | 純祖22 | 10 | 10 | 節使 | 3,000 | | 關西 | 備膳，冊21，頁391。 |
| 道光3 | 純祖23 | 10 | 4 | 節使 | 1,000 | | 關西 | 備膳，冊21，頁508。 |
| 道光4 | 純祖24 | 10 | 16 | 節使 | 3,000 | | 關西 | 備膳，冊21，頁603。 |
| 道光11 | 純祖31 | 9 | 18 | 節使 | 3,000 | | 關西 | 備膳，冊21，頁237、248。 |
| 道光11 | 純祖31 | 11 | 2 | | | 3,000 | 關西 | |
| 道光15 | 憲宗元 | 7 | 18 | 謝恩 | 2,000 | | 關西 | 備膳，冊22，頁653。 |
| 咸豐元 | 哲宗2 | 9 | 16 | 請冊王妃 | 2,000 | | 關西 | 備膳，冊24，頁330。 |
| 咸豐6 | 哲宗7 | 1 | 24 | 曆咨詔書順付 | | 2,500 | 關西 | 備膳，冊24，頁857。 |
| 同治2 | 哲宗14 | 1 | 20 | 陳史誼 | | 5,000 | 關西 | 備膳，冊26，頁13。 |

| 貸撥款時間 | | | | 使行任務 | 貸款額（銀兩） | 撥款額（銀兩） | 貸撥者 | 備　註 |
| --- | --- | --- | --- | --- | --- | --- | --- | --- |
| 中國紀年 | 朝鮮紀年 | 月 | 日 | | | | | |
| 同治2 | 哲宗14 | 12 | 16 | 告訃、請諡、承襲 | | 6,000 | 關西 | 備膳，冊26，頁119。 |
| 同治5 | 高宗3 | 3 | 8 | 謝恩兼奏請 | | 2,000 | 戶曹 | 備膳，冊26，頁154中云大奏請二千兩，小奏請一千兩定例也，今則大奏六千，小奏二千餘謬不改，自今復歸例永導，是使行公用銀數前曾改動，然未實行。 |
| 光緒元 | 高宗12 | 9 | 26 | 進香兼謝恩使、進賀謝恩兼節使 | 12,000 | | 戶曹 | 備膳，冊26，頁800。 |
| 光緒2 | 高宗13 | 11 | 7 | 節使 | 4,200 | | 戶曹 | 備膳，冊27，頁43。 |
| 光緒4 | 高宗15 | 10 | 28 | 節使 | 10,000 | | 戶曹 | 備膳，冊27，頁242。 |

## 三、公用銀的支出

從上節所述可知，朝鮮政府貸款給譯官有顧恤譯官生活的意義，其後收稅公用時也以少量供司譯院。然而這究竟是附帶性質，主旨仍在公用銀。公用數額歷年究有多少，難以精確估計。抽歛商譯時期我們有兩個抽歛數據，康熙二十五年（1686）是私商每百兩抽銀二兩，即抽百分之二。[67]然而私商貿易資本共有多少？譯官抽成幾何？乾隆三年（1738）抽成為百分之十，即十一之歛，如不足用則一歛再歛。[68]

據說康熙二十二年（1683）前，節使行時商賈、譯官等所攜貿易資本，銀多則二十萬兩，少不下十萬兩，乾隆十一年（1746）前所攜八包十三萬兩。[69]如依上述二抽成率，則康熙二十二年前，所抽公用在四千與二千兩之間，而乾隆十一年前為二千三百兩。不過從上節請求政府貸款看來，貿易資本常患不足，雖然這其中不免有誇大資金短縮以利貸款，且有為逃避抽歛而少報或不報之事。

總之，他們每次出使時所攜貿易資本數額我們不知道，所以無從測度所抽公用銀數額。從使臣們所述開支來看，其趨勢是一直增加。康熙六年（1667）已有年加歲增之語，[70]五十二年（1713）所費不下三千兩，[71]六十年（1721）至乾隆四年（1739）左右在四五千兩之間，而以雍正元年（1723）所增最多，達一千零五十兩。[72]乾隆十至十三年間（1745-1747）為六千與八千之間。[73]

---

[67] 《備邊司謄錄》，第4冊，頁916，肅宗十二年正月二十五日條。
[68] 《備邊司謄錄》，第10冊，頁665-666，英祖十四年七月十七日條。
[69] 《備邊司謄錄》，第3冊，頁701，肅宗九年十月十二日條；第11冊，頁662。
[70] 《備邊司謄錄》，第2冊，頁915，顯宗八年三月六日條。
[71] 《備邊司謄錄》，第6冊，頁559，肅宗三十九年七月二十二日條。
[72] 《備邊司謄錄》，第7冊，頁286，景宗即位年七月八日條；第7冊，頁677，英祖元年四月十七日條；第9冊，頁827，英祖十年六月二十二日條；第10冊，頁762，英祖十五年二月九日條；第12冊，頁572，英祖三十年十二月七日條。
[73] 《備邊司謄錄》，第11冊，頁498，英祖二十一年八月九日條；頁702，英祖二十

上文說過，乾隆三十九年（1774）創稅帽法時定節行六千兩，曆咨一千六百兩（錢五千兩），北京別使四千五百兩，瀋陽問安使三千兩，別咨一千兩，這成例大致自十四年（1749）已演成，[74]而五十七年（1792）該政府以近年以來出入中國檢查站，即鳳凰城邊門時每被清人操縱，六千之外濫加，特命禁之。[75]《萬機要覽·財政篇》是嘉慶年間修成的，也有類此紀錄，[76]但加多少不詳。至於貸款抽成時期之別使，尤其負有特別任務之別使公用數額，可自前節所列撥款額，以及貸款額合以抽成率知其大概。

朝鮮的使節差官為何用這麼多機密費？其具體支出項目為何？本節旨在回答這問題，這些答案也是本章的重心。

朝鮮使節請求撥貸款項時，除極少說明公用銀的具體支出外，絕大多數以彼人（清人）操縱、勒索為辭，有人甚至說清人皆獸心，除銀子外無以塞其欲壑。[77]《萬機要覽·財政篇》公用銀部乃對此問題的整理綜述，而也謂：

> 在昔，大小使行例用禮單，紙扇、雜物而已，不用銀貨。後因彼人之操縱，不得已以銀彌縫之。[78]

此處所謂「例用禮單」，是指該國使節、差官對所接鳳凰城、瀋陽、山海關、北京的清官，及鳳城、遼陽、瀋陽、廣寧、錦州、山海關間遞次護行之官兵致送的面幣儀物。其中有高麗紙、煙草、煙斗、扇

---

三年三月二十五日條；《朝鮮英祖大王實錄》，卷68，英祖二十四年九月十四日乙丑條。

[74] 《備邊司謄錄》言英祖三十四年十一月節使公用抽六千兩，三十六年五月別使給公用四千五百兩，見第13冊，頁164、419，英祖三十四年十一月一日條。

[75] 《備邊司謄錄》，第17冊，頁969。

[76] 朝鮮總督府中樞院，《萬機要覽·財政篇》，頁719-720。

[77] 《備邊司謄錄》，第7冊，頁209-210，肅宗四十五年十一月二日條。其餘說辭不勝枚舉，可按本章貸款撥款表（表7-1、7-2）之備註索得。

[78] 朝鮮總督府中樞院，《萬機要覽·財政篇》，頁716。

子、筆墨、鼠皮、魚、海蔘等該國土產，以及日本製的所謂倭刀。[79] 贈送禮單由來已久，至少明代就如此。因為該國自宣德之後朝貢時不帶銀兩，只帶貨物，換賣取用。從《通文館志》「沿路各處禮單」可見，在鳳凰城、瀋陽、山海關、北京所贈多，因鳳凰、山海關是檢查站，瀋陽為陪都盛京，貢使在此向盛京禮部繳納部分歲幣方物，而北京是外交的中心。

禮物與賄賂固然界限難清，但既稱土儀人情，就不視之為機密費。順治二年（1645）二月該國遣使瀋陽，以使臣與清衙門人員不熟，特別多帶白紙百卷，日製煙草（技三南草）百斤以備應酬之用。[80]

---

[79] 各處禮單見金慶門等修，《通文館志》（京城：漢城珍書刊行會，1907），卷3，頁52-56。其數額初期不一，康熙三十六年崔錫鼎出使時方造冊錄定，見金慶門等修，《通文館志》，卷3，頁11及《同文彙考·使行錄》。禮單乃使行及賫咨行盤纏中之一部。賫咨盤纏分別由戶曹、黃海道兵營、平安道監、兵營，及義州府出給，見金慶門等修，《通文館志》，卷3，頁58。使行盤纏來源如下表：

元盤纏 } 戶曹
別盤纏

別簡求請 {
　諸司贐行：備局、禮、兵、刑、工四曹，司僕寺，掌隸院，漢城府，五軍門。
　八道 {
　　京畿、湖西、關東：宣惠廳資料米。
　　兩西：使臣順道收取。
　　兩南、關北：直送，急時惠廳墊出。

據《備邊司謄錄》，第1冊，頁679、690、697，仁祖二十二年九月十一日、十月十五日條，元盤纏為清入關前使瀋陽時數額，別盤纏為使北京後所加。猶不足乃有別磨練，當係戶曹別簡求請之始。諸司贐行見金慶門等修，《通文館志》，卷3，頁9；朝鮮總督府中樞院，《萬機要覽·財政篇》，頁702。宣惠廳資似為京畿、湖西別簡求請折以大同米繳宣惠廳轉發者，故金慶門等修，《通文館志》，卷3，頁10於宣惠廳作米下述外方求請時只舉慶尚、全羅、江原、咸鏡、黃海、平安六道，而不及京畿、湖西。此為康熙五十九年（1720）初修《通文館志》前情形，乾隆四十二年（1777）《續志》則江原道求請亦折由宣惠廳發下。根據《備邊司謄錄》，自康熙二十七年（1688）至嘉慶二十三年（1818）間，凡言諸道求請均不及關東、關北，似三道不與求請（《備邊司謄錄》，第10冊，頁106；第7冊，頁8、284；第8冊，頁195；第10冊，頁96；第11冊，頁922；第12冊，頁936；第21冊，頁128）。別使行急時兩南求請物由宣惠廳墊發（朝鮮總督府中樞院，《萬機要覽·財政篇》，頁587-588），道光二十五年（1845）節使求請兩南物亦採此規，由乾隆十八年（1750）移屬宣惠廳之均役廳上下（《備邊司謄錄》，第23冊，頁611）。據全海宗，《韓中關係史研究》，頁95，表十二，將衣資扣除，則使行盤纏總額，嘉慶初共值銀三千九百兩，其中部分用作禮單外，餘為全體人員使用，但二者比例為何則不詳。

[80] 《備邊司謄錄》，仁祖二十二年二月八日、十二日條。

可知此時人情應酬仍專用物品。順治六年（1649）該國遣使告仁祖李倧（1595-1649）訃文，請諡號，請准世子襲王位，援明萬曆三十六年（1608）例，攜銀一千兩備用。理由是請諡事重，而主管擬諡之官多明朝舊人，雖不至肆然受賂，也難保不狃於舊習，低昂操縱。[81]是知在人情禮物之外加用銀兩乃入關以後之事，且為明末敝政之餘波。

從上節表7-1可見，至康熙初年連次大量支出公用銀。入關後於禮物之外加用銀兩固為應付漢人而然，但入關前滿清物資缺乏，雖有錢難買物，入關後擁有富裕的中華帝國，只要有金錢任何東西均可買到，也是公用銀濫觴之故。

上面雖將公用銀發生的原因時間有所推論，然猶未交代其全部用途，尤其是否全用於應付勒索，及朝鮮人為何接受勒索等事因。將有關資料作深入考察後，我們發現這項機密費的開支可分為三大類，就是情報費、活動費、譯官乾沒及使臣分肥。以下分別加以證述。

## （一）情報費

一個國家的外交必須有知彼的功夫，方能減少損害，謀得利益。當兩國關係未盡融洽，以及關係切身利害的事情，更有此必要。朝鮮宗事滿清並非出自本心，而是戰敗力屈的結果，所以在清朝初葉雙方關係並不和諧。因之該國竭力搜集滿清各方面的情報。從其出使人員的祕密報告看來，舉凡山川地勢、農工商情、外藩動態、宮府情偽、軍事部署及動態、政府組織及任官、天下錢糧、科舉學術、叛亂情形等等均在其注意之列。[82]

這些報告有的是目睹，有的從所購滿清公文得知，有的是雇人打探而來。朝鮮使團中的譯官會漢、清語文，所以他們是主要的情報人員，而軍官醫員、畫員也間同搜集（請見表7-3）。[83]除隨時隨地自動搜

---

[81] 《備邊司謄錄》，第2冊，頁33上。

[82] 見《同文彙考‧補編》，卷1-6，及《同文彙考‧補續編》之〈使臣別單〉、〈譯官手本〉。

[83] 徐文重，《紀行錄》，收入《燕行錄選集》（漢城：成均館大學校大東文化研究

集外，朝鮮政府有時預先指定任務，其使臣也相機臨時指示。搜購公文似為主要途徑，而其來源多自會同館序班。這種情形可於下例見之。

康熙五十三年（1714），清寧古塔將軍蒙俄洛（或作孟俄落，1657-1715）奏准設琿春佐領，在圖們江邊建舍墾田。朝鮮以駐軍逼近其慶源府訓戎鎮，奏請變通。[84]該年十月，其領曆官申之淳（1666-1690）便賄序班，以漢文譯給議政王大臣會議蒙俄洛題請奏文一本，及聖祖諭旨一道。十二月到北京的年貢使以此事繁要，須詳細探問，令譯官買到另本上述議奏。因貢使回報二者內容有異，同時該國奏請後久無回覆，故該政府令廣泛搜求。

康熙五十四年（乙未，1715）之曆咨官及冬至使團譯官，先後自序班處賄得禮部議奏行查咨文、蒙俄洛行查文，摹得兵部有關公文一件，並購得「真本」，即滿文本議政王大臣會議奏及蒙俄洛覆文。[85]該國譯官於兩年內，或自動，或因政府、使臣之命，便將有關此事的中國政府公文全部得到。中國之允准朝鮮奏請，令駐軍營舍屯田遠離江邊，未必不因該政府對情勢瞭然，措施適當所致。該國所購公文多屬塘報、奏摺、上諭，及京報，其數量頗多。今就筆者所見該國史料提及他們在康雍乾三朝得到者表列如表7-3，作為例證。

表7-3　購得情報文書表

| 購得年份 | 內容及數量 | 出　　處 |
|---|---|---|
| 康熙20辛酉 | 塘報11卷 | 備謄，冊3，頁502。 |
| 康熙25丙寅 | 黑龍江半軍薩布素俄事題本 | 同文補，卷2，頁41。 |

---

院，1962），下冊，頁277，〈燕行日錄〉云：「朝家每令譯輩探得彼中事情。」軍官、畫員、醫員作情報見《備邊司謄錄》，第6冊，頁981；第9冊，頁635。

[84] 詳見張存武，〈清韓陸防政策及其實施〉，收入氏著，《清代中韓關係論文集》（臺北：臺灣商務印書館，1987），頁504。

[85] 《備邊司謄錄》，第6冊，頁978-980，〈前後使行文書購來人論賞別單〉。使臣自動下令搜集情報事，《備邊司謄錄》，第7冊，頁250云，癸巳（康熙五十二年，1713）謝恩使沿途及留北京會同館時，分付凡干事情，細加探問。序班出賣公文又見《備邊司謄錄》，第7冊，頁250下，洪萬運條；《同文彙考・補編》，卷3，頁26、40。

| 購得年份 | 內容及數量 | 出　處 |
|---|---|---|
| 康熙29癸未 | 塘報18冊，京報16冊 | 備膳，冊4，頁363上。 |
| 康熙38己卯 | 寧古塔副都統耿額巡朝鮮六鎮談話錄1張，奏本1張；吏部侍郎陶岱朝鮮歸奏1張；塘報18卷 | 備膳，冊5，頁29-30。 |
| 康熙39庚辰 | 塘報23本，時政邊報，四川、廣東平叛報 | 備膳，冊5，頁29-30。 |
| 康熙40辛巳 | 京報108卷；聖祖停巡朝鮮密文、內閣原本及膳本共5張，盛京將軍咨禮部文1張，兩廣，湖廣密奏各1本，漁船侵入朝鮮海岸，停柵門後市事議奏草本、抄本、膳本5件 | 備膳，冊5，頁29-30。 |
| 康熙41壬午 | 刑部密捉塘報18卷，題本13張，浙江密報 | 備膳，冊6，頁432上。 |
| 康熙43甲申 | 張飛虎亂公文 | 備膳，冊6，頁432。 |
| 康熙47戊子 | 塘報16度，文書12度 | 備膳，冊6，頁346下。 |
| 康熙48己丑 | 內閣所藏湖廣苗亂，浙江明喬朱安世據溫處等密奏原本 | 備膳，冊6，頁347上。 |
| 康熙49庚寅 | 塘報：有關海賊陳尚義事盛京將軍滿文奏本及硃批，內閣藏本，山東總督奏本，刑部兵部奏本等多件 | 備膳，冊6，頁346-347、432。 |
| 康熙52癸巳 | 內閣藏穆克登使朝鮮歸奏本，陳尚義降清，兵部奏德林獄事，尚義復叛登州、金州題本、文書 | 備膳，冊6，頁979下；冊7，頁250下。 |
| 康熙53甲午 | 塘報26冊；寧古塔將軍請琿春設佐領添兵奏本3度、諭旨1度 | 備膳，冊6，頁979-980。 |
| 康熙54乙未 | 塘報18冊；琿春添兵屯田事奏、咨文4度，陝甘兵事奏文1度，兵部會議額魯特軍事紀錄，訊降紀錄。 | 備膳，冊6，頁979-981。 |
| 康熙55丙申 | 內閣藏奉天府奏陳尚義復叛文1本，塘報24冊 | 備膳，冊6，頁979-980。 |
| 康熙56丁酉 | 內閣請冊復太子奏，海賊陳尚仁事上諭及奉天府奏本，傅令阿、康泰西征奏本1度，膳內閣藏河南叛亂奏文1度，刑部審有關朱三太子事題本。 | 備膳，冊6，頁890上；冊7，頁250-251。 |
| 康熙57戊戌 | 魯撫奏海賊陳尚忠、尚勇兵力及寇登萊本2度，西征大將軍傅寧安請兵糧摺，發兵上諭，靖逆將軍傅令阿密陳邊情摺，川陝督奏異獸摺，陝西奏準部侵藏摺 | 備膳，冊7，頁251-252。 |

| 購得年份 | 內容及數量 | 出　處 |
|---|---|---|
| 康熙58己亥 | 瓊州海賊陳尚義事題本1度 | 備膳，冊7，頁252上。 |
| 康熙61壬寅 | 靖逆將軍傅寧安奏本 | 備膳，冊9，頁635上。 |
| 雍正元癸卯 | 出征哈密壽奏本，其他上諭奏本 | 備膳，冊9，頁635；同文補，卷4，頁1-13。 |
| 雍正2甲辰 | 年羹堯奏摺 | 同文補，卷4，頁21-24。 |
| 雍正10壬子 | 两征副將軍多爾濟請添兵奏本，寧遠大將軍查郎阿捷奏，寧古塔都統奏與蒙古交戰事，多得塘報 | 備膳，冊9，頁635-636。 |
| 乾隆16辛未 | 順治康熙雍正敕諭91本 | 備膳，冊14，頁846。 |
| 乾隆19甲戌 | 征西捷奏本、上諭 | 備膳，冊14，頁349。 |
| 乾隆31丙戌 | 平匪亂奏本3度 | 備膳，冊14，頁845。 |
| 乾隆32丁亥 | 征緬甸題本上諭6度 | 備膳，冊14，頁846。 |

說明：「同文補」指《同文彙考・補編》。

　　這份局部時期的不完整統計已顯示，朝鮮情報範圍的廣泛。塘報數多固因易得，也足證他們關心清朝的軍事情勢。耿額（？-1712）談話、陶岱（？-1701）奏本、聖祖（1654-1722）罷巡朝鮮之意、停柵門後市、穆克登（1664-1735）奏文、琿春添兵屯田事文件都直接與該國有關。黑龍中俄衝突，海賊陳尚義等的活動也與之有涉。該國時常認為蒙古將入侵清朝，所以對西北用兵亦密切注意。朝鮮對朱明後裔案的興趣最大，其他各省亂事，尤其三藩之亂使該國以為滿清政權不隱，且曾顧慮清人或假道朝鮮退回吉林。宮府消息，他們同樣重視，且成為珍貴史料，金承藝（1926-1996）先生所撰〈從「胤禵」問題看清世宗奪位〉論文部分材料即取自此處。[86]

　　他們獲取之道，或整份文件買去，或模膳，或譯寫。他們的工作有時也很快速，康熙二年（1663），朝鮮使人在鳳凰城被查出違禁購買硫磺，其政府乃先遣譯官將處治情形咨報禮部，該譯官密囑一漢人打聽禮部反應，此人旋即以所膳該部議定而猶未繕寫的題本稿件傳

---

86 金承藝，〈從「胤禵」問題看清世宗奪位〉，《中央研究院近代史研究所集刊》，第5期（臺北，1976年6月），頁189-222。

給。[87]收集公文之外，他們隨時隨地詢問，甚至賄賂華人供給情報。如康熙二十年代，向吳三桂（1612-1678）舊屬郭朝瑞探聽吳氏及鄭經（1642-1681）反清故事，賄告蒙古情形，[88]在豐潤縣探聽滿漢官額。康熙五十七年（1718），於三河縣得隨皇十四子（允禵，1688-1755）撫遠大將軍西征之布姓人滿文家書，從而得知清軍西征情狀。[89]會同館的序班及通事既能供應朝鮮人以公文，無疑也會供應其他情報。

朝鮮使節獲得公文後必考其真偽，如屬可疑則令再搜求真本，得到緊要消息時並立刻譯成韓文傳遞回國。[90]公文傳過鴨綠江，即由驛站馳遞，封上出納王命之承政院入啟國王。國王閱後出示大臣，[91]然後下備邊司考查加賞獲得文書人。如只一、二人獲得文書，則吏曹據使臣報告論賞，如十人以上則由備局抄啟國王，付標下各購得人所屬衙門施行。獎賞標準依文書之重要性及可靠性，普通京報不論，內閣本或真本有賞，謄本時或由司譯院決定施賞。[92]獲得其他情報者亦查證施賞。

由於譯官們期望得到昇賞，均竭力探聽及搜購文書，甚至不惜重價。[93]於是北京便有人虛構故事，騙取金錢。康熙二十九年（1690），朝鮮正朝兼謝恩副使徐文重（1634-1709）已說：

> 朝家每令譯輩探得彼中事情，而其間事勢多有虛疎不實之患矣。前日則如李一善、金巨軍輩，雖甚貪惡，猶能締結諸貴人、閣老，或有周旋之路矣，且得聞朝家言議。今之衙役輩，庸劣莫甚，禮部胥吏輩亦無習知者，渠何以探得事情，亦何以周旋期間

---

87 《備邊司謄錄》，第2冊，頁800；參見金慶門等修，《通文館志》，卷9，顯宗四年癸卯。
88 《同文彙考·補編》，卷2，頁37-38、42-43；卷3，頁3。
89 《備邊司謄錄》，第7冊，頁251-253。
90 《備邊司謄錄》，第6冊，頁346-347。
91 《備邊司謄錄》，第4冊，頁363上；參見第3冊，頁173下，十五日條。
92 《備邊司謄錄》，第5冊，頁26下、30下；第6冊，頁346上；第7冊，頁252；第9冊，頁636。
93 《備邊司謄錄》，第3冊，頁502上，及表7-3資料出處其他各條。

乎？每因劉鎮購得文書，而其人文筆頗優，且久為此事，習為奸
偽，其所為多有可疑者，如向日太極建國、設科等事，文書不甚
明白，而今聞元無此事云，似是構虛索價之事矣。[94]

康熙五十九年（1720），該國備邊司在審查購得文書啟請施賞時更
謂：「彼中人心近甚狡詐，偽造文書圖得重賂之弊，比比有之。」[95]
重賂二字有力的說明了情報費的支出。

## （二）活動費

　　朝鮮人為達成某些積極的願望目的，或減消損害的消極願望，每
以金錢賄賂。奏請世子襲位及冊封世子為該國的大事，所以公用銀支
出最多，且貸款時期，每次禁貸令之遭受破壞，多因此事。從統計表
上看，該國第一次帶別公用銀一千兩是順治六年（1649）的奏請諡號
及承襲王位。那次大臣們請帶別公銀的理由雖為諡號事重，但實際是
為了承襲，只是不便對嗣君說破而已。該次及順治十一年（1654）所
帶三、四百兩應用情形不詳。[96]

　　康熙二十年（1681）奏請冊封王妃並進方物，清廷以奏請事不收
方物，而禮部滿侍郎額星格遣筆帖式為尚書索退還方物一宗。貢使拒
絕後，筆帖式復言該國奏文違制，索銀二千兩，經屢次討價還價，終
以八百五十兩了結。[97]三十六年（1697）請冊世子，禮部奉諭擬辦期
間該國使臣賄錢姓序班活動，費八千金，而該部仍據《大清會典》
規定拒絕奏請。[98]六十年（1721），新襲王位的李昀（景宗，1688-
1724）以體弱為由奏請封其弟昑為王位繼承人，曰世弟。這是非常特

---

94　徐文重，《紀行錄》，收入《燕行錄選集》，下冊，頁277，〈燕行日錄〉。
95　《備邊司謄錄》，第7冊，頁252。
96　《備邊司謄錄》，第2冊，頁449，十九日條。
97　《朝鮮肅宗大王實錄》，卷13，肅宗八年三月二日庚戌條；《同文彙考・補編》，
　　卷2，頁13-14。
98　《同文彙考・補編》，卷3，頁12-13、17；參考《同文彙考・原編》，卷1，頁
　　8-9。

殊的奏請，所以奏請使便向禮部侍郎羅瞻活動，費六千金。及禮部奏駁，乃透過韓裔清人鑾儀衛頭等侍衛常明運動大學士馬齊（1652-1739），許以銀五千兩、馬兩匹，結果得旨允請。[99]此次請封共用銀二萬三千餘兩。[100]

李昀於雍正二年（1724）卒，世弟即位，是為英祖。翌年奏請冊封世子，因禮部持難，使臣復由時任內務府大臣常明託馬齊及怡親王允祥（1686-1730）說帝而得請，共用萬金。[101]乾隆五十九年（1794）請封仍帶銀兩，備邊司於啟國王准帶時就，「考取前例」，使臣或七萬兩，或一萬兩，或三萬兩帶去。[102]由此語亦可見歷次請封行賄之狀。不過從本章第二節公用銀的籌措一節可知，這些銀兩並非全部直接動用，大部分是貸於譯官作貿易資本，再抽成公用的。

朝鮮奏請辨雪史誣也以大量金錢活動。所謂「辨誣」是因中國史書中記李氏朝鮮先王事蹟錯誤，或該國認為有不實之處，故奏請辨正。《明會典》將李朝太祖成桂（1335-1408）誤為李仁任（？-1388）之後，所以明代該國已數次奏請辨正。[103]天啟三年（1623），李倧廢其伯父國王李琿（光海君，1575-1641）而代之，以毛文龍（1576-1629）之助獲得明朝冊封。康熙初，該國貢使得《皇明十六朝記》一書，其中將此事件直書為篡逆。該國不忍其先祖被「誣」，且聞清朝方修《明史》，乃於康熙十五年（1676）奏請命史臣考明時中韓公文，刪註誤，以成永世之典，並宣賜印本。[104]

清廷以該國違禁購買史書，不但不准所請，且命治購書人罪。康熙十七年（1678）再奏，並以明朝頒賜史書之例為辭，然亦未蒙

99 金慶門等修，《通文館志》，卷10，頁2，景宗元年辛丑；《同文彙考・補編》，卷4，頁1-2；《備邊司謄錄》，第7冊，頁677-678，四月十七日條。
100 《備邊司謄錄》，第7冊，頁677-678。八包抽斂為十分之一。
101 《同文彙考・補編》，卷4，頁25-28。
102 《備邊司謄錄》，第16冊，頁445，正祖八年七月四日條。
103 李裕元輯，《林下筆記》（漢城：成均館大學校大東文化研究院，1961），頁446-448、452。
104 田保橋潔校訂，《同文彙考》，卷3，頁23-27。

准。[105]雍正（1678-1735）即位後，該國把握有利時機再行陳請，果於雍正四年（1726）五月蒙允，將朝鮮陳奏文宣付史館，令史臣於李倧廢立事刪除雜說，著為定論，並俟《明史》修成後將〈朝鮮傳〉內有關此案部分頒發該國。[106]雍正十年（1732），復獲頒〈朝鮮傳〉抄本。[107]

乾隆三年（1738），朝鮮再請頒賜全部《明史》，惟以全書尚未成，帝命先將〈朝鮮傳〉印出頒給。[108]三十六年（1771），該國以明人陳建之《皇明通紀》及清朱璘之《明紀輯略》誤載李成桂世系並李倧簒逆事，奏請刊削燬禁，高宗為之行文各省申禁。[109]道光元年（1821）復以《皇朝文獻通考》及《二十一史約論》仍書李倧簒事，該國再請更正，至同治間方了。[110]

朝鮮人自始即認為辨誣與清朝無實際利害，多持財貨從事必成，其首相曾請攜萬金以備行賄。[111]康熙十五、十七年兩次奏請，究用多少銀錢雖無法確定，但該政府以中央各衙門、平安道監兵、管運餉庫所儲銀兩貸給譯官們作貿易資本，從而抽歛公用，僅中央御營廳所貸即「累千兩」。[112]雍正四年（1726）夏間，辨誣時獲撥款銀一萬四千兩，而貸於譯官之兩萬兩至少可抽歛兩千。[113]譯官曾賄賂史局官員將〈明熹宗本紀〉謄去，[114]常明代為活動修史人員用銀八千兩，並謂普遍運動仍需七千。[115]

---

[105] 田校《同文》，卷3，頁29-45。
[106] 田校《同文》，卷3，頁59-68。同年十一月請頒全部《明史》，若全書未成則先刊印頒〈朝鮮傳〉，清廷以瀆奏申飭，見同書，頁69-71。
[107] 田校《同文》，卷3，頁71-74。
[108] 田校《同文》，卷3，頁82-92。
[109] 田校《同文》，卷3，頁94-105。
[110] 金慶門等修，《通文館志》，卷11，純宗二十一年辛巳、二十二年壬午，哲宗二年辛亥、十四年癸亥；《備邊司謄錄》，第21冊，頁449，純祖二十三年三月十五日條。
[111] 《備邊司謄錄》，第5冊，頁14、24。
[112] 《備邊司謄錄》，第3冊，頁343、437。
[113] 《備邊司謄錄》，第7冊，頁827、834、838。
[114] 《備邊司謄錄》，第7冊，頁917，八月十六日條。
[115] 《備邊司謄錄》，第7冊，頁939，十月八日條；第10冊，頁665-666。

年節使持銀一萬二千兩，所請先刊頒〈朝鮮傳〉雖被拒，然私下自史局謄出。[116]雍正十年（1732），清抄給〈朝鮮傳〉，而貢使送常明銀四千兩、人蔘一斤。[117]乾隆三年（1738），貢使在北京滯留八、九十天，兩度呈文禮部請頒《明史》，兩度函史局請修改有關該國史事之字句，且終獲頒刊本列傳。[118]此次用銀多少不知，但出國時攜帶萬兩。[119]翌年（1739），正朝使行時國王命得全部《明史》，特差專人負責。因之譯官們竭力周旋，夤緣史局主管郎序，在《明史》尚未頒行之前獲得全部。[120]其代價幾何雖不詳，然既係國王特命，且事涉違法犯紀，無疑是重金求得。

　　自清初始，外國貢使所居館舍均派兵守衛，稽查出入。因朝鮮親明反清，所以順治初及三藩之亂時對該國貢使人員之稽查尤嚴。乾隆後期已相當放寬，外國人可隨意入出，遍踏一城，[121]然至乾隆五十三年（1788）始明令廢除守衛之制。[122]另一方面，自康熙中葉之後，因清朝基礎穩固，農商工業及文化學術均甚為發達昌明，故朝鮮文人學者及貴官子弟每隨使至北京觀光，交結華人及西洋傳教士，行止不擇禁地。當會同館人員以法約制時，他們倚父兄之勢呵叱其譯官為之設法。後者內逼於貴子弟之勢，外懼衙門之威，不得已乃以公用銀賄賂衙役，任那些觀光客行動。[123]這是活動費的另一支出項目。

　　清初頒詔朝鮮必遣使，其後顧念該國接敕費繁，不緊詔書由朝

---

[116] 謄列傳事，見《備邊司謄錄》，第10冊，頁645；費用見第7冊，頁939，十月八日條。

[117] 送銀事見韓德厚，《燕行日錄》，收入《燕行錄選集》，下冊，頁548，〈別單謄書〉。

[118] 田校《同文》，卷3，頁88，〈再呈禮部文〉謂留館已八十日條，餘見頁84-89。

[119] 《備邊司謄錄》，第10冊，頁667。

[120] 《備邊司謄錄》，第12冊，頁885。編按，這段史料的原文為：「《明史》中仁廟朝被誣昭雪後，未見全書矣。己未節使，自上特教，以別啓請差遣，專意宣力，期得全史。事有廷敎，故竭心周旋，夤緣於史局主管之郎序，未頒行前，極秘之全史一秩，依傳敎得納。」此處張先生解釋為「《明史》尚未頒行之前」，應理解為頒布《明史‧朝鮮傳》之前，肇因清朝自始至終從未決定頒賜《明史》全書，僅同意〈朝鮮傳〉而已。

[121] 李坤，《燕行記事》，收入《燕行錄選集》，下冊，頁682，〈聞見雜記下〉。

[122] 《大清會典事例》（上海：上海商務印書館印行，1909），卷514，頁2。

[123] 洪大容，《湛軒燕記》，收入《燕行錄選集》，上冊，卷1，頁245，〈衙門諸官〉。

鮮貢使帶回，該國謂之「詔書順付」。因順付省費，該國漸於重要詔書也圖順付，於是又開行賄之門。乾隆間已常有賄賂之舉，嘉慶十三年（1808）禮部題准順付，但詔下十餘日而該部堂官未通知該國貢使，後者乃以二千七百兩銀速成其事。[124]道光三十年（1850），皇太后崩逝敕及遺詔順付用銀三千三百兩，[125]同治二年（1863）因謀順付用一千兩。[126]朝鮮以順付賄銀遠比接待敕使費少，所以凡貢使謀得順付者，行中為首譯官必蒙賞賜。此例在《備邊司謄錄》所載〈譯官論賞別單〉中多有，至光緒初猶見。[127]詔敕之外，禮部咨該國公文也順付，每順付咨文一件，該部吏役索銀二兩，而順付之咨文有時甚多，嘉慶七年（1802）冬至使帶回者達七十二件。[128]

疏暢貿易之路也用公用銀。朝鮮自康熙二十年代停止人蔘輸銷中國，並禁止民採，官方控制銷日業務。因官採者少，且實際上無法禁斷私採私銷，致國內蔘價昂貴，該政府乃圖自中國購蔘轉銷日本。乾隆二十三年（1758）咨請禮部許貿時，滿尚書伍靈安（？-1763）持難，歷咨譯官乃賄該部序班活動，終得奏聞。此事雖因大學士傅恒（1722-1770）據《會典》貂蔘不許越境之規定失敗，然頗顯出該國銀彈攻勢的力量。[129]

賄賂成功的機會較多，乾隆六年（1741）冬至使譯官與樂師賄造笙簧及管理壇廟者而得觀其式樣，將文廟等釋奠樂器統統購得。[130]朝鮮自順治初那從北京欽天監私購天文曆法、圖書、儀器，自琉璃廠等處購買史書、政典、文學、地圖等。[131]清朝有史書不得外流之禁，康

---

[124] 《備邊司謄錄》，第20冊，頁43。

[125] 《備邊司謄錄》，第24冊，頁122、163，哲宗元年二月二十五日、四月二十日條。

[126] 《備邊司謄錄》，第26冊，頁52，哲宗十四年五月初八日條。

[127] 《備邊司謄錄》，第25冊，頁898，同治元年例；第26冊，頁52，哲宗十四年五月初八日條，同治二年例；頁811，光緒元年例。

[128] 李基憲，《燕行錄》，收入《燕行錄選集》，下冊，頁790上，〈燕行日記下〉，「初五日」。

[129] 《同文彙考‧補編》，卷5，頁38-40。

[130] 《同文彙考‧補編》，卷5，頁25-26。

[131] 參見張存武，〈清代中國對朝鮮文化之影響〉，收入氏著，《清代中韓關係論文

熙初葉曾因該國購買史書地圖起重大交涉，清人甚至將不在禁內之《尚書》、《春秋》也依其內容列入史書，[132]乾隆三十八年（1773）禮部始告以其後只禁史書，《四書》、小說及雜冊不禁。[133]

朝鮮政府准許出使譯官興販貿易，補貼生計，北京貿易是他們的專利權，而違禁物資之販賣利益必厚，因之硝礦、銅鐵、水牛角、水銀、馬匹等軍用品乃《大清會典》規定之違禁物資，他們也經常購買。[134]朝鮮學者洪大容（1731-1783）於乾隆三十年（1765）旅遊北京的紀錄說，貢使團回國時沒有一次不帶書籍及水牛角等禁物的。[135]他們既攜帶如此多的禁物，自需賄賂通關，於是向北京會同館、山海關、盛京、鳳凰城諸處官吏兵役例送銀兩。[136]此種情形自貢使咨官例送四處之禮物禮單也可窺知。

鳳凰城邊門是出入境檢查站，但收到賄銀之後或根本不檢查，只點計通過人馬，或只解一二包以存送度而已。[137]朝鮮貢使團因行賄而須多帶銀兩康熙中葉已然，如四十三年（1778）該國右相李濡（1645-1721）說：

> 使行中雖不多齎銀貨可免生事者，亦自有根本，若於盤纏之外不持禁物，而於書冊亦不貿來，則雖或被其一時侵困，可無大段執煩之患，而人情孰肯當此厄於初頭乎？以此之故，方外未

---

132 見《同文彙考·原編》，卷63、64，及《同文彙考·原編續》卷13之「犯禁」部分。
133 《同文彙考·補編》，卷3，頁27。
134 見《同文彙考·原編》，卷63、64，及《同文彙考·原編續》卷13之「犯禁」部分。
135 洪大容，《湛軒燕記》，收入《燕行錄選集》，上冊，卷2，頁285，〈沿路記略〉：「使回，書籍、黑角等凡禁物，無行無之。」
136 《備邊司謄錄》，肅宗三十八年二月二十一日條云，到柵後有例給之事，不然則侵辱不貲，自譯官以下皆不免毆打。同書，英祖四年六月二十八日條謂，鳳城、山海關等處皆有應給之物，例歙商譯所持銀兩給之。上引徐浩修，《燕行紀》，收入《燕行錄選集》，上冊，頁533-534謂：「目（鳳凰城）邊門、盛京、山海關、燕京四處贈給白金，即象譯輩私事，非禮部之所知。」
137 洪大容，《湛軒燕記》，收入《燕行錄選集》，上冊，卷2，頁285，〈沿路記略〉；金景善，《燕轅直指》，收入《燕行錄選集》，上冊，頁952，〈柵門記〉；崔德中，《燕行錄》，收入《燕行錄選集》，下冊，頁412下，〈日記〉。

經使行之人無不大言，而目前當行者，例不能無慮，輒有所
請，非為譯官地而然也。但節使時，則無公貨許貸之事云，然
則亦難開路矣。[138]

行賄之後，朝鮮人的犯禁更變本加厲，邊官也更有機會索賄，形成惡
性循環。乾隆五十六年（1791），該國出使人員說中國：

近來邊官皆是滿人之嗜利無恥者，我使亦不能潔己守法。彼人
操切轉緊，索貨日增，而我人之詐偽愈出，犯禁日甚，方來之
虞可勝言哉。雖以今行觀之，所謂城守尉覷我國私商潛市馬二
十四匹，縱甲軍攔阻於雪裏站，恐嚇私商，索出白金二百四十
兩後捨送。[139]

鳳凰城邊門行賄事於嘉慶十六年（1811）為盛京將軍發現，守門官吏
被參革治罪，並移咨朝鮮嚴禁行賄，該國也咨覆照辦。[140]但從第二節
所述公用銀籌措，其時之後有加無減，可知事實上略無改善。

　　誠然，有清一代鳳凰城及山海關官兵曾多次舉發朝貢人員走私
案件，清廷且數次派欽使至漢城查辦。[141]但那些案件之所以發生，除
三藩之亂期間兩國關係緊張，清朝對該國人員稽查特別嚴緊外，我們
相信多半是因為朝貢人員的賄賂未滿足守關者的欲壑，以及行不經關
卡，別抄小路，企圖逃漏賄賂所致。對北京會同館的官役除例給禮單
之外，離館回國時復賞銀兩。康熙五十一年（1712）謝恩使臨行以經
費不裕賞賜略少，會同館大使退還賞銀，牢鎖館舍大門使貢使不得離

---

[138] 《備邊司謄錄》，第5冊，頁390上。
[139] 徐浩修，《燕行紀》，收入《燕行錄選集》，上冊，頁533下。
[140] 《同文彙考・原編續》，〈勅諭〉，頁5-6；金慶門等修，《通文館志》，卷11，純
　　祖十一年辛末。
[141] 見《同文彙考・原編》，卷63、64，及《同文彙考・原編續》，卷13之「犯禁」
　　部分。

發，並揚言依法搜檢使團行李。[142]這充分反映出該國貢使人員以往因私買禁品而行賄通關之跡。

朝鮮除為尋求積極利益而使用金錢外，也為消極利益而活動。簡而言之就是花錢消災，或減少災害程度。朝鮮士大夫的漢文程度相當好，但有時遣辭述意仍不免有誤。清朝前期嚴格執行宗藩體制，而朝鮮王對中國雖稱藩，在國內之尊貴體制則一如大清皇帝之在中國，如王城曰「京」、王命曰「旨」、世子曰「儲貳」等。此等習慣用字時而出現在奏章咨文中，清廷以其違制每申飭處罰。

例如順治十八年因咨文中有王「旨」一字而申飭，康熙十八年（1679）以表中有應避諱字從寬免罰，二十一年（1682）因謝恩表中述旨錯誤，罰銀五千兩等。[143]二十一年，清人本欲特遣欽使往漢城調查，朝鮮使臣因遣使則該國不獨費用益多，且恐引起其他事故，所以賄銀五千兩得免派遣，只罰銀了之。[144]三十四年（1695），謝准王妃復位箋內有「幹蠱」二字，禮部請罰銀萬兩，上諭免議。據貢使報告，免議是用賄而得的。[145]咸豐十一年（1861）清文宗（1850-1861）崩，穆宗（1856-1875）繼位，清廷派使頒詔朝鮮，而通官們紛謀隨去。該國領曆譯官慮通官之勒索敲詐，以九百兩銀打消他們的去意。[146]這是消災的另一種例子。

朝鮮每年納歲幣進方物，由於經管人員之疏忽以及戶役、貢人之弄奸或產量的減少，或使團役夫的偷竊，每致幣物數量短少或品質惡劣。布疋或幅度變狹，或長度縮短，或質地粗疏，或色澤減褪，或水浸火燒，或疋數短缺；紙張除色質變壞外，每卷之張數也偷減。[147]

---

[142] 韓德厚，《燕行日錄》，收入《燕行錄選集》，下冊，頁540-541，〈承旨公燕行日錄〉。

[143] 田校《同文》，卷3，頁396、399、405-409。此外康熙二十四年（1685）飭箋內誤用哀詔及敝藩等字，康熙二十八年（1689）飭奏文違式，乾隆四十三年（1778）飭用儲君等字樣，見同書，頁413、416、433。

[144] 《朝鮮肅宗大王實錄》，卷13，肅宗八年十一月六日己酉條。

[145] 田校《同文》，卷3，頁422；《同文彙考·補編》，卷3，頁9。

[146] 金慶門等修，《通文館志》，卷11，頁48；《備邊司謄錄》，第25冊，頁750。

[147] 金慶門等修，《通文館志》，卷9，孝宗四年癸巳。朝鮮因改革賦制而種楮之田多改

康熙三十八年（1699），朝鮮政府自道：「近來歲幣木綿紙地漸至品劣」。[148]乾隆三十一年（1766），其立法中指出：「使行所幹莫重於方物歲幣，而近來幣物漸不如前，以木、紬之色劣麁者，紙席之不堅白、不精緻者苟然充數。」因令官員自該年始加倍注意，准式精備，封裹時使臣與戶曹長官眼同檢視，毋或一毫疎漏。[149]

但是道光二十三年（1843）該政府仍謂：

> 近來習俗渝巧，紀綱隳壞，歲幣方物紬、紵、紙，木（布）之品歲益薄劣，漸不成樣。麤細之相錯，長短之交雜已無可言，而甚至於紙地或以十六、七張作束，紬紵則或以數三十尺作疋。燕庫呈納之際，嘖舌備至，幾乎生梗者屢，而每因象譯輩彌縫，雖姑無事，其為國體之受損，使事之貽羞，果何如哉。貢人輩則不念國事之重，惟以利己為能，度支員役則從中奸弊。去益無嚴，以致莫重所需，恣其舞弄。若一向姑息，或至有辱國之舉，則雖斬此輩幾十名，將何以少洒其恥乎？方物看品，法意有在，而徒成文具，輒不免按例而止。[150]

如此惡劣貢物自然遭到清朝的點退處罰。崇德四年（1639），歲幣米萬石中二千二百五十石因色劣見退。[151]順治四年（1647），因所貢紅綠紬廣狹不同，龍紋席比前狹甚，清廷特遣使該國敕諭查辦，將有關官吏決杖遠配。[152]康熙二年（1663）、六年（1667）也以貢物品劣，禮部題請處罰國王使臣，奉旨國王免議。[153]

---

種穀物，致楮紙產量銳減，見《備邊司謄錄》，第4冊，頁850上、872。朝鮮人在鳳城邊門偷出貢物賣於中國人，而中國人亦嘗偷，見上引《備邊司謄錄》頁862上，餘見以下有關註腳。
[148] 《備邊司謄錄》，第4冊，頁850上。
[149] 《備邊司謄錄》，英祖四十二年五月十八日條，〈赴燕使行弊端釐正節目〉第一條。
[150] 《備邊司謄錄》，第23冊，頁420。
[151] 金慶門等修，《通文館志》，卷9，仁祖十七年己卯紀事。
[152] 金慶門等修，《通文館志》，卷9，仁祖二十五年戊子紀事。
[153] 金慶門等修，《通文館志》，卷9，孝宗四年癸巳、顯宗八年丁未紀事。

然而案子揭發的例子很少，多半是由繳物人員賄賂點收貢物的內務府人員了之。康熙三十八年（1699），朝鮮使回國後報告，該次所進方物中紙地、木綿、皮物等猶不免麤劣，幾至生事之，賴通官輩從中周旋，僅得彌縫。[154]所謂周旋實即行賄之異名。康熙五十二年（1713），該國使臣說：銀貨費用多在方物入呈之際，不可不多帶，且所呈方物愈多，用銀亦愈多。[155]五十五年（1716），清朝點收貢物官挑出薄劣而多楮痕紙張，意欲不收，最後勉強收下，但給樣式一張，使之憑納。[156]

　　沒有銀錢，清官們通常並不那樣寬大。雍正元年（1723）、二年（1725）燕行使臣說，夏季水潦，方物易毀，繳納之際清人恐嚇徵索，不可不帶預備金或其他公私銀兩以行。[157]朝鮮歲幣米原為萬石，後減至四十石。此米由平安道各邑繳義州府轉繳使臣，而各邑收納吏役弄奸，以粗劣米充之，義州也不點退，使臣臨行時無可奈何收下，然輒致生事，只好苟且彌縫。[158]乾隆三十一年（1766），該國釐正赴燕使行弊端法規中說：

> 近來幣物漸不如前，以木紬之色劣升麤，紙席之不堅白不精緻者，苟然充數，其他諸種，亦皆苟充。雖以譯官之居間情債得以彌縫，若使彼中有所執言，則其為生事將至何境！[159]

道光二十三年（1843），朝鮮備邊司猶謂因方物薄劣不成樣，在北京呈納之際清人「嘖舌備至，幾乎生梗者屢，而每因象譯輩彌縫」。[160]由上所述可見終清之世朝鮮方物經常發生問題，而多賴公用銀兩賄賂

---

154 《備邊司謄錄》，第4冊，頁888。
155 《備邊司謄錄》，第6冊，頁559，肅宗三十九年七月二十二日條。
156 《備邊司謄錄》，第6冊，頁806。
157 《備邊司謄錄》，第7冊，頁379、498。
158 《備邊司謄錄》，第11冊，頁497-498，英祖二十一年八月四日條；第12冊，頁218。
159 《備邊司謄錄》，英祖四十二年五月十八日，〈赴燕使行弊端釐正節目〉第一條。
160 《備邊司謄錄》，第23冊，頁420。

消弭。

朝鮮人購買禁制品或私越國境事發後,朝貢人員每賄賂清官,以圖了事。此項用銀,筆者雖未深入考察,然下列數證足見端倪。康熙二年(1663)八月,陳慰兼進香副使在北京得知前次進賀謝恩使回程時私販硫磺被捉,便許會同館提督銀四千兩,請其周旋,以免清廷派使該國查辦。[161]二十四年(1685),朝鮮人私越鴨綠江,槍傷中國繪長白山區地圖的官員,清廷遣使漢城查辦。國王與欽使擬罪後,差陪臣奏報北京。該使聞清使議奏及禮部題覆中擬罰國王銀二萬兩,圖呈文禮部為其王訴冤,但為會同館吏役所阻,最後賄該部筆帖式吳應鵬銀四千兩方得呈遞。[162]

康熙三十七年(1698),冬至使回國時有人購違禁書冊在鳳凰城被捉,行中商譯賄銀數千兩,得免舉發,但賄銀並非全數立給,部分掛帳。使臣怕拖延生事,回國後請政府撥款充付。[163]五十二年(1713),賚咨官咨報朝鮮人私越清境案,以公用銀活動免清廷遣使查辦,公用不足,臨時向北京華商鄭世泰貸二百兩充用。[164]

不論朝鮮是為積極或消極利益而行賄,其基礎是建築在清朝官吏的貪污風氣上。上面所述已顯示出貪黷情形,此處再申敘幾點。清入關前紀律甚嚴,但幫管朝鮮事務之英俄爾岱(1596-1648)仍暗索桐油、青花等物。[165]入關後大小官員見該國貢使動輒有求,甚至要索溺器。[166]

上述康熙二十四年該國使鄭載嵩(1632-1692)呈遞訴冤文書後,禮部以陪臣不告其君而輕弄筆墨,奏請拿問,並將貢物退還,奉旨免拿,餘依議,於是該國再派使臣謝恩並奏擬載嵩罪款。三法司會議議

---

161 〈朗善君癸卯燕京錄〉,《青丘學叢》,第4號(京城,1931年5月),頁23-26。進賀兼謝恩使鄭維城該年三月出使,見《同文彙考·使行錄》。
162 《備邊司謄錄》,第3冊,頁948,肅宗十二年五月四日條。
163 《備邊司謄錄》,第4冊,頁796、797,肅宗二十五年六月十二日條。
164 《備邊司謄錄》,第6冊,頁507,肅宗三十九年七月二十二日條。
165 《同文彙考·別編》,卷2,頁35。
166 《朝鮮孝宗大王實錄》,卷20,孝宗九年三月十一日戊申條。

覆奏摺前，吳應鵬復言得四千金可使載嵩免罪，鮮使未應。吳應鵬探知上諭只降載嵩官四級，並宣佈自此免該國進謝恩方物，乃以閣老可致此為由索銀五千兩，惟貢使亦先知上諭內容故拒之，然大通官李一善言免謝恩方物及載嵩免重罪乃他託吏部侍郎沙海向明珠（1635-1708）活動的結果，代沙海索獺裘一襲。[167]

　　謝恩陳奏方物免進後，該國仍時常進呈，以示忠貞。清廷乃將之移充正朝方物，收儲內務府庫中，每次貢使回國前禮部均給一咨文，開列庫存未用方物品類數額，朝鮮也呈一帳單核對。乾隆四十二年（1777），貢使所呈庫存方物各類數目比禮部帳單均少。照理這不應構成事端，但序班們以為這是錯誤，索賄千兩，終以三百兩停當。[168]

　　從上所述可知，禮部自本部至會同館官役都貪污，而康熙二十八年（1689）朝鮮政府已謂：「聞禮部吏胥與官員締結，少有事端，恐嚇求索，罔有紀極。」[169]大家公認雍正朝綱紀嚴明，而該國使節則說：

> 蓋彼中貪風大振，上下相徇，惟利是饕，以故賂門日廣，騶虞無厭。自柵門、鳳城、瀋陽、山海關，以至禮部各衙門皆有應行之賄。入柵時胡人先數銀馱，隨其多寡徵索增加，迎送官、通官輩亦有厚贈而猶且不足，路次例致之犧牲輒復攘歸私橐，略不為愧。接伴提督公肆求索，少不滿意則從中操切，沮撓使事。外國之人既無與彼較下之勢，只以順適其心，早竣遄歸為務，則不惜重賂，屈意陪奉，亦其勢然也。[170]

乾隆四十二年（1777），朝貢使記錄道，中國上自朝廷下至閭閻貪風益熾，賂門大開。「我人一言發口，則無論事之大小難易，先索面

---

[167] 《同文彙考‧補編》，卷2，頁30-32、38-42。
[168] 李坤，《燕行記事》，收入《燕行錄選集》，下冊，頁600、602，〈燕行記事‧下〉。
[169] 《備邊司謄錄》，第4冊，頁233下、234。
[170] 韓德厚，《燕行日錄》，收入《燕行錄選集》，下冊，頁542上，〈別單〉。

幣，給則順且無事，不然必百般生梗。」[171]各處例給之賄我們尚未全曉，只知使臣給鳳城護行章京銀五百兩，護行通官五百至七百兩，賫咨官則給二、三百兩。[172]

　　清人勒索的原因除朝鮮人尋求積極消極利益有以促成外，當時該國的出使人員還指出另外的原因，就是該國士大夫不通漢語，不能直接與清官談話，而且清廷夷視該國，拘束貢使行動，所以凡事委之譯官，而譯官位卑，不能直干禮部官員，只好以賄賂活動序班、通事。乾隆四十二年進賀使李坤說：

> 我國亦令朝士講習漢語，而今則視作文具，全無設法之本意。夫皇明時不但譯舌多解事，朝士亦習漢語，故使价赴燕則與中朝士大夫互相往來。是以宗系之辨誣，壬辰之請兵多賴於此，豈專恃於譯舌輩行銀也哉。今則不然，一邊事之以上國，一邊畜之以夷狄，雖曰奉命專對，而使則實無與彼人接話之道。雖或相對，非譯舌居間，則亦無以通其意。一入燕館，便鎖其門，提督嚴守，通官呵禁，一人不得相接，一步不得自由。凡所周旋應對，一委於譯舌之手，雖欲以文字通情，必乞於提督使稟於禮部，得其許然後始敢為之，而不然則亦無奈何，便同木偶，一無措手之地。設令誦詩三百，辯若懸河，其誰聞之！雖效秦庭七日之哭，其誰知之！今則交鄰事大不在於行人之專對，而實係於象譯及銀貨。所謂譯官元不勤幹，行用言語亦多不通，至於用銀之道只憑舒（序）班通官輩，而其為蹊徑尤甚虛疎。譯輩所接者極不過此類，其餘則都是無識商胡，若朝廷之人則實無攀援之勢。[173]

---

[171] 李坤，《燕行記事》，收入《燕行錄選集》，下冊，頁682下，〈聞見雜記・下〉。
[172] 《備邊司謄錄》，第8冊，頁747，英祖五年十月十二日條；朴趾源，《熱河日記》，卷3，七月十七日。
[173] 李坤，《燕行記事》，收入《燕行錄選集》，下冊，頁650，〈聞見雜記・上〉。

道光八年（1828），謝恩兼冬至正使從事官朴思浩（1784-1854）對使臣依賴譯官，譯官依賴行賄的情形有更逼真的描述。他說朝鮮士大夫因中國為滿清征服而卑夷之，且並漢語而恥之。奉使之際，文書之往來，事情之虛實徒仰譯官之口。有事則譯官託清朝通事，通事託四譯官提督，而提督與禮部堂官等威截嚴，非可以干託。事有不諧則使臣疑怒譯官，譯官怨其難明，於是上下情志不相符而督責益急，而清通官之操縱益肆，賄銀之用開。用賄而事愈阻，每有細故葛藤，譯官通事遑遑奔走，椎胸叩心，隱若天下大機關，然使臣深坐館中，默然相視，憂悸萬端。[174]

## （三）中飽分肥

公用銀的另一去路是譯官乾沒，使臣分肥。

使臣既深坐客館，事事仰仗譯官，則無論搜集情報、行賄活動、應付勒索等經過和用銀多少，就只有任憑譯官們的口說之辭了。上述種種用銀行賄之事都是根據朝鮮資料，實際都是譯官們的說辭，因為使臣的報告也無非據譯官之言而成。譯官之言自不可能全屬子虛，但是賣情報及受賄賂者絕不會出給收據或任何證明，那麼他們所說用銀數目的正確性便成問題，甚至有些開支緣由根本就是虛構的。

因之，我們對前述種種雖不可一律懷疑，但必須持一保留態度。事實上該國使臣、隨員及朝中大臣早已稔悉此情。朝鮮文獻，也就是譯官們的報告中屢次提到會同館胥吏的漁利勒索，但康熙五十九年（1720）的貢使說，凡購買書籍必使譯官求之序班，而他們「彼此互

---

[174] 朴思浩，《心田稿》，收入《燕行錄選集》，上冊，頁909-910，〈留柵錄〉。編按，原文如下：我東士大夫，夷中國而恥之，與漢語而恥之。夫漢語者，漢、唐、宋、明以來中國之正音也，異於清音，何恥之有？電勉奉使之際，文書之去來，事情之虛實，徒仰任譯之口，計之疏漏，莫此為甚。每有事焉，任譯圖囑通官，通官圖囑四譯提督，提督於禮部堂官，等威嚴肅，非可以干託也。事不諧則使臣疑怒於任譯，任譯怨其難明，於是乎上下情志不相孚，而督責益急，則通官之操縱益肆，不虞之銀枑開焉。銀一開而事愈阻，若有微細之葛藤，則任譯通官遑遑奔走，推胷叩心，隱若有天下大機關者然。使臣深坐館中，默默相視，憂悸萬端。

有所利，故交結甚深」。[175]這句話道出了韓國譯官與中國胥吏合夥侵漁分肥的底蘊。買書既彼此互利，則購違禁品及所謂行賄用銀也難保不同惡相濟，杜撰故事，騙取金錢。

朝鮮文獻中記載清通官勒索之事雖較少，但從上述李坤及朴思浩的文字中可知，他們與該國譯官也非常密切。事實上二者之勾結較序班與韓譯更深。康熙五十一年（1712），朝貢使臣離開會同館，回程時贈館提督銀五十兩，主管開市之戶部官員二十兩。他們以銀少刁難，清通官出面調解，他們則懷疑通官們私受朝鮮厚賂。[176]他們的懷疑是有道理的，因為他們對兩國譯官交結之情，知之最稔。

清朝通官來自八旗朝鮮佐領，乃清初走降或被俘的朝鮮人之子孫。此輩隨使朝鮮時每多般需索，而往往透過該國譯官為之。朝鮮譯官也常透過清朝通事自其本國得到好處。康熙三十九年（1700）清廷減謝恩方物，雍正二年（1724）大量減少歲幣。這都是皇帝的決策，與該國譯官毫不相涉，但清朝通事示意使臣厚賞譯官，該政府遵意照辦。[177]在這種相互照顧的關係下，他們夥同捏造故事，虛報分肥是很自然之事。

上文已提及，朝鮮政府為了「公用」開支，每撥款貸於譯官貿易，從中抽歛公用，於是譯官們便強調清人勒索迫政府多貸銀兩。這種技倆該政府官員及使臣早已識破。康熙五十九年（1720），兵曹判書李晚成說：「譯舌輩利其私用，必以彼中（清國）生事之意，多般恐動，期得多數貸去。及其回還之後，抵死不報，公家累萬兩銀貨，便作渠輩之物，誠極寒心。」[178]

乾隆二十一年（1756），領議政李天輔（1698-1761）也說：「所謂公用，只只憑渠輩之言，一開此路，則後弊難防，朝家何以詳知其

[175] 李宜顯，《陶谷集》，收入《燕行錄選集》，下冊，卷30，頁511上（原書頁20），〈庚子燕行雜識·下〉。
[176] 閔鎮遠，《燕行錄》，收入《燕行錄選集》，下冊，頁341，〈燕行日記〉。
[177] 《備邊司謄錄》，第4冊，頁897；第7冊，頁566。
[178] 《備邊司謄錄》，第7冊，頁293，景宗即位年七月十八日條。

實用之數乎？」[179]五十五年（1790），賀清高宗（1711-1799）八十萬壽，朝鮮副使徐浩修（1736-1799）道，該國在鳳凰城邊門、盛京、山海關、北京四處年贈銀五、六千兩事非禮部所知，只要呈訴該部即可禁斷，然而譯官們恐嚇使臣，百計阻遏，因之徐氏推斷「必有中間乾沒而然也」。[180]

他們的虛報有時一望而知。該國嘉慶十七年（1812）的紀錄說，禮部咨文順付時每件索銀二兩，故序班每將一件可畢書之事分寫為二、三件以多索銀兩。[181]這純屬虛構，因咨文不由序班寫，且咨文有一定格式，不可能任意割裂。朝鮮政府對譯官們的虛報固習雖很瞭解，但無可奈何，只於顯明不合情理者加以處置。順、康兩朝，該國賀萬壽貢均經特准並於正朝貢獻，雍正即位後該國咨禮部宛申欲援往例之意。送呈咨文譯官回報說，呈文時該部持難，故用活動費二百六十兩銀。該政府以譯官獨往呈文，用銀無以徵信，難准報銷，但如所用屬實而不准，由譯官負擔，亦甚矜憫，不知何以辦理，乃請示國王。國王以事之虛實除問清人之外無以明之，譯官既呈遞了文書，且為國家體面起見，特許報支。[182]

乾隆四十二年（1777）冬，朝鮮譯官將漂到該國之奉天、直隸、江蘇、廣東海難人五十一名咨送禮部。該譯回報謂咨文中有一字錯誤，用銀二百五十兩始無事呈上。該政府以譯官用公用銀應酬私事，將之遠地定配，以懲後弊。[183]譯官們膽量很大，不放過任何乾沒機會。上述賀高宗八十誕壽之使團是自遼左直趨熱河，因天雨難行，盛京副都統成榮特撥車馬相助，且贈土儀及白金五十兩以為行資。使臣收下土儀，遣譯官送還銀兩，並令以回路修謝之意相告，以免該譯中

[179] 《備邊司謄錄》，第12冊，頁811上。
[180] 徐浩修，《燕行紀》，收入《燕行錄選集》，上冊，頁533-534。
[181] 李基憲，《燕行錄》，收入《燕行錄選集》，下冊，頁790，〈燕行日記〉，「初五日」。
[182] 《備邊司謄錄》，第7冊，頁607。
[183] 漂人事見金慶門等修，《通文館志》，卷10，頁19，定配事見《備邊司謄錄》，第15冊，頁577下，七月初七日條。

間乾沒。

　　貢使回經瀋陽時，遣隨員柳得恭（1748-1807）往謝成榮，並申前贈金雖未受，依然感念之意，始知五十兩銀子仍被乾沒。成榮遣甲軍將該譯逮去，及獲釋，他怒告首譯道：「凡有往復不使首譯，為之使朴俾為之何也！吾既備納銀子，不畏副都統！」[184]這話有兩層意義：如果遣首譯回謝，乾沒之事便可遮掩住，足見譯官們夥同作弊的情形。他們對各處下級官吏行賄之後，便理直氣壯，為非作歹，即對上級官員也不畏懼。

　　朝鮮譯官之貪墨中飽與其社會政治地位及事勢有關。他們是中人階級，經雜科考為譯官，官限三品，而世世譯舌，雖三品首譯而犯過時每被使臣當場棍決。該國及各機關經費貢物佔大部分，而司譯院以中人衙門無貢物之撥配，且人員多而實缺少，大家輪流佔缺，故薪資微薄。他們一向靠出使時所賜衣資米糧，中國所給的賞賜，以及國家特許的出入口貿易權。而清中葉後由於私商的競爭，對日貿易的衰萎，貿易每失利，生活益艱苦。另一方面，由於無希望，心境苦悶，又每每酒色徵逐。[185]

　　從上節公用銀的籌措可知，使行出發前正副使必舉種種理由要求政府撥款或貸款。初期別使說他們因有特別任務，清人易藉機勒索，所以需大量公用。後來例行節使則謂，別使多倉促成行，不及收羅貿易資本，清人見其銀少，不事勒索；節使則行期一定，多能收足限額資本，清人見財生貪，易致敲詐，所以必須多帶公用，故後來無論節別一律定額支給。朝鮮國王曾說，使臣們請求官銀成了一競賽局面，以致雖循例使行若不得請便為羞恥，而備局亦拘於顏面輒許之。[186]這雖不失為使臣們熱心請款的原因之一，但實則另有更現實的原因：

---

[184] 徐浩修，《燕行紀》，收入《燕行錄選集》，上冊，頁444上、531-532。
[185] 《備邊司謄錄》，第7冊，頁577，戶判吳命恒語。
[186] 《備邊司謄錄》，第11冊，頁982，英祖二十五年十一月三日條。

第一，使臣們均屬士族，生活有封建式的儀節，崇尚奢華。出使時自漢城至義州間，多站站流連，訪友覽勝，詩酒歌妓。在中國境內情形雖不詳，但以此例彼當知其端倪。這種生活方式自需額外金錢，因之曾勞國王下令警戒，謂若不能吃苦可不必應命出使。[187]

第二，他們說中國對使臣的接待以貨賂的多少定其厚薄。[188]當然每一位使臣都願意受到優厚禮遇，因之每一位使臣都竭力爭取公款，以行貨賂。

第三，前面說過，使臣在中國時事事倚仗譯官。既如此，只要譯官想請求公款，他們就不得不為之盡加爭取。

第四，公用銀之支出以奏請冊封及辦史誣最為豪奢。這固然是整個國家之事，但朝臣們嘗認為不必如此浪費，如雍正二年（1724）他們圖先期立法以阻止請冊世子時大量用銀。[189]而康熙初奏請辦誣時也有人說，清廷正忙於三藩之亂（1673-1681），無暇及此，不必徒事糜費。[190]國王對此等建議根本不理，為冊封而破壞剛剛頒佈的禁止貸款令，辦史誣之使也屢屢派遣。

大致說，在對清關係上，國王與朝臣們的心理態度稍有不同。大家固然均為朝鮮，但國王更為李氏王朝。所以凡國內有叛亂，均詳奏事發討平經過，謂之「討逆陳奏」。這表示面對內部不滿與動亂時，李氏政權最後須靠清朝支持。冊封是請求清朝承認支持儲君、新君、王妃的地位，而辨誣則係為其祖宗洗刷或掩飾當時認為不美的事蹟。在使臣們看來，既然國王不恤公帑而為己，則他們乘機用點公銀又有何不可？

---

[187] 《朝鮮正祖大王實錄》，卷41，正祖十一年十月十日甲辰條。

[188] 《備邊司謄錄》，第7冊，頁293，景宗即位年七月八日條。

[189] 見張存武，〈清季中韓關係之變通〉，收入氏著，《清代中韓關係論文集》，頁148。

[190] 《朝鮮肅宗大王實錄》，卷7，肅宗四年八月二十三日辛卯條，李夏鎮言。

雍正三年（1725），奏請冊封世子時，使臣請求大量公帑，主事者以國庫空虛減數以給，副使權㦡說：「若以國儲之蕩竭為慮，而姑停使行則已，不可已，則決不宜如是草草作行。」[191]這話非常放肆，純屬要脅，一方面攜冊封之勢對核減款額之朝臣施壓力，同時也是乘機明白敲詐。從史料中充分看出，凡奏請冊封或辨史誣時，朝鮮的譯官及中國的官吏差役均紛紛乘機漁利，而使臣們，無論是循例或別遣，也均在分肥之列。

## 四、結論

以上我們根據朝鮮派往中國的使節差官之機密報告、旅行記、該國的法令、經費、人事資料，及樞府會議紀錄等文獻，將該國出使清朝所用的機密費做了一深入的內幕考察。這一研究使我們對此一問題，清韓封貢關係，及兩國的內部情形增加了些瞭解。

從機密費的三大開支項目看，當時朝鮮人所說此一經費絕大部分用以應付清人的勒索是不成立的。情報費、譯官乾沒和使臣分肥，以及為尋求積極利益而支出的活動費，顯然不是應付勒索。外交情報是主動工作，該項費用是一個國家的必須支出。別、公用銀大多數在冊封及辨誣奏請時用之。冊封不僅為宗藩關係體制的重點，不僅是該國對日本關係的倚靠力量，也是李氏王朝維持其在國內地位的保障。因之朝鮮國王均不惜重費求得。所有統治者在其臣民之前莫不以承天奉運的姿態處之，他們取得政權完全是合理合法，天與人歸的。因之對其列祖列宗的錯誤紀錄固然不可，就是人情之常及必然的政治鬥爭的真實寫照也不能容忍。

朝鮮的國史他們可控制，依照其說辭編寫，但對中國的紀錄無力干涉，所以大把花錢請求辨雪。這雖是基於以「孝」治天下的道

---

[191] 《備邊司謄錄》，第7冊，頁677-678，英祖元年十月七日條。

理，究其實還是為了統治權的穩定。為詔書、咨文的順付而用賄，是花小錢省大錢的精確打算。打點方物歲幣的「無幣呈納」，是由於貢人、主管的偷減和管理不善，而以劣物充良品畢竟會節省些錢，只是利歸私人，害嫁國家而已。經常人情公用銀以送給鳳凰城、盛京、山海關、北京的清吏役官兵最多，主要目的在疏通關節，便利貿易走私。

「外交是內政的延長」這句話原就政策方向而育，但也可做另一種解釋，就是內政的良窳也在外交上顯示出來。上文所述清人的貪墨及朝鮮譯官、使臣的中飽分肥即屬例證。清人之貪，除他們本身腐敗，如給朝鮮人做情報，勾結圖利外，後者的違禁走私給了他們敲詐勒索的把柄。清初中國韓語通事都是走降或被擄朝鮮人，後來的也是選自八旗朝鮮佐領，所以他們原本是朝鮮人。然而其中有些和朝鮮譯官中的部分一樣，原是韓化女真人。這部分人的血統和文化成分原本介乎清韓之間，而全部通官的職務都是作兩國的中介。

這種邊際人物（marginal man）的通性是在兩者之間討生活、佔便宜，見聞較廣，主意較實際，但對其隸屬國家不一定極端忠貞。清韓關係除清初數十年外，大致說朝鮮國王是以誠心事大，清朝皇帝對該國也特別顧恤。然而這種彼此的善意被中間人破壞了。就公用銀的部分支出而言，朝鮮政府損失了公帑，清朝得了腐敗貪污的惡名，而受益者是中間人。

基本問題是封貢外交體制的疏陋。外國貢使不能與禮部主管自由交接、商談問題，故予中間人，包括會同館大使等，有可乘之機。在這種體制下，雙方人民不得進出彼此國境，因之貿易、交流專靠朝貢之便。不過就貿易而言，朝鮮官府的觀念思想尤為落後，管制較中國尤嚴。至於管制的效果如何，是行政效率的問題。

就法律而言，賄賂、貪污、走私等都是落伍和罪惡，不可原恕。然就清代中韓文化、經濟的交流而言，如嚴格依照兩國政府的規定，其成績必不如我們已看見的事實。是則那些違法亂禁的行為，反而

成了發揮良好功能的有利因素。這就是所謂必需的罪惡（necessary evil）。歷史的發展決定於歷史的客觀因素，每不受人們的主觀控制。

*本章原刊於《中央研究院近代史研究所集刊》，第5期（臺北，1976年6月），頁409-446。

# 第八章

# 新儒學會與天主教義在朝鮮的變適：
# 以丁夏祥〈上宰相書〉為例

## 一、緒言：天主教入韓及丁夏祥其人

　　一種文化常因時移而變，傳播到其他文化區時，也同樣為適應環境而被動的或自動的有所換易。宗教為文化內容之一部分，雖神權力量比較執著，也離不開這一變動軌跡。羅馬天主教十六世紀傳到印度後，面對當地宗教社會也有所調適；明清之際入中國後，為了應付儒家文化，同樣作了某種程度的變易。韓國天主教主要是從北京傳入。從十七世紀至十九世紀末的三百年間，該教在腥風血雨中成長。毫無疑問，該國天主教徒在程朱學術、階級社會、王權政治的壓迫下，也有所退讓。不過，他們畢竟是韓國天主教徒。韓國天主教徒在此空間中堅持了些甚麼，在那些方面作了妥協讓步，使其教義在三百年中前後並不一致。本章就1830年代殉道的丁夏祥（1795-1839）所撰〈上宰相書〉加以分析，用見其時該國天主教思想情形。

　　天主教宣教士隨日本豐臣秀吉（1537-1598）之侵韓軍至熊川城，為該教入韓之始。長崎教會曾收日軍所俘之韓人三百餘名，西洋傳教士且曾帶五人至印度。此海路傳道，無甚結果。十七世紀初年朝鮮北京貢使團人員已由北京帶回用漢文著述的天主教義出版物，並有人在北京教堂受洗。朝鮮貢使也帶回有關天主教義及西方科技之書冊、

儀器。滿清入關後，質於北京的朝鮮世子（1612-1645）因與湯若望（1591-1666）過從甚密，歸國時曾帶宗教冊籍、圖畫、十字架外，尚有信教的明宮女及宦官五人。

十八世紀百年中，朝鮮凡出使北京者，幾均到天主堂參觀訪問，教堂教士則贈以天文、曆法、宗教等書。故自十七世紀末，朝鮮有些地方天主教大熾。十八世紀下葉，該國部分士大夫、中人、奴隸已聚會講道，並將漢文冊子譯成諺文，乘朝貢之便，與北京教堂西洋人通信聯絡，北京也派漢人周文謨（1752-1801）神父入韓傳教。

然而也就是從十八世紀末，朝鮮士大夫已在攻擊天主教徒之毀主廢祀、男女暗室雜處等異端信仰行為，斥之為邪學。朝鮮政府也展開了伺察、逮捕、刑殺的迫害措施，名之為邪獄。1785年乙巳開始，計有丁未（1787）、辛亥（1791）、戊巳（1798）、辛酉（1801）、丁亥（1827）、己亥（1839）、丙寅（1866）、辛未（1871）九次教難，而辛亥、辛酉、己亥、丙寅尤慘烈，株連、酷刑、殺戮、籍沒，不一而足。辛亥獄由母死不行喪葬之禮而發。辛酉大獄後，朝鮮國王頒發斥邪教文，奏聞清廷。此等文件均攻擊天主教違背人倫綱常、無父無君、男女淫雜，以及靈魂不滅、天堂地獄、上帝創世等說。而辛酉之獄因教徒欲招西方國家的船艦大炮軍隊護教，並請清廷派大員監國，所以反教者力倡尊王攘夷之春秋大義。[1]

丁夏祥為士族，祖父官至牧使，而父兄輩則盡皆天主教徒。姑丈李承薰（1756-1801）自北京教堂領洗求書，回國傳佈。父若鍾（1760-1801），叔若銓（1758-1816）、若鏞（1762-1836），兄哲祥（？-1801）等與其他友人共同研究。除若鏞以學術優異，絕島定配十數年後蒙赦，成為大學者，人稱茶山先生外，餘均先後罪死。

丁夏祥七歲喪父兄，養於叔父處。及長，十年內九赴燕京天主

---

[1] 參見張存武，〈清代中國對朝鮮文化之影響〉，《中央研究院近代史研究所集刊》，第4期下冊（臺北，1974年12月），頁563-566、577-586；閔庚培，《韓國教會史》（漢城：大韓基督教出版社，1983），頁502-520，〈年代表〉。

堂，自道光十三年至十七年間（1833-1837），帶漢人神父劉方濟，法籍神父范世亨（Laurent Joseph Imbert, 1796-1839）、鄭牙各伯（Jacques Honoré Chastan, 1803-1839）、羅伯多祿（Pierre Philibert Maubant, 1803-1839）潛入該國傳教。1839年事發，三法籍神父及夏祥均遭捕殺，而夏祥將其以丁保祿名所撰之〈上宰相書〉呈官方，為天主教辯護。茲據亞細亞文化社1976年影印漢城大學教授李元淳（1926-2018）點校本，分析如下。[2]

## 二、〈上宰相書〉的內容

　　〈上宰相書〉首段，是以孟子闢楊墨乃恐其肆害於儒門，韓愈（768-824）攻斥佛老係恐其惑亂人民為例，謂古之君子立法說禁，必考其義理之如何，為害之如何，然後當禁者禁之，不當禁者不禁。合於義理者，雖芻蕘之言，聖人必取。這是不以人廢言的原則。然後丁夏祥將正題提出，說朝鮮國之禁天主教，初不問義理之如何，而以非常歪曲的，令天主教徒聞之痛心的說詞，將該教歸入邪學，將其徒置之大辟之律，而無一人查考該教之源流。他問道：「為學者將為儒門之害歟？將為黔首之亂歟？」然後明白宣言，天主教乃自天子達於庶人的日用常行之道，不可以說它有害於儒學，惑亂人民。[3]

　　丁夏祥上書的第二部分，是用萬物、良知、《聖經》三證，說明上帝的存在。萬物之證，他說人皆知房屋由人設計建築；如謂柱石、梁椽、門戶、牆壁乃渾然相合，兀然自立，人必以為狂言。天地是一大房屋，飛禽走獸、動物植物奇妙之狀，不可能自然生成。如屬

---

2　李晚采編纂，金鍾甲校閱，《闢衛編》（悅話堂發行，李熙弼序於孔子誕降後二千四百八十二年〔1931〕辛未六月，七卷，分上下編），卷5，頁23-28；卷7，頁1-4、6。丁夏祥（保祿），〈上宰相書〉亦見於卷7，頁6-13，然不如李元淳之點校本佳；全海宗，〈外國人名錄〉，收入氏著，《韓國近世對外關係文獻備要》（漢城：漢城大學東亞文化研究所，1966），頁216-263。
3　丁夏祥，〈上宰相書〉，頁3-4。

自然，何以日月星辰不違其躔次，春夏秋冬不失其代序？如謂上天之載，無聲無臭，舉世之人暗行摘埴，歸之自然，是無異於遺子不見其父，不信其有父；世人見奇文名畫，必問作者為誰，而宇宙萬物即一奇文名畫，何以不問其作者為誰。他說世間事物俱不出於質貌作為。質為材料，貌即形狀，作者乃工匠。為係需用，近取諸身，遠取諸物，莫不皆然，何獨大地無作者？

丁夏祥對於良知之證，說遇雷電，雖小兒亦知奮畏，可知賞罰善惡之大主宰印在心頭，愚夫愚婦遇蒼黃窘迫之勢，悲痛冤恨之時，必呼天主而告之。此即本然之心，秉彝之性有不得掩者，故不教而知，不學而能。關於《聖經》之證據，他說，中國古經史中早有享上帝，及敬天、畏天、順天、奉天之說，而三國吳孫權（182-252）赤烏年間得鐵十字，唐貞觀時景教大盛，朝野崇祀，魏徵（580-643）、房玄齡（579-648）名公巨卿皆信，明萬曆間西士至中國著述多，傳至東邦（韓國）也已五十年。以此可證世有主宰。[4]

〈上宰相書〉的第三部分，言上帝造天地萬物，以通其福，顯其德，以及人應守十誡。所謂通其福，即造天而覆我，造地載我，造日月星辰光照我，草木禽金銀鋼鐵享用我。人自出母胎以至成長，種種洪恩無涯。人受此大德帝利，亦應如受父母之恩而報之孝之，以答其萬一。而報之之道即奉行十誡：

一、欽崇一天主萬有之上。

二、勿呼天主聖名發虛誓。

三、守瞻禮之日。

四、孝敬父母。

五、勿殺人。

六、勿行邪婬。

七、勿偷盜。

---

[4]　丁夏祥，〈上宰相書〉，頁4-10。

八、勿妄證。

九、勿願他人妻。

十、勿貪他人財。

他歸訥十誡，綜為二事，愛天主萬有之上，及愛人如己。上三誡為昭事之節目，下七誡為修省之工夫。[5]

根據十誡闡明天主教之善、偉大、值得信仰，並根據十誡批判攻擊天主教言論的不當，乞求政府解除禁天主教的法令，是丁夏祥上書中用力發揮之處。他說十誡乃顏氏四勿、戴記九思所不及，而忠恕、孝悌、仁義、禮智已盡於此，無一毫不足之處。此道行乎一家，家可齊；行乎一國，國可治；行乎天下，天下可平。且十誡犯一不可，不獨不可身犯，尤禁心犯。人之過，作於其心，而後害於其事。治世之法可治其事，不能治其心，天主之誡則事與心俱可治。

然而人心惟危，道心惟微，種種私慾偏情，時時誘人致罪，故須時時警斥，刻刻攻退，終身相戰。勝則成功，敗則抵罪而身死。天主至公至義，無善不賞，無惡不罰。由賞罰而引出天堂地獄、靈魂不滅之說。他持草木、禽獸、人分別有無魂、覺魂、靈魂之論，而靈魂不死不滅。善人死後靈魂昇天享永福，惡人則入地獄受永苦。他說天主教至聖、至公、至正、至真、至全、至獨、惟一無二之教。[6]

對於外界斥其教徒無父無君之論，他說十誡之第四誡為孝敬父母，忠孝二字乃萬代不易之道，養志養體，人子之當然，而奉教之人，尤切謹慎。故事盡於禮，養盡其力，忠移於君，許身殉命，赴湯蹈火不敢避。不如是則有違教誡。他問道：「此果無父無君之學耶？」對於服教命而違君命的理由，他的解釋是，位有尊卑，事有輕重。一家之中父最重，而尊於家父者為國君。一國中君命最重，而尊於國君者為天地大君。聽父命而不聽君命，其罪重，聽君命不聽天地大君之命，則其罪尤重。然則奉事天主，非欲故違君命，乃出於不得

---

[5] 丁夏祥，〈上宰相書〉，頁10-12。

[6] 丁夏祥，〈上宰相書〉，頁12-20。

已。以此一端即謂之無父無君,「可乎」?

對於斥該教通貨色之言,他說自古有國家者不可一日無通貨之事。有無相通然後生民相資而生。若無通貨之法,則一國之中生者幾何。故通貨豈為不美之法,可禁之事。關於通色,他說十誡中第六誡曰勿行邪婬,第九誡曰無願他人之妻。前者乃戒身犯,後者戒心犯。「聖教之嚴禁邪婬,如是重復,而反以通色之說加之,豈有如是逆倫亂常之教乎。」

關於毀主廢祀,他說士大夫之木主,既無氣脈骨血相連,無生養劬勞之相關,父母之稱何等重大,而以工匠所造為真父母,正理無據,良心不允,寧得罪士大夫,不願得罪天主教。廢祀理由為,飯食為肉口之供,道德為靈魂之糧。孝子不能以甘旨供父母寢寐之時。寢寐非飲食之時。人死,大寐也,自亦不能飲食。況黍稷非虛則假,人子不可以虛禮事亡親。[7]

當時朝鮮禁天主教,也因其為洋教。丁夏祥說,道之真假,事之曲直,置之一邊,以不近不當之說排之擠之,是不對的。因金不擇地,惟精是寶,道不拘方,惟聖是真,天主教之傳擴自無此疆彼界之限。中國各國人物往來相通之學,沙門之學,任之所為,外國人多有居住而不知禁者。他又與佛道相比。說該國全國梵宮釋殿,甚為奢侈,金佛銅像浪費財力。佛氏乃西域之異端,剽竊天主教之文學規矩,而義理舛錯,倫紀絕倒,虛張禍福,恐嚇愚氓,並巫覡風水,算命看相等人,誕惑婦孺,侵漁錢財,而視若平常,獨天主教不蒙包容之恩,真感不平。他復抱怨政府官員對天主教徒法外施刑,逼他們背逆天主,詬罵凌辱。[8]

丁氏最後說,天主教無害於家國,教徒未嘗為不軌、為奸婬、為偷盜、為殺越,卻橫遭禁制,獄中斃命,門戶滅絕者相續,泣血成渠,哭聲震天,父呼其子,兄呼其弟,如窮人之無所歸。捐生命,證

---

[7]　丁夏祥,〈上宰相書〉,頁20-23、27-28。
[8]　丁夏祥,〈上宰相書〉,頁23-25。

真教，顯王之榮光，固為教徒分內事，然國家清明之世，這也不成光景，況天主教徒也是國王之赤子，請宰相俯覽其書，詳辨道理之真偽邪正，然後上告王廷，下布民庶，弛禁釋囚，與一國之民，安土樂業，共享太平。

## 三、十九世紀韓國天主教義的變適

從〈上宰相書〉可以看出，丁夏祥是很有才氣的人。漢文流暢，思慮有條理，有見解。如立法設禁，主張應考其義理，當禁者禁，不當禁者不禁；合於義理者，雖芻蕘之言必取，以符不以人廢言之義。又謂：「事之合理者，不見而可信，不合於理者，雖見不可信也。故事之可信與不可信，不係於見不見，而惟在於合理與不合理而已。」並以此推論天堂地獄之可信。

以往教徒們都是躲躲藏藏的傳佈教義，只有在受刑時方對官府吐露真言。丁夏祥是第一位主動與官府對話，辯護教義的天主教徒。四千多字的上書，句句都是針對朝鮮學術界及政府的批評而發。如駁宇宙萬物自然生成說，固因創世說乃天主教義之基礎，不可不闡明，然實為針對1801年朝鮮國王新頒之討逆文。該文強調儒家不需命而四時行、萬物成，及上天無臭無聲之自然宇宙觀。[9]毀主廢祀、無父無君，男女混雜，為天主教被攻擊最嚴厲之處，丁氏作了有力的回答，且以位有尊卑，事有輕重解釋教徒違君的行為，並謂不可以此一端即謂之為無父無君。這是勇敢而技巧的辯難。

丁夏祥的言論，多半來自《聖經》及在華耶穌會士之言論，然而仍無法掙脫儒家學說，事實上他有時仍在以儒說支持教論。關於三魂之論，他說：「先儒亦知魂之有三，而靈之不滅，故曰三魂屢散，又曰魂開魄降。」[10]這大概是由該國學者安鼎福（1712-1791）十八世

---

9　丁夏祥，〈上宰相書〉，頁25-26。
10　李晚采編纂，金鍾甲校閱，《闢衛編》，卷5，頁18-19。

紀末的著作而來。安氏在《性理大全》中看到真西山引《荀子》云：
「水火有氣而無生，草木有生而無知，禽獸有知而無義，人有氣、有生、有知、有義，故最為天下貴。」因謂天主教士之說與荀子所言大同，但靈魂不死之言，與釋氏無異，而為儒家所不言。[11]

觀此可知，丁夏祥的說辭是用了安鼎福言論的上半段，自己又去找了「三魂屢散」等數語而成。他說天主教行於家，家可齊；行於國，國可治；行於天下則天下平，固然是讚美天主教的偉大、萬能，然也無意中將天主教淪為儒學工具。言十誡重防心犯，而以人心為危，道心為微相釋，為證明天主教並非無父，而將十誡中"Respect your father and mother"視同儒家的孝敬父母，再以移孝作忠的手法，說該教並無無君之論。這是牽強附會之論，是迫於當時的環境所作的權變。他說各國人物及往來相通之學中國任其所為，寓華外國人多有不知設禁者，是想以中國對天主教的態度，影響該國。中國雖禁傳教，並未禁士大夫們閱讀其有關書籍，並且容許外國教士居主北京。事實上，天主教士仍潛居內地各省不少地方。[12]這種情形丁氏不難自北京教堂及劉方濟神父等處得知。

攻擊佛教奢侈浪費可以，然謂佛教乃西域之異端，剽竊天主教之文字，模倣其規矩則不可。因為佛教比天主教早數百年誕生。這一點十八世紀末安鼎福已作剖析。[13]丁夏祥乃虔誠之教徒而非學者，故未曾理會，而照舊宣科。不過他對於通貨問題的辯論有近代重商的性質。這可能受到朴齊家（1750-1805）等北學派提倡工商言論的影響，[14]也可能是西方天主教士所持朝鮮應對外開放的思想。然而這種想法，以及乞求朝鮮政府解禁天主教的希望，在當時均屬不可能。因

---

[11] 丁夏祥，〈上宰相書〉，頁5。
[12] 李晚采編纂，金鍾甲校閱，《闢衛編》，卷1，頁9。
[13] 莊吉發，〈清代乾嘉年間（1736-1820）官紳對天主教的反應〉，收入鄭樑生主編，《中外關係史國際學術研討會論文集：思想與文物交流》（臺北：淡江大學歷史學系，1989），頁167-198。
[14] 張存武，《清代中韓關係論文集》（臺北：臺灣商務印書館，1987），頁351-362。

為朝鮮手工業極度落後，對外通商的壓力幾乎沒有。

儘管丁夏祥費力宣稱天主教也講求忠孝，然而反教者絕不相信，因為毀主廢祀乃不孝的鐵證，而儒家的理論是求忠臣於孝子之門。天主教徒既非孝子，焉能忠於國家。教徒們用血書請求西洋國家派戰艦、軍隊、大砲，壓迫其國家允許傳教的行為，已使得他們成了不折不扣的叛國賊。其後西方國家的通商要求，朝鮮政府均認為乃天主教徒裡應外合的禍國勾當，而嚴辭拒絕。

1866年法軍為朝鮮殺害潛入該國的法籍傳教士而攻佔江華島，企圖滅亡朝鮮。此舉證實了上述朝鮮政府及反教者對天主教的看法，該政府對天主教之禁制乃愈嚴，不斷逮捕潛入之西洋教士，只有中國出面干涉時，方纔釋放，而對天主教之解禁，乃中國指導朝鮮在1882年與西方諸國締約通商以後的事。

綜觀丁夏祥之上書，對天主教義多半持堅執態度，也有妥協性的解釋。而這種堅執態度，非徒無益於天主教之解禁，且增加了向解禁開放的阻力。

## 四、結語

丁夏祥的〈上宰相書〉，是韓國天主教徒爭取信教自由的一個例子。使人疑惑的是，從十七世紀初到十八世紀末，也就是明萬曆（1573-1620）到清乾隆（1736-1796）末，中國也有些為天主教辯護的言論，而丁書中略無道及。合理的解釋是，中國的辯護文字乃針對反天主教言論而發，但韓國天主教徒在北京接觸到的西洋及中國天主教徒，自然不會將那些反對言論告訴他們；即使他們有所聞，自然也不會將之帶回國內。故韓國天主教徒的言論中無中國教徒的護教論旨。這只是一個粗淺的看法，中韓兩國的反天主教及護教思想言論有無承襲影響，仍須深入探討。

明清兩代，中國、韓國、日本、越南均為程朱學術思想所風被，

當然也各有其固有風俗文化。明清兩代這四個國家均有反天主教傳播的事實，但反對的程度、方式各不相同。究竟這些同和異，差異的大小如何，以及其原因為何，也值得比較研究。進一步言，耶穌會到印度傳教時，已採取與當地宗教、習俗妥協的策略。那麼他們在印度所施策略與在儒教國家所行又有何不同？效果有何差異？不將這些問題統盤考究，難以認清天主教初入各國及近世東西文化初期接觸時期的激盪情況。

# 附錄　古偉瀛評論[15]

此文前三頁（第一節）談背景，後五頁（第二節）介紹丁氏〈上宰相書〉的內容，只有在最末兩頁（第三、四節）對十九世紀韓國天主教變遷有所論析，篇幅太短，令人有意猶未盡之感。文中第十頁（第三節）提到韓國教徒在為天主教辯護時「仍無法掙脫儒家學說」，這句話值得商榷，因為韓國教徒恐怕不但不想掙脫儒家學說，反而想致力於天主教義及儒家學說的結合。

第十頁文末（第三節）提到把天主十誡第九誡「Do not desire another man's wife」之desire譯為「願」，顯示「其時之韓國天主教，猶在初級階段」。此句也值得商榷，因為「天主十誡」的翻譯，早在明末即已完成，根本是在中國流傳直到今天中國天主教徒還在使用，並不是韓國人的翻譯，也談不上「初級階段」。

另外，我有幾點感想。首先在史料方面，似可增加，例如在輔仁大學神學院圖書館藏的韓國教友在1811年上教宗的信，來說明韓國天主教的情況。

其次有兩點研究的主題似乎值得重視，因為它們可以反應來韓國天主教史上的特色：一、是當時韓國天主教徒中有不少世族（兩班）出身，這與中國清代很不相同，中國在清朝禮儀之爭後，上層社會中信教的很少，這種特殊情況可進一步分析。二、韓國在十九世紀的朱子學很盛行，而韓國天主教徒中有很有名的朱子學者，如本文主角的叔叔丁茶山就是一例。在明清，天主教排斥宋明理學，而在韓國卻並行不悖，其原因也值得探討。

總之，研究韓國的早期天主教多少必須了解天主教傳統，明清中國天主教史以及韓國本身三方面及其間的互動，並不容易，但無論

---

[15] 編按：評論內容保持原文樣貌，另在括號內補上編校後段落，供讀者對照。

如何，對於韓國早期天主教的研究是東西文化交流中很值得研究的問題，而本文是一個很好的開始。

*本章原刊於鄭樑生主編，《第二屆中國政教關係國際研討會論文集》（臺北：淡江大學歷史學系，1991），頁9-16。

# 近代

# 第九章
# 中國對朝鮮的政策（1860-1883）

## 一、前言

從十六世紀末至十九世紀，是歐洲向非、亞、美三洲擴張的時代。由於非、美兩洲人民當時多半尚屬部落社會，無強有力的國家，所以不久便被征服。在亞洲太平洋地區，包括馬來半島在內的海洋東南亞（Insular Southeast Asia），歐洲人也未遇到大的阻力。不過在屬於中國文化圈的東亞方面，在十九世紀中葉之前，他們不僅未能建立殖民地，即使傳教通商也受當地政府的嚴格控制。

在政治上，東亞國家可分為以中國為核心的中華集團（China Block）及日本。到1860年代初，中國及日本均已屈服於西方的武力，將其國土依照西方通商傳教的旨意開放，並開始了模仿西法的改革運動。然而中國並不甘心，西方國家也不滿足，所以中外衝突繼續，直到1900年的庚子之役。這固然是持續遭受屈辱，也表示由或有繼續反抗的意志和能力。

中外衝突的因素之一是中國的藩屬，如1880年代中法之役是為了越南。然而甲午戰爭固因朝鮮而起，但那不是中西之爭，而是東亞日本想代中國為東亞盟主而發動的第一場戰爭。至於中西之爭中的朝鮮問題，中國在1880年代初，經由勸導朝鮮與美國建交，已獲得初步解決。

朝鮮雖為中國屬國，然在西方國家尋求與該國建立關係，雙方向

中國訴求時，中國都聽任朝鮮自己處理，或勸西方勿打擾該國，即使1866及1871年法美攻擊朝鮮時，中國也是以第三者立場勸解。然而也就是自此之後，清廷政策轉變，關心有關朝鮮的訊息，鼓勵其自強，協助其建軍，並指導其與西方建交，藉均勢以保安全。

近代中韓關係研究，大家注意力放在自1894年的甲午事變以後，對其前的史事，連1882年的壬午事變著墨者都不多。本章所論上起1860年代，乃因1860年中國將烏蘇里江以東土地割與俄國後，俄韓國土相接，開始有交涉，及法國攻擊朝鮮前曾與中國交涉。然文章內容實際上推至十九世紀西方向朝鮮尋求通商開始，並冠以該國在東亞的國際地位，即其與中國及日本的關係。至於止於1883年，是因中國指導朝鮮在1882年與美國建交後，與之訂立〈中韓水陸通商章程〉，將以往兩國交往關係有所調整之故。

# 二、清韓宗藩關係體制

## （一）清韓宗藩關係

朝鮮半島是東亞大陸的水平肢節，西以渤海、黃海與中國古代的政經文化中心地區——華北相鄰，北與古代以肅慎、扶餘民族為主，經常受漢族、東胡、及蒙古地方遊牧民族支配的中國東北，即外人習稱的滿洲相接。半島人民，古代南部為三韓民族，北部為肅慎、扶餘族，而漢人經常移入南北兩地。東方海國日本與三韓地區有相當關係。由三韓民族發展而成的新羅，及扶餘族所建的高句麗、百濟三國，至第八世紀，即唐高宗（628-683）時期，始由新羅統一，然北部相當地區猶為唐、渤海，及其後的遼、金、元所有。十五世紀，即明宣宗（1399-1435）時他們推進至圖們江下游南岸，康熙五十一年（1712）始與中國劃分圖們、鴨綠兩江之間的國界。[1]

---

[1] 張存武，〈清代中韓邊務問題探源〉，收入氏著，《清代中韓關係論文集》（臺

新羅與唐的封貢關係，即是在其統一三國後，雙方關係惡化的六十五年間，也未中斷，而734至907年的一百七十餘年間，使節往來頻繁，官私商貿發達，新羅人充當唐帝的宿衛，新羅所、新羅坊遍於中國沿海商業地區，新羅留唐學生、僧人及使節從中國學得了政治、經濟、教育制度、法律、文字、文學、史學、書法、佛教、儒學、道教、天文、曆法、數學、醫學、造紙、印刷、音樂、建築、工藝等智識，從而促成了政治、經濟、文化的發達，使朝鮮半島也成了中國文化圈的基地。[2]

　　唐朝滅亡後，中國進入第二次大分裂，北方先後為遼、金，南則為五代及兩宋，至1280年方為元世祖（1215-1294）統一，而新羅也於十世紀初為高麗王朝所代。北、南中國及高麗的三角關係中，以遼金武力強；事實上遼且為三方之盟主。高麗同時向遼宋進貢，在文化上雖傾心宋室，然懼於北方之強，且因壤土相接，故與遼的封貢關係較密。至於與南宋，僅數次往來而已，所重視者主要是與以中國正統自居的金朝之宗屬關係。[3]

　　由於三百年與北中國王朝接觸受盡了戰爭的禍害，及對南中國漢文化的傾慕，半島政權及人民萌生了敵視中國北方少數民族政權的心理。然而統一中國的蒙元帝國對高麗王朝的摧殘較遼金猶有過之。忽必烈大帝雖允高麗為駙馬國，然元軍駐紮高麗，蒙古公主專橫干政，元廷需索無度，且強之派兵征日，供應軍需。[4]

---

　　　北：臺灣商務印書館，1987），頁223-224。

[2]　楊昭全，〈唐與新羅之關係〉，收入氏著，《中朝關係史論文集》（北京：世界知識出版社，1988），頁4-53；章群，〈論新羅入唐之宿衛與質子：兼論唐代宿衛與質子之性質〉，《韓國學報》，第6期（臺北，1986年12月），頁1-14。

[3]　參考陶晉生著〈宋、高麗與遼的三角外交關係：十至十一世紀〉、王民信著〈高麗與遼、宋、金外交關係探索〉、黃寬重著〈南宋與高麗的關係〉，分載於中華民國韓國研究學會編，《中韓關係史國際研討會論文集：九六〇～一九四九》（臺北：中華民國韓國研究學會，1983），頁15-20、21-27、61-85。

[4]　蕭啓慶，〈元麗關係中的王室婚姻與強權政治〉，收入中華民國韓國研究學會編，《中韓關係史國際研討會論文集：九六〇～一九四九》，頁103-125；王民信，〈蒙古入侵高麗與蒙麗聯軍征日〉，收入中華民國韓國研究學會編，《中韓關係史論文集》（臺北：中華民國韓國研究學會編，1983），頁167-246。

明帝國是漢人王朝，以儒學精神治天下，列代高麗王朝而興的李氏朝鮮為不征之國，且聲教聽其自理，而朝鮮也因元末傳入的講求夷夏之防的朱子學之興盛，傾心事明。及至明朝協助該國擊退日本豐臣秀吉（1537-1598）的侵略，該國君臣更為親服。[5]

相形之下，清朝先世為明之屬部酋長，且曾向朝鮮奉職受祿，或搶掠邊陲。清太宗皇太極（1592-1643）則兩度大舉軍事侵略朝鮮，方降服之。他們索斬朝鮮的拒降志士，擄掠數萬朝鮮人民為奴婢，仿遼金對宋之例，索取大量歲幣，將其世子、王子質於瀋陽。故清人後雖入主中原，成為中華之主，而朝鮮則仍以夷虜視之，並認為以周公、孔子為代表的華夏文明已隨明王朝之亡而亡，繼承此文化者惟其朝鮮而已。此種輕視滿清的態度至康雍乾盛世雖稍改，然猶未如對明朝般之衷心頃服。[6]

## （二）清韓宗藩關係體制

清與朝鮮封貢關係，是清帝國與朝鮮、琉球、安南、暹羅（泰國）、及中亞諸部落等關係的一環。這一關係集團，現代史學家或稱為中華天下（The Chinese World），或稱為東亞邦家（East Asian Family of Nations），或稱為儒教國社或組合（Confucian Society, Society of Confucian Monarchies）。[7]名稱雖異，所指內容則一，而以中華天下為

---

[5]　朝鮮親明之狀見《尊周彙編》、《小華外史》。

[6]　朝鮮關係之建立參看：張存武，〈清韓關係：1634-1644〉，收入氏著，《清代中韓關係論文集》，頁1-71。

[7]　費正清（John King Fairbank）等有關討論中國宗藩封貢制度諸論文總名為The Chinese World Order: Traditional China's Foreign Relations (Cambridge, MA: Harvard University Press, 1968)，Immanuel C. Y. Hsü（徐中約）所著China's Entrance into the Family of Nations: The Diplomatic Phase, 1858–1880 (Cambridge, MA: Harvard University Press, 1960)第一章稱中華世界為The East Asian Family of Nations，意為諸邦國的東亞家庭，乃與1648年簽署Treaty of Westphalia之諸西歐基督教國家形成之West Family的對待辭。該約署名者其後續有增加，俄國1721年，美國1783年，土耳其帝國1856年，是其成員已非原來之西歐基督教諸國。Nations意為世界諸國中之簽約國。East Asian family of Nations中之國家固多在東亞，然如浩罕等乃位在中亞。M. Frederick Nelson之Korea and the Old Orders in Eastern Asia (Baton Rouge: Louisiana State University Press,

佳，因中國人自來稱其天子所轄為天下也。

中華天下原自商周封建時代，由家庭擴展而成，其原非帝室成員諸國，其後也因婚媾而親親。故封貢關係自始即有君臣上下之等，及父子親屬之義。朝鮮國王對此天下之共主，天子、清朝皇帝，稱君父，自稱臣子。這已充分表示出，封貢關係非平等關係，而是不平等的。

封貢關係之成立乃經由朝貢與冊封。清代朝鮮國王、王妃、王世子、世子妃雖自行選立，然須得清廷之冊封承認。被冊封者均得誥命印信，國王印信曰「朝鮮國王之印」，以備行公之用。朝鮮王不得有年號，記事用清帝年號，並用清頒曆書。此謂之奉正朔。天子對屬國不施行統治權，乃委託國王統治，人事行政不過問，然與清朝有關之人與事則過問，順治時朝鮮高級官員曾以帝命罷職，永不敘用。

朝鮮不用《大清律》，清廷也不干涉該國司法，然清帝赦詔該國均公佈施行，且凡涉及清人之司法案件，均由清國裁決。清帝曾徵調鮮軍赴松花江伐俄。雍正帝（1678-1735）曾頒銀嘉獎朝鮮王治國盡責，然自順治至乾隆間，清帝也數次處罰該國王，包括申飭及罰銀。

中華君主有照顧屬國安全之責，故明末援韓抗日，順治（1638-1661）、康熙帝（1654-1722）曾於1649及1676年分別向朝鮮明白保證，如日本入犯該國，中國即迅速馳援。康熙時曾海運米糧救濟該國荒歉之災。中華天子有調停屬國間糾紛之義務，不成，或出兵征伐，如唐征百濟，明成祖（1360-1424）、清高宗（1711-1799）伐安南。然清與朝鮮未遇此事。古時天子有巡狩屬國之事，康熙帝欲巡朝鮮，以太皇太后（1613-1688）反對作罷。故有關諸事均命使臣行之，朝鮮曰敕使。朝鮮國王也無仿古例朝天子之事，凡事均命使臣行之。

朝鮮年例貢使有萬壽、冬至、正旦、歲幣四種，清入關前分別派出，移北京後均於正旦時一次貢之。貢物種類、數量、貢道，及各種奏咨賀謝公文形式均由清禮部訂之。兩國人民不許私相越界往來。使

---

1945)之Part I為The International Society of Confucian Monarchies.

節之行可順便貿易，朝鮮使團在遼寧鳳凰城外之柵門及北京住所會同館為之。此外每年在朝鮮之會寧貿易一次，慶源兩年一次。清人持部咨而往，多屬物物交換，因為邊市缺少交易貨幣。

古代諸封國相互聘問，明代朝鮮曾得明帝允許與琉球互聘，清代無此例，而其與中華封貢集團之外的日本的往來蒙清廷允許，然須事前事後報告，且呈現使日見聞錄。朝鮮與日本對馬藩之往來，不曾咨報，則因對馬藩自朝鮮受職牒，領俸祿，朝鮮以為有隸屬之意。古代屬國在中國朝廷之地位，依其冊封或歸屬之早晚，漢化及政經軍事之強弱，距中國遠近而定。

朝鮮在清入關前已降，地近中國政治中心，儒學發展為中國之外東亞諸國之冠，且地方數千里，人口數百萬，農業生產、手工業均較他國為優，故朝鮮地位為朝貢諸國之首，其使臣朝班僅在親王之次，而會同館貿易，他國有限期，獨該國與琉球無之。有清一代之公文書均謂朝鮮之忠貞及地位非他國之比。[8]

# 三、西力東漸時期的中國與韓西接觸[9]

## （一）從北京到漢陽的天主教

歐洲人到東方的基本目的在通商，而基督教也伴隨而至。最先與朝鮮人接觸的是教會人士，天主教的傳播者，商人反而在後。這可能是因為朝鮮的商業經濟落後之故。天主教最先傳入日本，後至中國。

---

[8]　張存武，〈清韓封貢關係之制度性分析〉，收入氏著，《清代中韓關係論文集》，頁72-85。Key-Hiuk Kim, *The Last Phase of the East Asian World Order: Korea, Japan, and the Chinese Empire, 1860-1882* (Berkeley: University of California Press, 1980)，第一章第一節。關於中國封貢制度之綜合討論參見Immanuel C. Y. Hsü, *China's Entrance into the Family of Nations*之第1、7、13章，Fairbank ed., *The Chinese World Order*之第1、3、4章及末文；Nelson, *Korea and the Old Orders in Eastern Asia*, ch.1, 6。

[9]　編按：本節曾以〈近世朝鮮與西方的接觸及中國的相應態度〉為題，發表於《韓國學報》，第16期（臺北，2000年6月），頁357-362。

朝鮮與二者均有來往，故天主教士也由日本、中國與韓人接觸。由於清代該國與中國關係密近，故傳教事業也收成於中韓陸路交通。

自來史家以為西方天主教士與韓人相接，始於1593年西班牙神父賽斯彼得（Gregorio de Céspedes, 1551-1611）自日入韓為日本侵韓軍作法事時。近年Juan Ruiz de Medina（1927-2000）神父考證，在豐臣秀吉（1537-1598）侵韓（1592年）之前的1580年代，寓日人已有信奉天主教，接受西方教士差遣者，且賽斯彼得神父返日後，西班牙神父Francisco de Laguna復於1597年入韓兩月。[10]自日往韓傳教，隨著日本侵略軍之撤退而已，惟不少被俘往日本之韓人接受天主教，後有返韓者。據上引Juan Ruiz de Medina的研究，日本侵略軍在韓國發現一些宣講基督教義的漢文書冊，而那是寓居澳門的天主教士羅明堅（Michele Ruggieri, 1543-1607）所著，1584年安南貢使攜往北京，再由朝鮮貢使帶回者。[11]

在華天主教士以地理、天算等科技知識為媒界而傳教。十七世紀上半葉，透過朝鮮貢使人員與教士們的接觸，如鄭斗源（1581-?）與陸若漢（João Rodrigues, 1561-1634），及在清為質的昭顯世子（1612-1645）與湯若望（Johann Adam Schall von Bell, 1591-1666）的友誼，不只地理、天算、製炮、宗教等書籍，千里鏡、地球儀、十字架也進入該國。

朝鮮貢使有在北京受洗者，世子妃等成了信徒，朝鮮的一部份在野士人且已好奇而熱心的研究教義。隨著清朝頒用明末採西法所修之《時憲曆》，朝鮮直至乾嘉時代，不斷派人至北京向教士們請教天算之學，而北京天主堂遂成了朝貢人員觀光之所。由於西方科技之吸引，尤其是該國身分不平等的階級士族社會，及政治派別的鬥爭等因素，天主教信仰迅速傳播。康熙初已「天主教熾行」，乾隆二十年代

---

10 以上見Juan Ruiz de Medina, "On the Origins of the Korean Catholic Church"，《東亞研究》，第13卷（首爾，1988），頁71-94。
11 Juan Ruiz de Medina, "On the Origins of the Korean Catholic Church"，頁75-76。

黃海至江源道一帶幾家家人人毀祠祀。

由於諸多教義難解，且與故俗相左，士族李承薰（1756-1801）於乾隆四十八年（1783）隨貢使團往北京問道受洗，歸國後與同好積極傳道。然卒因其背棄祭祖祀孔之國俗，及政治鬥爭，1785年朝鮮政府即採取壓制行動，捕殺重要教徒。信教者不屈，請求北京教區派遣教士前往。以西人不克入境，改派中國神父周文謨（1752-1801）往。周氏自嘉慶元年（1796）入韓後積極秘密傳教，兼因國王正祖（1752-1800）採寬容態度，暗護天主教之南人當政，教徒增至萬名，而王室宗親、宮女、貴族在內。

朝鮮正祖死後，純祖（1790-1834）幼年登基，素仇南人之大王大妃（1789-1857，猶中國之太皇太后。朝鮮屬國，不稱后，稱妃）垂簾聽政，反對派乘機奪權，並於翌年（1801）大捕教徒，除重要信徒黃嗣永（1775-1801）等一二人外，悉數嚴刑逼供異國傳教人。周氏自首後被梟首。後黃氏被捕，搜出彼等致北京教堂一萬三千餘言之帛書一件。

書中請清帝諭朝鮮容接西洋人，派親王在朝鮮開府監國，又請西洋派大船數百艘，精兵五六萬，多載大砲，震駭該國。此次教案史稱辛酉邪獄或教難。朝鮮政府及儒士本以天主教徒毀祖祠、廢孔祀，男女雜處，為無父無君，背倫滅性如禽獸，將使黃巾之禍重演，壞士族國社之基礎，今得此帛書，證明該國天主教徒實與外人有勾結，於是排斥西教、西學之根固。

1830年代乃東西關係急遽變化之秋，英國以武力迫中國與之建交。對於朝鮮，除後文所述英國亦至該國尋求通商之外，1831年羅馬教廷宣佈朝鮮脫離北京教區而為一獨立教區，1836年第一位西洋教士，法國人羅伯多祿（Pierre Philibert Maubant, 1803-1839）潛入該國，其後兩年另外兩位法國人沙斯當（又作鄭牙各伯，Jacques Honoré Chastan, 1803-1839）、范世亨（又作安默爾，Laurent Joseph Imbert, 1796-1839）及中國人劉方濟等亦相繼入韓。1838年，朝鮮信徒又到九

千人。朝鮮政府迅即獲知外人入國，適素來反天主教之豐壤趙氏秉政，翌年（道光十九年，朝鮮憲宗五年，1839），遂重申教禁，殺教徒七十八人，上述三名法國教士在內，史稱己亥邪獄或教難。

天主教的傳入，及朝鮮的禁教，除1801年辛酉獄案因有中國人周文謨在內該國奏聞清廷外，其餘均未奏報，這自因滿清也是和明朝一樣，對該國政教不加干涉，讓其自理之故。[12]

## （二）任朝鮮對西方閉關

踏入韓國領域的第二類西方人是海難船員，推廣貿易的殖民者、探險者、測海的海軍人員。這些人所乘的船異於朝鮮人習見的東方船，所以稱之為異樣船或荒唐船。

據現知記載，最早漂到朝鮮者為天啟五年（1627）荷蘭人 Jan Jansz Weltevree（1595-?）等。他們先乘Hollandia號至遠東，後乘Ouwerkerck軍艦，在自臺灣往長崎途中遭風，漂到朝鮮全羅道海濱。其中三人上陸，為朝鮮官方捉住，長留該國。Jan取名朴燕（或淵），娶韓女，生育子女。他們隸屬於訓練都監，負責製大砲，其中二人後且死於明清戰爭之中。[13]

第二批漂入朝鮮者為荷蘭人Hendrick Hamel（1630-1692）等三十六人。Hendrick為荷蘭De Sperwer（Sparrowhawk）船之監貨員（supercago），順治十年（1653）自荷蘭出發，經巴達維亞、臺灣往長崎，八月漂至朝鮮濟州島。朝鮮令朴燕譯問，翌年五月帶至漢城。以其中有懂星曆、製炮之術者，故亦隸於訓局，製砲備伐清之用。後發配至全羅道陸軍、水師營等單位供役，而人數相繼死亡。

---

[12] 以上參見張存武著，〈清代中國對朝鮮文化之影響〉，收入氏著，《清代中韓關係論文集》（臺北：臺灣商務印書館，1987），頁327-351。

[13] 李相伯，《韓國史：近世後期篇》（漢城：乙酉文化社，1965），頁131、132。其餘二人名Dirk Gijsbertsz、Jan Pieterse Verbaest。李著謂二人後死於光海君出兵滿洲時，誤，因光海在位時間為1607-1623年，在1627之前。拙著〈清代中國對朝鮮文化之影響〉文中採此說（見《清代中韓關係論文集》，頁328），今改。請參看本書頁163的說明。

康熙五年（1666），Hendrick等人乘漁船逃往日本，至長崎出島之荷蘭商館，經巴達維亞，於康熙七年（1668）回至荷蘭，著書述其漂風、被俘、逃亡經過，及韓國的地理、人民、風俗、服髮、飲食等。該文旋被譯為法、德、英文，並被納入多種探險、遊記類書中。此為歐人首次讀到有關韓國的親見親聞之紀述，而濟州島也自此以Quelpaert Island之名為西人所知。[14]

十八世紀末至十九世紀中期，乃西方國家，尤其是英國海洋深測的盛期，故進入朝鮮水域者頻頻。1787年五月法國海軍大將Jean François de Galaup, comte de Lapérouse（1741-1788）乘La Boussole軍艦，先後至濟州海域及鬱陵島（Dagelet）測量。英國船長卜魯頓（William Robert Broughton, 1762-1821）同溫哥華（Vancouver）發現並探測哥倫比亞河（Columbia River）後，乘四百噸軍艦Providence指向北美西北岸，在1795至1798年間探測了北太平洋、日本、琉球沿海，及韓國經緯度、永興灣，並到東萊龍塘浦，觀察民情風俗、物產等，名永興灣為Broughton Bay。[15]

1816年七月英國阿美士德伯爵（Lord William Pitt Amherst, 1773-1857）由皇家海軍Alceste及Lyra兩艦護赴中國京師商談貿易，泊白河口外，命兩船至廣東候迎。專使入京時，Alceste在船長Murray Maxwell（1775-1831）指揮下測量了琉球等處，Lyra在Basil Hall（1788-1844）指揮下，測量了渤海及朝鮮西南沿海、群山灣等處，並名該灣為Basil's Bay，白翎島為Sir James Hall Island。[16]

---

[14] 李柏伯，《韓國史：近世後期篇》，頁132、133。該文英譯為：An Account of the Shipwreck of a Dutch Vessel on the Coast of the Isle of Quelpart, with Description of the Kingdom of Korea。英文本全文轉載於1918年9月號英皇家學會韓國分會誌（Transactions of the Korea Branch of the Royal Asiatic Society，簡稱TKBRAS）。G. St. G. M. Gompertz, *Bibliography of Western Literature on Korea from the Earliest Times Until 1950*, TKMRAS 40 (1963), p. 18.

[15] 李光麟，《韓國史講座：近代篇》（首爾：一潮閣，1981），頁4；Gompertz, *Bibliography of Western Literature on Korea from the Earliest Times Until 1950*, pp. 22-24。

[16] 李光麟，《韓國史講座：近代篇》，頁4；Gompertz, *Bibliography of Western*

英東印度公司於1813年獲得對東方貿易專利權二十年，至1833年將再議延長與否。時英國朝野頗有批評該公司未能開拓新市場者，該公司乃令駐廣州職員胡夏米（Hugh Hamilton Lindsay, 1802-1881）為監貨員同船長禮士（Rees）、普魯士籍荷蘭教會（Netherlands Missionary Society）教士郭施拉（Karl Friedrich August Gützlaff, 1803-1851）等乘阿美士德伯爵號（Lord Amherst）船北上尋求英印紡織物市場。他們自印度歷訪泰國、中國之廈門、福州、寧波、上海、威海衛、奉天海口，而入朝鮮黃海道昌善島（夢金浦）、忠清道洪州古代島，投遞公文，要求通商訂約，然後經琉球而還。[17]

　　東印度公司的胡夏米曾「謹奏上朝鮮國千歲爺階下」，說明其商船係從大英國屬國忻都斯坦來，載有洋布、羽毛、大呢、時辰錶等貨，欲售賣或交換朝鮮貨，並照例納餉（繳稅）。謂英朝雖相距八萬里之遙，英船從未到朝鮮貿易，然四海之內皆兄弟，且英國帝君允百姓通天下之貿易，要人民以忠信禮義公道待遠國之人；貿易可增加稅餉收入，令百姓隆盛興旺。請允所請，並賜回覆，以便奏報其國帝君。[18]

　　他們將這封郭施拉寫的文書，與送給朝鮮國王的紅、青、黑、葡萄色大呢各一疋，紅、青、葡萄、棕、黃羽紗各一疋，洋布十四疋，千里鏡兩個、玻璃器六件、花金鈕六排、英國人事略論及基督教書冊二十六冊，交與地方官，請轉上國王。[19]朝鮮官員與之接洽，語言不通，以漢文筆談。英人詳細說明了英國的國土、屬土大小、距中國遠

---

Literature on Korea from the Earliest Times Until 1950, pp. 24-28。

[17] 李光麟，《韓國史講座：近代篇》，頁4；張存武，〈中國對西方窺伺琉球的反應，1840-1860〉，《中央研究院近代史研究所集刊》，第16期（臺北，1987年6月），頁89-90；Gompertz, *Bibliography of Western Literature on Korea from the Earliest Times Until 1950*, pp. 28-29。

[18] 許地山，《達衷集》（臺北：文海出版社，1974），頁67-69。

[19] 許地山，《達衷集》，頁69；《朝鮮純祖大王實錄》，卷32，純祖三十二年七月二十一日乙丑條。《朝鮮純祖大王實錄》所載該船人名單，在胡夏米之次為六品舉人隨生甲利。按《達衷集》有胡夏米、甲利具名致朝鮮官員書（許地山，《達衷集》，頁79），疑為甲利即郭士拉名Karl之漢譯。

近、通好國家、與中國的平等關係，如到北京不叩頭、不進貢等，並請允貿易設約。朝鮮人也仔細觀察了英人容貌服飾、英船建造及所載價值八萬兩銀的器物，及武器配備等。[20]

朝鮮地方官以其國服事大清，只尊清朝諭旨，除與中國外不與他國通商，與英交無前例，故拒轉公文，退還禮物書籍。胡夏米及郭施拉回書駁斥，中有數點值得注意：

（一）他們說朝鮮服事大清，是作外國的奴隸，凌辱自體面之事，因朝鮮自有法律，有主宰，非奉事外國之帝君，凜遵外國之旨意。他們勸朝鮮大官留心凜守自己的體面，勿使英官輕勿。至不能貿易，他們說，據《大清會典》，朝鮮只是向中國朝貢而已。安南、暹羅也向中國朝貢，而英國可以與之貿易，何獨朝鮮不可？

（二）英人知道朝鮮只與日本、滿洲貿易，法禁與他國貿易。然認為日本、滿洲亦外國，為何英國這一外國不可？他們說朝鮮地方官拒呈公文，難道要他們自己入京呈遞？

（三）他們說朝鮮官員此種作法乃以友為仇，並責備他們刑罪與英人接觸之百姓，勸他們仿中國、日本廢止禁與外人貿易之法，希望英船至韓時，他們接濟物資，修補破船。[21]足見英人其時已在否定中韓的宗藩關係，且在顯示英國富強文明之同時，露出威脅直入漢城之意。

英船於七月十七日離去後，朝鮮政府以英國雖不在清朝貢之列，然從英人語意可知，閩廣地方商船往來英國者不下六、七十隻。英船入朝鮮之事不無傳播中國之慮，乃首先自行咨奏北京。給禮部咨文除簡引上述地方官啟文外，稱：

> 舟車所通，懋遷有無，雖云有國之常事，藩臣無外交，關市譏

---

20 《朝鮮純祖大王實錄》，卷32，純祖三十二年七月二十一日乙丑條。
21 許地山，《達衷集》，頁69-79。

異言，尤係守邦之彝典。小邦粗知義分，恪遵侯度，雖逐年互市之在例應行者，猶必待敕咨指揮。今此英吉利國地勢夐絕，與小邦水路相距不知幾萬餘里，而妄托交鄰，強求市易，大非事理所宜，實出圖慮之表，援據經法，終始牢塞。彼亦自知無辭，旋即回還。交易一款今固無容更言，而事係邊情，理宜具報。[22]

貿易屬邊情，即國防外交事務，故奏聞清廷。道光皇帝以該國王謹守藩封，深明大義，據經奉法，始終不移，誠款可嘉，優賞莽緞、閃緞、綿緞各兩疋，素緞四疋，壽緞二十疋。[23]

## 四、對英法叩關侵韓的應付

鴉片戰爭以後，中國和西方各列強訂不平等的所謂通商友好條約。這些條約沒有涉及中國和朝鮮的關係，所以沒有改變這種關係，雙方仍然依固有傳統規制而行，然卻改變了西方國家對朝鮮的行為步驟，至少初期如此。他們知道朝鮮與中國有某種隸屬關係，所以欲交通該國時，或先向中國交涉。另一方面，朝鮮遇西方與之發生干係時，每求中國代拒，而中國則以為各國既與中國訂約和好，就不應該再打擾其屬國。所以中國和西方的訂約建交雖未改變中韓關係，卻對之發生了影響。

1843至1846年間，英海艦薩瑪郎號（HMS Samarang）在白爾協（Edward Belcher, 1799-1877）領導下探測琉球等北太平洋諸島水域，1845年測量了朝鮮南海，包括可能是他命名為Hamilton Island的巨文

---

[22] 《朝鮮純祖大王實錄》，卷32，純祖三十二年七月二十一日乙丑條。咨文由曆咨官帶往。回程及問情，地方官狀啓，胡夏米致水使文等又見於金景善，《燕轅直指》，收入《燕行錄選集》（漢城：成均館大學校大東文化研究院，1962），上冊，頁959-964，〈英吉利國漂船記〉。

[23] 《同文彙考》，冊4，頁3188-3189。

島，及濟洲島（Quelpaert Island）一帶水域，並到該州旌義縣屬牛島攘奪家畜，詢問通商貿易之可能性。1848年自夏徂冬，西船出沒，隱現於慶尚、全羅、黃海、江原、咸鏡五道大洋中，或下陸汲水，或叉鯨為糧，無以計數。

　　日耳曼人毆泊得（Ernest Opert, 1832-1903）1866至1868年間曾分別以Rona、Emperor、China輪船三往朝鮮，第一、二次乃為通商，末次則盜掘該國大院君父之墳墓。薩瑪郎艦1845年離去朝鮮水域後，該國以此「異樣船」尤屬叵測，上奏清廷，謂英艦屢次移泊該國境內，量山測水，並有交易之說，「請皇旨飭諭廣東番泊所，俾為禁斷之地」。道光帝諭兩廣總督欽差大臣耆英（1787-1858）道：

> 朝鮮臣屬天朝，恪守藩服，迥非他國之比。嘆夷自定約以來，一切章程均應遵守，何得復至天朝屬國，別生事端。即云為貿易起見，該國轄境無多，民貧地瘠，亦復無利可圖。著耆英即將此項情節，詳詢嘆國使臣，究竟朝鮮所見之船，是否係嘆夷所遣，該酋是何主見，務須折以正言，婉加開導，令其心服。嗣後總當恪遵成約，彼此相安，不得復任兵船游弈該境，致滋驚擾，以明天朝綏字藩封之意。[24]

要旨是中英條約只對中央兩國有效力，與中國藩屬無涉，故要英國遵約不再前往屬國朝鮮。耆英奏稱，英使謂為測海製圖免遭風災，故有五船入鮮水域，然非其所遣，薩瑪郎號係四月自香港至朝鮮，八月間回港經小呂宋、印度回國，不得再往朝鮮。至於朝鮮地瘠民貧，他也素知，通商之說，係屬虛妄，斷無其事。耆英並稱，他恐英使尚懷狡詐，復與申明條約，正言婉導，至再再三。而英使力陳，所言俱係實情，並非別有主見。他以為英使之言，似尚可信。

---

[24]　《清宣宗實錄》，卷421，道光二十五年九月二十九日丁亥條。

宣宗據奏後，復諭耆英，再與英使訂明，以後務須約束兵船，「凡天朝屬國地面，無庸前往，致令驚擾，庶不至別生枝節」。諭旨中「凡天朝屬國地面」的「凡」字，除朝鮮之外，當時也指琉球，因是時清廷也令耆英要求英國撤出其在該地之傳教士，英艦勿再往巡，而所謂不至別生枝節，當指免將朝鮮捲入中英關係之中，甚至發生軍事衝突。

　　根據英國的紀錄，耆英對英使說：「中國不能開放朝鮮通商，因為該國不是中國的一部份；朝鮮也不能自行開放，因為該國不獨立自主。」依中韓封貢關係而言，耆英說的都是實情，然而這是行條約外交制的英國難以理解的。當時英國以新得廣大的中國市場，無意有事於朝鮮，故未起辯論交涉，然其後法國、日本、美國為開放朝鮮門戶而與中國論辯中韓關係之兆，於此已見。

　　1839年羅馬天主教廷終止葡萄牙的護教權，給與法國在遠東傳教之優先權。1844年，法國與中國訂黃埔條約，除使得中國撤銷天主教傳教禁令外，並到琉球要求傳教通商。翌年（1845）在澳門受洗並成為神甫朝鮮人金大建（1821-1846）與法籍主教范亥奧（Jean-Joseph Ferréol, 1808-1853）及神甫戴維呂（Marie-Nicolas-Antoine Daveluy, 1818-1866）潛入朝鮮。金氏旋被捕，而1839年朝鮮殺天主教徒及法教士之消息亦傳至西方。1846年八月，法海軍少將瑟西耳（Jean-Baptiste Thomas Médée Cécille, 1787-1873）以三艦至朝鮮調查殺教士之事。在致朝鮮的尋問函中說，翌年夏天他將來取回信。朝鮮政府疑金大建與法艦之來有關，立斬金氏及其他八名教徒。

　　翌年（1847）八月，法艦長拉別耳（Augustin de Lapierre）以兩艦十五船至朝鮮取回信，而大船觸礁，鮮人善遇之，由英船接其水兵至滬，雇美船返法。他行前致書朝鮮稱，法國與中國締約通商，中國已准中外臣民信奉天主教，朝鮮亦應仿行，與法訂約。如此，在與他國發生戰爭時，對朝鮮有利。信中並有通商章程等件。朝鮮答以法教士被殺乃以彼等違法潛入並傳邪教。此事法國與朝鮮均曾向中國交涉。

瑟西耳於1847年春離廣東時以拉別耳將繼其職告耆英。

同年五月，拉別耳到粵時與耆英相會廣州外，謂朝鮮不准傳天主教，請中國諭其一體弛禁。耆英答以朝鮮准傳與否，中國未便過問。拉別耳離韓後，朝鮮咨清禮部謂，該國地方偏小，人民貧苦，產物不多，無財可與外邦交易。天主教雖教人為善，惟該國人民愚蠢，難以導化，且素來未聞此教，實難傳習，請勸法人勿再往其國。拉別耳自韓到粵時，耆英即據朝鮮咨報照會他，勸勿強朝鮮人習教，法國船艦也勿再往該國。宣宗復諭令「仍反覆開導，切實勸阻，毋任再有私越鶩行等事為要」。拉別耳回稱，法船往朝鮮乃為測水繪圖，並無通商之意，但願法人至朝鮮邊境時，後者以禮接待。

耆英說拉別耳不堅持通商、傳教及追究殺法教士之事，惟以法兵艦經理貿易，增修海圖，且有遺留物件在朝鮮，恐難禁其駛往。但如善加撫慰，也不致輒起爭端，請諭朝鮮，以後法兵船到境，姑暫以禮接待，一由他相機勸阻。上諭「酌量妥辦」。拉別耳態度之轉趨和緩，自因其兵船觸礁，失去戰鬥力，而此時之法國也將屆1848年之革命，無力對外發展，故耆英之建議雖相當有彈性，而其後數年法艦未再駛入朝鮮水域。

1850年代，西方及俄國侵略東亞的情勢日急。美國迫使日本締約通商，法國收利於安南，俄國水軍已沿黑龍江而下至日本海，克里米亞戰爭（Crimea War）時英法海軍曾巡遊黑龍江口外海面防之，而朝鮮半島也在他們的注意之中。1856年法印度支那艦隊司令（Commander of French Indochina Fleet）蓋麟（Guerin）奉令偵察朝鮮西海一月之後報告說，俄國將乘中國之衰而入侵該國，法須在他國入侵之前佔領該半島。英法聯軍之役，法海軍即泊於山東成山角對面之朝鮮水域海島附近。

1865年，法駐華公使柏爾德密（Jules Berthemy, 1826-1903, 1863-1865駐華）以該國教士欲往朝鮮傳教，請中國先行文知照。總署人員告以朝鮮向只奉正朔，例行朝貢，其願否奉教，非中國所能勉強，礙

難行文，並勸法教士勿往。英國也開始注意中國東北及朝鮮。1865年初冬，英海艦一艘在朝鮮西海巡遊，向該國地方購買火食，而人民以懼遭官究治，拒之。

英駐華公使威妥瑪（Thomas Francis Wade, 1818-1895）乃照會總署說，東方嚴海禁，商民買易、官憲往來皆不准行。此實危局。西方兵力正強，每有事，不分大小，輒帶兵申理，或將地全佔，或佔領部分，皆未可知，安南之事可證。然西方有人不願見東方國家被佔而願其自主者，惜各國仍執固見。朝鮮國如明於自保安全，應不待各國要求通商先行設法招致。縱不如此，也宜小心，對海軍強國買辦食物，勿再失禮。問中國可否轉為勸諭。這是警告，也是勸中國使朝鮮對西方開放的建議。總署未予答覆，也未通知朝鮮。

翌年農曆四月，英國新任公使阿禮國（Rutherford Alcock, 1809-1897）照會總署稱，該國擬派船至中國華北海面測水繪圖，請設法使船至朝鮮海邊時，該國從優幫助，勿留難薄待，致傷和氣。總署只通知山東、直隸、及東北地方當局，至於朝鮮，則以前既拒法國，且是時法又照會將對朝鮮用兵為由，復照拒之。

所謂法國對朝鮮用兵照會，是指1866年七月十四日（同治五年六月三日）法代理公使伯洛內（Henri de Bellonet）致總署之照會。朝鮮前有禁教之令，然國王哲宗（1831-1864）在位期間（1849-1863），執行甚寬，即是1863年高宗（1852-1919）即位，其父興宣大院君李昰應（1821-1898）攝政之初，也甚優容。故到1860年代潛入之法籍教士達十二人，1865年教徒至二萬三千名。

俄國於1861年一度佔領靠近朝鮮的日屬對馬島，且在所佔中國烏蘇里江以東至圖們江地方招朝鮮農民往墾，1864至1865年間數至朝鮮邊界村鎮要求通商。此舉引起朝鮮之恐懼憂慮。數著名天主教徒建議聯法英拒俄，並保證法籍教士可負責談判，條件為廢除禁教令。據謂大院君使人問朝鮮教區地主教張敬一（Siméon-François Berneux, 1814-1866），後者答以無能致此。大院君怒，適自中國返韓之貢使報告中

國殺傳教士，乃下令逮捕全國教徒，是為丙寅邪獄或教難。前後數年間數千教徒喪命，1866年三月包括張敬一在內九位法籍教士被殺，其餘三人亡入山中，其中李福明神甫（Félix Clair Ridel, 1830-1884）以韓籍教徒之助於該年七月逃至山東煙臺，繼往天津、北京晤法兼理領事，遠東艦隊司令魯茲（Pierre-Gustave Roze, 1812-1883），及北京代理公使伯洛內報告內情。此即前述伯洛內致總署照會之來由。

照會稱，法國對朝鮮之殘暴將聲罪致討，各路兵船不日即可齊集該國，暫取其國，將來立何人為王，由法國決定。因朝鮮為中國納貢之邦，故理合照會，但以中國數度以朝鮮雖納貢，而一切國事自主，天津和約亦未載入中朝關係為由，拒發照給教士入朝鮮，故對於法國與朝鮮交兵，不能過問。

伯洛內的作為與蓋麟十年前的建議一脈相傳。總署以法國欲往朝鮮傳教蓄志已久，該國之殺害教士，顯有緣故。法使既照會前來，若阻攔之，其固執之性未必遽允從，若任其所為，則不忍任朝貢之國受害，在「勸禁兩窮」之下，乃覆照法使，首謝其因朝鮮為中國屬邦而知會的敦睦之誼，繼謂該國僻處海隅，素知謹守，殺害教民未知何故。兩國交兵，均關民命，中國既知此事，不能不從中排解。該國果有殺害之事，宜先據理查詢其故，不必遽啟兵端。

總署之言相當明智，不提法使否認中國對朝鮮宗主權，但稱其認該國為中國屬邦之事。說明朝鮮素來安分，存疑其殺害之舉，且據理本詢之議，尤為天下之通義。而「勸禁兩難」之語，十足反映出處弱勢又不能不照顧屬國之苦心。

伯洛內企圖自己指揮軍隊。魯茲司令官以軍事乃司令官之權，且伯洛內既否定中國對朝鮮的外交權，是法與朝鮮無外交關係，對無外交國的軍事行動，自不需外交官置喙。他向其政府請示的結果，海軍、外交兩部均同意。外交部且訓令，軍事行動只能用遠東現有兵力，不能再行增兵，不可將法國政府捲入，故不宜深入內地，只可封鎖漢江。時交阯人反叛法國，法政府令魯茲率艦增援。及至交阯，亂

已大致平定，魯茲乘機以法軍在交阯之軍需物資加強其裝備。

法軍北歸後以李福明神父及朝鮮教徒作嚮導，利用蓋麟所測海圖，至朝鮮西海岸探測繪圖。他們發現漢江水量頗大，艦艇可上溯至漢城。偵查回到煙臺後，調集在中國水域兵力，在英國駐清艦隊司令校閱下完成作戰演習，於十月十一日率八艘艦艇，士兵一千四百餘名開赴朝鮮，泊日本橫濱的軍隊直往朝鮮。部分兵力泊在外海，部分先遣作戰。由於江華島是朝鮮的軍事重鎮，對蒙古及清太宗（1592-1643）入侵時即為最後保障之地，李朝設為留都，素來軍備頗嚴，且法軍偵察時未發現敵軍。魯茲在進攻江華府前發佈漢江封鎖令，迫朝鮮屈服，並將令文送駐清日使館轉致兩政府。

法軍佔領江華府後，奪軍器銀兩及書籍文獻，入民宅掠財物牛畜，到處放火。然在進攻鼎足山城時有輕敵之心，結果遭到伏擊，百餘人傷亡。魯茲以征韓一月，僅佔江華島一角，封鎖無效，朝鮮人並未出面交涉屈服，而冬令屆，漢江不久將結冰，全勝無望，乃下令破壞江華府建築，十一月十八日解除封鎖令，撤兵返華。[25]

總署照覆法使後，久未知法軍動態，收到魯茲封鎖令後曾函法使詢問有無查詢朝鮮殺教士之原因，並請務令再查。[26]另一方面，清政府迅即將法軍將侵韓之事咨知朝鮮，勸其應先與法據理查詢，注意和解，勿遽啟兵端。[27]先後收到朝鮮軍情報告，也以此為基調勸解。惟以中國無力保屬國，乃將有關法軍侵韓之中法來往公文抄送英、美、俄等使，冀得公評，形成壓力，使法罷兵。[28]

---

[25] 以上參見禹澈九著，黃俊泰、游蕊歆譯，〈丙寅洋擾小考〉，《韓國學報》，第6期（臺北，1986年12月），頁221-244；睦銀均，《晚清中韓關係之研究（1864-85）：以興宣大院君與清廷的關係為中心》（臺北：國立臺灣大學歷史學研究所博士論文，1987），頁113-115。

[26] 《籌辦夷務始末》（臺北：文海出版社有限公司，1971，以下簡稱《夷務始末》），〈同治朝〉，卷45，頁13-15。

[27] 中央研究院近代史研究所編，《清季中日韓關係史料》（臺北：中央研究院近代史研究所，1972），卷2，頁32-48；《同文彙考》（漢城：1979年韓國國史編纂委員會據朝鮮承文院編刊本影印），原編，〈洋舶〉，頁I-2。

[28] 《夷務始末‧同治朝》，卷46，頁12-13、15、30。

清致韓公文中曾說到如戰不勝，朝鮮恐須賠償軍費，仍須允法傳教通商。朝鮮回文道，「邪教」斷不可傳，國小民貧，無通商之必要，至於賠款，法為入侵者，應由法賠。態度相當強硬。中國的基調是，斷不稍有勉強朝鮮，該國須自行先事妥籌，計劃周全，毋稍大意。清政府於得知法軍封鎖朝鮮海岸後，曾引咸豐十年（1860）中法條約第三十一款說明封鎖令對中國無效。[29]這自有不願斷絕中韓商業，物資流通之意，且表示朝鮮乃中華屬國，非條文中所指之第三國。

法使侵韓前曾否定中韓宗藩關係。然失敗歸來後，仍求中國令朝鮮釋放所囚法國傳教士，法政府且特函致謝。[30]這十足證明其承認中韓宗藩關係。

# 五、第一次韓美戰爭及中國的反應[31]

1882年，韓美締結《濟物浦條約》，朝鮮半島對西方開放，在美國遠東外交史上是大事，更是韓國近代史的開端。當然也是中韓關係史上的大事。然而這並不是短期內形成的，在其前尚有美國為開放朝鮮而用兵半島的故事。本節即在探討第一次韓美戰爭的遠因，即西方諸列強圖佔該半島的往事，從戰爭的導火線，沙滿號船事件到戰爭的演變，以及朝鮮的宗主國中國，對此事件的反應。進而對此次戰役及美國、中國的行為作了評論。

美國對遠東、朝鮮的注意和興趣，與列強在北太平洋的發展有關。和英國東印度公司一樣，1832年美國人Edmund Robert（1784-1836）也到日本尋求貿易機會，並注意到朝鮮，他相信美國早晚會與該國建立關係。但具體反應仍在鴉片戰爭後。1845年二月，美國眾議

---

[29] 中央研究院近代史研究所編，《清季中日韓關係史料》，卷2，頁49。

[30] 中央研究院近代史研究所編，《清季中日韓關係史料》，卷2，頁340、357-358、381。

[31] 編按：本節曾刊於鄭樑生主編，《第二屆中外關係史國際學術研討會論文集》（臺北：淡江大學歷史學系，1992），頁35-45。

院通過海軍委員會召集人Zadoc Pratt（1790-1871）所提，立刻採取措施達成與日本帝國及朝鮮王國的商業協定。不過，據學者研究，此決議主要著眼日本，因朝鮮與日本在同一路線上，故順便附列入。

美國對遠東興趣之增強，乃1848年自墨西哥取得加利福尼亞等土地之後。1850年代，美國工業已起飛，需要市場。1854年，馬修‧培里（Matthew Calbraith Perry, 1794-1858）提督迫日本與美國訂約通商。其時前後，上海已取代廣州地位，美國自上海到日本的商船數目增加，難船人員漂到朝鮮水域的機會也增大，美國不能無視於朝鮮半島了。[32]

1856年，美國政府對其駐華公使及法國駐美大使所提英、法、美三國聯合，法佔朝鮮，英佔舟山，美佔臺灣之議無回應。1866年十一月，當法軍侵韓之報到達華盛頓時，國務卿西華德（William Henry Seward, 1801-1872）向法駐美使提議美法聯合征韓。法國婉拒。[33]法軍撤出朝鮮後，在中國盛傳翌年春，法軍將大舉再攻，英使準備不管受邀與否，一定以英海軍參加，美使請允亦參加，西華德以無需要拒之，然允其姪，上海領事（George F. Seward, 1840-1910）赴韓談判條約。其事雖因故未行，然足見美國開放韓國之心。[34]

1867年，美國買下俄國的阿拉斯加（Alaska），其勢力自加州、阿拉斯加，沿阿留申群島（Aleutian Islands）到日本，另一方面佔有了中途島，夏威夷也在美國人實際控制之下。美國在北太平洋頗佔優勢。形勢所趨，美國將有事於朝鮮半島。

[32] Yong Suk Jung, "The Rise of American National Interest in Korea: 1845-1890" (PhD diss., Claremont Graduate School, 1970), pp. 7-9, 12-14.

[33] Tyler Dennett, "Seward's Far Eastern Policy," *The American Historical Review*, vol. 28, no. 1 (October, 1922), pp. 48, 56.

[34] Yong Suk Jung, "The Rise of American National Interest in Korea: 1845-1890," pp. 22-23; Dennett, "Seward's Far Eastern Policy," p. 58.

## （一）沙滿船事件及第一次韓美之役

1840年代之後，在遠東的西方人仍懷抱大發現時代的精神，到處「發現」，到處佔領。傳教士、海軍、商人、「西方浪人」、外交官，無視各國的禁令，潛越、強闖、變換國籍、更改職業，光明正大的通商之外，有的偷盜，有的劫掠。以1860年至1868年而言，1866年春有德籍猶太人Ernst Oppert（1832-1903）租英船Rona號駛朝鮮忠清道海美縣，自稱英商，要求通商，被拒。五月美國商船Surprise在黃海道鐵山外海遭難，朝鮮依例將船員發往中國，轉交美國營口領事。七月Oppert復乘英商船Emperor號至海美及江華島要求通商，復被拒。[35]

八月有美船沙滿號（General Sherman）在大同江焚沉。十一月法軍侵掠江華島。沙滿號乃美國人W.B. Preston所有，載重八十噸，船側裝有十二磅砲兩門，為在天津的英國Meadow船運公司租用，1866年八月九日自煙臺開出，登記的開往地點是俄國的波謝特（Posyet，在圖們江口以北，原中國地，名摩闊崴），除船之外，另有美國人兩名，正副船長，英人兩名，貨物監督（Supercargo）及譯員蘇格蘭籍倫敦教會傳教士崔蘭軒（Robert Jermain Thomas, 1839-1866），水手華人五名，馬來人三名，中國錢莊主一人。

崔蘭軒在煙臺向韓人學過韓語，1864年曾潛入朝鮮黃海道傳教。該船並未開往波謝特，而是去了朝鮮北部。七月十三日溯大同江（華人亦稱平壤河，史料中或作平洋河，批楊河）至平壤。平安道觀察使朴珪壽（1807-1877）派人詢問。崔蘭軒聲稱欲以洋布、千里鏡、自鳴鐘、玻璃等物換買米、金、紙等土貨，並詰問何以迫害天主教，復宣傳英國國教。

朝鮮官員答以交易乃皇朝（中國）法禁，宗教則人民不敢傳習，促早日離去。該船不從，並以小船上駛。朝鮮軍官李玄益也以小船隨

---

35　睦銀均，《晚清中韓關係之研究（1864-85）：以興宣大院君與清廷的關係為中心》（臺北：國立臺灣大學歷史學研究所博士論文，1987），頁102-103。

後阻止，而被逆繫拘留。時大同江上游大雨，水位漲，沙滿船人以為
乃平時水位，更上駛，遭朝鮮軍民攻擊。該船見形勢不利，乃下駛，
至羊角島下而江水降，船不克行。朝鮮人救出李玄益，復以砲銃柴船
攻擊，船上雖還擊，終被擊沉，無一人免於死難。[36]

　　由於沙滿船上人無一生還者，所以有關該船的遭遇，西方人無
知之者。直到法艦侵韓不果，退泊煙臺時始傳播出去，乃法艦隊司令
Rose從潛居朝鮮的天主教士處知道的。[37]美國駐煙臺領事E. T. Stanford
（1865.9-1868在任）聞訊後著手調查，函請Rose提供一切訊息。Rose
告以該船被焚，船上人員在大院君命令下全被殺。Stanford據報美駐華
公使。時公使蒲安臣（Anson Burlingame, 1820-1870）回國，代理公使衛
三畏（S. Wells Williams, 1812-1884）函總署以船燬及船上水手二十四人
被捉生死未卜，照朝鮮規矩，應送交中國轉交美營口領事。請行知奉
天府官員，如送交，須撫卹保護。總署為之行知盛京將軍及山海關監
督。[38]十月清廷收到朝鮮有關船燬人亡之咨報，然因譯人崔蘭軒為英
人，故該國將船誤為英國商船。咨文謂不許通商，不許傳教乃該國事
勢學術使然，請中國隨機鎮安，開諭排解。[39]

　　美公使蒲安臣稔悉中國所持朝鮮內政外交均由自主的態度，欲
美國獨立處理此案。他撇開中國，函美亞細亞艦隊司令拜爾（Rear
Admiral Henry Haywood Bell, 1808-1868）說，美國必須採取行動，因為
法軍攻韓雖敗，來春朝鮮外海將有龐大法國艦隊。問題的關鍵將是朝
鮮的開放，而他希望美國參與其間，以節制侵略行為。同樣，拜爾少
將自Meadow公司初聞沙滿事件時即勸誘海軍部，明春出征朝鮮。他函
告海軍軍令部長韋爾斯（Gideon Welles, 1802-1878）謂，出征艦隻可在

[36] 以上見Frederick C. Drake, *The Empire of the Sea: A Biography of Rear Admiral Robert Wilson Shufeldt* (Honolulu: University of Hawai'i Press, 1984), pp. 96, 100；睦銀均，《晚清中韓關係之研究（1864-85）》，頁122、123。

[37] Drake, *The Empire of the Sea*, p. 98.

[38] 《籌辦夷務始末》（臺北：文海出版社有限公司，1971，以下簡稱《夷務始末》），〈同治朝〉，卷45，頁15-16。

[39] 《夷務始末·同治朝》，卷45，頁3-7。

太平洋各處調集，兩千軍隊登巨文島（Hamilton Islan），可以攻佔漢城，使朝鮮國王服從。出其不意的攻擊，取得朝鮮答應要求條件後靜靜的撤至加州。此舉不僅可使中日生畏，且向世界顯示誰是太平洋主人，使美國在東方及與英國有關加拿大的外交容易順利。

於是十二月底，拜爾派遣薛斐爾（Robert Wilson Shufeldt, 1822-1895）到煙臺及朝鮮調查北緯三十八度以北，東經一百二十五度以東平壤區的防禦情形，以及大同江的水深、潮差，要求朝鮮當局將任何一個活著的沙滿船人送到薛斐爾坐艦Wachussett號的辦公桌上。[40]薛斐爾從各方面蒐集有關訊息後，於1867年一月二十三日至朝鮮黃海道長淵縣吾叉浦月乃道停泊，致函朝鮮國王，詢問沙滿號人員有何過失，是否尚有生存者，如有請交出。

由於朝鮮覆文遲遲未到，嚴冬至，而船上補給品不足，薛斐爾乃起錨南下，測查巨文島港後返回上海。他有意明春再往，故建議拜爾派船偕行，進一步測量朝鮮西海岸。事實上，當他測量巨文島時，他已建議佔領該地，由之向朝鮮半島南海岸發展。拜爾據之報告海軍部說，薛斐爾建議佔領該島作為對朝鮮的懲罰。[41]

1868年三月初（同治七年二月中），美代理公使衛三畏照會清總署說，據為Wachu-ssett船領水之華人于文泰向美煙臺領事稱，平壤尚有沙滿號船上洋人、華人各兩名，請轉達朝鮮，將之送交中國，並說明沙滿號被害之原因。同日英國公使以沙滿號上有兩名英人，也照請援救。[42]衛三畏同時請亞細亞艦隊司令派Shenandoah艦長長費米日（John C. Febiger, 1821-1898）駛韓調查。費米日除確知沙滿號人員無生存者外，得到1866年黃海道觀察使答薛斐爾之信，察覺朝鮮官民對美仍充滿敵意，並在回程時測大同江口一帶江海水路。[43]

與此同時，曾兩度入韓要求通商的Oppert與曾在美國上海領事館

---

[40] Drake, *The Empire of the Sea*, pp. 99-100.
[41] Drake, *The Empire of the Sea*, pp. 102-108.
[42] 中央研究院近代史研究所編，《清季中日韓關係史料》，卷2，頁93-94。
[43] 睦銀均，《晚清中韓關係之研究（1864-85）》，頁132-134。

任譯員的任肯斯（F. B. Jenkins）、法國耶穌會士Féron，及四名朝鮮天主教徒，雇乘中國號（China）船，與八名西方人、二十名馬來人、百餘華人，經日本至朝鮮忠清道德山郡盜挖朝鮮國王祖父，即大院君之父南延君（1788-1836）之墓，目的或謂在金寶，或謂欲獲得南延君骨骸，勒索朝鮮與之訂約通商。[44]

他們在行前告訴美上海總領事西華喬治（George F. S. Seward, 1840-1910），即國務卿西華德之姪，他們行程目的在帶一朝鮮使團到歐洲，解釋該國殺法、美人之故，並談訂條約。西華喬治信以為真，報請國務卿派一使節至韓，主要目的為談訂保護美國難船水手，打聽沙滿號之消息，其次為訂定通商條約。他說他不想為訂商約用武，但為取得救撫海難人員之約，則有武力從事的必要。因為中國渤海三口及日本西海岸三口商埠，美國船頻繁使用，而朝鮮半島橫隔其間。西華德國務卿准其所請，但使節未派出。

因Oppert一行盜墓失敗，消息傳播，西華喬治知受欺騙，同時薛斐爾及費米日兩艦自韓國回時均報稱朝鮮對西方深具敵意，無遣使西方之意，在此情形下，不可能締訂條約，故報請其和平方案作罷，而提議以武力支持其使務。他說情勢使他相信，無武力後盾，任何談判不可能成功。[45]這提議1870年四月獲得新任國務卿費士（Hamilton Fish, 1808-1893）的批准，而執行的則是新任駐華公使鏤斐迪（Frederick F. Low, 1828-1894），及新任亞細亞艦隊司令羅傑斯（John Rodgers, 1772-1838）。後者是武力支持之表徵。

費士給鏤斐迪的訓令一如西華喬治所請准者。其主要任務為與朝鮮締結保護美海難船員，其次為通商條約，並令其與西華總領事合作，參照他兩年前所報計策而行，盡量獲得中國政府的協助。三人1870年十一月在北京議定翌年五月赴朝鮮，預期所結條約之形式則仿

[44] Griffis, *Corea: the Hermit Nation*, p. 297.
[45] Yong Suk Jung, "The Rise of American National Interest in Korea: 1845-1890," pp. 26-29.

1854年培里與日本所訂者。侵朝美軍共有輪艦五艘，大砲八十五門，海軍陸戰隊一千二百三十名。

　　美艦隊於五月下旬至朝鮮南陽府，後移仁川外海，要求該國派遣高官，商談訂約之事，並未得允許而以小艇溯漢江偵察測量，與守軍砲擊衝突。美使要求道歉，朝鮮未應，乃武力報復，攻陷摧毀江華要塞五處，傷亡朝鮮官兵三百五十人而後退返海上。然以此來乃為締約，而交涉不成，兵力也不足迫使該國就範，乃停泊海上待其政府命令而行。

　　美政府無指示，侵韓軍乃帶歸順之朝鮮天主教徒十人，在江華擄獲之武器文書等返回中國。[46]鏤斐迪建議再征以挽回美國之尊嚴，且美如不先開放該國門戶，西歐列強將被迫為之，而國際鬥爭帶入該半島。美政府無回答。[47]美國獨自與朝鮮交涉、締約建交的行動至此停止，其後轉為藉中、日兩國之助而為之。

## （二）中國的反應

　　朝鮮為中國屬國，在美國進行開放該國的過程中，中國的反應如何？這牽涉到美國對中韓宗藩關係的認識如何，而認識除憑文字記錄外，也靠對中韓往來行為之觀察。可以說，直到甲午戰爭後朝鮮脫離中國，在大半個世紀中，包括美國在內的所有西方國家對中韓關係的認識，始終是一團迷惘。這與中國在西方與韓國交涉中的行為態度有關。

　　在法軍侵韓過程中，美國已看到中國竭力迴避，以第三者姿態應付問題的情形。當美、英公使聞平壤尚有沙滿船人員生存，照請轉令朝鮮將之送交中國，並說明該船被燬原因時，恭親王等以西洋各國謀

---

[46]　睦銀均，《晚清中韓關係之研究（1864-85）》，頁143-149。韓美之戰原材尚有 *U. S. Foreign Relations, China, 1872*, pp. 115-148；H.A. Gosnel之"The Navy in Korea, 1871," *American Neptune 7* (April 1947), pp. 107-114等。

[47]　Yong Suk Jung, "The Rise of American National Interest in Korea: 1845-1890," p. 32.

往朝鮮通商傳教已久，法韓之役英美皆有船隻前往，致有留滯洋人之事。他們每於會晤各使時暗中排解，致招法使非難中國護庇朝鮮。

此次美英使節之照請，若諉之不理，難保不別生波瀾，使事體無轉圜之地，且恐朝鮮不知所留滯之人乃英美人。為該國計，不使多就敵人。惟此時若依英美所請遽向朝鮮查詢，設無其事，國未必深信；果有其事，則朝鮮未與洋人通商，又適當與法交戰之際，自不能分辨外人為何國人。應留應放也未便強其所難，乃照覆美使云，所託：

> 本爵自當緩為籌劃，必須與事有益，方可酌量設法，斷難遽爾轉行查問，反致推諉，有誤事機。如或急切不能得有端宜，仍望貴大臣見諒。緣朝鮮雖係臣服中國，其本處一切政教禁令，概由該國自行專主，中國向不與聞，貴大臣想亦鑒及於此也。[48]

對朝鮮則由禮部咨知該王，自行酌覈。如此措施，乃因朝鮮為臣服之邦，遇事不能勉強，而英美性情堅韌，也不能不稍事羈縻，允拒兩難，故於拒絕中仍寓維持之意。[49]

美使鏤斐迪奉准使韓訂約後，請總署託朝鮮貢使代致其國王一函，說明他兩三月內將偕水師提督赴韓，訂保護海難水手之約。總署因美使以兵船往，屢阻不聽，其立意之堅，兵船往與不往，不繫此函之代遞與否；而不遞則朝鮮不知美赴韓之由，非關切屬國之道，乃奏准由禮部驛致。該部以其從無代轉書函之例，恐外國援例申請，奏明嗣後不再代遞。總署函覆美使時，特再申朝鮮雖是屬國，政教禁令皆自主，及雖遞此信，該國有無回書難以臆度。[50]朝鮮接信後咨覆禮部謂，救恤海難該國有常規，如商辦通商，則該國偏小貧儉，無

---

48  《夷務始末‧同治朝》，卷57，頁25-28、22-24。

49  中央研究院近代史研究所編，《清季中日韓關係史料》，卷2，頁95-97。

50  中央研究院近代史研究所編，《清季中日韓關係史料》，卷2，頁158-161、165-167。

可交易。[51]

　　日本1868年開始維新，外交上欲協同西方，爭取與中國同等地位，已提出與朝鮮修改兩國關係舊規，與中國締結條約的要求，故對美國打開朝鮮門戶之舉，備感興趣，有多方協助之勢。當時國際間風傳日本陰助美使，往朝鮮尋釁。總署為此密函南北洋大臣曾國藩（1811-1872）、李鴻章（1832-1901）防之。[52]南北洋乃蒐集朝鮮之消息，不斷報告總署。他們是從上海租界會審委員、海關道、外國領事館、商人、有關西方新聞報導等處獲得消息，對美國的軍隊、艦隻數目、情況、行動非常清楚，尤其是北洋大臣，南洋因距北京較遠，每略遲一步。[53]

　　他們知道日本派五位官員往朝鮮議立通商條約，英法有兵援美軍之說，高麗天主教徒降美軍，美人謂短兵相接韓人不可輕敵，歐人說：美國王業四年一更，鮮有恆心等。李鴻章在美兵船赴韓之前曾引韓人之說，中國歷次用兵三韓，均未能深入，往往中國罷兵，因韓地險又有天助，不可倖圖。他認為美使雖挾兵船赴韓，然先請中國寄函知會，救得朝鮮海難人員則善為照顧，似不定欲打仗，只以兵威脅之立約通商而已。然如韓人以待法國之道待之，則不敢預料。關於日本與朝鮮關係，他的看法是：日本欲吞朝鮮已久；日本與西方情好漸密，與朝鮮猜釁較深；日本既已與西方通商，朝鮮恐不能獨抗，抗之則日本尤為朝鮮近患。[54]李鴻章日後勸朝鮮與美立約以對西方開放之兆，於此已見。

　　在法韓交兵時，清政府曾戒朝鮮勿與英美交惡，多樹敵人。美國兵威半島時，清廷尤留意於此。1871年七月十一日（同治十年五月二

---

[51] 中央研究院近代史研究所編，《清季中日韓關係史料》，卷2，頁173-176。
[52] 中央研究院近代史研究所編，《清季中日韓關係史料》，卷2，頁165，第123號文。
[53] 中央研究院近代史研究所編，《清季中日韓關係史料》，卷2，第127、129-133、137-139、147、152號文。
[54] 中央研究院近代史研究所編，《清季中日韓關係史料》，卷2，頁136-137、164，及第127號文。

十四日），英國公使威妥瑪（Thomas Francis Wade, 1818-1895）照會總署說，普魯士（布國）國商船在朝鮮自翎島域擱淺，煙臺英國等人三名往救，甫至即被該國拘捕。煙臺英領事已派兵船前往查看，請中國婉告朝鮮，勿使英民受害虐待。照會說，素知中國不干涉朝鮮自主，惟朝鮮王爵乃中國皇帝所封，而此次至該處英民甚少，毫無敵心私意，如加傷害，關係非淺。中國以此相告，朝鮮斷無不聽之理。[55]

總署旋即奏飭禮部咨知該國，「應照向章辦理，未便因與別國交兵，疑及英人，遽為拘拿，致生嫌隙，多為樹敵」。[56]所謂向章，肇因是年朝鮮報稱，該國三面濱海，凡遇遭風來泊之他國客船，或助糧給需，或旱路護送至中國。總署在此摺之外，特密片奏稱，據北洋大臣咨，朝鮮已與美國接仗兩次，而未聞英國助美之事。溯查朝鮮以前羈留洋人，法英美屢欲興兵，並求中國轉文，該署無不設法阻止，暗中排解，未輕許代轉。

現在朝鮮既被美兵，如復誤扣英人，而中國不代轉英國旨意，致韓英生釁，在朝鮮多樹一敵，在中國亦非體恤外藩之道。[57]該署在照覆英使文中特說明：救恤海難原屬各國通行之規，朝鮮亦向係如此。英人馳救普船，朝鮮何以拘捕，須確查原因。中國不干涉朝鮮政令，雖代達英意，朝鮮有無覆文不可知，如何處理，也斷難勉強；並告訴英使禮部致韓咨文要點為：「扣留英民一事，自係當時不知為何國之人，誤為拘拿。現既經總理各國事務衙奏……應即照救護遭風難民之例，由該國解送奉天，轉達京師，以符向意。」[58]在強調朝鮮救難向有定規，美國無需為與該國所救難立約而動干戈外，似也有表示中國影響力之意。

美公使在朝鮮時，曾將該國回覆禮部代寄美使函咨文副本，以

---

[55] 中央研究院近代史研究所編，《清季中日韓關係史料》，卷2，頁179-181。
[56] 《夷務始末・同治朝》，卷81，頁18-19。
[57] 《夷務始末・同治朝》，卷81，頁18-20。
[58] 中央研究院近代史研究所編，《清季中日韓關係史料》，卷2，頁182，第143號文；頁184，第146號文。

明英對美使要求商談之基本立場。[59]七月下旬，美代使衛三畏詢問朝鮮對中國代寄美使函之回答情形。總署以禮部文回覆：該國對各國海難救護有定規，無殘害之理；藩邦屬國不敢請轉答覆。[60]美繼追收發文日期，總署覆以韓咨乃該年四月十六日（同治十年二月二十七日）撰，中國五月二十八日（四月十日）收到。並謂朝鮮向以公牘來往，並無信函，亦無轉寄美國信函。[61]九月初旬，朝鮮國王詳咨美軍侵韓及雙方往來文字。文末請禮部轉奏，依該國春間咨覆代寄美函實情，明降諭旨，使美國洞悉利害，明知商談兩無所益，「釋慮於遭難拯救，斷念於他事交涉，更無構胖滋擾，各安無事」。[62]

九月底，總署將此事與美署使衛廉（William Bradford Reed, 1806-1876）事商議。美使謂此事他無權作主，須由其政府決定，並索取朝鮮原咨及禮部奏請處理之文。總署乃將朝鮮咨中遭風船隻向來拯救，通商之事無待再商兩，及禮部原奏抄錄照覆。[63]文內並稱：

> 本爵查朝鮮咨稱各節，自係實在情形；其難船無不保護，通商之無可商辦，係伊國之成規。伊國成規聽伊國自行主持，中國向不勉強。貴國與中國和好，中國之屬國，想貴國亦無用勉強，方為和睦之道。

美使無回應，總署也覺得對友邦美國明降諭旨，殊多窒礙，乃與禮部會議陳奏「毋庸置議」，並謂：

---

[59] 中央研究院近代史研究所編，《清季中日韓關係史料》，卷2，頁197，〈江華府留守鄭岐源致美公使照會〉。

[60] 中央研究院近代史研究所編，《清季中日韓關係史料》，卷2，頁187。

[61] 中央研究院近代史研究所編，《清季中日韓關係史料》，卷2，頁192下、194-195。

[62] 中央研究院近代史研究所編，《清季中日韓關係史料》，卷2，頁206下。全部咨文見頁196-206。

[63] 禮部奏摺見中央研究院近代史研究所編，《清季中日韓關係史料》，卷2，頁207-208；〈總署與美仗議談及照會〉，見頁209、214。

總之，朝鮮係中國所屬，休戚相關，遇有此等事件，即無該國陳情，中國無不豫為調停。冀其與西洋各邦，肇生釁端。西洋各國如再遇有前項事情，臣等仍當查照朝鮮來文，隨時攔阻，其能聽與否，雖不可必，總當力勸彼此相安，斷無漠視之理。[64]

並咨覆朝鮮。美使鏤斐迪堅索朝鮮咨文全文，總署予之。[65]

美使以朝鮮咨文中，斥美使在朝鮮時不接待朝鮮三品官，乃以總署所錄朝鮮呈中國咨文中敬重中國之語，證明朝鮮確屬中國忠誠屬國。中國屬國三品官，自不可與中國同等之美國二品官抗論。並謂朝鮮請清皇對美國明降諭旨，實因中國未告訴朝鮮美國乃與中國同等之邦，故該國以美國為中國屬國。中國此舉，不但美國可視為有失和睦，歐洲諸國也作同樣觀，並再請中國，寄答覆朝鮮之書。[66]

總署照覆拒駁，指美國此舉不知用意何在，謂美國為中國之友邦，朝鮮乃中國之屬國，今美國與朝鮮各執一見，中國介乎其間，不能勉強彼此，頗為難。終謂美國既中國之友邦，亦當聽朝鮮自主，不以其不願之事勉強之，乃為克敦和睦之道。[67]該衙門旋於十一月十三日（十二月二十四日）片奏說，美韓兩國文書均以朝鮮為中國屬國為詞。美欲以屬國二字令中國壓朝鮮，朝鮮也思借此二字使中國制美庇韓。二國隱衷，大率不外乎此。朝鮮雖為屬國，然政教禁令向來自主。其與美國爭執，如曲在彼，固可開導，自圖良策，然彼實非盡屬理屈，中國不能以名分強必行。況該國將致中國文件抄給美國，全不隱避，窺其用心，所謂求中國保護者，並非出自真誠，不過欲借中國為卸肩之地。故兩國構釁，中國只有從中排解，勸美國不必前往，此

---

[64] 中央研究院近代史研究所編，《清季中日韓關係史料》，卷2，頁214-215；睦銀均，《晚清中韓關係之研究（1864-85）》，頁151。
[65] 中央研究院近代史研究所編，《清季中日韓關係史料》，卷2，頁216上、219上。
[66] 中央研究院近代史研究所編，《清季中日韓關係史料》，卷2，頁234-235。
[67] 中央研究院近代史研究所編，《清季中日韓關係史料》，卷2，頁243。

外別無可為代籌之策。他們惟有隨時隨事相機辦理，不令該二者有所藉口。[68]這是清政府在韓美衝突事件中，對天朝屬國關係的切身體會，對美韓雙方的動作、心意看的很清楚。

## （三）小結

從以上的研究，圍繞著美軍侵韓事件，顯現了以下幾點意義。

1. 美軍第一次在朝鮮半島的作戰，是十五世紀以來西方列強在美、非、亞三洲擴張的繼續，是1842年英國侵略中國後，諸國企圖單獨或共同侵佔朝鮮半島的事例之一，而挑起事件的主角是美國，表露出美國繼1854年開放日本後，在北太平洋擴展的情勢和意圖。鏤斐迪公使對朝鮮官員的傲態，完全是模仿培里提督1853年至1854年間對琉球人及日本人的樣子。

2. 從美國官員對外及內部的文字看，美國人一方面表現正義、和平、禮貌，而對其利益則絲毫不放鬆，而且對事情的看法武斷、偏激，例如朝鮮對海難救護向有完美規定表現，而美國不事瞭解，惟從日本對入國外人殘酷對待上聯想而要求訂約。但時時偽裝、掩飾。故朝鮮官員說他們「外施友睦，內懷詭譎之計」。[69]美使自韓歸北京後，查朝鮮回中國代寄其致朝鮮國王書信的咨文日期，目的在如中國收到此文時美使尚未出征，則責中國尚未及時轉遞之失，然因發現該文到時美使美軍已在朝鮮，故無所藉口，然仍責中國未將中美平等之實告訴朝鮮，為有失和睦。足見其委過卸責之巧。

3. 和其他西方國家一樣，美國要與朝鮮建交通商，然以該國堅拒，無由交涉，乃轉請中國代為轉達。中國泰半拒絕。西方對中國這種作為均斥為不當。然而從此次事件中可知，中國之拒絕有相當正當理由。以情而言，中國對朝鮮的政教禁令均不干

---

68　中央研究院近代史研究所編，《清季中日韓關係史料》，卷2，頁246。
69　中央研究院近代史研究所編，《清季中日韓關係史料》，卷2，頁199上。

涉，任其自主。美既為中國友好，自亦應任其自主，不加干
擾。同治五年英使照會總署說，英測船一艘巡朝鮮西海，請知
會該國善為應待。中國回絕，真正的理由是，英輪行駛中國洋
面列在條約，中國須守約，然駛往朝鮮，乃條約所無，故覆照
拒絕。[70]美韓事務為中美條約所不載，故即從法律而論，中國
拒絕完全正當。

　　論清季中韓關係者，多半針對1882年後的事，責中國干涉朝鮮內
政之非。而論較早的法國、美國侵韓歷史時，也有責中國不負宗主國
保護屬國之責。[71]從國力上說，1860年英法聯軍之役令中國四十年不敢
談與西人交鋒，1871年雲南回亂未平，新疆未復。故對美軍侵韓只能
瞭解情勢，暗中相助勸阻美國。從政治改革上說，1870年李鴻章任直
督及北洋大臣，次年第一批幼童赴美留學，准外使覲見清皇，1874、
1875年始籌議海軍，1876年遣使出國等一連串措施才增加了中國的力
量，而1882年中國對朝鮮政府作出了與以前相異決定。


# 六、韓俄接觸與中國：1860-1874[72]

　　清末由於中國將烏蘇里江以東土地割與俄羅斯，界線且展至圖們
江下游，致韓俄國境相連，韓國多出了一個鄰國。韓國與這一強俄鄰
國的關係，給中韓關係、及東亞政局帶來了重大影響，本節所討論者
乃韓人私移俄境造成的中韓俄交涉。此外，中國對朝鮮與明治維新前
後的日本之關係態度也是此處要討論的。總之，這是有關中國及朝鮮
與其陸海新舊鄰邦的關係之研究。

---

[70] 《夷務始末‧同治朝》，卷81，頁186。《總署致英使照會》，見中央研究院近代史
研究所編，《清季中日韓關係史料》，卷2，頁29。

[71] 睦銀均，《晚清中韓關係之研究（1864-85）》，頁127-135、154-156。

[72] 編按：本節曾刊於《中央研究院近代史研究所集刊》，第20期（臺北，1991年6
月），頁91-98。

## （一）韓俄邊務與中國

雖然順治年間（1644-1661）朝鮮曾兩度派兵隨清軍至松花江下游征剿羅剎（Russia），自十七世紀末中國已與俄國建立外交關係，然以中俄邊界遠在外興安嶺，故十九世紀中葉以前，除朝鮮朝貢人員看到北京的俄羅斯館外，韓俄兩國無任何接觸。[73] 1854年，俄國東西培里亞總督木拉維葉夫（Nikolai Muraviev, 1809-1881）強航黑龍江時，曾派Pollad及Vostok號兩艦至韓國東海岸測量，Pollad在圖們江口測量後南下永興灣，並在灣中發現一內灣，名之為Port Lazareff。朝鮮史記錄，是年陰曆四月有外國人至德源郡龍城津及永興府大江津，並殺傷浦民，即是測海俄人。[74]

咸豐十年（1860），中國將烏蘇里江以東之地割予俄國，兩國國界且延長至圖們江口而上二十里處。於是韓俄相鄰，共有二十里江界。俄人於1864年至圖們江岸，向朝鮮人投書，要求通商，未得逞，數年後則在鄰近韓國的中俄界碑，即土字界牌附近建屋戍兵。1860年代，與中俄比鄰的朝鮮咸鏡道，因水旱之災頻仍，官吏苛虐，人民相率入中國的延吉地區及俄沿海省逃荒。其時俄境人少，糧缺物乏，俄方乃採放任及招徠政策，任韓民流入，並資助其從事農業生產。於是韓民往者愈多。據學者統計1864年有60戶，1868年165戶，1869年766

---

[73] 有關清初朝鮮軍奉調協征羅剎，見朴泰根著，李在方譯之〈清初參與黑龍江剿俄的朝鮮軍——申瀏「北征日記」解說〉，《韓國學報》，第1期（臺北，1981），頁117-130。清代朝鮮貢使人員述北京俄羅斯館者頗多，如朴思浩之《心田稿》，收入《燕行錄選集》，上冊，頁901-902，〈鄂羅斯館記〉；以及金景善之《燕轅直指》，收入《燕行錄選集》，上冊，卷3，頁1046-1048，〈鄂羅斯館記〉）。案清代俄國在北京有三個機構：居會同館之俄使團及東正教堂；附居會同館，學習滿漢語文的俄人塾館；八旗俄羅斯佐領的東正教堂，國人皆謂之俄羅斯館。在會同館者俗稱南館，俄羅斯佐領教堂又稱羅剎廟或北館。此外清政府所設學習俄語之塾館，國人亦混稱俄羅斯館（見Meng Ssu-ming著"The E-Lo-Ssu Kuan [Russian Hostel] in Peking," *Harvard Journal of Asiatic Studies*, vol. 23, pp. 19-46），朝鮮人所述之俄羅斯館乃南館。

[74] 盧啓鉉，《韓國外交史研究》（漢城：甲寅出版社，1983），頁6；木拉維葉夫強航黑龍江，見佟冬主編，《沙俄與東北》（長春：吉林文史出版社，1985），第3章。

戶，1884年1,164戶、5,447人。[75]眾多韓人入俄及俄人在界碑附近建屋，引發了中國與朝鮮及俄國間的交涉，並從而顯示出俄國對中韓關係的態度，及中國對韓俄關係的關注。

滿清並未將吉林東疆割屬俄國之事通知朝鮮，故該國對於出現在他們北方的俄人，不知來由所以。1865年俄人復數度到慶興府投書。朝鮮地方官對俄人之投書均拒絕接受，告以其國為中國屬國，無中國之允許，不能與外國往來，且將兩名在圖們江邊應接俄人之朝鮮人梟首江邊。[76]

初時朝鮮未將俄人扣關事報清廷，直至韓人大量逃入俄境，引發邊上衝突，俄人口宣將在中俄界牌附近建屋時，始於同治六年（1867）正月咨禮部稱，中韓素以圖們江為界，「不意五六年以來，有何許異樣人來據慶興府隔江相望之地，或立界牌，或請傳書。據書中辭意，始知為俄羅斯人。然未敢以煩猥之事，輒有陳達」。[77]中國也至此方告知中俄分界情形。

韓人逃俄事終為清方所知。據吉林地方官員所查，1864年夏，棘（吉）心河地方有朝鮮男女五十餘口，墾地二十晌。清政府判斷此必為俄人所勾引，且疑朝鮮受俄人指使，故對該國提防。[78]1866年初，吉林將軍咨總署謂，俄人招引朝鮮人益多，棘心河地方聚男女千數百人，山坡曠野俱已開墾，此輩且引導俄官至圖們江口上下，遙望朝鮮

<hr />

[75] 高承濟，《韓國移民史》（漢城：章文閣，1973），頁57。同頁謂1863年琿春以東沿海區有韓民十三戶，1858年韓人一哥在毛口威（摩闊崴）業農；翁特爾別格著，黑龍江大學俄語系研究室譯，《濱海省，1856-1898年》（北京：商務印書館，1980），第6章有對朝鮮移民敘述。

[76] 盧啟鉉，《韓國外交史研究》，頁8；李裕元輯，《林下筆記》（漢城：成均館大學校大東文化院，1961），頁638云事在癸亥，1863年。誤，應為甲子，1864年。

[77] 《同文彙考》（漢城：1979年韓國史編纂委員會據朝鮮承文院編刊本影印），原續，犯越，上國人，頁1。

[78] 中央研究院近代史研究所編，《清季中日韓關係史料》（臺北：中央研究院近代史研究所，1972），卷2，頁10、22-23；臺灣銀行經濟研究室編，《籌辦夷務始末選輯》（臺北：大通書局，1977），同治朝，卷26，頁40-41。案提防及指對朝鮮慶源府請允至吉林伐木而言。伐木交涉見上引《清季中日韓關係史料》，卷2，頁1-8、12-22。

地勢，繪畫地圖，復屢向該國地方官要求通商，惟是否獲准則不知。總署咨覆稱，俄人如招攬朝鮮人在俄境墾種，只有加意防範，各管各境，未便越界往阻，如在中國境內，自應按約阻止。[79]可知吉林當局原欲中國阻止韓人流入俄境。

隔年正月，琿春查江查界人員在琿春河口遇朝鮮男女三百餘奔向俄國，聲稱俄招引韓人數千在棘心河墾地，因朝鮮年荒稅重，屢次挑兵，難以度日，故棄家逃出。吉林將軍認為，棘心河固屬俄境，惟招引朝鮮人數甚多，且猶陸續不絕，韓俄兩國俱係外夷，不無勾結之虞，乃奏准令邊防人員加意防範，設法阻止。[80]

適朝鮮國王先後咨報，同治五年（1866）十月下旬，慶源府村民十餘人越圖們江逃走，中國人數百入朝鮮將此逃人妻孥財產盡行搬走，朝鮮防兵被傷，江邊帳幕被焚。朝鮮官方欲查拿處置，則疆界所限，不敢擅便，請飭吉林邊官申明禁例，將逃人押還原籍。朝鮮官方復述同年十一月，俄人十二名至慶興府，知會俄將在界牌近處建屋，及十二月韓俄交兵，擊退匪類，獲所棄牛馬車輛，請「轉奏天陛，益嚴飭近圍之厲禁，永杜匪類之竭來」。[81]朝鮮所重視者，仍為中韓邊疆之綏靖。

總署議覆吉林及朝鮮兩咨文時，將吉林查獲韓人逃俄諸端諭知該國，並謂棘心河在俄境，俄國墾其本土，中國固難越境往阻。朝鮮人民願赴界外開墾，應由朝鮮飭禁，中國亦未便率爾禁止。況俄招引朝鮮人至數千，時歷數載，吉林巡官所見僅二百餘名，可知其餘繞道赴俄已非一次。朝鮮自宜早申禁令，以免貽患將來，請飭吉林嚴查朝鮮所咨報各節，及俄人建屋之處在何國地界。對朝鮮所稱韓俄交兵事，除覆以搶匪如係俄人，該國不能不用力抵禦外，並以該國正值多事之秋，從權辦理，允其如遇中國匪徒入境搶掠，不妨拿辦。[82]

---

[79] 中央研究院近代史研究所編，《清季中日韓關係史料》，卷2，頁68下。

[80] 中央研究院近代史研究所編，《清季中日韓關係史料》，卷2，頁50。

[81] 《同文彙考》，原續，犯越，我國人，頁14-15；上國人，頁1-3。

[82] 《同文彙考》，我國人，頁6-18；上國人，頁3-4；中央研究院近代史研究所編，《清季中日韓關係史料》，卷2，頁61-62、67-68。案中國人在朝鮮犯法，除特准該

朝鮮回咨，請依康熙至道光間成憲，即圖們江東雖是中國土地，然凡中國在江東建屋墾田，皆因該國之奏請而拆毀踏平，以慎固封疆。咨文並謂，慶源、慶興俱在圖們（土門）江下流西南，二者相距一百二十里。慶源對岸為琿春，慶興對岸稍南五里處有荒阜名莎草峯，俄人建屋處在峯之南，距琿春約百里許。[83]吉林查奏，俄人建屋處之界牌在琿春西南一百五十里，慶興府之對岸。界牌東半里處有俄人新建卡房一所，戍兵十四名，此外無別項人，亦無其他居舍。[84]

同治七年八月（1868年八、九月間）朝鮮報禮部稱，俄人又在上述幕舍東構屋，數月之間工役已竣，間架比前稍長，諒將留連屯守，廣聚人口。韓俄間衣帶之水可涉，江冰合後，防限無定，日後之患可慮。朝鮮復請奏飭總理衙門，依江東虛空之遺規，從長辦理。總署查1862年中俄分界圖，紅線，即界線，以西為中國地，以東屬俄。琿春在線西，為中國地，而據吉林奏報，俄人建屋處之界牌在琿春西南一百五十里處。乃請諭吉林將軍查明該界牌究在何國界內，是否咸豐分界時所立，抑近年所立，及俄人所建房屋在中俄何國內。

倘在俄國界內，是俄無侵越之事。如在中國界內，不獨朝鮮，中國也不能任俄立卡建屋，且應令吉林與俄剖析明白；並謂如俄人建屋之處不在朝鮮境內，則不論其在中在俄，均於該國無所侵佔，應令禮部向朝鮮剖析明白，用釋該國俄人侵佔之猜疑。吉林遵旨查奏，界牌及房舍均在俄境，界牌乃舊置，無侵佔朝鮮之事。[85]因朝鮮人逃入俄境，及俄人在界牌附近建屋所引起之朝鮮疑慮，至此告一段落。

此次交涉之起因，固由中國未將中俄分界情形告知朝鮮，然自

---

國處理外，該國向奏報清廷審處。所謂該國多事之秋，指是年法軍侵韓。

[83] 中央研究院近代史研究所編，《清季中日韓關係史料》，卷2，頁80-82；《同文彙考》，上國人，頁7-8，該國收禮部寄軍機處交下上諭後回咨。該國收到禮部咨轉總署議覆文並上諭後回咨又重申康熙而後之成憲，見《同文彙考》，上國人，頁8-9；中央研究院近代史研究所編，《清季中日韓關係史料》，卷2，頁84-88。

[84] 中央研究院近代史研究所編，《清季中日韓關係史料》，卷2，頁73；《同文彙考》，我國人，頁22-23。

[85] 臺灣銀行經濟研究室編，《籌辦夷務始末選輯》，同治朝，卷61，頁1-3；《同文彙考》，上國人，頁10-16。

康熙之後，凡中國在圖們江東有所建設墾種，均因該國之奏請而廢，釀成了該國欲在中國界內設立甌脫之心，也為因素之一。而朝鮮久為中國藩封，凡關邊情及與外國有關之事，均奏請處置，也是流來成規。在此次交涉過程中，總理衙門的立場是，凡關朝鮮內政，均責其自理，決不在法理之外攬事。如上述1866年議覆俄人招攬韓人墾地時謂，如在俄境，只加防範，勿越界往阻，如在中國域內，則按約阻止；謂韓人願往俄境，應由朝鮮飭禁，中國未便率爾禁止。

1868年，總理衙門稱，俄人建屋如在俄境，是俄無侵越之事；並謂如不在朝鮮境內，則無論在俄在中，均於該國無所侵佔。這似乎也是對朝鮮屢援康熙以後成例，要求保持圖們江東為無人之區的不滿。吉林當局不管與列國交涉事，傳統上於屬國朝鮮事務關涉較多，且對該省東疆之屬俄一時心理未能調適，故其所見與總署有異。1866年奏報韓人二百餘逃俄時即主設法阻止，奉命調查界牌地址及搬運入俄韓人家眷財產人員身分時，欲將逃俄韓人押還該國，而受到俄人懷疑、盤查、攔阻。[86]這種觀念使他們在其後領回逃俄韓人交涉中，陷入了進退維谷，為韓俄雙方抵制的困境。

## （二）中韓俄關於逐回入俄韓民交涉

1869年秋，吉林官員在往俄屬摩闊崴（Posyet）途中，遇朝鮮男女四十五人由珠倫河越境往濱海地方，並查出俄濱海之巖杵河、棘心河等處有男女千餘人與俄人雜處，且有陸續越入者。吉林官員們懷疑朝鮮政府何以任其人民紛投他邦而不加理會，尤其懷疑俄國任意容留韓人，讓其與俄人雜處的用心；認為如此續越不止，人數愈聚愈多，難免日久生釁，非僅於中華，對各國均有邊礙。因命琿春協領訥穆錦於轄區內外加意嚴防，即刻赴摩闊崴、海參崴與俄國官員交涉，務將逃入朝鮮人悉數逐回，以明疆界而敦和好，並咨請禮部轉行朝鮮國王飭

---

[86] 中央研究院近代史研究所編，《清季中日韓關係史料》，卷2，頁72-74。

令其邊官將逃人悉數領回。[87]

　　這種積極干預的作法與總理衙門的態度相異。故該衙門收到吉林將軍致禮部咨文副本時，即加上「相應咨行貴部，查照酌核辦理可也」數字知會禮部。[88]禮部密摺奏准，上諭朝鮮將逃俄人民悉數領回，嚴飭邊官約束人民，勿許再有逃越，並以五百里驛遞諭吉林將軍飭琿春協領會商俄官，將越界韓民全部逐回，不得久留。[89]

　　1870年春，朝鮮王回文承認邊民犯越非一朝一夕，前年慶興大歉，故民戶又率家眷掠銃礮逃走，縱令嚴禁，逋藪之搜剔，亦難力致，幸上諭命吉林官員會商俄官逐回，自當申飭北境一帶邊官，「恭俟逐回人民一一領取，再申邊禁」。[90]說的很明白，朝鮮無力將逃人收回，中國要收回，就去和俄官打交道。也就是說，將問題的解決全推給了中國。

　　琿春協領往見慶源府官，著其領取俄國招留逃人。朝鮮官回稱，如若領取，俄國尚且不准；且逃人非慶源一府之人，況且未奉國王之命，不敢領取。協領兩度到摩闊歲會見俄國沿海省廓米薩爾（Komisar），請將逃人逐回。俄官起初表示不願招留韓人，曾設卡阻止，然韓乘間偷入；繼稱奉東西培里亞總督命，將逃人俱送綏芬河等處耕種，以抵還該國供給此輩口糧之費，逐還之事他斷不能作主，並說俄駐北京使臣已將此事達知朝鮮國，嗣後不關琿春之事。吉林將軍以慶源所稱未奉王命及逃人非僅一府之事等話，與其國王回咨已令邊官領回之言不一，俄官所謂北京使臣已達知韓國王之語真假莫辨，兩國互相推諉，甚為叵測，咨總署及禮部查核辦理。[91]

　　禮部雖也察覺到朝鮮上下言辭矛盾，及俄人並無交出逃人之意，然如再行文朝鮮國王恪遵前次上諭辦理，恐窒礙難行，乃奏請諭總署

[87] 中央研究院近代史研究所編，《清季中日韓關係史料》，卷2，頁72-74。
[88] 中央研究院近代史研究所編，《清季中日韓關係史料》，卷2，頁114。
[89] 禮部密奏見中央研究院近代史研究所編，《清季中日韓關係史料》，卷2，頁116-117，上諭見頁115。
[90] 中央研究院近代史研究所編，《清季中日韓關係史料》，卷2，頁122。
[91] 中央研究院近代史研究所編，《清季中日韓關係史料》，卷2，頁127-130。

將可否轉令俄人盡撤逐回之處，斟酌辦理。[92]總署覺得，朝鮮咨文中「俄界逐回人民一一領取，再申邊禁」等語，表明該國不能禁其人民逃往外國，轉望外國將所收留逃民逐回，方行領取，且一日未有逐回之民與之領取，即一日不申邊禁，聽其復逃。

倘若由中國代向俄國索取，則俄官已向琿春協領聲明，索取其供給逃人口糧之費，並謂其駐京使臣已達知朝鮮，恐將捲入俄韓交涉，增加財政負擔。乃奏准由禮部咨朝鮮自行酌核辦理，設法撫綏所屬百姓，已逃者令其懷德復歸，未逃者不至復蹈前轍，一面申禁令以杜將來；同時移咨吉林，嚴飭邊界，勿任朝鮮人由中國地界逃往俄國，致滋藉口紛擾。[93]其行吉林將軍文中有「凡中外交涉，惟自嚴邊禁，毋稍疏漏，以期常彌釁端」數語，[94]自係對該將軍處理本案不當而言。

其後朝鮮慶源到琿春請領逐回俄界逃人。協領告以俄官堅拒不還情形，韓方則稱已奉國王之命，難以空回，求為設法。協領為之再往摩闊崴與俄人交涉。俄官以協領勸說不休，怒形於色道：此事「與中國無涉，何必多費唇舌；再要絮叨追索，不免有傷和氣」。[95]

同治十年十月（1871年十二月）俄駐華公使倭良戞哩（Vlangali, 1823-1908）以琿春官員致俄廓米薩爾文中「奉京師上憲禮部札文」，令將移居俄國之韓民送回本籍辭語，有此等逃民本中國人之含義，函詢總署此事係由「京札」抑琿春官員之私意。如屬京札，則他別有意見，且總署王大人已知之，如為地方官私意，則無甚別意。然又說「專于此事用心，未免太過，因其將中國也牽入此事中」。[96]

總署回覆道，眾多朝鮮游民既敢私自越境逃入俄國，難保無莠民滋事於三國境上。倘因此致俄國不安，非中國之願，若使中國邊境

[92] 中央研究院近代史研究所編，《清季中日韓關係史料》，卷2，頁134。
[93] 中央研究院近代史研究所編，《清季中日韓關係史料》，卷2，頁132、136-137。
[94] 中央研究院近代史研究所編，《清季中日韓關係史料》，卷2，頁139。
[95] 中央研究院近代史研究所編，《清季中日韓關係史料》，卷2，頁142-143。
[96] 中央研究院近代史研究所編，《清季中日韓關係史料》，卷2，頁247、256-257; George Alexander Lensen ed., *Russian Diplomatic and Consular Officials in East Asia, 1858-1924* (Tokyo: Sophia University Press, 1968), pp. 54, 102。

生事，尤不可不防。朝鮮一切政令雖係該國王自主，中國向不遙致，然朝鮮此項逃民與中國邊務大有關係，故曾奏准諭吉林地方官申明邊禁，毋許朝鮮人民偷越中國境界，如各交界處所查有上項人，即交還朝鮮，並令朝鮮約束其人民，俟俄國將越界人民逐還時，盡數收回管束，至於應否與俄國邊官商酌妥辦，則由朝鮮國王自行酌辦。總署在函末特別聲明，凡此皆係中國為防邊界生事之措施。[97]

答覆供使後，總署函吉林將軍奕容道，琿春協領只知朝鮮人民不宜逃入俄界，不知該等逃民是否經中國地方行走尤為重要。如是，則嚴行禁止，若本由朝鮮入俄，中國原可不問。該協領屢向俄邊官索韓民，而俄人以不干琿春事答之，是俄韓兩國各有其主意，而中國反為所愚。總署並重述其以前抄寄該將軍諭旨時所添入，凡中外交涉，惟自嚴邊禁，勿稍疏漏，不令韓俄兩國有所藉口等語。[98]俄駐清公使覆總署稱，慮鄰國邊內有事，應照和好之意請鄰邦邊官依其己國法律處理；且將朝鮮逃人逐回朝鮮，中俄和約內未有規定。[99]

## （三）小結

綜觀本案過程，有幾點意見須在此作進一步說明。

1. 朝鮮對俄人之鄰其境，投文書求通商，不知所以。這自因中國未將中俄分界事知會該國所致。清廷之未知會，一方面可能是怕喪失其在韓人心目中的威望，一方面也是清朝政治活力衰退之故。清與韓情意疏，尤其自乾隆而後，並雙方使節往來也減少，史家稱為中韓封貢關係之怠惰期。

2. 朝鮮饑民入俄，一如十九世紀中國閩粵人去南洋，地方官為求轄區安靜，甚願流民之外出。吉林官員囿於韓俄勾結之思慮，而要韓國將之收回，又昧於俄人極需生產勞力的事實，要俄人

---

[97] 中央研究院近代史研究所編，《清季中日韓關係史料》，卷2，頁250。
[98] 中央研究院近代史研究所編，《清季中日韓關係史料》，卷2，頁252-253。
[99] 中央研究院近代史研究所編，《清季中日韓關係史料》，卷2，頁256-257，十二月四日俄公使倭良戛哩函。

逐回流民，均屬識見不明。

3. 朝鮮除自始聲稱其為中國屬邦，不經中國允許不能對外通商外，對於界牌附近俄人戍兵事，也希望中國空沿圖們江東側之例辦理，對於收回逃俄人民，更全推給中國。這都是閉關、屬國性格表現。到是時為止，朝鮮完全處在中國磁場之內，對外關係幾可說只有中韓一線。其與日本關係乃十七世紀初經清廷允許者，而所救外國海難船人也幾全部送北京轉回。

4. 像1866年對法國，1870年對美國一樣，總署對俄人也聲明朝鮮一切政令自主，中國向不遙致，對韓俄有關事務，也主由朝鮮國王自行酌辦。這種作法美已故芮瑪麗（Mary Wright, 1917-1970）教授讚為有適應性。[100] 1858年至1860年中國見敗於英法，見欺於沙俄的往事，固足為總署決定對外政策的參考，然中國傳統的封貢制度原本就富有彈性。如朝鮮可以與日本、琉球交往，琉球可以與日本、暹羅、滿拉加等往來。因之，總署對韓俄接觸的政策態度，固為新情勢下的權衡，也是其來有自的舊傳統。

5. 吉林官員，甚至禮部所為，可謂不度德量力。富明阿（？-1882）將軍1870年以病開缺，雖不知是否與處理本案不當有關，但總可看出他不知通權達變。東北地方與朝鮮密近，且官員見聞較陋，中國主持朝鮮對西方開放後調整中韓往來規則時，他們仍是如此膠執。這與1880年代屬邦朝鮮與其宗主中國爭吉林南疆的土地，都是中韓封貢關係在不同環境下的特色。[101]

---

[100] Mary C. Wright, "The Adaptability of Ch'ing Diplomacy: the Case of Korea," *The Journal of Asian Studies*, 17:3 (May, 1958), pp. 363-381.

[101] 有關近代以前韓日關係論著頗多，不錄。清允朝鮮與日本交聘見拙著〈清韓封貢關係之制度性分析〉。明清韓琉關係參見拙作〈中國與明清時代的韓琉關係〉，收入中央研究院第二屆國際漢學會議論文集編輯委員會編，《中央研究院第二屆國際漢學會議論文集》（臺北：中央研究院，1989），第7冊：明清與近代史組，頁329-344。韓國對西方開放後中韓關係之調整見拙作〈清季中韓關係之變通〉，《中央研

# 七、息事寧人政策下韓日條約制關係之建立

前面曾說過，清代東亞在文化、經濟方面是一個完整的中華圈，但在政治上則不然，日本未向中國朝貢。其時東亞的國際政治關係只有封貢宗藩關係一種，不朝貢就是無政治關係，日本獨立於中國集團之外。換言之，其時的東亞有中國集團及日本兩個政治組織。朝鮮屬於中國集團，對中國事大，對日本則為友鄰。然以日本自十三世紀後，天皇無權，政在幕府，故朝鮮的交涉對象「日本國王」，乃德川幕府將軍。又因韓日相距遙遠，幕府乃委邇近朝鮮的對馬藩負聯絡及執行部份事務之責。

朝鮮遣使聘問日本曰通信使。日使至漢城或韓使至東京（江戶）均由對馬藩人導之。幕府、若干封建貴族、及對馬藩每年以約定遣船至韓貿易，而對馬利益最大，朝鮮頒印記以為往來憑證，並對藩主及其下若干人賜與俸祿。朝鮮在今釜山附近之東萊府草梁地方建倭館，供日本往來人及貿易開市之用。故對馬藩與朝鮮之交往並不平等，採臣屬之禮。韓日這種關係，朝鮮自清初已報知中國，獲得允許，但每逢遣使日本，必於事先事後奏報清廷。

由於豐臣秀吉侵略的教訓，韓國對日本基本上是保持警戒心，非常注意南部水師配備。不過江戶幕府的內斂政策，使得十七世紀之後的雙方關係非常平靜，彼此有時還交換有關西人的情報。然而美國培里的黑船開放日本門戶之舉，使得十八世紀末至十九世紀初興起的主張佔庫頁島、千島群島、及勘察加半島以防俄衛日的蘭學家思想，演變為幕末許多學者及政治人主張侵略東亞大陸的思想。

由於日本有古代朝鮮向日本進貢的傳說，他們主張先取鬱陵島，

---

究院近代史研究所集刊》，第14期（臺北，1985年6月），頁105-125。中韓有關延吉問題交涉見嚴錦著〈光緒初期中韓邊務交涉〉，《女師專學報》，第2期（臺北，1973），頁323-361。

再佔朝鮮、臺灣、滿洲（中國東北）及其鄰近地區，以恢復日本古代的皇威，進而取中原，部分西培里亞、北美、印度及世界。[102] 1860年，英法聯軍破北京消息傳至日本，倡大陸政策的吉田松陰（1830-1859）及板倉勝靜（1823-1889）便計畫1861年出征大陸，包括朝鮮在內。

1861年三月，俄艦入對馬島並要求永久租地作為海軍基地。日本勸退不果，卒以英國海軍之協助，俄艦方退。此事使日人認為對馬藩無力防守該島，無力建設軍備，英俄可隨時佔領，並由此佔領朝鮮。故幕府經援該藩，促其遣使朝鮮，調停韓國及英法之關係，實欲調查韓情，干預其內政。雖以幕府及天皇復辟派間之戰爭而不果，然此數年間之征討言論及設計，即所謂幕末征韓論，對明治維新後之征韓論影響至巨。[103]

1868年，幕府奉還大政後，日本政府將對外交涉權收歸中央，惟朝鮮例外，仍由對馬藩居中執行。政局改變自須通知各國。外務官員及藩主宗氏議定，對韓外交不再以兩國平等基礎，而以朝鮮古代乃向日本納貢之邦為思想架構。公文中對馬藩不再用舊時爵職及朝鮮所頒印信，文字內容必須使朝鮮國王名位低，同於其在中國的屬國地位。

書至朝鮮，該國以文字及印信多違舊制，如謂兩國以往關係屬私下往來，陛下、旨勅等字只有中國皇帝可用，而用之日君，拒絕接受。因之，雙方關係中斷。日本維新之政無由通知韓國，於1873年再度引發取其地、擄其主的征韓之論。日本侵韓及進窺東亞大陸思想固其來有自，他們擔心朝鮮為英法美俄等所佔而危及該國安全，也是原因之一。而朝鮮懼地位貶低，淪為日本屬地，所以在名義上也絕不妥協。

日本在1850年代已與美、法、普、俄、英、荷等國締約通商，然與東亞的中國根本無約，與朝鮮雖有舊誼而中斷。他們早已想與中國訂約通商，及與朝鮮交涉不前，便想先與中國建平等邦交，以脅制朝鮮。1869年八月派外務權大丞柳原前光（1850-1894）到中國交涉，

---

[102] Key-Hiuk Kim, *The Last Phase of the East Asian World Order*, pp. 78-88.
[103] Key-Hiuk Kim, *The Last Phase of the East Asian World Order*, pp. 92-109.

1871年大藏卿伊達宗城（1818-1892）來華與李鴻章談判，訂簽訂修好條規及通商章程，1873年換約。翌年日本借臺灣山地人殺害琉球海難人員為由，出兵臺灣，結果中國出資撫恤日本士兵，購買日本在山地建設，使日本撤兵。

日本以與中國訂平等條約，征臺勝利，得到俄國在日本與中國、朝鮮武裝衝突時中立之諒解，及美國前駐廈門領事李仙得（1830-1899）之慫恿，謀以武力解決與朝鮮國交問題。1874年朝鮮操實權，堅主閉關，對日強硬之大院君退職，高宗親政後改採對日復交政策，日本乘機實行砲艦政策，策畫炮擊江華島事件，迫朝鮮訂江華條約，承認朝鮮為自主之國，朝鮮開商埠與日本通商，雙方互派公使、領事，常駐對方處理外交、商務事情。

中國在法美侵韓時已暗中或從旁勸解。其後對此屬國也繼續注意。1867年一月，三口通商大臣及總稅務司赫德（Robert Hart, 1835-1911）呈報總理衙門新聞五則，除報導法、美、英、日是年春可能攻朝鮮外，日本八戶順叔投文述說日本明治維新後教育、交通、軍事、社會習俗改革情形，並謂日本近來武備頗盛，有火輪軍艦八十餘艘，將派兵征韓，因該國每五年必至江戶一貢，而已久停。

總署以日本既不朝貢，兩國也不通商，無從探悉消息確否，奏請由禮部密咨朝鮮訪查明確，以防患未然。並稱日本在明代為倭寇，蹂躪江浙沿海，延及朝鮮，且每存夜郎自大之心，與中國久無朝貢，數年前與英法構兵。如敗，則英法等益強，如勝，以其邇近江浙，則患在肘腋，更為迫切。是日本之勝敗與中國大有關係。[104]近年日本發奮為雄，學造兵船，往來各國，志不在小。英法等與朝鮮構兵，志不過在傳教通商，未必志在土地，日本則難保不貪其土地。設日有朝鮮，與中國為鄰，患更切膚。是朝鮮被日本之兵，其患較被法國兵為尤甚。[105]朝鮮除回咨感謝，反駁其向日本納貢之說外，向對馬藩求證。

---

[104] 中央研究院近代史研究所編，《清季中日韓關係史料》，卷2，頁51-54。
[105] 朝鮮與對馬往復文見《同文彙考》，原編，洋船情形，頁24-27。

該藩回言新聞所載虛妄不實。[106]日本雖無出兵朝鮮之政，然其時在野人士正在進行第一次征韓論則屬實。

日本與中國締約，除建交通商外，有挾中國壓朝鮮之意。李鴻章以日本非朝貢之國，與朝鮮不同，且為聯日本對抗西方諸國，不使為中國之患而贊成立約。訂約後，日本為探察中國對琉球海難人被殺及中國與朝鮮關係，外務卿副島種臣（1828-1905）親自來華換約。李鴻章與其晤談，論及日韓關係時曾告以「近鄰尤要和睦」。朝鮮能拒西洋，國小而完，美法皆志在此。日本與西洋通商，若有事於朝鮮，人將謂挾大欺小，殊非美名，況與中國約章不合。[107]

所謂約章乃指中日修好條規第一條「兩國所屬邦土，不可稍有侵越」。副島離北京前復遣人詢問，朝鮮政令是否由該國為主，中國向不過問。總署大臣重申：朝鮮雖為中國屬國，其內政外交悉由自主，中國從不過問，即使有關戰和之事。副島回經天津時，李鴻章復與之晤，並說到以軍事天才豐臣秀吉也未征服朝鮮。朝鮮乃聖人之後，乃禮義之邦，上天所創，不可亡。如日本用武，兩國將無友好。[108]雖有李氏前後警告，但副島從總署回答中得到的結論是，他已得到中國保證，如日本對韓用兵，中國將不干涉。

因朝鮮釜山禁走私令引起之日本政府的征韓論，雖由於岩倉具視（1825-1883）等反對西鄉隆盛（1828-1877）使韓而告一段落。此後日本的對韓政策已有改變，不再用東方的國際關係制度將其名義地位壓低，一下就併其土地或收為藩屬，而是用西方的條約制度，名義上彼此平等，實際上收其利益。如此，第一步便是使朝鮮獨立，也就是使其脫離中國。所遣對韓交涉人員森山茂（1842-1919）、黑田清隆（1888-1889）、井上馨（1836-1915）均為征韓論者，持砲艦政策，森

[106] 朝鮮前後致禮部咨文見中央研究院近代史研究所編，《清季中日韓關係史料》，卷2，頁64-66、91-92。
[107] 王璽，《李鴻章與中日訂約（1871）》（臺北：中央研究院近代史研究所，1981），頁186。
[108] Key-Hiuk Kim, *The Last Phase of the East Asian World Order*, pp. 176-177.

山茂且自比打開日本的美國海軍提督培里，雲揚號事件（1875）後任命森有禮（1847-1889）使華談判。他留學英美，思想十足西化，主張視朝鮮為獨立國，尋求朝鮮的「鄰國」，中國之助，以了結雲揚艦事件。[109]

中國一直將所得有關韓國消息告知該國。日本侵臺軍撤退後，沈葆楨（1820-1879）自日意格（Prosper Marie Giquel, 1835-1886）處得知，駐紮長崎五千日軍可能侵韓，懷恨韓國的法、美可能也參加。[110]江華事件爆發後，日本新任駐華公使森有禮至總署晤談，面遞節略，控訴朝鮮先開火，謂日本已派使乘兵艦赴韓交涉，謀和平了結，因與中國為鄰故告知緣由，以昭日之誠心，希朝鮮以禮接待使臣，不拒日所求，言歸於好，否則韓人將自取不測之禍。

總署答稱，朝鮮自有國以來斤斤自守，中國任其自理，不令華人到其國交涉，乃信其志在安分，故無勉強。日本遣使赴韓志在息兵，而面遞節略，詳述用意，無非信守中日修好條規。中國對朝鮮不強預其政事，不能不切望其安全，希轉致日政府，不獨兵不必用，即遣即往問，亦須自行籌劃萬全，務期兩相情願，各安疆土，終守修好條規所訂兩國所屬邦土不相侵越之言。[111]

森有禮回覆說，依總署所言，中國不干預朝鮮內政，與外國交涉，也令其自主，則朝鮮是一獨立國家，所謂屬國徒託空名。因之，朝鮮日本間的事，與中日所訂條約無關。對此，總署照會駁斥，肯定朝鮮為中國屬國，受到中日修好條規約束。[112]總署同時奏請將中日有關交涉文件由禮部咨送朝鮮，俾該國瞭解。奏摺中國總署仍有如下一段文字：「朝鮮雖隸中國藩服，其本處一切政教禁令，向由該國自行專主，中國從不與聞，今日本欲與朝鮮修好，亦當由朝鮮自行主

---

[109] Key-Hiuk Kim, *The Last Phase of the East Asian World Order*, pp. 237-238.
[110] 《夷務始末・同治朝》，卷94，頁37。
[111] 中央研究院近代史研究所編，《清季中日韓關係史料》，卷2，頁264-268。
[112] 中央研究院近代史研究所編，《清季中日韓關係史料》，卷2，頁270、273。

持。」[113]

　　清廷視外交為通商事務，且森有禮以總署拒助干預韓事而要求會見北洋通商大臣李鴻章，故總署隨時將與日使交涉情形文件咨會之。李氏時已為中國自強名臣，在對外事務（通商）上有相當的權力，為各方外人想會見的對象。朝鮮也不例外，令朝貢吏李裕元（1814-1888）相機接洽。回程中李裕元於1876年初見到永平知府游智開（1816-1899），並請轉函李鴻章。信中表示請教，希望回音之意。李鴻章乘機函詢韓國交際情形，並說朝鮮乃中華屏蔽，然三面環海，形勢上既不能閉關自治，不能不時加防備。

　　及接到總署公文，李氏於1876年一月十九日（光緒元年十二月廿三日）致總署一函，說明他的觀點。他說日本派使赴韓問罪，朝鮮在剛剛受攻被辱之後，諒不肯平和接待，則釁端易開。朝鮮貧弱不敵日本，如援前明故事求救，中國將何以應之？雖執條規責問不應侵越屬國，日本以關說在前，中國推諉不管，又將何制之？即便永遠兩不過問，使朝鮮失望，日本生心，則是薄待屬國鄰友，示天下之不廣；更恐朝鮮為日陵逼或侵佔，則東三省根本地失屏藩，有脣亡齒寒之憂，後患不可勝言，不可不預籌。

　　李鴻章指出中國推諉不管的可慮後果後，建議總署迅速設法密致朝鮮一書，勸其忍耐小忿，以禮接待日使，或遣使赴日報聘，辨明開砲原委，以平疑怨，為息事寧人之計。至於朝鮮願否與日通商往來，悉聽其自主，非中國所能干預。如此立言，不為失體。如朝鮮允從，可暫彌兵釁；如不從，中國也已盡字小國待與國之心。將來如朝鮮乞救，日本或譏漠視，中國也有詞自解。他說朝鮮對中國恭順出於至誠，中國以此相勸，該國諒無不奉命惟謹者。[114]這是中國對韓日江華事件之基本立場。

　　其後森有禮赴保定與李鴻章詳談，李氏深知日本志在和平，不在

---

[113] 中央研究院近代史研究所編，《清季中日韓關係史料》，卷2，頁270-271。
[114] 中央研究院近代史研究所編，《清季中日韓關係史料》，卷2，頁276-277。

戰爭。森有禮回北京再與總署交涉時，後者復述中國對屬國朝鮮及友邦日本之道，肯定不侵朝鮮乃中日修好條規之義，並謂：「中國苟有可為之處，自由本王大臣早籌酌辦，以期彼此相安。」[115]最後一句話透露出中國將為韓日和平有所行動。森有禮得此即回國，惟再聲明朝鮮為獨立之國，日本也以自主對之，中韓關係與日本無關，韓日間事與修好條規無涉，中國也不得引條規範圍之。[116]

　　李鴻章意見及中國與森有禮往來文件，禮部以五百里飛咨送往朝鮮。清廷冊封閔妃幼子為朝鮮世子的特使，也在韓廷對日交涉政策議論未定之時到達漢城。朝鮮迅即決定與日使訂約，即江華條約，或丙子條規。中國在法美侵韓時只以調人自居，未代屬國畫策，自因自己新敗於英法，英法所求傳教通商中國已允，並無切害。至於日本，有侵佔朝鮮、威脅東三省之憂，且韓日本有邦交，日韓關係仍屬東亞關係範圍，中日已訂立有異於中西條約的修好條規，在李鴻章聯日抗西的意圖下，乃勸使和平了結，但仍任朝鮮自行交涉。這畢竟是日韓以西方條約制（treaty system）外交代替了以前的東亞外交模式，朝鮮為自主之國的文字載入了江華條約，這是韓日關係的基本改變，對中韓關係將也有重大影響。

## 八、中國與朝鮮對西方的門戶開放

　　本章前面說過，1860年代英國駐華公使威妥瑪，曾示意總署勸朝鮮自動對西方開放通商，以保安全，後者略無反應。1830年代以來，中國完全注意應付西方及俄國對自身的侵害，對屬國朝鮮的政策，尚持只要無礙於宗屬體制，內政外交任其自理。明治維新後日本的影像出現在遠東外交映幕上，漸漸引起中國的注意，如八戶順叔言論事件。不過中國執政者仍將文化與政治外交纏在一起，想聯絡中國文化

---

[115] 中央研究院近代史研究所編，《清季中日韓關係史料》，卷2，頁295。
[116] 中央研究院近代史研究所編，《清季中日韓關係史料》，卷2，頁296。

圈的日本共同對抗西方。中日修好條約之訂立是此思想的結果，在李鴻章與副島種臣及森有禮談話中，也充滿著這種觀念。然而日本1874年侵臺之役，1875年阻琉球朝貢中國，及炮擊江華迫朝鮮訂約，雖未完全掃除中國決策人士的聯日觀，對日看法差不多又回到了懷疑警戒的傳統。

1879年春，日本片面滅琉球置為縣，其駐韓公使以朝鮮致日公文中稱中國為上國，有「上國禮部」、「上國指揮」且抬頭書寫，違背江華條約朝鮮為自主之國的規定，退回公文，並要求開元山為商埠。朝鮮咨詢清政府如何回答。李鴻章也自李裕元給他的第二次信中得知此事。朝鮮的請示未必無試探之意，清廷則令其自行斟酌答覆。[117]日本滅琉球給中國刺激甚大，而這時候因伊犁問題，俄國與中國關係惡化，時有俄軍侵佔朝鮮之傳說。故中國決策者有勸朝鮮與西方諸國訂約通商，以防俄、日者。

首先公開倡導，讓朝鮮對西方開放門戶者為前江蘇巡撫丁日昌（1823-1882）。他在奏議海防時宜摺中，請該國與泰西各國立約通商駐使，以共同抵抗日、俄。[118]是時美國任命水師提督為全權使臣赴韓，要求締通商的消息已遍傳。[119]總署已知李鴻章與李裕元有信函往來，在奉旨議覆丁日昌摺時，便請令李鴻章照丁日昌條陳意見，轉致朝鮮，並且又直接函達李氏。[120]

李鴻章乃以其意撰文致李裕元，寄盛京將軍轉致。函中謂日本近來行事乖謬，居心叵測，宜早防之。內則修武備，外則依約行事不給藉口，同時聯英、德、法、美諸國，以牽制之，併杜俄人之窺伺。乘與諸國無事時主動立約，他們必喜，不會提苛求。請轉呈其國王，集

---

117 朝鮮咨文及清覆文見中央研究院近代史研究所編，《清季中日韓關係史料》，卷2，頁351-354，致李鴻章函見頁364-366。
118 呂實強，《丁日昌與自強運動》（臺北：中央研究院近代史研究所，1972），頁235-236。
119 中央研究院近代史研究所編，《清季中日韓關係史料》，卷2，頁355。
120 中央研究院近代史研究所編，《清季中日韓關係史料》，卷2，頁360-361、363。

議計畫，函覆大概，俟各使議及之時，總署將出面參與。[121]

由於朝鮮根本就不願對外開放，與日本建交也是迫不得已，且儒學士林正激烈變政，故李裕元並未說明是否將李鴻章函，呈給國王，只在覆函中提了些反駁，如《萬國公法》可以救土耳其，何以不能救琉球等。[122]李鴻章想透過李裕元這條線勸朝鮮對西方開放的計畫雖暫時未達，另一個機會不久就出現了。

開放朝鮮既成了政策，中國剛派出去的駐外使節也擔負起了這份使命，如第一屆駐日公使何如璋（1838-1891）及參贊黃遵憲（1848-1905），當時除了琉球問題外，朝鮮國事務也是他們的主要職責。不過開放政策本以日本為主要對付目標，而隨著中俄、日俄關係，及英俄鬥爭的緊張，一時之間防俄反而成了第一目標。[123]

俄國對中國朝鮮的威脅確屬實在，曾紀澤（1839-1890）在對俄交涉中也的確得到英國等西方國家許多重要協助，但日本擴大宣傳，促使中國引導朝鮮對西方開放，以消除中國對朝鮮的宗主地位的用心也顯而易見。黃遵憲所撰贈，並對朝鮮使日特使金宏集（1842-1896）講述，代表何如璋、甚至中國政府立場的《朝鮮策》，就是典型代表。這本使得朝鮮朝野爭辯，但終於改變國策的說帖中最簡明的句子是，「親中國，結日本，聯美國，以圖自強」。[124]

中日都主張朝鮮對西方開放，但由誰主導或介紹，則李鴻章早已建議由中國主持，免朝鮮吃虧上當，因該國對外貿外交毫無認識，會西方語文者也沒有。日本雖有時勸中國主導，然也很願作中間人。不過朝鮮與西方訂定的第一個條約——韓美條約，是在其宗主中國指導下完成的。

---

[121] 中央研究院近代史研究所編，《清季中日韓關係史料》，卷2，頁366-369。
[122] 中央研究院近代史研究所編，《清季中日韓關係史料》，卷2，頁394、397-401。
[123] 有關伊犁危機參看Immanuel C. Y. Hsü, *The Ili Crisis: A Study of Sino-Russian Diplomacy, 1871-1881* (Oxford: Oxford University Press, 1965)；李恩涵，《曾紀澤的外交》（臺北：中央研究院近代史研究所，1982），第3章。
[124] 中央研究院近代史研究所編，《清季中日韓關係史料》，卷2，頁438。

可是受韓日條約的鼓勵，1878年美國參議院海軍事務委員會主席，加州議員沙奧特（Aason A. Sargent, 1827-1887）提案由總統任命一使臣，利用日本的幹旋，依和平方式，去和朝鮮談判締約。同年海軍部任命海軍提督薛斐爾從事包括朝鮮在內的若干國家的外交任務。薛斐爾熟悉加勒比海事務，參加過南北戰爭，1865至1867年間為美亞洲艦隊Wachusett艦長，在香港澳門間剿海盜，也巡行過長江，1867年曾至韓探詢沙滿號之下落。薛斐爾是海權擴張主義者，受命後要作培里第二，準備、氣派也模仿培里。他指揮Trieonderoga艦行經大西洋、印度洋而入西太平洋，於1880年四月到達日本長崎。

在薛斐爾到達之前，美駐日公使平安（J. A. Bingham, 1815-1900）奉令請日本外務卿井上馨（1836-1915）盡量居中向朝鮮政府幹旋。井上恐書函介紹，危害日韓間剛建立的脆弱關係，只允將薛斐爾介紹給日駐釜山領事近藤真鋤（1840-1892）。薛五月初抵釜山，以近藤之助會見東萊府使，提出薛請朝鮮國王任命使臣與之在釜山談判締約的書函，請轉致其國王。府使以其職權僅在韓日關係，無權接其他國家通函拒絕，要求薛即刻離去，並向近藤抗議媒介西使有違交鄰關係。

薛氏於五月中旬返日，以平安之助說服井上再次相助，將薛上韓王信附於井上致朝鮮禮曹判書的信中發出。井上信說，中日均知閉關之不可行，朝鮮應接受美國要求，以避免戰爭。井上勸美使勿去釜山，待長崎六十日等候回答。七月中薛函原封退回近藤，與禮判致井上之信一併於八月初送達東京。禮判函說明朝鮮於日本之外無意與他國建交。平安復請井上由日駐韓公使將薛函致韓王。井上拒絕，只允由日釜山領事，平安謝絕。薛斐爾懷疑日方為壟斷對韓貿易而未誠心相助。不過井上之判斷不錯，因朝鮮曾拒絕李鴻章同樣的提議，且李在擔心日美夥同之可能。朝鮮拒絕日本中介後一個月，李裕元函告李鴻章，韓決不接受日本媒介之任何外國通函。[125]

---

[125] 以上參見Key-Hiuk Kim, *The Last Phase of the East Asian World Order*, pp. 302-304；睦銀均，《晚清中韓關係之研究（1864-85）》，頁235-236；Frederich C.

李鴻章自何如璋及駐長崎領事得知薛斐爾在日活動情形後,便令何如璋訪美使平安,請其傳達中國願居中周旋韓美協商締約之意。正在失望沮喪的薛斐爾,獲得清長崎領事轉致的李鴻章函後,立即答應,於八月二十六日至天津與李鴻章會談。薛氏希望中國用其影響力促成韓美友好條約。他談到朝鮮對中國的戰略地位,及日本、俄國事情時,表示俄國可能想佔朝鮮,爆發中日戰爭的危機。

李鴻章非常讚賞薛斐爾國際智識之豐富及卓越判斷,向其保證利用與韓政府之友誼以達成美國的請求,同時暗示如薛能協助中國整頓海軍,將授予相當職位,提議令朝鮮遣使到中國與之相見,保證將朝鮮的反應知會美駐北京使館。得此保證,薛斐爾離華經日,回國請示。

朝鮮在轉變,仿中國總理各國事務衙門設立了統理機務衙門,主管有關改革通商事務,向清廷奏准派學生、學徒到天津機器局學習製造。韓出使中國的官員告訴李鴻章,對與美訂約的議論也出現有利轉變。李鴻章乘機向來使說明與美締約之重要,使臣承諾回報建議。然而朝鮮國內的轉變並非順利,故1881年夏薛斐爾自美回至天津時,猶無該國回音。李鴻章勸薛耐心地等。

1882年一月,率領生徒習製造的領選使金允植(1835-1922)到津。他建議李鴻章,因韓國內反對開放者眾,宜由皇帝敕令朝鮮開放。李氏反對,請金密函其政府派位高官員來華與薛議約。三月中旬,李氏自保定移往夏署天津時仍無音訊,薛氏不耐,要到朝鮮議約。鴻章無奈,乃親自與薛談判,周馥(1837-1921)、馬建忠(1845-1900)佐之,薛則由美使館代辦何天爵(Chester Holcombe, 1842-1912)協助。談判以周、馬草擬十四條約稿為底本,改正江華條約中不利於朝鮮者若干地方,尤要者,其第一條開始就聲明朝鮮為中國屬邦,而內政外交向來均自立。薛不依,後協議由朝鮮國王向美總統出一照會

Drake, *The Empire of the Sea: A Biography of Rear Admiral Robert Wilson Shufeldt* (Honolulu: University of Hawai'i Press, 1984), ch. 1, 6, 10-12, pp. 238-247。

聲明之。

　　同年五月，馬建忠（1845-1900）乘丁日昌軍艦，與美使同到朝鮮西岸之濟物浦，與朝鮮使臣稍事協議後簽字，是為美韓濟物浦條約。接著英國、德國在馬氏協助下，以韓美條約為藍本，相繼與朝鮮訂約。於是該國向西方開放。不過中國想藉此約保障對韓宗主權的目的未達到，因為這是西方根本不承認的，故美總統從未公佈朝鮮國王給他的照會。雖然朝鮮逐漸趨向獨立自主，然在甲午戰爭之前，中韓雙方大體上仍是依傳統的宗藩關係制度往來。故1882年至1894年間的朝鮮對外關係乃東西兩制並行的雙軌外交。[126]

# 九、中韓關係之變通[127]

## （一）前言

　　本節旨在研討清季中國默認朝鮮與日本所訂江華條約，主持該國與美國訂定濟物浦條約，讓朝鮮對日本及西方建立外交關係後，中韓關係的變通情形。

　　鴉片戰爭後的中國歷史，無非是西方思想、制度、科技文明對中國的衝擊，以及中國的應付過程而已。這種衝擊鋒面很廣，中國傳統的天下秩序（Chinese World Order）透過奉正朔、朝貢二項必要條件，形成的宗法封建的天下、邦國、部落關係制度也在其中。

　　光緒初年，中國南面緬、越等國事實上已在英法實力支配下，中亞的浩汗等為俄國控制，琉球併入日本，中國最重視，班列屬國首位的朝鮮也已處在列國紛爭的局面下。如前所述，美國為通商，法國為

---

[126] 詳見Key-Hiuk Kim, *The Last Phase of the East Asian World Order*, ch. 7；睦銀均，《晚清中韓關係之研究（1864-85）》，頁243-249。Drake, *The Empire of the Sea*, ch. 12-14.

[127] 編按：本節曾以〈清季中韓關係之變通〉為題，發表於《中央研究院近代史研究所集刊》，第14期（臺北，1985年06月），頁105-125。

傳教士被殺、囚禁，日本為變更關係、擴張勢力，先後與朝鮮軍事衝突，日本且迫之與訂江華條約，對日開放。而由於中國吉林東疆的割屬俄國，朝鮮也面臨了俄勢南下的壓力。[128]

中國為了保護這一重要屬國以屏藩割餘的小東北、清人的發祥地，乃採取一個中西合璧的辦法，一面讓朝鮮與各國訂約建交，一面仍然維持其與中國的宗藩關係。這種傳統中國封貢宗藩制度與西方近代均勢政策的結合，可名之為雙規外交制度（dualism of diplomatic system）。

光緒二年（1876）的日韓江華條約已明訂朝鮮為獨立自主之國，韓美、韓英等約也如此說，只不過朝鮮致各國一照會，聲明其為中國屬國而已。朝鮮已允日本開釜山、元山為通商口岸，得設領事，美韓條約規定互派使節駐京，而所有條約均規定，外人在朝鮮享有領事裁判權。[129]至此，中國已將朝鮮安排進形式上平等互惠，以通商駐使為特色的近代西方國際關係中。

近代以前，以小事大的政治關係似乎天經地義，中韓人從無質疑者。至於貿易，除嘉慶間朝鮮學者朴齊家（1750-1815）倡議通商浙閩外，[130]中國方面無人有改變現狀的觀念。然而時移勢異，勢異則備禦之道必變，在西力西制衝擊下，中韓人士邁出了變通的步驟。

## （二）變通的倡議

韓與日本締江華條約後，在開港、稅則、使臣駐京等之談判中，多受恐嚇欺壓，而李鴻章及駐日公使何如璋、參贊黃遵憲等則多方

---

[128] 韓日修好條規，第一、四、五、十款。見國會圖書館立法調查局編，《舊韓末條約彙纂（1876-1945）》（首爾：國會圖書館立法調查局，1964），上卷，頁12-15；韓美修好通商條約，第二、四條，見卷中，頁295-297。

[129] 韓日修好條規，第一、四、五、十款，見國會圖書館立法調查局編，《舊韓末條約彙纂》（首爾：國會圖書館立法調查局，1964），上卷，頁12-15；韓美修好通商條約，第二、四條，見國會圖書館立法調查局編，《舊韓末條約彙纂》，中卷，頁295-297。

[130] 張存武，〈清代中國對朝鮮文化之影響〉。

解說，並勸與西方立約通商。光緒七年（1881）該國貢使譯官李容肅（1818-?）以該國已願開放，奉命至天津向李鴻章請教事宜。他們談話中說，朝鮮今與日本開港通商，然素昧商規，恐受欺壓，君臣咸欲中國商人亦至開港諸處交易，以便有所依賴。並謂他們欲奏請推廣鳳城邊民貿易，及令華商乘船至朝鮮港口貿易，以防日人壟斷，不知如何措詞。李鴻章答以，朝鮮向無海道貿易之例，現既擬與外國通商，則華商前往貿易亦所不禁，應由國王將實在情形咨請核奏辦理。[131]

1881年，朝鮮一面派學生、工匠到天津機器局學習製造技藝，[132]一面派遣十餘名官員及隨員到日本考察軍事、交通、財政、經濟、文教等情形。為了避免反對者的耳目，以暗行御史名義出發，時人或稱為紳士遊覽團。[133]內中有魚允中（1848-1896）一人，負責考察交通、通商、財政。

魚允中於其他團員返國後，在東京又逗留月餘，於九月初從長崎到上海，訪問蘇松太道劉瑞芬（1827-1892）、知府陳寶渠及鄭觀應（1842-1922）等，參觀江南製造局，繼而到天津會招商局總辦唐廷樞（1832-1892）、津海關道周馥（1837-1921），進謁直隸總督兼北洋大臣李鴻章，然後回至上海，見到正在往日本上任的新任公使黎庶昌（1837-1898），再經長崎返國。[134]這一趟中日之行無非在觀察比較中日兩國的情形。他會見周馥與李鴻章時便提出了兩國駐使並開通海上貿易，改革陸路貿易之弊端的建議，然而其詳情不得而知。[135]

---

[131] 中央研究院近代史研究所編，《清季中日韓關係史料》（臺北：中央研究院近代史研究所，1972），卷2，頁464、475。

[132] 對此問題惟一研究著作為韓國中央大學教授權錫奉，〈領選使行에 對한 一考察＝軍械學造事를 中心으로〉，《歷史學報》，第17、18期（首爾，1962年），頁27-312。

[133] 關於紳士遊覽團無中文撰述，惟見上引李瑄根著、林秋山譯，《韓國近代史》（臺北：中華叢書編委會，1967），頁62-64之簡述。

[134] 魚允中考察日本事，見氏著，《魚允中全集》（漢城：亞細亞文化社，1979）之〈東萊御史書啟〉、〈財政聞見〉、〈橫濱稅關慣行方法〉、〈日本大藏省職制事務草章〉，及〈從政年表〉，卷2，高宗十八年紀事。遊上海、天津見〈從政年表〉，卷2，頁120-123，其對中國之瞭解，可於其〈十二月十四日復命紀事〉中見之。

[135] 光緒八年三月二十七日，馬建忠在朝鮮與金宏集筆談有「去歲允中在津與傅相面

光緒七年（1881），朝鮮仿中國總理各國通商事務衙門設統理機務衙門，並受中國勸導，願與美國訂約。[136]李鴻章請美國訂約使臣海軍提督薛斐爾八年春至天津，並咨朝鮮派員同時前往，共同議約。[137]朝鮮以統理機務衙門通商司主事魚允中及李祖淵（1843-1884）以問議官名義往。

臨行國王訓令說，議約事已訓令在天津之領選使金允植（1835-1922）為之，他們二人的使命是變通中韓關係。在事大之節益當親恪的前提下，凡拘於節文，貽弊民國者，不可安於舊例。其具體事項有三：一、使介往來及咸鏡北道互市時供應繁費之更張，二、在彼此已開各港互相貿易，三、近來外國有窺伺之意，不可不先事綢繆。前二者往議於總署及北洋大臣，後者與北洋及金允植商議。[138]

魚、李行至營口乘招商局輪船至煙臺，三月底到天津。[139]時因薛斐爾急於訂約回國，李鴻章已派馬建忠與之到仁川訂約，故允中等任務只餘交涉變通中韓關係。而鴻章復因母喪請假守制，兩廣總督張樹聲（1845-1900）調署直督兼北洋大臣。允中將朝鮮王致北洋大臣、禮部咨文及其說帖等文件送交北洋大臣衙門。[140]其致北洋咨文謂：

> 朝鮮國王為通商駐使等務質議事。竊念小邦偏荷聖朝字小之恩，保守疆土，殆三百年於茲。現宇內多故，時局日變，洋艦

---

談，曾有商請華商前來貴國貿易，以奪倭商之利」之言，見中央研究院近代史研究所編，《清季中日韓關係史料》，卷2，頁644-645。四月十八日，魚允中在天津與津海關道周覆談話中也說：「前年來謁傅相，稟可幾件事」。中央研究院近代史研究所編，《清季中日韓關係史料》，卷2，頁601。

[136] 中央研究院近代史研究所編，《清季中日韓關係史料》，卷2，頁451-454、461-462、480-490。

[137] 中央研究院近代史研究所編，《清季中日韓關係史料》，卷11，頁16-17。

[138] 魚允中，〈從政年表〉，卷3，頁125-126，壬午年二月十七日條。

[139] 三月四日渡鴨江至鳳城邊門，十日至營口，晤海關道續昌，並與海防同知寶岱，四州提督宋慶等往還。十七日乘福州號輪船，十八日抵煙臺，與登萊青膠道方汝翼（1828-1895）等相識。二十四日乘永清號船啓程，二十五日抵大沽，二十八日抵天津，駐機器局南局。

[140] 魚允中，〈從政年表〉，卷3，頁130-131；中央研究院近代史研究所編，《清季中日韓關係史料》，卷2，頁589。

迭伺邊陲，日人勊開商埠，且北俄毘境，常為憂患。奈國小力
單，恐不克自振，當職與舉國臣庶蚤夜惕慮，思所以奮發修
舉，小弛上國東顧之憂，用是不拘舊章，冒昧煩陳。顧今外人
獨擅商利，船舶駛行洋面，惟上國與本邦互守海禁，殊非視同
內服之義。亟宣令上國及小邦人民，於已開口岸，互相貿遷，
亦許派使入駐京師，藉通情款，以資聲勢，庶外侮可禦，民志
有恃。[141]

說帖共四條。一謂既通商駐使，即可妥議章程，而由中國裁定。二為
裁三處邊市。三云既京師駐使，則進賀、謝恩、陳奏事不必另派使
節，中國有命，亦可由駐使轉遞。第四項是雙方使節來往均免沿途食
宿供應。值得注意的是，所謂駐使只是朝鮮使駐北京，而非中國使亦
駐漢城。

　　李鴻章丁母憂，故辭允中進謁請求。張樹聲接見一次，而後即由
津海關道周馥接洽商議。魚周會談三次。[142]從四月三日及十八日的筆
談紀錄可知，魚允中所送文件李鴻章、張樹聲、及蒞津辦事的軍機兼
總署大臣王文韶（1832-1908）均看過，商議過。因鴻章可憂，樹聲初
接事，朝鮮又有致禮部咨文，所以北洋不奏聞此事，要允中到禮部投
咨，俟該部奏奉旨意後，或由總署及北洋大臣商訂通商章程。[143]

　　北洋之拒奏，實因朝鮮的陳請乃變通舊制，理應由主管的禮部
奏辦，如北洋具奏，上諭禮部覆議，恐或連通商之事也遭阻駁。魚允
中瞭解禮部保守，每拘成例事事阻抑，所以想俟鴻章過百日喪假，復
行視事時再由之奏進。周馥告以禮部不敢壅於上聞，朝廷必批交總署
議復，由北洋議章程。王文韶係軍機兼總署大臣，張樹聲又是鴻章舊
部，沒有問題，允中始從。

---

[141] 中央研究院近代史研究所編，《清季中日韓關係史料》，卷2，頁596-597。
[142] 中央研究院近代史研究所編，《清季中日韓關係史料》，卷2，頁131-132。
[143] 中央研究院近代史研究所編，《清季中日韓關係史料》，卷2，頁589-590、598。

周馥透露，王文韶、李鴻章已同意朝鮮改革邊市的請求，所以請魚允中補繳一分朝鮮對邊市的財政負擔說明。他雖然也要允中繳一分該國迎送欽使的費用表，然而對朝鮮所提賀謝例表交駐京使臣呈遞，以免往來費用等則說：

> 此事本與通商無涉，然將來亦可徐徐商議，相機辦之。若輕改舊例，微論中國公論必生是非，而貴國事大之典，亦不便輕易更改，致涉嫌疑。[144]

是變通朝貢典禮之事，王文韶、李鴻章已不待禮部而拒絕。王、李、張曾經討論過中韓通商章程，主張此章程與朝鮮和他國所訂條約應有不同，中國亦應派使駐韓。魚允中對此提出疑問，恐他國將援相待最優之條款（最惠國條款）而行，如中國遣使地位崇高，他國相援，將難處置。

周馥解釋說，凡條約中所載相待最優國之官員，乃指向無往來、新建平等邦交之締約國而言，中韓兩國的關係特殊，不適用此規定。東西通商條約本各不同，不患外人藉口援引。然中國將來派員至朝鮮辦理商務，必使朝鮮便於接待，不致大有礙難。如派欽使，則朝鮮之接待自與待他國公使不同。若由北洋派員前往辦理商務，係專為辦理中國商民事務而往，不能援接待欽使之禮。況所派之員必須暗助朝鮮，且與歐美日各官不無應酬，也不能使儀節懸殊，致樽俎之間生嫌隙，勸朝鮮不必顧慮接待商務委員之事，一切靜待奉旨准許通商後，即可詳定章程。[145]由此可知，其後規定由北洋派駐朝鮮商務委員，此時已考慮到。

魚允中顯有不平之意，他說若宇內無事，該國雖有不便者，也不敢輕議更張。然該國介於俄日之間，西方國家且屢請通好，為期內修自

---

[144] 中央研究院近代史研究所編，《清季中日韓關係史料》，卷2，頁590-592、595-596。
[145] 中央研究院近代史研究所編，《清季中日韓關係史料》，卷2，頁593。

強，與萬國對立，不貽憂於上國，故而出此。況且朝鮮的土地僅如中國一小省，財賦之人，歲以銀計纔三十萬，而咸鏡半道稅收歸於烏寧互市，平安、黃海兩道則用以供給使介往來，不領於度支。以此情形，何能盡藩屏上國之責！為今之計，只守舊典，恐不如自強而拱衛上國。[146]

周馥回答說，昔年法國與越南議約通商時，並不說明其為中國藩屬。現今法益欺越，越不可支。中國欲申明大義與法爭，而法以與中國不相干拒之。蓋大小相維，自強之道即寓其中。若車輔無依，自易招侮。西人詭計，將來與朝鮮議約時，必蹈法國在越南之故智。請勿為所惑，說明朝鮮為中國屬邦。此舉對於朝鮮與各國平行之禮不礙，而於保邦之道有益無損，「非中國要此虛體面也，智者當自知之」。

魚允中雖以「朝鮮為自立則可，獨立則非也。有大清焉，自來奉正朔、修侯度，何可曰獨立」答之，然四月十八日當周馥談到朝鮮應乘與美歐諸國訂約，大有相維相繫之勢的機會，勵精圖治，漸臻富強時，仍乘機答稱，圖治富強自為該國上下之願。然天下事作時不如說時。且該國五百年世修文術，風俗皆尚因循，若不大加更張，必坐致不振。所以前年來謁李傅相時，稟過幾件事，今又咨請數事，皆欲更張政治而然。因上國事事以變通舊章為嫌，只好隨事奏請施行，而不克作有計畫的更張。[147]

四月二十二日，總署收到周馥所送魚允中咨北洋一應文件、魚周問答節略及周「代稟各堂，俾禮部屆時勿駁阻為幸」的信函。[148]魚允中於四月二十四日到禮部呈咨。該部迅密摺奏陳道，朝鮮使臣到京，凡朝貢陳奏等事，例由禮部核辦。使臣所帶商民貨物，准於四譯館交易，不准在他處私自售貨，定例綦嚴。該使臣均於事竣回國，從無駐京之例。今朝鮮國之原咨所稱，時局日變，該國勢孤力弱，圖所以奮發修舉，亦係實在情形。所請於已開口岸互相交易，事關各口通商，

---

[146] 中央研究院近代史研究所編，《清季中日韓關係史料》，卷2，頁591-592。
[147] 中央研究院近代史研究所編，《清季中日韓關係史料》，卷2，頁593。
[148] 中央研究院近代史研究所編，《清季中日韓關係史料》，卷2，頁593、601。

有無窒礙，禮部卻無從懸擬。

至於朝鮮使臣常駐京師，禮部認為實於典禮有關，尤當於撫綏藩服之中，寓維持體制之意。該國所請各節，擬請飭下廷臣會議具奏，並請飭下南北洋大臣、及疆臣中之通知洋務者，迅速籌議。事關重大，不厭求詳。前大學士李鴻章現雖丁憂，亦請特旨飭令專報具奏，以昭慎重。[149]此事王文韶自始即知，周馥又先魚允中將有關文件寄呈與軍機處密切的總理衙門，故清廷並未飭下廷議，很快便字寄禮部、總署。署直督張樹聲說：

> 朝鮮久列封藩，典禮所關，一切均有定制。惟商民貨物不准在各處私相交易，現在各國既已通商，自應量予變通，准其一體互相貿易。應如何詳定章程之處，著張樹聲函商李鴻章妥議具奏。此後該國貿易事宜，應由總理衙門覆辦，其朝貢陳奏等事，仍照向例由禮部辦理，以符舊制。至所請遣使駐京一節，事多窒礙，著不准行。[150]

五月初，魚允中奉禮部命回至天津，與北洋議通商章程。時李鴻章已回合肥奔喪，張樹聲忙於主持英、德等國與朝鮮訂約之事，魚允中除與北洋官員周馥、水師營羅豐祿（1850-1901）、及朝鮮領選使等應酬外，曾應唐廷樞之請往觀開平煤礦。[151]

六月初旬，張樹聲以朝鮮與各國所訂條約，瞬屆開辦之期，一切商務皆須預籌，而練兵設防諸事即相因而起。該國王雖思奮發圖強，惟素昧外交，國中不獨無練習洋務之人，通西者文亦不可得，其君臣一惟中國是依。日本於朝鮮方百計兜攬，中國勢不得不為代謀。且中韓通商事奉旨李鴻章妥議章程。凡此皆係創局，其中委曲繁重之處多

---

[149] 中央研究院近代史研究所編，《清季中日韓關係史料》，卷2，頁684，四月十三日軍機處山交禮部奏摺。
[150] 中央研究院近代史研究所編，《清季中日韓關係史料》，卷2，頁680，第427號文。
[151] 魚允中，〈從政年表〉，卷3。

非筆墨所能盡述,乃派往來朝鮮,深悉諸事原委之馬建忠乘輪船赴皖,親與鴻章面陳議定。[152]然馬氏尚未到上海,北洋即接朝鮮壬午內亂消息,急遣丁汝昌運兵赴鮮,電促馬氏中途折回煙臺同行,並先後由魚允中、金允植為嚮導,赴朝鮮靖亂,議通章程之事因而擱置。

## (三)開海禁、駐商委:〈中韓商民水路通商章程〉的訂定

朝鮮壬午之變,主事者乃國王本生父興宣大院君李昰應,志在除王妃閔氏(1851-1895),並無廢立之事。大院君對華軍一無抵抗,且馬建忠等將之誘執赴華,故內亂旋平,國王復權,王妃回宮,中國軍續留鎮靖,而魚允中亦以導王師靖亂,及迎返王妃之功陞資直閣。

八月,魚允中復以問議官差赴中國,辦未竟之通商章程事。他十三日自南陽之馬山浦乘中國登瀛洲輪船,經煙臺,於十月七日再抵天津。[153]時李鴻章已奉諭回津署理北洋大臣,馬建忠也自韓返津。鴻章乃命周馥與馬建忠草擬章程。他們參稽會典掌故,詳考萬國公法,凡屬邦往來貿易之限,與平等國交無涉者,酌定水陸貿易章程八條。[154]八月三十日奏進,九月十二日總署覆核奏准,允中持歸。[155]

章程前言引上諭文,朝鮮久列封藩,典禮所關,一切均有定制,毋庸更議。並云本章程係中國優待屬邦之意,不在各與國一體均霑之列。這是排除與朝鮮訂約國援引之筆。第一條規定,中國由北洋大臣派商務委員駐朝鮮已開口岸,專為照料中國商民,與朝鮮官員往來地位平行,優待如禮。如遇重大事件不便與朝鮮官員擅自定議,則報請北洋大臣咨朝鮮王轉札其政府辦理。朝鮮國王也派大員駐天津,並分

---

[152] 中央研究院近代史研究所編,《清季中日韓關係史料》,卷2,頁728。
[153] 魚允中,〈從政年表〉,頁135-141。
[154] 中央研究院近代史研究所編,《清季中日韓關係史料》,卷3,頁979。
[155] 中央研究院近代史研究所編,《清季中日韓關係史料》,卷3,頁914下,又奏進、覆准事見頁1004。按魚允中,〈從政年表〉,頁142,允中九月十八日辭別鴻章、周馥,十九日離津,二十一日至煙臺,二十四日回至南陽。

派他員至中國已開口岸充當商務委員。該員與道府縣等地方官亦平行相待。遇疑難事件,聽其駐津大員詳請南北洋大臣定奪。雙方委員如辦事不合,由北洋大臣與朝鮮國王照會撤回。

第二條是關於司法案件的處理。在朝鮮口岸的中國人互相控告由中國商務委員審斷,與朝鮮相涉的民刑案件,如被告為中國人,歸中國委員逮捕審判;如被告為韓人,則朝鮮官員將被告交出,會同中國委員按律審斷。在中國口岸朝鮮人之民刑案件,不論被告為何國人,一律由中國地方官審斷,並知照朝鮮委員備案。如不服,則由朝鮮商務委員稟請大憲復訊。此外雙方互交罪犯。

第三條規定彼此商船得至對方通過口岸上下貨物。救護海難船隻船員,船員送至就近商務委員遣返回國,食物及修理等費,以前由救護國出,今則自行負擔。此外,朝鮮平安、黃兩道及中國奉天等省沿海,准兩國漁船往來漁採。

第四條准兩國人在彼此已開口岸租地、租房、建屋,售賣貨物,進出貨應納貨稅、船鈔,土貨轉口須納出口稅,進口時復納出口稅之半。因為朝鮮人例准在北京會同館貿易,所以中國人也准予在朝鮮楊花津及漢城開設行棧。不准至口岸以外之地坐肆售賣,惟准入內地採辦土貨。

第五條規定廢除傳統的邊市交易,另在鴨綠江兩側朝鮮的義州、中國的柵門(鳳凰城邊門),及圖門江流域朝鮮的會寧、中國的琿春及其對岸開市設關卡,聽兩國人民隨時往來交易。其一切有關章程,由北洋大臣及朝鮮國王派員查勘奏定。

第六條禁售鴉片、軍器,朝鮮紅蔘輸華納稅值百抽十五,且華人不得私運至外國。

第七條說海禁已開,朝鮮朝貢使向來只能由陸路到北京,其後也可由海道往來。惟因朝鮮無兵商輪船,所以該條規定由招商局輪船每月駛朝鮮一次。另外中國兵船往朝鮮沿海巡邏,停泊各處港口,以資捍衛。

第八條規定本章程以後須有增損之處，隨時由北洋大臣與朝鮮國王商奏定奪。

最後是本章程由總署奏准後北洋大臣咨送朝鮮施行，不需該國王批准及換約等手續。[156]

綜觀各條文，這章程是一具有中體西用色彩的文件。用近代西方的商務處理方式，施行中韓間的宗藩貿易。在清韓宗藩體制內，朝鮮國王和中國部尚書、總督、南北洋大臣地位平行，往來公文用咨，故章程第一條規定中國駐韓商務委員由北洋派，朝鮮委員不駐京師而駐天津。這既照顧到了商業，也免除了朝鮮接待欽使之煩。所訂雙方商務委員遇大事時處理的程序，使得南北洋大臣，尤其北洋大臣的權限猶大於朝鮮國王。

第二條所定司法案件之處理，也完全合乎清韓自來處理此事的傳統。以往奉、魯漁民時或至朝鮮平安、黃海漁撈、走私、行兇，第三條准奉魯及韓之兩西漁民互採，且禁私貿，犯法拿交商務委員，自屬合理措施。[157]允許彼此內地採購，乃中日約中所無者，確屬優待藩邦。[158]朝鮮原只請廢除邊市，未明言如何改善，章程允罷邊市，且循吳大澂（1835-1902）建議，改為新式關市，許人民隨時往來貿易，實為進步措施。這是預防俄韓陸路通商，及便於朝鮮召還入俄萬餘韓國流民而設計的。[159]

朝鮮貢道向遵陸路，章程允經海上，可省十分之九時日，尤為一便民舉措，而招商局船定期航行朝鮮，清兵船得巡邏、停泊該國沿海，除聯聲氣之外，使中國軍事保護屬國的行為有了法律根據。然此

---

[156] 中央研究院近代史研究所編，《清季中日韓關係史料》，卷3，頁989-993，章程條文。

[157] 李鴻章奏文，見中央研究院近代史研究所編，《清季中日韓關係史料》，卷3，頁987-988。

[158] 中央研究院近代史研究所編，《清季中日韓關係史料》，卷3，頁988下。

[159] 魚允中致北洋說帖第二條云，為杜俄陸路通商之患，可廢會寧、慶源邊市，魚允中，〈從政年表〉，頁131，四月一日條。又中央研究院近代史研究所編，《清季中日韓關係史料》，卷3，頁988，鴻章進呈章程摺。

條或係為對抗江華條約第七條允日本測海而設的。章程的目的所在，可用李鴻章奏摺內數語括之。他說：「竊維富強之要，以整頓商務為第一大端。朝鮮僻在東隅，貧弱已久，臣等前為代籌與美、英、德等國陸續議約，開埠通商，無非欲使日臻富盛，隱以備俄而抗日，導其風氣，即所以鞏我藩籬。」[160]

儘管中國的擬訂章程者覺得通商章程取消了若干不合理舊規，許海上通商，是對屬國的優待。然而已與日本、西方諸國訂立平等條約的朝鮮人，並不如此想。上節所述魚允中與周馥對話已見其端倪，即是壬午事變後，中國大軍駐紮漢城，魚允中再度來津議章時，他仍然對約稿提出不同意見，謂內有和該國與他國所訂條約不同之處，雖體制不得不然，然此與事大典禮自是殊觀，恐各國援以為例。

魚允中說第二款罪犯審斷之法有所軒輊，不無有礙，將為各國人民笑，請改為兩國相同，以昭公允。第三款准兩國部分地區漁民互採，他因日本要求東海捕鯨已多年，恐日人藉口，主刪除明文。對於第四條漢城開棧規定，他恐妨害廛民市利；內地採購，則怕日本援例，因日人要求大邱、咸興已久。他主張不在漢城開棧，刪內地採購條文。原稿擬對朝鮮銷華紅蔘抽值百三十之稅，他說紅蔘銷華有定額，出口時已抽重稅，如再抽百分之三十，恐致走私，朝鮮稅課日少。[161]

北洋由周馥及馬建忠出名答覆。對於魚氏所稱章內有與他約不同處，恐各國援例一點，他們說：

> 既曰事大，必小大相維之，非僅恃空虛之典禮，要有實在之名分。故公法內凡關藩屬朝貢之國，所定貿易往來之限，有非與國所可比擬者。執事慮貿易章程不同之處，他國或援以為例，

---

[160] 中央研究院近代史研究所編，《清季中日韓關係史料》，卷3，頁987。

[161] 中央研究院近代史研究所編，《清季中日韓關係史料》，卷3，頁983-984。案朝鮮紅蔘稅課專供出使中國費用。稅重則潛商多，反失其稅。參見張存武，《清韓宗藩貿易，1627~1894》（臺北：中央研究院近代史研究所，1978），第2章第2節、第4章，頁225-237。

是未知夫名實之所在。他國所定者條約，必俟兩國之批准而後行。茲所訂者章程，乃朝廷之所殊允。一為彼此互訂之約章，一為上下所定之條規，其名異，而其實故不同也。在與與國互立條約內，每有許於此而靳於彼者。一國所立條約尚不免有參差之處，他國亦不得援以為例，而況現定之貿易章程有不可以條約例之者乎？所慮者或恐他國詰責貴國以不同之處，而貴國君臣首鼠其說，不敢顯然以三百年臣服朝廷之心，有以鉗其口而奪其氣。是無怪日本士大夫每以貴國自處於獨立、半立之間為笑耳。

對於魚允中所指審斷軒輊、左右宜同之說，他們稱：「此乃《會典》所載，礙難更易」，有云：

> 豈貴國商務委員在中國通商口岸，亦將加之以問案、審斷之權乎？況揆之國際公法，兩法相權則取輕，而貴國之刑重於我國，例以與國之體，猶且改從中國之法，而況有大小之分乎！

關於漁船往來不列款明言之請，他們說既不禁其往來，又不列款明言，乃掩耳盜鈴之術，甚無謂也。且說列於款內恐日人藉口，若不列款內而任漁民照常往來，獨不畏日人藉口，開走私之門？對於魚允中恐內地採辦為各國援例之顧慮，答覆節略謂：

> 若然，則義州、會寧、慶源任聽邊民交易，獨不畏他國援以為例乎？豈義川、會寧、慶源因裁互市之實即不畏他人藉為口實，內地採辦豈以貴國無利而有所畏乎？不知吾國不許日人內地採辦，而許貴國入內地採辦！且吾國人民入貴國內地採辦，則土貨流通。此一端有利於貴國者良非淺鮮。至於漢城開棧有累貧民，將來或可變通辦理。然若以日後未必或有之事欲除此

一層，試問貴國願將北京交易一例刪去乎？且吾國許貴國北京交易不畏他國藉口，貴國有何所慮乎？

關於紅蔘稅重一端，他們說「此乃中國進口則例，與貴國國課似無干礙」，然乃允減至值百抽十五。最後援例要求，可添「朝鮮久為中國屬邦，所定水陸貿易章程係中國優待屬邦之意，不在各與國一體均霑列」語句。這就是章程的前言。他們繼謂：「倘尊意必以章程內微有與他國不同，必強請從同而後可，則貴國隱然欲與中國為敵體，只知畏日人，而不知畏中國矣。」[162]

李鴻章在致總署文中說：「魚允中係該國王派令專議此事，而素畏日本，恐其援例要求，斷斷辨論，經鴻章督飭周、馬二道，繕具說帖，切實開導，抉破愚蒙，……均已翕服無異詞。」[163]即指此論辯。魚允中用詞雖宛轉，其意則欲法平等國交，以事大典禮架空宗藩關係，周馬答覆強烈，直指允中心田。由此可見章程之商議及妥協過程。

## （四）奉天的反應及中韓陸路貿易的改革

中國與朝鮮商民水陸通商章程的訂定，是變更舊制，是改革。任何牽涉較廣的改革，往往都有人反對，尤其是權益相關人。中國政府與朝鮮有關之機構，在中央為禮部，地方為奉天當局。因前者掌朝貢，而朝鮮各種使、咨人員往來均經奉天境，盛京將軍主管與該國邊防及有關事務，有如粵督之於安南及西洋各國。而且朝鮮隨使商人在鳳城邊門、遼陽、瀋陽等處市易，康熙、雍正之際，遼東地方官吏並投資對朝鮮貿易。[164]因之，禮部及奉天官員對舊制之變通便有所反應。

禮部乃參與章程覆議奏准者，所以只針對第八條「以後有須增損

---

[162] 以上見中央研究院近代史研究所編，《清季中日韓關係史料》，卷3，頁985-986。
[163] 中央研究院近代史研究所編，《清季中日韓關係史料》，卷3，頁979。
[164] 張存武，《清韓宗藩貿易，1627~1894》，頁33、97-98。

之處，由北洋大臣與朝鮮國咨商奏裁」道：「此次議定章程原係變通舊制，其未盡事宜，應由臣部隨時奏明辦理。」[165]然奉天當局的反應則頗激烈。盛京將軍崇綺（1829-1900）及奉天府尹松林（1840-1900）於十一月七日聯名奏進一摺兩片，陳述關於朝鮮商務委員與中國官員地位、邊民互市、奉天當局在中韓交涉中的權限三個問題。

章程第一條規定，北洋大臣派往朝鮮商務委員與該國官員往來均屬平行，該國駐華委員與中國道府州縣等地方官也屬平行。他們則認為，朝鮮是清太宗親征，亡而復存，歸誠效順之藩屬，其官員位在陪臣之列，而中國大小官皆朝廷命官，與屬國陪臣大有區別。若定為平行，則和該國王平行者當屬何人？名分有關，萬難假借。

況且該國陪臣與奉省官員相見，絕不敢自居平等。二百餘年之成規具在，現雖設委員理通商，他們仍是陪臣，一切體制仍應照舊，定為平行，實有未可，請交由禮部及總理衙門重新研究章程條文，將平行字樣刪除，以彰祖烈，以尊朝廷，維倫紀之常，杜干犯之漸。[166]

關於邊門與義州二處，聽民隨時貿易及允朝鮮人內地採購，他們說奉省地方倍關緊要，與其他沿海地方情形不同。海禁既開，邊禁尤宜加意，因建議：

1. 鴨江流域兩國夏秋統巡會哨之制仍舊，以防人民私越。
2. 在鴨綠江北岸中江地方設卡貿易，以免鳳凰城邊門至鴨江九十里間任由朝鮮人出入。除中江貿易所外，其餘地方仍遵禁例。
3. 即是請領執照內地採購，也只許由鳳城邊門出入，由貢道而回，不得任意行走。
4. 因鴨江以內及朝鮮平安道鄰近各處河口，向由盛京將軍各衙門採辦祭品官魚，禁民間私捕，故沿江一帶並無漁船，今當益申前禁，兩國人民不得至海濱捕魚，致啟侵踰之漸。該國民俗近

---

[165] 中央研究院近代史研究所編，《清季中日韓關係史料》，卷3，頁1010，九月二十一日收禮部文。
[166] 中央研究院近代史研究所編，《清季中日韓關係史料》，卷3，頁1063-1064。

來大異往日之馴良，加以該國耳目日新，難保不無煽誘。恐朝
鮮人所得至之區，即為他族人所必至之地。奉省繫朝廷大本，
白山為風脈攸關，防微杜漸，不能不豫籌。總之，互市之法雖
變，祖制則有所必遵，沿海之禁雖開，邊禁則有所必肅。[167]

關於奉省在中韓關係中的地位，他們說邊民互市章程雖經奏准變
通，而根本重地法制禁令之萬難變易，實非他省所得深知，且朝鮮向
來雖恭順，近日風氣漸移，難免格外要求，藉端取巧。隔省委員人地
生疏，於國家掌故、奉省情形恐未能洞悉。嗣後有關奉省事宜，北洋
大臣與朝鮮國如何會商，應咨照盛京將軍、奉天府尹公共斟酌，再行
定議具奏，庶事理可期詳確，處置亦無參差。[168]

清廷將二人奏摺片由軍機處字寄總署、北洋大臣李鴻章，再行妥
議章程，會商禮部具奏。[169]北洋大臣先將答覆咨送總督、禮部，禮部
參以己意，咨總署。總署參酌兩文起草奏稿，再經禮部、北洋斟酌，
十二月二十五日三者聯銜奏准。[170]他們說中江設立關卡，可俟派員踏
勘後，體察商情辦理。

商民入內地採買，章程既規定須由商務委員發執照，過關納稅
方准出境，自應飭由鳳城邊門正路行走。如慮其肆意行走，可不發執
照。聽漁民至山東、奉天沿海捕魚與鴨綠江無涉。該江既係每年採辦
祭品官魚之處，尤宜嚴申禁令。關於中國官員與朝鮮陪臣相見禮節，
則擬該國商務委員見中國督撫兩司以上用屬下禮，對道府以下人員概
用平行禮，均照前定章程辦理。其因朝貢典禮至京各員，仍遵定制。
上諭從之。[171]

---

[167] 中央研究院近代史研究所編，《清季中日韓關係史料》，卷3，頁1065-1067。
[168] 中央研究院近代史研究所編，《清季中日韓關係史料》，卷3，頁1068-1069。
[169] 中央研究院近代史研究所編，《清季中日韓關係史料》，卷3，頁1064-1065。
[170] 北洋有關禮儀之答覆，見中央研究院近代史研究所編，《清季中日韓關係史料》，
卷3，頁1072-1075；關於邊門貿易應嚴定限制、申明禁令、及盛京、奉省官員權
限問題之意見見頁1076-1078，其詳下文討論；禮部意見在頁1085-1088、1097-
1098、1104-1106。
[171] 《清德宗實錄》，卷154，光緒八年十一月十四日丙申條。中央研究院近代史研究所
編，《清季中日韓關係史料》，卷3，頁1102-1106文，乃禮部會注奏稿，編者以為

這種將盛京易接受的放任前面，將不同說成一致的簡當不支、渾圓無缺的答覆，乃先經總署示意，後又經其與禮部再三斟酌修飾的結果。[172]北洋原先的答覆是比較率直，充分顯示出其與盛京地方官員意見的不同。周馥與馬建忠所擬關於禮節問題的答覆說，章程所訂稽之朝章而不悖，考之古籍而不謬，揆之時勢而無所窒礙。現在朝鮮與日本及泰西各國換約皆用敵禮，彼此官員平行。若各國領事在中國口岸與關道平行，而朝鮮委員獨卑；各國領事在朝鮮口岸與朝鮮官員平行，而中國委員獨尊，則遇事諸多不便。

況且光緒五年（1879）總理衙門議定，各國領事且與督撫行賓主之禮，甚至商人兼充領事，與關道往來函牘亦用平行，如各口朝鮮委員反比西洋商人充領事者較卑，在我又可以自解！泰西各國儀文本簡略，但與舊制無違，何必於形之間，過從高亢，令人難堪，招屬邦之恐，貽與國之譏，此揆之時勢而無所窒礙者也。[173]

他們對崇綺所說朝鮮所得至之區，即為他族所必至之地，杜漸防漸不能不預籌答道：「泰西、日本各國遊歷內地，載在條約，每歲領照游歷者不知凡幾，初不待朝鮮得至而後至，徒禁朝鮮亦無益也。」又謂：

> 昔之朝鮮或慮其強而思逞，今之朝鮮則慮其弱不可支。處今時勢，防維檢制誠不可忘，保護維持尤不可緩。若我視朝鮮反不如西洋小國，非特啟他族輕藐之心，肆其欺侮，而禁過太嚴有傷生計，恐他日該國貧弱日甚，更皇上東顧之憂。故必恤其商艱，不使有向隅之憾，俾得同霑利益，字小之仁，亦即固圉之策也。

---

奏文，恐誤。
[172] 總署有片送會議崇綺奏摺稿由，李鴻章稱碩畫精詳，對總署至撰之會議奏稿稱簡為不支。見中央研究院近代史研究所編，《清季中日韓關係史料》，卷3，頁1071、1075。
[173] 中央研究院近代史研究所編，《清季中日韓關係史料》，卷3，頁1072-1075。

又針對另一片說：「查朝鮮通商原係因時制宜之創舉。本年朝鮮既與英德美議約，今議與朝鮮通商章程，必與各國不甚軒輊，方足以示懷柔而行久遠。」[174]

　　崇綺等坐鎮奉天，容易想起太宗征朝鮮的故實，且從地方著眼，故專主守成法，嚴禁制，而所稱朝鮮風氣漸變，非復恭馴，也並非毫無所本。然李鴻章從國際政治著眼，深知中國已力不足以保朝鮮，故將之對西方開放，用均勢政策保衛之，所以主張遷就，而清廷對開放朝鮮，海上通商之策，預先的宣導工作不夠，乃有崇綺等的反應。這充分顯示出變法維新的不易。

　　中國與朝鮮商民水陸貿易章程第五條規定罷中江、會寧、慶源三處傳統邊市，另在該三處附近，鴨綠、圖們江之兩岸，兩國各開隨時貿易之新市，其詳章由北洋大臣及朝鮮國王派人查勘奏定。禮部於章程奏准後，迅即奏請停派往監該年會寧市易之譯官，並請令盛京將軍、奉天府尹、吉林將軍、及督辦寧古塔等處事宜之太僕司卿吳大澂就近派員，會同朝鮮官員，體察情形，妥為經理，再由北洋大臣與鮮王派員會勘議商。[175]

　　李鴻章與魚允中原有類似約定，且曾分咨上述各處施行，[176]然因崇綺等之反應。當朝鮮知會已派魚允中為西北經略使，定光緒九年（1883）二、四月分往義州、會寧踏勘，請派員時，他改變由北洋派員之原議，奏請飭令奉吉當局派員會勘，各就地方情形擬議詳章，稟將軍、府尹等公酌，再咨北洋詳慎核定，請旨辦理。[177]奉天派創設並擔任東邊道的道員陳本植（1821-1883），會勘妥商中江開市地方，吉林人才缺乏，以奉准留幕辦事之刑部候補郎中彭光譽（1844-1897）為

---

[174] 中央研究院近代史研究所編，《清季中日韓關係史料》，卷3，頁1076、1078。
[175] 中央研究院近代史研究所編，《清季中日韓關係史料》，卷3，頁1009-1010。
[176] 中央研究院近代史研究所編，《清季中日韓關係史料》，卷3，頁1011-1013，九月二十七日收李鴻章文，附魚允中呈請通商章程四條及筆談一紙。自筆談可知，鴻章於朝鮮在派人前三個月知會北洋。
[177] 中央研究院近代史研究所編，《清季中日韓關係史料》，卷3，頁1091-1093。

委員，復以經費短絀，奏准以出使經費支撥。[178]

　　朝鮮西北經略使魚允中於光緒九年二月下旬到義州，與該府使及陳本植、通化知縣張錫鑾（1843-1922）、安東知縣耆齡（1804-1863）等往返鴨江兩岸，踏勘宜設關市之處，商議章程，至三月中旬竣事。[179]四月下旬，魚氏抵會寧，其後一個月中，先後在慶源、隱城、鍾城、會寧等府，偕地方官與中國委員彭光譽及敦化知縣趙敏誠，委用通判汪栗等往來圖們江兩岸，勘查可供開市處所，六月初旬議定章程。[180]

　　八月初，崇綺、松林會同李鴻章奏上奉天與朝鮮邊民交易章程二十四條。十月二十日總理衙門會同戶部、禮部修改奏准施行。[181]十一月吉林將軍希元（1843-1894）與北洋大臣李鴻章、督辦大臣吳大澂會奏彭光譽所擬吉林朝鮮商民貿易章程十六條。光緒十年（1884）二月五日總署及戶、禮部覆議奏准。[182]茲將兩章程大要綜述如下。

　　1. 開宗明義，聲明邊界陸路交易乃優待屬國，與海口通商不同，各國不得援例。

---

[178] 中央研究院近代史研究所編，《清季中日韓關係史料》，卷3，頁1118-1119，九年正月十九日軍機處交出盛京將軍崇綺奏；頁1114-1117，正月十一日署北洋大臣李鴻章文；頁1122-1123，軍機處交出銘安、吳大澂奏摺。

[179] 魚允中一月二十八日辭朝，二月十日至義州，照會陳本植，十二日渡至安東中江與張、耆、汪等會議，十七日張等至義州議，二十五日允中往中江晤陳本植議，勘中國開市場於三江而還。二十六日中國委員陳張等至義州，勘朝鮮擬開市處於該城之西北湖洞，登統軍亭觀覽。三月十四日允中再與府使過江，議商章程，別陳本植。以上見魚允中著，韓國學文獻研究所編，〈從政年表〉，卷3，高宗二十年紀事；頁455-461，與中國委員談草；頁463-467，與陳本植談草。

[180] 魚允中四月二十一日到會寧，翌日即送照會與彭光譽，二十九日過訓戎鎮到慶源府，五月十四與府使及譯官渡江全瑋春訪彭氏及副督統依克唐阿（1834-1899）而還。二十六日彭氏至慶源訪魚。二十八日允中到隱城府，彭氏與敦化知縣趙敏誠來會。六月一日允中與彭、趙至鍾城，與府使北渡圖們踏勘，二日允中還至會寧，四日彭來議章程，六日魚過江與彭議，章程定稿。八日彭再至會寧別允中。以上見魚允中，〈從政年表〉，卷3，高宗二十年紀事。

[181] 崇綺等奏摺見中央研究院近代史研究所編，《清季中日韓關係史料》，卷3，頁1187-1188，章程條文見頁1188-1194，總署等覆議奏摺見頁1219-1220。

[182] 中央研究院近代史研究所編，《清季中日韓關係史料》，卷3，奏摺見頁1250-1251，章程見頁1251-1256（摺與章程又見於頁1263-1269），總署等核議奏摺見頁1335-1336。

2. 奉天省在頻臨鴨綠江的九連城前，朝鮮在義州城西設關開市。吉林與朝鮮邊地以土門江為界。江北岸東岸吉林省地方大半荒陬，向無村鎮，應於朝鮮會寧對岸之和龍峪沿江一帶，設立稅務局。於慶源對岸琿奉所屬之七步江渡口設分局，朝鮮鍾城對岸係往日中國往會慶互市商民通行之路，設立分卡。

3. 兩國各設立關卡，修建市廛，供己國人屯貨之用。彼此關市一江之隔，朝往夕返，故不准彼此商民在對方開市處建屋設棧。

4. 兩國商民可請領執照入內地採辦土貨或遊歷。惟不許私越，尤不許朝鮮商民攜帶外人，冒充本國人入奉天界，犯者以私越邊關罪重治。吉林不得發入奉省祖陵附近及入俄國之執照。採辦土貨者不准就地售賣，入奉省者只准由鳳凰城邊門入，仍由貢道折回。

5. 奉天徵收稅課，稽查匪類之督理稅務人員，由盛京將軍、奉天府尹咨商北洋大臣會派奏准。和龍峪總局、西步江分局人員由吉林派出，分卡人員由總局派出，其主管一切創辦事宜之督理商務人員，由吉林將軍咨商北洋大臣會派請旨。

6. 民刑訴訟歸地方官審斷。義州府使及安東知縣，慶源府使與琿春知縣互送逃犯及對方滋事人民。會寧對岸距敦化縣遙遠，所以由督理商務委員與會寧府使互送之。無需歸案而罪止枷杖者及尋常詞訟由委員發落，徒罪以上仍解地方官審辦。朝鮮人民在吉省滋事或逃犯由督理委員轉令地方官緝拿，解稅局送朝鮮地方官。遇邊界重大事件非邊界地方官所能處理者，在奉天或先由安東縣稟報，或經由義州府使呈報東邊道，轉詳盛京將軍、奉天府尹批示，仍由道札行安東縣，照會義州府使遵辦。在吉林，由督理商務委員巡詳，或據情詳奉北洋大臣、吉林將軍、督辦大臣批示，仍由督理委員照會朝鮮地方官遵辦。

7. 交涉交件，朝鮮稱中國必須尊稱天朝或上國，中國稱朝鮮只曰朝鮮國。

8. 朝鮮使臣赴京經過奉省時一切規制仍舊。使臣以下員役所帶行李及紅蔘各定量免稅，而用作貿易者則照章納稅。

9. 海口貨物由海道販運，然兩國商民均不准陸路販賣自對方海口所購貨物。禁止舊時邊市時之夜間交易及朝鮮的經紀包攬。禁售鴉片、武器。

10. 奉天章程規定，未盡事宜由彼此地方官隨時咨商辦理，詳明立案。吉章規定由督理商務委員詳請北洋大臣、吉林將軍、督辦大臣校示遵行。

奉吉與朝鮮商章之訂立，人事、程序及條文之議擬，李鴻章均讓步，由兩省當局任之。因之，兩章程充滿了地方色彩，崇綺、松林的思想觀念貫流其間，如朝鮮對中國必須稱上國或天朝，遊歷及內地採購人員行止的約束等。從章程修改之程序看，吉林省較尊重北洋大臣權限。吉朝章程數處說明中韓以土門江為界，這可能是彭光譽有意順便立證，因光緒九年朝鮮已提出吉林南疆（後之延吉區）歸屬問題。不過章程中江名作土門而非圖們，故對兩年後的圖們勘界談判，未發生作用。

## （五）新章的實施與修訂

總署覆議奏准中國朝鮮商民水陸貿易章程後的大半年間，環繞著朝鮮的國際事務發展地非常快。日本已在協助朝鮮激進派人士謀脫離中國而獨立，貨款二十萬元，贈洋槍七百桿，取得建設自九州至釜山海底電線權，已使得朝鮮繼釜山、元川之後開放仁川港，並正購地建屋。美國首任駐朝鮮公使已駐進漢城，而中國推薦的協助朝鮮辦理外交及海關事務的穆麟德（1847-1901）、馬建常（1840-1939）已到朝鮮，招商局就要到仁川開建碼頭。

由於事實的需要，李鴻章乃於九年（1883）六月奉進周馥、馬建忠所擬的「派員辦理朝鮮商務章程」，並請命曾任舊金山總領事三年，曾於馬建常等之行隨往朝鮮遊歷考察之二品衛候選道陳樹棠

（1828-1888）為總辦駐朝鮮各口商務委員，前往察勘地勢，擇要駐紮，照料華商，聯絡藩邦，並將應行查勘購置建造等事，與朝鮮商酌妥辦，免為外國所佔，致落後著。[183]

由於朝鮮是藩屬，派員駐紮與出使外洋各國體制稍別，而事情略同，所以章程係參照出使成案，變通而成者。規定派總辦朝鮮各口商務委員一名駐漢城，兼管仁川口商務，另派分辦元山、釜山口商務委員各一人。總分辦各帶定額隨員、書識、聽差、英文繙譯、朝鮮通事。總分辦專管水路貿易，與奉天、吉林之中韓陸路貿關卡可以彼此知照，惟不相統屬。

他們依出使外洋例，三年一任，由北洋大臣考核。分辦詳報案件，除必要時逕達北洋外，均由總辦核轉。在漢城、釜山、元山三處各建委員公館一所，以崇體制。總辦與朝鮮官員公文來往，自其政府統理衙門以下，均可平行照會。朝鮮公會各國公使時，中國總辦委員為賓中之主，應坐於朝鮮官主位之上。[184]陳氏於九月十四日到仁川之濟物浦，十六日至漢城。[185]釜山、元山分辦亦相繼到職。

盛京將軍等奏進奉天朝鮮陸路通商章程時片奏說，中江關稅務監督一差，非僅徵收稅款，實兼整飭邊防，必須地方大員督率，認真經理，方能事權歸一，呼應較靈，故特薦准東邊道員陳本植為之，仍用原管理中江稅務監督關防。陳氏於九年冬接收關防，開市貿易。[186]

吉林環境與奉天不同，琿奉與朝鮮慶源相接，而偏在省之東南角，非兩國商民所由之地。會寧為朝鮮北部貨物集聚之所，而其對岸吉林地方則四五百里無城池村鎮，空山壙野，為盜賊出沒及朝鮮流民偷墾之區。時朝鮮私越圖們入吉之墾民已甚多，清廷正令朝鮮撤回，吉林也正籌撥防軍。然以人員缺乏，深恐邊爾案章設局收稅，有欠審

---

[183] 中央研究院近代史研究所編，《清季中日韓關係史料》，卷11，〈大事表〉，頁29-31；卷3，頁1172、1176。

[184] 中央研究院近代史研究所編，《清季中日韓關係史料》，卷3，頁1172-1175。

[185] 中央研究院近代史研究所編，《清季中日韓關係史料》，卷3，頁1314。

[186] 中央研究院近代史研究所編，《清季中日韓關係史料》，卷3，頁1186-1187、1314。

慎，故將軍希元等奏請俟朝鮮流民遣還，酌撥防軍等事議定後，再遴派委員，往所議開市之處建局，奏請開市，並將此意訂於章程第四條中。

　　光緒十年（1884）夏，朝鮮與俄國訂通商條約，歲冬傳說兩國在慶興及隔江俄境村鎮商訂陸路通商，人民往來，蹤跡甚密。希元與李鴻章等恐韓與俄接近，貪一時之利，貽他日之憂，奏請速將吉韓通商章程付之實施，於招攜懷遠之中，寓先發制人之意，因派五品銜分發補用知縣秦煐充龍峪總局督理商務委員。朝鮮以會寧府使監理關北通商事務。雙方於十一年十一月開市。[187]

　　〈中韓商民水陸通商章程〉及〈奉吉與朝鮮陸路交易章程〉，是傳統中韓宗藩關係適應現勢的變通規定。然而變通之後仍與中國為朝鮮安排的西方條約制國際關係不同。中韓關係既非與國，也非殖民國及殖民地關係。因之，在歷史的潮流是沿著西方制度前進的情勢下，新規定仍需澄清、改變。

　　光緒九年九月，總稅務司赫德呈申總理衙門說，是年八月有一批軍火由香港運滬，報關換船運往朝鮮。這是朝鮮與外國訂約通商後，各關稅司首次呈報商船載貨前往該國。他說軍火過載向屬自外國轉運外國，雖素知朝鮮為中華屬國，而不知應視之為外國，抑與中國各省無異。因此項分別尚與進口洋貨轉口，土貨出口，及船鈔等稅之繳納有關。他並建議，不論何國商人運市鮮貨入中國內地，中國貨入朝鮮內地，均照中國商人運中國貨出口例辦理，以便在優待屬邦之中，明示屬國並非外國之區別。[188]

　　總署則據北洋答覆稱，朝鮮分居屬國，典禮應守封藩，而內政外交，向由該國自主。中國優待藩屬與泰西各國之視屬地若行省者，

---

[187] 中央研究院近代史研究所編，《清季中日韓關係史料》，卷4，頁1763-1764；長順修，李毓澍主編，《吉林通志》（臺北：文海出版社，1965），卷42，頁3-5。

[188] 中央研究院近代史研究所編，《清季中日韓關係史料》，卷3，頁1204-1205、1222。

制度各異，不能概論。若視朝鮮與中國各省無異，無論稅則各有不同，而進出洋、土貨報稅免稅等，窒礙難行，諸多不便，故仍依〈中韓通商章程〉，凡軍火轉運、洋貨復出口、土貨出口、及船鈔等稅之繳納，均將朝鮮視為外國辦理。惟以其為屬國，軍火轉運平時可照洋商販轉之例辦理，有事時應由總署另立章程，行知各關遵照，且朝鮮藩民，中國應視同華商，一律體恤。華商運洋貨入內地，有准領半稅單之例，有不領半稅單而逢關卡納稅厘者，此兩例，均准朝鮮商民遵行。[189]

〈中韓商民水陸通商章程〉第四條規定，韓商除在北京交易，華商在楊花津、漢城開棧外，不准將各色貨物運於內地坐肆售賣。光緒九年（1883）冬，朝鮮與英、德重訂條約第四款均允英、德人民持照往朝鮮各處游歷通商，並將各貨運進內地出售。周馥以中韓章程擬訂時，因韓英、韓德原訂條約均只准運貨至海口，不准運入內地，且朝鮮風氣未開，若准華貨入內地，英德必援引，恐使朝鮮多生疑阻，故從英德約之規定。今韓英、韓德條約既改，中韓章程與第四條也應修改，准兩國商人持照運洋貨及各自土貨，到對方內地售賣。韓商且可與華商一樣，運洋貨時可繳子口半稅，而免過關卡繳稅厘。[190]

〈中韓商民水陸通商章程〉只規定朝鮮紅蔘輸華稅額百分之十五，其餘貨物百分之五，奉吉與朝鮮貿易俟踏勘後議。然而中江關已因江華條約後柵門貿易衰，稅收減少而增加稅目。禮部因朝鮮貢使及賫咨官之反應，於光緒八年（1882）十月奏准，為維持貢使免稅之深意，嗣後該國貢使及賫奏咨官所帶貨物仍照例免稅。中國商人購易朝鮮使臣之貨，憑朝鮮官切結免稅。並飭北洋大臣於擬訂詳章時，與朝鮮官員適度籌畫，在變通之中寬予限制，務使該國朝貢，永無窒礙。

---

[189] 中央研究院近代史研究所編，《清季中日韓關係史料》，卷3，頁1213-1214、1320。

[190] 中央研究院近代史研究所編，《清季中日韓關係史料》，卷3，頁1321-1322；國會圖書館立法調查局編，《舊韓末條約彙纂（1876-1945）》，中冊，頁328、390。

至於貢道仍遵陸路，如由海路，不得攜帶貨物。[191]

　　由於李鴻章避嫌，奉天朝鮮邊民貿易之章係由奉天當局所訂。他們未從政治上著眼，深知中韓貿易一向貢商不分，貢外無商，今既設新關隨時交易，應使貢商分離。因之光緒九年奏准實施的此項章程規定，朝貢使向不帶貨物，其行李限三百斤，差官各行李一百六十斤，准帶紅蔘二十斤，從人各行李八十斤，紅蔘十斤，一律免稅，別項差官所帶貨物概行課稅。這是將〈中韓商民水陸通商章程〉所說一切朝貢典禮不變之句作狹意解釋。他們預料別項差官及公務交涉，隨中韓關係之轉變，勢必愈繁，故不視之與朝貢典禮有關，不免稅。

　　〈奉韓交易章程〉實施一年，朝鮮以紅蔘稅百分之十五，其餘貨物及回程時所帶貨品即根據上述禮部奏准摺，請求將其貢使、賫奏咨官所帶貨物，及回程時所帶貨品一律免稅。光緒十一年（1885）清廷准李鴻章建議：紅蔘稅減為百分之十，貢使及賫奏咨官由陸至京行李貨物照舊免稅，其差官從人免稅行李、紅蔘額照章程規加倍，即差官行李三百二十斤，紅蔘四十斤，從人行李一百六十斤，紅蔘二十斤。此外所附商貨必須納稅。別項公務差官往來所帶亦免稅。貢使及賫奏咨官陸路回程所帶貨物，如有禮部公文證明係在北京所購，非在奉天境內包攬，不限數額免稅。光緒十四年（1888）該國以紅蔘滯銷，再請豁免蔘稅，特諭允准。於是陸路貿易中最貴重，交易值最多的紅蔘全部免稅，[192]恢復到朝貢使的免稅待遇。

　　清季中韓關係的變通，是針對朝鮮向外開放的反應措施，這些都是創舉，無前例可援，故構想雖經熟思，旋即發現其缺陷而彌補之。中韓互駐商務委員自係因中韓宗藩不可援西方與國駐使之制，乃一方面規定一切朝貢典禮不變，一方面設立一地位低，專照料中國在韓商務之職，企圖政商分別辦理。然而事實上是不可能的，因為在漢城的

---

[191] 中央研究院近代史研究所編，《清季中日韓關係史料》，卷3，頁1042-1044、1052、1057-1058；張存武，《清韓宗藩貿易，1627~1894》，頁79。
[192] 張存武，《清韓宗藩貿易，1627~1894》，頁90。

國際往來中，中國必定需要維護上國的地位。所以〈中韓商民水陸通商章程〉中專門照料商務的商務委員，在派員辦理朝鮮商務章程中，即成了朝鮮公會各國公使時賓中之主，坐於朝鮮官主位之上。

單方面的規定是無用的。總辦商務委員陳樹棠在朝鮮一年中，各國公使堅主西方通例，以其為商務委員，拒與其共辦交涉、理詞訟。中國一切事均聽朝鮮外署代辦，日本公使及英國總領事且屢次當眾誹笑。陳氏以不能親與各公使詰駁辦理，雖遇事將就了結，無甚大誤，而失者已多。因聽美公使之勸，請換刊關防。李鴻章乃改給總辦朝鮮各口交涉通商事務關防。[193]至十一年陳樹棠因病離任，改派袁世凱接任時，職名又改為駐紮朝鮮總理交涉通商事宜，且除北洋箚委外，復仿泰西各國派員駐屬國必由外部給憑之例，由總理衙門加給一箚。[194]

## （六）小結

中國與其周圍屬國的宗藩或宗屬關係，是依據儒家思想而建立的一種封建宗法的政治關係。政治關係的基本要素是統治力。統治力的強弱或施用的意志，決定此關係的形態和內容。封建宗法給此關係添上身分、禮儀、和親情的成分。君臣如父子。子長大成人，父弛其管束，然仍關心其安全，遇有危機，即出而調護之。子雖自立自主，然對父一切禮儀乃人倫至重之事，略不可忽，且子之登榮、婚喪亦為父所極度關切並主持之事。

如前文所述，朝鮮對清皇之奉正朔及一切朝貢冊封等事，自始未敢稍忽，而司法等案件之處理，也惟中國之命是從。自乾隆以後中國對朝鮮之干涉關注減少，然視中韓為一家，不以其與朝鮮關係為對外關係，遂謂朝鮮內政外交均由自主。[195]實則朝鮮與中國以外之其他國

---

[193] 中央研究院近代史研究所編，《清季中日韓關係史料》，卷3，頁1477、1490。分別商務委員遭遇亦同，見頁1471-1472。

[194] 中央研究院近代史研究所編，《清季中日韓關係史料》，卷4，頁1954-1955、1958-1959。

[195] 林明德，《袁世凱與朝鮮》（臺北：中央研究院近代史研究所，1984），頁384-

家關係，仍未完全自主，因其凡與日本等外國往來，均咨報北京。至於貿易，則自清入關之後，即用為外交工具，向不重其稅收等事。

清季日俄交迫之下，清廷將朝鮮對外開放，期用此均勢政策維持朝鮮之生存，以屏蔽中國東北。面對此變局，傳統中韓關係亦不得不調整，以期窮變通久。因舊制不能廢，且有奉天當局觀念利益牽制，故欲以西方通商的形式，維持中韓宗藩關係之實質。然形實不能異，器用必須同貫。中國朝鮮水陸貿易章程及奉吉與朝鮮交易章程既不同西制，為日本、西方及韓人所惡，且亦不能實現保宗藩關係的目的，因之繼續更張。

朝鮮在制度方面竭力解脫宗屬制之束約，在經濟方面則不斷利用傳統宗藩制度以達其利益，情感方面，在列國之中，仍是比較親中國。中國繼續以貿易稅收為工具，如減免紅蔘稅，同時繼續沿西制以維持宗藩關係，如陳樹棠換職名關防，而袁世凱之駐紮朝鮮總理朝鮮通商事宜，被人視為類似西方之殖民地總督。

評中日甲午戰爭者，或謂日本之勝在其西化徹底。近年或謂吸收外國文化須本土化之方有用。果如此，清季中國應付朝鮮變局應屬得宜，因為那是混合中西的作法。至於說中國之敗乃由於李鴻章政策錯誤，固屬實在情形，然而究其實際，並非敗在對韓政策，而是敗在國內的改革不徹底、建設成效不彰，力量不足。宗藩制度並不比西方殖民地制度更壞。相反的，此制比較適應民族主義。初期大英國協的發展，或可幫助說明此議，而宗藩制可能更宜於區域聯盟之發展。

# 十、結論：朝鮮的雙重外交體制[196]

在近代，東亞與歐洲存在著兩種不同的外交制度，大體上說，包

---

385、394-395。

[196] 編按：本節曾以〈十九世紀末韓國雙重外交體制的建立〉為題，收入尹炳奭編，《第一回韓國學國際學術會議論文集》（仁川：仁荷大學校韓國學研究所，1987），頁201-204。

括韓國在內的東亞行封貢制度（tributary system），而歐洲則行條約制度（treaty system）。前者是在天下觀的思想基礎上，以中國為宗主，其他國家為屬國的國際關係。然而各屬國對於官員之任免，該律之制訂，及軍備稅收等內政事務，在不妨礙宗主的權利與尊嚴的前提下，完全自主。

尤其重要的是，只要維持與中國的宗主關係，各屬國可以和任何其他國家建立外交關係。[197]依歐洲的條約制度，締約國家間，至少名義上平等，通商是要事，可以互遣領事駐於彼此商業巨埠，照顧貿易，可以派遣公使（minister）或大使（ambassador）駐在彼此國家的首都。他們有屬地（colony），然屬地的立法、收稅、軍備、外交等事，完全由他們指配。

隨著西歐海權國家勢力的東來，條約外交制度帶到了東方。1793年英國的Lord George Macartney（1737-1806），1816年的 Lord Amherst（1773-1857）先後到中國交涉訂約通商，然未完成使命。1832年英東印度公司（British East Indian Co.）的Hugh Hamilton Lindsay（胡夏米，1802-1881）到中國的廈門（Amoy）、福州、上海、山東、遼寧，及朝鮮、琉球要求通商訂約，也一一遭到拒絕。[198]英國在鴉片戰爭中獲勝，迫使中國與之訂約通商，為條約外交制度在東方首次實施。

法國、英國自1846年始派教士至琉球，並不時有兵艦去測海，或要求訂交通商，也為琉球拒絕。最後是美國的培里水師提督Commodore Matthew C. Perry（1794-1858）於入駐那霸港（Naha）一年後，與日本簽

---

[197] 關於封貢制度之研究，可參考下列諸書、文。張存武，〈清韓封貢關係之制度性分析〉，頁201-207；John King Fairbank and S. Y. Têng, "On The Ch'ing Tributary System," *Harvard Journal of Asiatic Studies* 6: 2 (June, 1941), pp. 135-246；Fairbank ed., *The Chinese World Order*; Nelson, *Korea and the Old Orders in Eastern Asia*, pp. 3-20；Key-Hiuk Kim, *The Last Phase of the East Asian World Order*, pp. 1-15。

[198] 1832年Lindsay等之交涉，見許地山編，《達衷集：鴉片戰爭前中英交涉史料》（上海：商務印書館，1931），上卷，朝鮮琉球事情見頁67-85；張德昌，〈胡夏米貨船來華經過及其影響〉，《近代中國經濟史研究集刊》，第1卷第1期（北平，1932年11月），頁1-16。

訂神奈川條約，復強迫琉球與之訂約，而法國、荷蘭繼之。[199]雖然這一條約（compact）未涉及通商駐使等事，然乃中國屬邦首次與西方國家訂約。此為1850年代之事。

　　1860及70年代，英國、法國、美國相繼要求朝鮮允許通商、傳教，並請求中國助之達成目的。朝鮮一直堅決拒絕，中國也從未勸朝鮮答應。[200]1832年，朝鮮拒絕英國東印度公司的理由是：藩邦事體，固不當與他國私交，況朝鮮密近中國，事無巨細，悉經奏聞，不敢擅便。又說雖中國按例每年往朝鮮慶源，會寧互市之人，猶必帶皇敕及禮部咨文方行，英國無中國公文，故終始牢塞。1866年朝鮮拒絕英船Rona號時更明白的說，若有大清國公文，雖三尺兒來求通商，足可許施。無「上國」公文，雖千萬船隻來到，必不允許，對美國的拒絕大致相同。[201]

　　朝鮮在洋人面前將其開放與否的責任推給了中國，但在給中國公文中則堅持不開放政策。[202]這是外交手法。1832年，中國以朝鮮拒絕英東印度公司之舉為忠貞，深明大義，特加褒獎。[203]剛被英法打敗的滿清，在1860、70年代韓國與西方交涉中，也從未勸朝鮮接受西人的要求。清政府官員對洋人說，朝鮮雖為朝貢國，然通商、傳教等事允與不允悉由自主，中國不能相強。[204]

　　最妙的是欽差大臣兩廣總督耆英（1787-1858）對英國的答覆，他

---

[199] 張存武，〈中國對西方窺伺琉球的反應，1840~1860〉，《中央研究院近代史研究所集刊》，第16期（臺北，1987），頁85-110。

[200] 關於法、英、美要求與朝鮮通商，傳教之新近研究，見睦銀均，《晚清中韓關係之研究（1864-85）：以興宣大院君與清廷的關係為中心》（臺北：國立臺灣大學歷史研究所博士論文，1987），第3章，〈外力入侵下的中韓關係〉；Key-Hiuk Kim, *The Last Phase of the East Asian World Order*, ch. 2。

[201] 睦銀均，《晚清中韓關係之研究（1864-85）》，頁99-100、103、122。

[202] 睦銀均，《晚清中韓關係之研究（1864-85）》，頁144；中央研究院近代史研究所編，《清季中日韓關係史料》（臺北：中央研究院近代史研究所，1972），卷2，頁197。

[203] 睦銀均，《晚清中韓關係之研究（1864-85）》，頁100。

[204] 中央研究院近代史研究所編，《清季中日韓關係史料》，卷2，頁96上；睦銀均，《晚清中韓關係之研究（1864-85）》，頁104。

說由於朝貢國不是中國領土的一部分，因而中國無權令朝鮮與他國交易；而朝鮮自己也無權批准此項交易，因為它不是獨立自主國家。[205]中國政府一直勸西方國家勿強迫朝鮮立約通商，因為朝鮮非常貧窮，無利可獲。中國這種推委的方法曾被美國駐清公使鏤斐迪（Frederick F. Low, 1828-1894）揭破。他看了朝鮮致中國的咨文後說，他以為朝鮮視中國情真誼實，名分不敢稍紊。[206]

由上所述，我們就可作如下結論：1832年，尤其是鴉片戰爭後，中韓兩國都拒絕將西方的條約制度引入封貢制度之域。其間分別只有朝鮮是堅決的拒絕，而中國則為吁衡全局，彈性為之而已。

日韓江華條約（1876）確屬西方外交型制，進入東亞封貢外交制區域之始。然而在引進過程中，中國、日本在觀念上均有變化。道光時期中外條約對屬國全未提及，中國以為外國既與中國訂約，就不可再打擾其屬國。這是東方家長對待分家子的態度。及中國與日本訂約，採屬邦列入條約，故中日交涉時，中國援引條約要求日本勿侵越朝鮮。日本原欲以東方國際制屈韓，後改採條約制以實現其目的。

另一方面，中日均有東方不與西方相同之思想，故中日約不允最惠國待遇，而江華條約日本不管中韓關係體制。此外，江華條約只是形式，實際上朝鮮沒有從這一條約中瞭解到一點西方制度的意義。例如日本曲意在條約中規定朝鮮為自主之國，以為這是大事，而朝鮮人則覺得並無新奇，因為他們本來就自主。朝鮮視日本駐韓公使宛如以前對馬島的使韓「倭酋」，他們仍然不許日使駐京，直到1880年代末方許。通商方面，朝鮮連海關稅都未開徵，最重要的是朝鮮與中國的關係不僅無疏離變化，且較前更為密切。[207]總之，西方制的江華條約

---

[205] 《籌辦夷務始末》（臺北：文海出版社有限公司，1971，以下簡稱《夷務始末》），道光朝，卷74，頁25-26。

[206] 中央研究院近代史研究所編，《清季中日韓關係史料》，卷2，頁234下。

[207] Key-Hiuk Kim, *The Last Phase of the East Asian World Order*, pp. 256-258, 260-261, 273-274.

未能代替東方的封貢制度。

雖然江華條約也是由於中國勸促，朝鮮方接受，不過從功能方面而言，條約制外交進入韓國，是始於1882年的韓美濟物浦條約。中國之所以將朝鮮帶進西方外交體制當中，是因在臺灣琉球事件（1874）以後，覺得自己無力保護朝鮮，抵抗日、俄入侵。至於以西方海權國抵制日俄的想法有三個來源。第一為以夷制東、遠交近攻的傳統策略，第二為1860年代列強合作在中國維持平衡、和平的經驗，及李鴻章訂煙臺條約時，因德、法、俄、美等不滿英國公使威妥瑪的強橫，同情中國，使得英國同意訂約的經驗。[208]

同樣重要的是西方外交中的Balance of power觀念。1878年，俄國與Ottoman Empire戰爭，土耳其失敗，雙方在San Stefano訂和約，土耳其幾乎將巴爾幹（Balkan）半島全部讓出，成立一個屬於俄國勢力範圍的大Bulgaria。英國與奧匈帝國（Austria-Hungary）出面干涉，結果在柏林會議（Congress of Berlin）獲得解決，俄國退讓，土耳其在巴爾幹的地位獲得改善。

當時在法國讀外交的李鴻章部屬馬建忠，曾將此均勢外交詳細報告李鴻章。所以李鴻章及其他人士對朝鮮問題的議論中，便說中國將和英國保護土耳其一樣保護朝鮮。[209]不僅李鴻章，英駐華公使Wade，1879年建議中國令朝鮮與西方海權國立約，恐怕也是基於同樣背景。此外，俄國在阿富汗（Afghanistan）的進展，及佔領中國的伊犁之後對印度構成的威脅，Wade當然也有深刻認識。[210]

1870年代後期1880年代初期，在中國及日本出現的俄禍（Russian

---

[208] 岑練英，《中英煙臺條約研究：兼及英國對華政策之演變概況》（九龍：珠海書院中國文學歷史研究所，1978），頁119-127。

[209] David Gillard, *Struggle for Asia, 1828-1914: A Study in British and Russian Imperialism* (London: Methuen, 1977), pp. 134-137; Key-Hiuk Kim, *The Last Phase of the East Asian World Order*, p. 278；李鴻章議論，見中央研究院近代史研究所編，《清季中日韓關係史料》，卷2，頁368，姚文棟言論見睦銀均，《晚清中韓關係之研究（1864-85）》，頁247-248。

[210] Gillard, *Struggle for Asia, 1828-1914*, pp. 136, 138-139.

peril）意識固有其實際背景，然恐和英國的宣傳脫不了關係。鑒於十九世紀末到二次世界大戰前，有關東亞的若干有名的外交措施，如Open door policy、Washington conference，其始均由英國提出，故論中國朝鮮政策的轉變，不可忽略英國動向。[211]

以上所陳述中國將條約外交制度引入朝鮮半島的原因，幾乎全是從外交，從國際關係立論，都信而有徵。不過，我們似乎還可從思想史的角度去考慮一下。東西方接觸之後，中國和朝鮮，日本也如此，最歡迎的是西方科學技術，通商次之，而最厭惡反對的是宗教。因為宗教牽涉到根深蒂固的文化習俗、價值觀念、社會及政治結構。當時中韓兩國均認為東方的道德文化、社會政治秩序優於西方，所不及者只是科學技術，即所謂西方船堅礮利而已。

因之，在1860至1894之間，中國有所謂自強運動（Self-strengthening Movement），模仿、學習西方的技術製造，如槍礮、輪船、電線，及技術訓練等。且在通商的認識下，接納西方的外交體制。[212]自強運動的意義是用西方的優良技術智識抵抗西方，保衛中國或東方的傳統文化及制度。他們絕無西化之意。

我們一定知道，中國與其屬國間的封貢關係制度，是傳統政教制度的一部份，而且是源自公元前一千多年的西周時代。西周被認為是中國三個黃金時代之一。中國將朝鮮帶進西方外交體制中是1870至1880年代，自強運動積極進行的時期。因之，我們也可以將此舉視為自強運動的項目之一，是中學為體，西學為用思想在外交上的引用施展，目的在以條約制外交保衛中韓的封貢關係。這可從李鴻章以與西

---

[211] 關於Washington Conference之肇端，見Yamato Ichihashi, *The Washington Conference and After: A Historical Survey* (California: Stanford University Press, 1928), ch. 1；王曾才，《英國對華外交與門戶開放政策》（臺北：中國學術著作獎助委員會，1967）。

[212] Immanuel C. Y. Hsü, *China's Entrance into the Family of Nations*; Immanuel C. Y. Hsü, "Late Ch'ing Foreign Relations, 1866-1905," in Denis Twitchett and John K. Fairbank eds., *The Cambridge History of China* (New York: Cambridge University Press), vol. 2, pp. 70-141.

方通商可增加稅收，有利加強軍備勸朝鮮之言論見之。[213]

朝鮮對西方的開放，是在中國指導下進行的。所以討論這一問題的文章似乎都以為這一政策之變動是中國朝野一致同意的。其實不然，在中國仍然引起激烈爭論。韓美條約簽訂後，為因應對外變動，中韓的交通貿易方式也有所變動。顯著的是，兩個開放海上貿易，中國派商務委員駐漢城，韓國所派者駐北洋大臣所在地——天津。雙方官員相接時的禮儀有所規定。此外，兩國在滿韓邊境的傳統邊市停止，因而規定兩國商人可以到彼此國內採購商品，所以朝鮮商人可以到滿洲採購。

這一變動引起了中國東北地方官的不滿。他們反對朝鮮商人到滿洲採購，因為那裡是滿清太祖等陵墓所在。他們要求所有朝鮮官員位在任何中國官員之下，因為朝鮮官員是「陪臣」。他們問如果中韓官員平等，那麼與朝鮮國王平等者該是誰？意即勢必至於大清皇帝與朝鮮國王平等。東北地方官一向是滿人、蒙人為之，中韓邊市是他們的利益，且因他們只注意他們的管轄區及朝鮮事務，所以見解保守。李鴻章是漢人，不敢多管東北地方的事，所以將清韓商民水陸路通商章程草稿交東北官員修改。這就是我們現在看到的章程條文與原稿不同的原因。[214]

我們可以說，中國將西方的條約外交制度引入朝鮮半島，乃中學為體，西學為用思想在外交上的應用，目的不在代替，而在保衛傳統的封貢制度。因之，韓美條約訂立後，朝鮮便進入了雙重外交體制（dualistic diplomatic system）時期。有的史家說，封貢制度隨韓美條約而終。事實並非如此，甲午戰爭方是封貢制度之終結。因之，甲午戰爭也是條約制、封貢制並行的雙重制度（dualism）之終止。

1882至1894年為朝鮮行雙重外交體制時期。這種雙重體制命定受西方及日本的攻訐否定。這就是甲午戰前中外在朝鮮半島鬥爭的原

---

[213] 中央研究院近代史研究所編，《清季中日韓關係史料》，卷2，頁368、469。
[214] 張存武，〈清季中韓關係之變通〉，頁105-125。

因。講條約制的日本雖勝，然而那又是取代中國在東亞地位的傳統觀念。這觀念直到大東亞共榮圈的滅亡。

*本章原為國家科學委員會專題研究計畫成果報告〈中國對朝鮮的政策：1860-1883〉，執行單位為中央研究院近代史研究所，作者於1994年5月結案，部分內容曾以單篇論文的形式發表。此次整理以成果報告為底本，參考已發表的諸文，特此說明。

# 第十章
# 中國對於日本亡韓的反應

## 一、前言

日本亡韓的「亡」字有三層意義,即圖謀、滅亡、佔據。這三義正好代表三個不同的時間段落。謀韓階段始於幕府末年的征韓論,終於日俄戰爭。該戰爭同時也是日本滅韓的開始,而於1910年日韓合併。自是至1945年日本投降為佔據時期,也是韓人復國時期。

亡韓並非日本的最終目標,而只是侵略中國的一個步驟或前奏。日本明治維新之後的政略是首先打破中國領袖東亞的局面,再進一步向中國發展。由於朝鮮半島是大陸中國及海島日本間的橋樑,所以日本有事於中國,必假道半島。由於朝鮮國是中國的屬國,所以入侵中國之前,必先剪韓。

日本在幕府末年已有征韓論,這一侵略氣勢,在明治初年導致了對琉球、臺灣的攻掠,並藉雲揚號事件(1875)迫朝鮮訂立江華島條約(1876),陽認朝鮮為獨立國,實則強取許多特殊權利。[1]中國為保護屬國,維持宗主權,而與日本發生衝突,其著者為壬午兵變(1882)、甲申政變(1884)、甲午中日大戰(1894-1895)。甲午之

---

[1] 最近的著述為Key-Hiuk Kim, *The Last Phase of The East Asian World Order: Korea, Japan, and the Chinese Empire, 1860-1882* (Berkeley: University of California Press, 1980), ch. 3-5。

役，中國戰敗，自此失掉在朝鮮半島的影響力，然因俄國在東三省及韓半島勢力的擴張，日本一時未能控制朝鮮。

1904年，日俄戰爭發生，日軍雖然迅即進佔半島，而外交上始猶襲甲午故技，詭稱維護韓主權獨立、領土完整。然不久即露出真正面目，一步一步的將數千年的文明古國滅亡了。1910年後，日本對朝鮮的工作是大量移民，財經控制，消滅三韓文化，撲滅韓人的反日、復國運動。

壬午、甲申事變及中日之戰固為日本侵韓的具體行為，也是中國對日本侵韓的反應。中國人對於這一段歷史的研究最有成績，史料的編纂出版，研究成果的刊佈，異常豐碩。二次大戰後，以中央研究院近代史研究所編刊出《清季中日韓關係史料》十一冊、中共中國史學會編刊之「甲午戰爭」史料為著；研究方面以林明德先生（1931-2022）之《袁世凱與朝鮮》最有分量。

1910年後，中國對日本亡韓的反應是協助韓人復國，而有關著述則以胡春惠先生（1937-2016）之《韓國獨立運動在中國》最重要。日本滅韓時期中國的反應為何？這就是本章所要探討的。在了解中國的反應之前，首須明白日本滅韓的八次具體步驟，分述如下：

（一）1904年二月二十三日簽韓日議定書。日本於二月八日攻擊旅順俄軍，點燃日俄戰爭，九日日軍登陸仁川，入漢城，二十三日簽訂此書。其重點為日本扶持匡助韓國政務改良，保全韓皇室之安康，韓國獨立自主及領土完整，如遇第三國侵害及內亂，日本政府隨即相機擇要措置。韓政府允日本便宜行事。凡軍略上扼要之地，日本得臨機收用。不經兩國政府同意，不得與第三國訂立與本約有違之協約。這是日韓第一個保護條約。

（二）1904年八月二十二日簽日韓外國人顧問傭聘協定書，規定韓政府聘日本政府推荐之日本人一名、外國人一名為財政、外交顧問，凡關財政、外交要務諮詢之。韓國政府與外國締

約，重要案件，尤其特權之讓與，須先與日本政府協議。此約訂後，日本即派野津鎮武（1841-1908）、目賀種太郎（1853-1926），推薦美人Stevens為韓軍、財、外交顧問，丸山重俊（1856-1911）、幣原坦（1870-1953）分任警務、學務顧問，從而控制韓國之財務外交、治安、教育學術。

（三）1905（光緒三十一，乙巳）年十一月十七日迫簽乙巳保護條約，簡稱乙巳條約或五條約，因約共五款。要點有二：第一，此後韓國外交由日本政府外務省監督辦理，韓國在外國之利益及僑民，由日本外交官及領事保護；韓國與他國所訂現行條約，由日本實施，非經日本仲介，韓國不得與外國訂立任何條約、合同。第二，日本在韓京漢城設立統監，執行外交事宜，有權直謁韓皇；在韓國各通商口岸及日本認為必要之地設理事官，執行昔日之領事職務，並奉行統監命令，即監督韓地方政府人員。

（四）1907年（七月二十四日）即光緒三十三年丁未訂韓日新協定，共七條，故也稱丁未七條，乃六月逼韓皇高宗（1852-1919）禪位於太子（後為純宗，1874-1926）後所迫訂者。重要內容為：韓國政府凡關改良國政（實一切要政）須統監指導；非經統監應允，韓政府不得制定法律、命令、規則等，不得處置重要國政；任免高級官員須先商統監；韓政府須用統監所荐之日本人為韓國官吏；非統監允許，不得聘用他國人。

（五）1907年十月二十九日訂警察事務執行協定，韓國警察受日本官憲指揮。

（六）1909年七月十二日訂己酉覺書。韓國司法、監獄事務委託日本辦理。

（七）1910年六月二十四日訂警察權委託協定。將所有警政、警制及皇宮警衛等全委之日本管。

（八）1910年八月二十二日訂韓日合併條約，韓皇將其對韓國的
　　　全部統治權完全，永久讓於日皇，後者允將韓國全然合併
　　　於日本。[2]

　　韓國臣民對日本的侵略有許多轟轟烈烈的反抗，其中以1907年祕
密遣使至海牙和平會議（The Hague Conventions）控訴日本侵略，及
1909年十月安重根（1879-1910）在哈爾濱刺殺伊藤博文（1841-1909）
二事為尤著，前者促成日人逼韓高宗讓位於太子，後者或謂加速了日
本併韓。甲午戰後，日本割遼東半島及臺灣、澎湖，在內地強取多種
權利，尤其注意對東北的侵略，形成所謂韓滿經營。

　　在這種中韓利害一致的情況下，中國對日本政策行為的反應，有
時就難以辨別是對日本亡韓的反應，抑對日本侵華的反應，例如東三
省的改制。因之，本章所述將以國人對上述日本滅韓步驟及韓人抗日
的反應為限。下面將從三方面進行研討：（1）清政府官員，尤其外交
官對滅韓的看法；（2）革命黨對安重根刺殺伊藤的反應，以及（3）
立憲派的巨擘梁啟超（1873-1929）對韓國滅亡的分析。

## 二、政府官員的意見

　　滿清官員對日本亡韓反應最多者為駐外使領，尤其駐日韓者，
以及東三省地方官。中國駐韓官員，甲午戰前為總理朝鮮交涉通商事
宜，戰後初期唐紹儀（1862-1938）以委辦朝鮮商務總董名義照料，
1898年中韓建平等外交關係後，以公使駐漢城，1905年日本接掌韓國
外交後，以總領事總其成，而領於駐日公使。

　　使領人員經常將所辦交涉業務及所聞見事情報告政府。報告中
有時表示他們的主觀意見，有時只借所陳具體事務反映其想法，有

---

[2]　參見國會圖書館立法調查局編，《舊韓末條約彙纂（1876-1945）》（首爾：國會圖
　　書館立法調查局，1964-1965），上卷。中央研究院近代史研究所編，《清季中日
　　韓關係史料》（臺北：中央研究院近代史研究所，1972），卷9，頁6150-6151；卷
　　10，頁6475-6476、6936、6954、7011-7012、7101、7109-7111。

時並此而無。日本亡韓第一大步是乙巳保護條約（1905）。駐日公使楊樞（1844-1917）首先報告伊藤博文赴韓，「出其強硬手段，迫令約成」，並謂條約規定日本統監管理外交，各處所設理事官處理一切，是「韓國之內政外交均歸日本；則日本已不啻舉韓國為己有，僅留韓皇之虛名耳……聞者寒心。況韓本為我保護國，憶甲午以前之情形，於此時之現象相比例，肝為之裂，心為之碎矣」。[3]楊樞之肝裂心碎，固因傷中國在韓失勢，但尤為因中國失勢而致韓國落此下場而悲。

翌年（1906）三月，楊樞報告統監府組織及開始辦公時間時說：「儼然一新政府矣。」[4]駐漢城總事馬廷亮報告以日本以目賀種太郎為韓國財政顧問時說：「大約韓國財政從此即明入掌握之中矣。」[5]1907年論總領事館職務時道：「自日本設統監理事為韓國代表，政權統歸綜握，細大不遺。」[6]是年八月報告丁未七條簽訂情形函內稱：「一切用人行政均須統監承認，語意雖仍和平，然立國之道不外乎此，大權旁落，以後情形不知若何矣。」[7]楊樞說：「日韓舊約，其外交權已歸統監，此次新約則並內政權亦歸統監，是統監權力猶在韓皇以上，韓皇不過坐擁虛名而已。民頗有不平者，與日本軍隊小有衝突。惟民力有限，已由日兵彈壓鎮靜。」[8]

1908年，馬廷亮報告韓政府實行新官制之結果道：「第大權旁落，一切聽命於人，故改章之初，各處安插官僚日人居十之六，且奏任判任等日員，薪俸之外，更有手當等名目，較豐於韓員數倍，而韓員僅有薪俸，餘皆缺如，不無各存觖望，稍有志力者咸萌退隱志，實逼處此。民情積不能平，亦無怪其然耳。」[9]這更深一層的報導出在日本統監政治下日韓人地位權力的差別。

---

[3] 中央研究院近代史研究所編，《清季中日韓關係史料》，卷9，頁6154。
[4] 中央研究院近代史研究所編，《清季中日韓關係史料》，卷9，頁6260。
[5] 中央研究院近代史研究所編，《清季中日韓關係史料》，卷9，頁63386。
[6] 中央研究院近代史研究所編，《清季中日韓關係史料》，卷9，頁6457。
[7] 中央研究院近代史研究所編，《清季中日韓關係史料》，卷9，頁6479。
[8] 中央研究院近代史研究所編，《清季中日韓關係史料》，卷9，頁6492。
[9] 中央研究院近代史研究所編，《清季中日韓關係史料》，卷9，頁6724。

他們這些報告都是在暴露日本侵略罪行。楊樞報日韓衝突說：「惟民力有限，已由日兵彈壓鎮靜」，含有同情韓國之意。馬廷亮報告日本在韓各道置司法顧問，且有兩國會辦警察之說時稱，日本對韓經營不遺餘力，而「韓惟拱手受成，未聞有抵制振興自強之策也」。[10]反映出他很不願見到韓人抵制日本。

　　馬廷亮自然也向政府報告，韓國官民抗拒日本的事件，且解釋其原因。如1907年六月報導韓宮內府審計局長被刺時說，刺客黨羽甚多，大率以刺當道為宗旨，以洩乙巳保護條約之憤。七月報南廷哲（1840-1916）、朴泳孝（1861-1939）等因反對日本壓迫高宗禪位而被捕等。[11]不過馬廷亮以為反抗導致更大的壓迫是不智的。1906年六月他函報閔宗植（1861-1917）在忠清道洪州抗日，及慶北、全羅義兵揭竿而起時說：「大抵因上年日韓協約，民心不滿者多，而無識之徒遂乘權肆其簧惑，群起而與日人為難。不知變亂愈多，則保護之名愈固，殊可哂也。」[12]這種以不抵抗換取少「保護」的見解，確屬殊可哂也。

　　馬廷亮在接洽觀見韓高宗前，他據西文報告說，各國領事晉謁韓皇須統監在旁觀聽，韓皇不願統監在旁，二人相持不決。[13]觀見後他函外務部說：「韓皇意致敦睦，殷殷問皇太后、皇上安好，且似有懷欲白，祇以伊藤在側，彼此相對，但敘寒溫。」[14]1907年二月，韓太子嘉禮，韓皇欲請各國遣使致賀，然十二月方宣佈，為時太促，只有中日兩國與韓密近可及。馬氏說：「若日本派使而我缺如，將令日本獨市其德，韓亦不無失望。」他建議，如日派，中國宜派駐日公使楊樞。[15]至期，中國未派賀使。其時韓局已成日本獨霸之勢，馬氏猶想中國與日本競爭市德，一方面代表他對國際情形瞭解欠佳，然日本對

<hr />

[10]　中央研究院近代史研究所編，《清季中日韓關係史料》，卷9，頁6379。
[11]　中央研究院近代史研究所編，《清季中日韓關係史料》，卷10，頁6446、6480。
[12]　中央研究院近代史研究所編，《清季中日韓關係史料》，卷10，頁6283。
[13]　中央研究院近代史研究所編，《清季中日韓關係史料》，卷10，頁6277。
[14]　中央研究院近代史研究所編，《清季中日韓關係史料》，卷10，頁6312。
[15]　中央研究院近代史研究所編，《清季中日韓關係史料》，卷10，頁6355上。

韓國的侵虐，難免使韓華人產生共鳴心願。

　　日本亡韓，志在中國，有識之士早已洞悉。亡韓的腳步聲愈來愈近，中國人的憂慮也愈來愈大。1907年，韓皇背著日本派遣三位密使赴荷蘭參加在海牙召開的萬國和平會議。雖被拒絕出席，然將控訴日本侵韓罪行的文件遍送與會代表，並曾在四處演說。消息傳到漢城，統監府立即嚴究，數日內迫高宗禪位於太子，並迫簽丁未七條之約。中國出席和會專使陸徵祥（1871-1949）報告其事說：

> 韓人此舉，各國感知其無益，而某國乘機遽下辣手，則為各國
> 所不料。電傳到歐，聞者莫不驚詫。夫子輿氏有言，趙孟所
> 貴，趙孟能賤。韓國當日獨立，由日本宣告，由日本保護。保
> 護本吞併之代名詞，結果如此，必至之勢，且其處心積慮之
> 久，苟無三人海牙之行，而謂能遂倖免，亦豈其然。[16]

接著他將話轉向中國，說昔年第一次疑和會時非洲特國總統遜位適發於其時，今第二次會，韓事又適發生，

> 循事推之，海牙三會將復現何幻象，良可寒心！東鄰日本政策
> 咄咄逼人，得隴望蜀，寧有止境。其敢於施之韓者，固無不可
> 施之於他國……近更紛紛與歐洲各國訂立協約。其未發表者不
> 可知，而就其所發表者，一則曰尊重中國權，再則曰保全中國
> 土地。夫主權之當保重，土地之當保全，奚煩強鄰越俎！其命
> 意可以推知；且往往以我滿洲之名與韓並列，一曰滿韓，再曰
> 滿韓，其視滿洲之與韓相去幾何？！由滿洲以推之全國，其視
> 中國之與韓相去幾何？！

---

[16] 中央研究院近代史研究所編，《清季中日韓關係史料》，卷10，頁6568。下段引文出處同。

這裡將日本亡韓對中國的影響明白道出。1910年八月日本宣佈併韓，而早在六月駐日代辦吳振麟於報告日本併韓進行情況以及國際情勢時，也表達了山雨欲來的憂慮：[17]

> 中日之役，日本欲推朝鮮為獨立國。日俄之役，日本欲援朝鮮為保護國。約章俱在，曾幾何時竟欲據為己有。明治以來，始滅琉球，繼割臺灣，再割樺太，今將欲併朝鮮，自茲以後，日本之雄心其稍已乎，其猶未已乎，誠不敢加以臆斷，要其得步進步，似不能無綢繆牖戶之思矣。

日本併韓後，考察海軍大臣載洵（1885-1949）致電中樞及外部說，韓人反對併吞者無不慘遭殺戮，偶語亦禁，消息不許傳達。並進一步要求庶政改革，以防危亡道：「日本將有人不利於我之舉動，危機存亡，間不容髮。我國庶政若再不加改革，亟為豫備，竊恐覆轍之虞，禍在眉睫，不勝恐懼迫切之至。」[18]

日本駐清公使伊集院彥吉（1864-1924）八月二十八日將日韓合併條約及宣言書送外務部，並告以韓與各國所訂條約作廢，惟中日圖們江條約仍有效。三十日，即條約宣佈之翌日，外務部即將條約等函送東三省總督錫良（1853-1917）及吉林巡撫陳昭常（1867-1914），告以日韓合併後，前與韓為界，今即與日為界，情形不同，辦法自異，沿邊各地遇有交涉事件及邊界歸來人民，應格外妥慎辦理，免生枝節，並希藎籌，妥為防範，將一切情形，隨時密告。[19]

東三省總督除不時探報日本在韓情形外，他與吉林巡撫最擔心者為越墾韓僑問題。自1870年代，韓人不顧中韓嚴禁私越圖們江之

[17] 中央研究院近代史研究所編，《清季中日韓關係史料》，卷10，頁7103。
[18] 王彥威輯，《清季外交史料》（北京：北平故宮博物院影印，1934），宣統朝，卷16，頁18。
[19] 中央研究院近代史研究所編，《清季中日韓關係史料》，卷10，頁7107-7108。

法令，成群越江入吉林延吉區開墾，韓人呼為「間島」，或「北間島」。其後復在鴨綠江、佟佳江區開墾，韓人或稱為「西間島」。甲午之役前，韓人已屢圖佔有延吉區土地，乙巳保護條約之後，韓墾區成了韓人抗日基地，並有親日韓人生事其間，故地方官最重視此端。

東三省總督錫良准外務部函後，迅即函覆稱，日韓合併，此後韓人化為日人，辦理中韓事件應依中日條約為準。

> 鴨、圖兩江流域越墾韓民眾多，奉天省去年即三萬餘，今春來者愈眾。以前韓為我屬，故准雜居，甲午以後韓已屬日，然韓國名義仍存，新舊僑民或歸我州縣管理，今韓為日併，若聽其雜居，則以送律不同之故，日人出而干涉，則巡警裁判等事處處伸張勢力，損害主權，恐此數萬韓僑，將為吞併滿洲之導線。領事裁判權與內地雜居兩不相容，既有領事裁判權，則內地萬無雜居之理。韓僑今既已等視日人，按照中日條約，即不准內地雜居，應悉令入籍，否則根據習慣，另訂專條，除領地給照居住年久者應令入籍外，已來仍准相安，但悉歸我州縣管理，日人不得干預，後來者非有護照不准入境。

他又說日本新併韓國，諸事待理，故目下無事，數月後韓事稍稍整理後，必起而干涉，請速賜裁酌，以便遵辦。[20]

按延吉區墾民至1910年左右達十八萬口，華人只三萬。中國為維護領土主權，1909年讓予日本在東北許多權利，而與之訂立圖們江滿韓界約七款。第三款仍允韓民在圖們江北墾地居住，然劃定界限。第四款規定江北雜居區域內之韓國墾民，服從中國法權，歸中國地方官管轄裁判，中國官吏視韓民如華民。民刑案件由中國依中國送律審

---

[20] 中央研究院近代史研究所編，《清季中日韓關係史料》，卷10，頁7119，宣統二年八月五日收東督電。

判，日本領事或其委派人員可任便到堂聽審，人命重案則預先知會，如其認為審斷不公，可請中國另派員審之。故日本併韓後，延吉區的情況較不嚴重，惟吉撫仍令官吏勸使韓民數千戶入華籍，續來者依中日條約，只准住商埠，不准耕種，以減少日人干涉之機會。[21]

最麻煩者為鴨綠江墾民，因三萬餘墾民散處十一府縣，全為內地雜居，故外部、東督及駐日公使間屢次函商，然至辛亥革命時仍未與日本商訂協議。不過其間不少韓人入籍，因昔日不入籍乃不願離父母之國，今入籍乃尋託庇安身之處。故奉、吉兩地韓僑之入華籍，日本亡韓及中國預防日本因韓僑禍中國為一大關鍵。

中國由於自身難保，對日本滅韓未作任何軍事外交積極反應。對於朝鮮獨立，國會要求代伸公理之電報，也無反應，[22]惟駐俄海參崴總領事曾對該處韓僑有所協助。他在給外務部的報告中說，海參崴韓僑甚多，日併韓後，稍有智識者大抵不甘入日籍，成無國籍之民，形跡倉皇，至中國總領事館請求歸化者，日凡數至，其情可矜。因之，總領事桂芳允聲稱父母為華籍者入籍。對聲明復籍，他也以為大清國籍條例兼採屬人，屬地之義，不濫不遺，一視同仁，其在外國者，領事有申請咨辦之責，不便概置不理。

除韓民聲請歸化，與例不符者拒絕外，其已入華籍請證明者令呈驗所任地方官發給執照，其懇請復籍者，令備具原居國內住址核辦。雖然他是在詢問此後如有韓民聲請復籍，與例相符，查有實據者領事是否循例辦理，抑姑從緩辦，且外務部無回答，但從字中語氣可知他非常同情韓人，且已辦理復籍申請，尤其復籍只是備國內住址即可，甚易辦理。[23]

---

[21] 中央研究院近代史研究所編，《清季中日韓關係史料》，卷10，頁7129，收吉撫電。
[22] 朝鮮國會電見王彥威輯，《清季外交史料》，宣統朝，卷16，頁27。
[23] 中央研究院近代史研究所編，《清季中日韓關係史料》，卷10，頁7134-7136。

# 三、革命黨對伊藤博文被刺的反應

1909年十月二十六日（宣統元年九月十三日），日本前朝鮮統監府統監，時任樞密院長伊藤博文遊中國，至哈爾濱晤俄國財長可可佛斯夫（Vladimir Nikolayevich Kokovtsov, 1853-1943），在車站為韓國人安重根刺殺，日本駐哈爾濱領事及南滿鐵道職員二人受傷。安氏當場為俄軍逮捕，旋交於日本，押旅順獄，翌年三月以殺人律處絞。

伊藤乃日本維新的主要人物，三十年中將日本從一不為人重視的小國，建為世界強權之一，當時被譽為世界成功的政治家。因之，本刺殺案轟動全球，中國是案發現場，對之自更為注意。所有的報紙如《時報》、《大公報》等對此事件均有詳盡的報導，革命黨員于右任（1879-1964）、伯循（1895-1968）等所辦《神州日報》及《民吁日報》反應尤為熱烈。[24]後者現複印行世，[25]謹據以分析報導於下。

《民吁日報》的新聞處理有專電、譯電、要聞、社說，副刊有些小專欄，如大陸春秋、殘山剩水、叢錄、譯叢、公言等。在伊藤刺殺案的報導中，這些欄別統統用上了。長篇社說，三次始刊畢。新聞報導文字，大率用由梁任公開始發展成的所謂「新聞體」，副刊專欄有舊體詩。為了讓民眾更了解本案，該報特用純白話文寫了篇〈流血之風雲兒：伊藤博文傳〉分三次刊出；弔伊藤文是賦體，此外還有篇標

---

[24] 戈公振，《中國報學史》，頁138。《神州日報》所刊安重根事，朝鮮金澤榮（字于霖，1850-1927）嘗據以撰成〈安重根傳〉，見《民國彙報》第1期，頁27。按日本滅韓時期正革命黨託庇東瀛年代，故難以正面批評。在第21期仍在「朝鮮人之露布」題下刊布李麟榮（1867-1909）號召抗日之〈告韓僑檄文〉、〈檄告在外國同胞書〉。文前說此係旅美日僑佐藤興一郎函寄請刊，在藤信中謂日本保護韓國乃為韓人幸福。文後又襲稱，李文述韓國苦況如彼，在藤則謂保護韓民仁愛如此。吾輩與日韓同在亞東，兩無恩怨，其間事情尚未確實調查，不能評論。其曲直由韓人、日人自行判之，「不然，問之同洲之印度人可矣」（頁108、111），其伸張正義之難可知。

[25] 上海民吁日報社編，《民吁日報》（臺北：中國國民黨中央委員會黨史會，1969），全一冊，自1909年10月3日至11月19日。

題「最新戲曲」的〈藤血花傳奇〉。文字之外猶以圖畫表示。《民吁日報》對本案的報導、反應，盡了最大努力。綜合這些文字的內容有以下幾點：痛斥殖民國對殖民地，如日本對韓國之貪殘暴虐，痛斥伊藤博文監韓時的淫威，讚揚安重根的愛國英雄之氣，哀中國人面臨亡國危機而不覺悟。

《民吁日報》說政治暗殺有國內、國際兩種，然皆源於不平等。西方人民為求平等自由，而以暗殺為手段來推翻專制。國既自由，乃事外侵。十八世紀以降，列強崛起，併吞始烈，滅國始眾，而反抗者亦愈劇，暗殺之伏流愈大。及十九、二十世紀之交，滅國之害達於極端，諸小侯王與孱弱人種，稍一不慎即陷於酷烈哀慘之境。歐洲人惑於滅國之義，饕餮成心，豺狼成性，蹂躪小邦，鞭笞弱種，視為天職，不復識人道之義為何事。

又云，自優勝劣敗之天演學興，政治家起而利用之，滅種亡國，藉為口實，舉世趨之若鶩，而滅孱亡弱遂成為強大國人不可不盡之義務。人但知君王貴族專制，蹂躪平民權利之慘，而不知弱小遭強權草菅無所控告之痛為尤慘；人但知君王制為害人道，引起反抗，不知國際凌虐危害人道尤烈，反抗尤危。此利令智昏之行徑，即國際暗殺之由起。自十九世紀以還，世所盛道之各政治家，皆非為人類造福利，而專為禍人類，為人道之蟊賊。能有以一身一手殲除殘暴，行湯武弔伐之政，雖不能收近效，然足警後來。[26] 這是《民吁日報》對刺伊藤案反應的整個思想脈絡。

該報進一步指出，亞洲列邦之沉淪已極，印度、緬甸、越南、朝鮮降為輿臺，呂宋、琉球夷為丘縣。呂宋以美國法律寬大，獨立可期，琉球墜於九淵，緬甸、越南尚在沉滯之境，[27] 韓國宗社顛覆，舊

---

[26] 上海民吁日報社編，《民吁日報》，1909年10月29日，頁1，社說「諭伊縢監國暗殺案」。

[27] 上海民吁日報社編，《民吁日報》，1909年10月28日，頁1，社說。

376　清代中韓關係史論集（卷二）

君廢棄，遭受有國以來從未有之深創巨痛。[28]然印度六十年來稍知自省，獨立新聞有三百餘所，光復獨立之聲盈耳，是年留美學生且轟斃英前印度總督，使歐洲東方殖民國家大震。三韓民氣雖不如印度，然國社始覆，勝朝遺黎，即起而刺殺世界政治之偉人——三韓之舊監國伊藤。[29]

該文又說，高麗自昔為中國附庸之邦，年湮代遠，迄無暗殺之事。此無他，待之以懷柔，撫之以慈惠耳。今世之經營屬國者，則直以竭其經濟，覆以種族為目的，敲剝膏旨，以使婉轉顛仆沉淪而後已，故被治者鋌而走險，作困獸之鬥。[30]「韓人之茹血飲恨，非一朝夕，自日俄戰後，日本人實行三韓合併主義，及今伊藤政策已告圓滿成功。韓人無可復忍，不容復待矣。俄羅犇，高麗陷，日人歡欣鼓舞，加額扶杖，豈復念八道黎民哭聲載路者。」[31]除本案消息外，該報猶發表其他日本苛虐韓國的消息以相配合。如謂自1908年十一月至1909年十月，「日本一年間殺高麗人之成績」為三萬人。[32]

《民吁日報》對伊藤博文在韓國的淫威也不放過。在〈流血之風雲兒〉文中，說他作統監名義上因韓人自己辦事不好，其實乃「硬作家主公」；謂高麗雖說有個皇帝，不過擺擺架子，皇帝是統監作了。[33]伊藤遇害之電抵韓時，韓太上皇與嚴妃（1854-1911）方用膳。聞報後手中之箸墜地，長嘆一聲。良久始懍，惶悸萬狀。《民吁日報》評道：「按此節可見伊藤在韓之威勢。夫君猶如此，民何以堪，亡國之痛，誠非生人所能忍受者矣。」[34]

因謂伊藤在韓政策不容於人道主義者之口，故被殺後，《大韓每

---

[28] 上海民吁日報社編，《民吁日報》，1909年10月29日，頁1，社說。
[29] 上海民吁日報社編，《民吁日報》，1909年10月28日，社說。
[30] 上海民吁日報社編，《民吁日報》，1909年11月2日，頁1，社說。
[31] 上海民吁日報社編，《民吁日報》，1909年10月28日，頁1，社說。
[32] 上海民吁日報社編，《民吁日報》，1909年11月7日，頁3。
[33] 上海民吁日報社編，《民吁日報》，1909年11月4日，頁5。
[34] 上海民吁日報社編，《民吁日報》，1909年11月1日，頁2。

日申報》大開宴祝，足證韓人不滿統監政治久矣。[35]並諷刺道：「伊藤公以政治之才能，老而多智，經營滅國，厥有成績。」「昨歲廢去韓王也，太阿在持，睥睨跋扈過於王莽、桓溫……彼時不念韓皇墮降王亡國之淚，曾幾何時，炎炎者滅，隆隆者絕，而牽羊繫組之屠王尚復永其殘年，延其餘命。舌以柔存，齒以剛折，此之謂也。」[36]由恨而醜化。

《民吁日報》大事宣揚伊藤私生子的身分，宣染他的好色習慣。日人稱伊藤為歌舞英雄，該報說他耄荒淫佚，於日本名妓無不知，無不賞識。妓女們送伊藤一「牡丹公」雅號，該報便繪刊貓眠牡丹花下圖，貓者乃日人對妓女之俗稱。《民吁》並謂伊藤在韓也歷經不少標緻女人。[37]檢討了伊藤的淫威後，該報在弔文中說：「生有五鼎食兮，死固當五鼎烹。雖銘功於壺鑑兮，亦貽臭於輀輬。」又謂「以力服人者，可不引為鑒哉。天作孽猶可違，豈非然哉，徵之伊藤博文而益信。」[38]

與名政治家伊藤相比，中國人筆下的安重根遠為光彩。人們將他比作漢代的張良而歌詠道：「慨昔三韓地，於今一旦休。俄然來大俠，猶解報深仇。博浪椎重奮，輀輬血迸流。」又以齊桓公復九世之仇故事而美之。[39]他的一擊使他變成了民族英雄。〈藤血花傳奇〉曲讚他異於「有今朝不問明朝」的韓人，是個忠憤薄雲霄的好男兒；說刺伊藤，上慰宗祖之靈，下報黨人之憤，不為私仇，甘為無祭，乃轟轟烈烈奇男子，千古留名。[40]《民吁日報》說：「去歲東京《國民新聞》曰：『韓國只見有女人而無男子。』今日者竟有一男子矣。」[41]

---

[35] 上海民吁日報社編，《民吁日報》，1909年11月12日，井上馨悼伊藤文案語。
[36] 上海民吁日報社編，《民吁日報》，1909年11月7日，頁5；10月28日，頁1，社說。
[37] 上海民吁日報社編，《民吁日報》，1909年10月27日，頁1；11月2日，頁5；乙酉10月6日民吁日報雜事畫，丁字第6號。
[38] 上海民吁日報社編，《民吁日報》，1909年11月5日，頁5；10月27日，頁1。
[39] 上海民吁日報社編，《民吁日報》，1909年10月31日，頁5；10月28日，頁1，社說。
[40] 上海民吁日報社編，《民吁日報》，1909年11月12日，頁1。
[41] 上海民吁日報社編，《民吁日報》，1909年10月30日，頁5，殘山剩水欄。

安氏之刺伊藤，不僅自己成了民族英雄，也重新塑造了韓國人在世界上的形象。1909年十一月一日《民吁日報》載：「日昨一友人曰，近日在街上遇韓人，總覺比前不同，視其峨冠博帶，以為雄於歐美人。」[42]該報因伊藤案而提到1908年旅美韓人在舊金山車站刺殺伊藤統監所聘財政顧問美人Stevens，說：「撫我者后，虐我者讎，韓人之匕首固不辦為日本人、為美利堅人之血者。彼之斃史脫文司、伊藤博文者，豈殺其人也哉，自誅其寇讎而已。」

《民吁日報》又謂如韓人持此復仇之志不忘，雖局勢益板蕩陸沉，三韓終有中興之望。「蓋東亞自有史以來，大小十餘邦國迄今未嘗有之聞見也。」[43]於是安重根不僅為韓人之英雄，且成了東亞人的英雄。「悲夫！亞洲淪胥之邦多矣，而飲恨茹痛，思為一狙擊以洩憤者，何不數數覯也。此政治之暗殺，所以不能不獨讓韓人負東亞之令譽也。」[44]

安重根與伊藤原地位懸殊，刺案發生後二者成了相提並論的人。日本某報社論說：「我國受此一打擊，今日死一伊藤，當再生七百萬伊藤。」《民吁日報》謂：「我為韓人代下一轉語：韓國死一安重根，當再生七百萬安重根。否則萬不能敵其七百萬伊藤也。」[45]由於《民吁日報》言論仇日太露骨，日本報紙責其作譽揚亡國民之僻論。該報回答說：「總之，心雖不同，各行其是。伊藤文忠公千古，刺客安應七亦千古。伊藤文忠公捨命為日，刺客捨命為韓。自旁觀論之，皆以身殉國者，何得謂之僻論！」[46]當時傳說韓皇諡伊藤為文忠，該報特用之，而當時刺客之名尚未確知，安應七為諸傳說名字之一。

革命黨人的報紙沒有忘記中國與韓國，甚至中國與四鄰的特殊關係。它說中國之對屬邦以親愛懷柔為政策，而今世列強之待屬國則以鞭

---

[42] 上海民吁日報社編，《民吁日報》，1909年10月30日，頁5。
[43] 上海民吁日報社編，《民吁日報》，1909年10月28日，頁1，社說。
[44] 上海民吁日報社編，《民吁日報》，1909年10月29日，頁1，社說。
[45] 上海民吁日報社編，《民吁日報》，1909年11月13日，頁5。
[46] 上海民吁日報社編，《民吁日報》，1909年11月6日，頁3。

答敲剝為主義。故高麗、越南雖易正朔，迄未嘗一日忘漢。「獨痛我宗國式微，不能自振，不足被我四旁兄弟之國，致肺腑之際，鬩離併裂，相對掩泣，不能扶攜友助，此不得不令我邦人念之號啕而迸血也。」

又說「朝鮮箕子之裔，我數千年之屬土，世相親，無猜忌。日本巧奪豪取，破我陸師，殲我海軍，我邦人兄弟於十年前爭三韓一塊土者，不知縈何限之，於遼東之蔓草，膏無限之尸於黃海之魚腹。高麗之仇，我之仇也。彼以高麗為渡滿之長虹，提遼藩以歸三島。正在此舉，何意三韓有人，竟起而折其長驅之驥足。雖曰韓人自修其怨，抑其非我之至幸乎！」[47]這是說安重根的槍不止為韓人而開，直是為中國而放。這是全中國人一致的心理，所以伊藤刺案如此轟動。

《民吁日報》在讚美安重根之餘，又諷刺中國政府，謂伊藤博文與安重根均渾身都是愛國心，而中國官場則渾身都是愛錢心。[48]又說韓國志士善打槍，中國志士善打電，日日聞「誓不承認」、「誓以死拒」之聲，而究於事無濟。[49]1909年十一月十三日轉載東三省某報新聞，題目為「安重根大罵中國人」，說安氏刺伊藤被捕後，中國人有往觀者，安氏大罵不止，謂：「我們高麗向來靠你們大國保護，而竟自無用，今尚不知羞恥，前來看我！」[50]

《民吁日報》雖以「世豈有親手夷人宗社，而復能優游逸樂，全其壽命者乎！」論伊藤之死是罪有應得，雖以幸災樂禍的筆調說：「恭順韓人孝敬老怪傑以小小彈丸，血！血！血！染萬國衣冠紅矣。」「韓人，韓人，爾奔走國事之心何如是其堅且烈。年年以匕首炸彈為報館作資料也。」「歌舞英雄一伊，沈於漠北之野，歌舞聲銷，英雄逝矣。」[51]對韓人之處境則備感關心，說他們雖出民族英雄，仍以淚洗面；以為1907年因三密使事件致高宗被逼退位，「今伊

[47] 上海民吁日報社編，《民吁日報》，1909年10月29日，頁1，社說。
[48] 上海民吁日報社編，《民吁日報》，1909年11月13日，頁5。
[49] 上海民吁日報社編，《民吁日報》，1909年11月5日，頁5。
[50] 上海民吁日報社編，《民吁日報》，1909年11月5日，頁2。
[51] 上海民吁日報社編，《民吁日報》，1909年10月28日，頁1。

藤之頸血，又不知將自高麗易若何之代價，思之能不戰慄」！[52]該報
說許多日本人也反對日本侵韓政策，然而無用，安重根一擊安知不抵
「萬人之哭訴，千篇之諫書」！[53]又說：「吾願日本計宇宙之人道，
念東亞之同仇。我為高麗數千祀之古國祝前途，我為高麗億萬人之性
命祈福利。韓人之福，日本之福也。」[54]這和安重根一樣，為東亞全
體人民之幸福和平著想。

## 四、立憲派鉅子梁啓超對韓亡的分析

　　梁任公啟超自1898年戊戌政變逃亡日本後，除短期美洲等地之行
外，大多時間住在日本。由於日本熱心經營韓、滿，對這兩地區的調
查研究和報導相當多，所以梁氏和同時期的留日人士一樣，對韓國的
智識反比待在中國的人豐富。[55]梁氏素有歷史修養，故對日本之亡韓或
韓國之所以滅亡，能予以歷史性的分析，或述其過程，或究其原因。

　　任公有關韓國滅亡之著述共四種，除〈朝鮮哀詞五律二十四首〉
為文學外，其餘三種是〈朝鮮亡國史略〉、〈朝鮮滅亡之原因〉、
〈日本併吞朝鮮記〉（以下簡稱〈併鮮記〉）。[56]〈朝鮮亡國史略〉
寫於1905年八月，日韓簽訂「外國人顧問備聘協定書」之後，十一月
「乙巳保護條約」之前。其內容，小序外分為：第一期「朝鮮為中日
兩國之朝鮮」，1885中日天津條約至甲午之役；第二期「朝鮮為日俄
兩國之朝鮮」，甲午之役後至日俄戰爭前；第三期「朝鮮為日本之朝
鮮」，自日俄之役始。後者又分為預備時代及實行時代。每期述其特

---

[52]　上海民吁日報社編，《民吁日報》，1909年10月27，頁1；11月1日，頁5。
[53]　上海民吁日報社編，《民吁日報》，1909年10月29日，頁1，社說。
[54]　上海民吁日報社編，《民吁日報》，1909年11月2日，頁1，社說。
[55]　如宋教仁注意延邊事務而著。
[56]　〈朝鮮亡國史略〉見梁啓超，《飲冰室專集》（上海：中華書局，1941）之第17
　　冊，共15頁；〈朝鮮滅亡之原因〉見專集之第20冊，共7頁；〈日本併吞朝鮮記〉見
　　專集之第21冊，共21頁，附錄〈朝鮮對於我國關係之變遷〉5頁。又〈朝鮮哀詞五律
　　二十四首〉載《飲冰室文集》（上海：中華書局，1936）之45下，頁47-50。

色及轉變之關鍵。

〈併鮮記〉著於1910年日本併韓之後。內分前記、本記兩項。前記又分「中日爭韓記」、「日俄爭韓記」，本記則別為「日本役韓記」、「日本併韓記」。此篇除併韓時間延至1910外，所分史事段落與前文同，而敘事略詳。總之，任公敘韓之滅亡始於日本明治維新。〈朝鮮滅亡之原因〉亦成於日韓合併之後，而自宮廷、社會、政治三方面考究韓國之所以滅亡。

任公述其著書之動機有二，一為慨韓國之亡，記該國飾終之故實，其二為警中國。1905年之〈朝鮮亡國史略〉前言引古詩說：

> 「章臺柳，章臺柳，昔日依依今在否，縱使長條仍舊時，也應攀折他人手。」吾以中日戰爭前之朝鮮與中日戰爭後之朝鮮比較，吾更以中日戰爭後之朝鮮與日俄戰爭後之朝鮮比較，而不禁淚涔涔其盈睫也。今者朝鮮已矣！自今以後，世界上不復有朝鮮之歷史，惟有日本藩屬一部分之歷史。記曰喪禮哀戚之至也，君子念始之者也。今以三千年之古國，一旦溘然長往，與彼有親屬關係者，於飾終之故實，可以無記乎！嗚呼，以此哀思，哀可知矣。

任公悼亡之情在筆端流露無遺。文末說：「嗟夫！嗟夫！風景不殊，舉目有河山之異，昔人所嘆，今乃見之。吾於三年前嘗著〈滅國新論〉一篇，於近百年來已墟之社，憑弔陳跡，而追想其馴致之由，未嘗不汗浹背而淚交頤也。今朝鮮又弱一個矣！」日本併韓後他寫道：

> 嗚呼！而今而後，朝鮮名實俱亡矣。而今而後，中國以東，日本以西，突出於黃海與日本海間之一半島，更復何有？！無復有國家，無復有君主，無復有政府，無復有言語，無復有文字，無復有宗教，無復有文物典章制度，舉二千年所有者，一

切隨鴨綠江水，滔滔東逝以盡，惟餘穢亂腥臊、陰慘、黑闇、狼狽、恥辱之史跡，長點污白頭山之雪色而不可澌被。以此思哀，哀可知矣。[57]

在〈併鮮記〉中梁氏說日本於朝鮮「則既已奏凱而歸矣，而彼之挾此優勝之技以心營目注者，豈直一朝鮮而已！是故吾睹朝鮮之亡，乃不寒而慄也。」[58]梁氏曾述其著〈朝鮮亡國史略〉的動機，「原為感於近兩月來日本在朝鮮之舉動，欲詳記之，以為吾國龜鑑。」[59]而1910年在〈朝鮮滅亡之原因〉中更以乞求的語調籲清廷上下及國人內省，以免蹈覆轍。他說：

> 昔漢陸賈作《新語》，意在推論秦之所以亡，以為漢戒，一時方聞之士若賈山、賈誼、董仲舒，其所著述指引秦事，詞並危切，漢世鑑之，賴以少康。竊附斯義，次論朝鮮滅亡之原因，以告我后、我大夫、百執事，暨我邦人諸友。古人有言，與治同道罔不昌，與亂同道罔不亡。我后、我大夫、百執事，暨我邦人諸友試一內省焉，其有一、二與朝鮮同道乎？如其有之，則吾恐不暇為朝鮮哀也。[60]

梁啟超當時所處的環境正值社會達爾文主義（Social Darwinism）盛行，所以他看日本亡韓不免受此影響。他說日本在韓處境原遜於俄，更遜於中國，其所以舉韓而有之，乃因其早已灼見非使朝鮮離中國而獨立，無所施亡韓之技，所以謀定而後動，政策一貫，忍辱負重，百折不回，見機敏，行動速，冒險奮進，不擇手段，以及如水銀

---

57　梁啓超，〈朝鮮滅亡之原因〉，頁1。
58　梁啓超，〈日本併吞朝鮮記〉，頁21。
59　梁啓超，〈朝鮮亡國史略〉，頁8。
60　梁啓超，〈朝鮮滅亡之原因〉，頁1。梁啓超，〈朝鮮亡國史略〉，頁15亦有「吾恐吾之哀朝鮮，其又見哀於朝鮮矣。嗟夫！」語。

洩地，無孔不入的總體行動。[61]這些話帶著不少佩服之意，不過這無妨他對日本亡韓的認識。

梁啟超知道日本併韓之謀遠發自豐臣秀吉（1537-1598），近發於西鄉隆盛（1828-1877），其君臣上下四十年間未嘗一日忘懷。他也了解日本口口聲聲扶朝鮮之獨立，保朝鮮之領土，重朝鮮之主權，與中與俄大戰均號曰義戰，無利人土地之心，乃不忍坐視友邦之顛沛，故不惜數百兆之帑藏，數十萬人民之生命以救之。他曾以「今世文明國之舉動，皆尊形式而尚名，雖滅人國，猶出之以禮讓」譏日韓合併條約。[62]不過大體而言，他對日本亡韓之論究全以史實為據，很少離事言理，空言抨擊。

由於日本亡韓及其亡之之道全屬鐵一般事實，故此種故事的排比及梁氏帶感情之筆的說明，便足令人痛恨日本，對韓國生出無限同情。然而梁氏所重在「國必自伐而後人伐，朝鮮苟非自亡，則無人能亡之者」，「亡朝鮮者朝鮮也，非日本也」。[63]所以他對日本亡韓原因的探討，重點置於韓國。

梁啟超是大力提倡君主立憲的人，故謂立憲國君主不負實際政治責任，不能為惡，而未立憲之專制國則國家命運全繫於宮廷，每以君主一家一人之事全民蒙其毒害。君主專制的朝鮮由兩人負責，一為大院君李昰應（1821-1898），一為高宗。他說大院君性刻薄、殘酷、驕慢而內茌多猜忌，好弄智術而不知大體，無人君之器，為亂政之張本。大院君攝政二十年間，外交上屢拒日使，虛驕無禮，出於情理之外，財政上為大興土木而苛斂民財，竭澤而漁；又大殺天主教徒，致得罪天下，卒被脅要盟而喪失權利，為亡韓之禍首。[64]

至於高宗，則為人葸懦而不自振，多疑而寡斷，好聽讒言而闇

---

[61] 梁啓超，〈日本併吞朝鮮記〉，頁20-21。
[62] 梁啓超，〈日本併吞朝鮮記〉，頁15、19。
[63] 梁啓超，〈日本併吞朝鮮記〉，頁20；梁啓超，〈朝鮮滅亡之原因〉，頁6。
[64] 梁啓超，〈朝鮮滅亡之原因〉，頁2；梁啓超，〈日本併吞朝鮮記〉，頁3。

於事理，內多變而呢宵小，喜行小慧而計常拙，倚賴他人而不自主，好為虛飾而不務實際。又說閔妃（1851-1895）擅政，如晉惠帝（259-307）之受制於賈后（257-300）。女謁盛行，雜進宮掖，如漢安帝（94-125）之寵王聖。甲申以降，執政者無半年得安其位，朝綰金紫，夕橫路衢，類明莊烈帝（1611-1644）十六年易五十六相。屢興黨獄，作瓜蔓抄，愛國之士，族誅獄死者相屬，竄逐於外者百數，則類漢之黨錮、明之東林。甲午以後，亡徵盡顯，而鈎黨尚興不已，是明福王（1607-1646）偷息南都，逮治復社。

大國之使者，暴怒唾辱於前，帖耳莫敢較，且恬然不以為怪，是石敬瑭（892-942）之類。投以甘言，則歡忻委信，如小兒得餅，則似楚懷王（355-296 BC）受欺張儀（BC 373-310）。見逼於此，則求助於彼，不思自立，惟引虎自衛，則如宋理宗（1205-1264）之約元滅金。事變一生倉惶無主，任人播弄，望門投宿，則漢獻帝（181-234）之見挾於李傕（？-198）、郭汜（？-197）等。舉事失當，不負責任，而動諉罪於受旨奉行之臣，則如唐文宗（809-840）之賣李訓（789-835）、鄭注（？-835）。

日日創法立制以為美觀，而無一能實行，如王莽（BC 45-23）之法周禮。強鄰壓境，命在旦夕，而色荒禽不聞少減，則齊東昏（485-501）之作無愁天子。「歷代亡國之君之惡德，韓皇殆悉備之。然其他皆可為小節，獨其無定見而好反覆，怙威權而憚負責任，多猜忌而不能舉賢自佐，則膏肓之病。」以如此之人為君，雖使國中濟濟多才，處太平歲月，其國猶將岌岌不可終日，何況朝鮮根基本薄，而遭逢前代未聞之變局！[65]

梁任公說朝鮮社會為亡國之社會，其關鍵為貴族與寒門之分。他說兩班人員攏斷一切權利地位，國中有獨立人格、自由意志者只有貴族，而他們則是萬惡之藪。兩班人員養尊處優，驕佚而不事事，以作

---

[65] 梁啓超，〈朝鮮滅亡之原因〉，頁2-3。

官為業。而作官又專務繁文縟節，一命以上，僕從如雲，對人民呼蹴如禽畜，任意取求其財產，而納於國庫者不及三之一。為求取官職，相互傾軋攘奪，而成朋黨之分，各借黨營私，朝握手而夕操戈，不以為怪。朝鮮爭奪政權之急烈視各立憲國政黨遠過之。

但他們實不知世界大勢，不識政治為何物。歸國留學生雖近千，而亦皆忙於謀官，不遑他顧，以致不能辦一完全學校，著一書，即翻譯之少可觀者也無。梁氏指出，朝鮮貴族最能趨時而變。前次頑固著名人，甲午以後日滔滔言改革。前次親中國之黨，不數年忽變為親日黨，不數年又變為親俄黨，旋又為親日黨，惟強是親，惟能庇我者是從。

任公又謂韓人最喜談天，二、三相遇，終日喋喋，而所談常不由衷。朝鮮人易怒生事，一受侮即攘而起，然怒不崇朝而息，一息即如已僵之蛇，撥之不動。朝鮮人對將來無甚打算，小民但得一飽，則三三兩兩，茗憩樹蔭，清談終日，不復計明日從何得食，悠然如羲皇上人。其宦達者亦然，但使今日有官有權勢，明日國亡，固非所計。

故日本設統監之後，盡人皆知朝鮮命在旦夕，而朝鮮人爭奪政權尤烈於昔，一進會諸人獻媚於敵，以獵取富貴。合併條約發表後，鄰國之民猶為之泣下，朝鮮顯官且日日運動，冀得新朝榮爵。梁氏亦知安重根等人，然謂億萬中不得一二，且不見重於社會，既為不見重，且不能生存，因朝鮮社會陰險無恥者常居優勝之數，而貞潔自愛者居劣敗之數。其人之惡非出自天性，強半社會現象迫之使然。[66]

梁氏對韓國在軍事、政治制度、財政、貨幣等之改革無效痛下攻擊，言其外交喜弄智術，日言縱橫捭闔，商榷聯甲制乙，實則割臂飼鷹，捨身施虎。鷹虎未飽，而身肉已盡，然至死不悟！「蓋朝鮮政治之混亂不可理，臭腐不可嚮邇，雖罄南山之竹，不能述其萬一。一言蔽之，則厲精圖亂，發憤自戕而已矣。」[67]

---

[66] 梁啟超，〈朝鮮滅亡之原因〉，頁3-5；梁啟超，〈日本併吞朝鮮記〉，頁12。
[67] 梁啟超，〈朝鮮滅亡之原因〉，頁5-6。

統觀梁啟超諸文，他對韓國可謂愛之甚深，故責之甚切。惟所論韓國各項缺點固多屬實，然不免誇大。且自乙巳保護條約之後，各地反抗義兵蜂起，韓國復興曙光已露，而梁氏全未察覺，對韓國前途陷入絕對悲觀。這完全是由於身在日本，消息被封鎖，觀念也受到日本輿論影響之故。如論頒佈洪範十四條而一無實際改革行動時說：「雖以日本第一流政治家井上其人者，而無如朝鮮何。日本於是益知朝鮮人之不足與立，而取而代之之心益決矣。」[68]這完全是日本的宣傳論調。

任公在〈朝鮮亡國史略〉中說：「吾讀李文忠公外交函牘，見其十二年前與朝鮮王之交涉，於其詞氣，於其稱謂間，穆然想見上國之位置、之威信。嗚呼！此如潯陽江頭琵琶婦，向人絮絮道其鈿頭銀篦血色羅裙時代之聲價，吾今羞言之，且不復忍言之。」[69]對中國失朝鮮相當痛心。1910年在述韓皇稱帝後，任公又謂：「嗚呼！十年一覺揚州夢，贏得青樓薄倖名。朝鮮負中國耶？中國負朝鮮？綜觀法韓構難以後，中日媾和以前之交涉史，而不禁熱淚之睫也。」[70]

不過任公對中國未能善處朝鮮問題，也有所批評。關於征韓論，他說日本自明治維新後本已予韓人以不能安席之勢，而韓人所因應之者復失宜，「我國所以指導之者復無狀」。[71]論日韓江華僑規定朝鮮為自主之邦、與日本國平等稱：

> 當時韓人固視此為義所當然，即我國亦從不識國際法上「自主」二字作何解釋，且素賤視日本，謂不足與大邦齒，方謂彼自願與我屬邦平等，足徵恭順。而不知日人所以十年間鍥而不舍，持滿而後發者，其日營沁注即在此「自主平等」四字。[72]

---

68 梁啟超，〈日本併吞朝鮮記〉，頁8。
69 梁啟超，〈日本併吞朝鮮記〉，頁1。
70 梁啟超，〈日本併吞朝鮮記〉，頁27。
71 梁啟超，〈日本併吞朝鮮記〉，頁4。
72 梁啟超，〈日本併吞朝鮮記〉，頁4-5。

梁啟超對於袁世凱（1859-1916）在韓行徑攻擊甚烈，說他無絲毫政
治常識，不能為朝鮮革秕政以靖亂源，而復暴戾恣睢，以賈其君臣之
怨，坐使少壯群思結日本以撓清。至甲午，始則為立功名而勸韓乞
師，終則惟敷衍延宕。[73]梁氏在論朝鮮滅亡原因時，每遇中韓相同缺
點，便註「我國如何」四字。綜計註此四字者達十九處之多，也就是
說，清廷設官非為治事而為養無業之人；清官繁文縟節、貪污、營
利、結黨、留學生無用，國人個人主義強、尚空談、五分鐘熱度，
軍事、制度、財政、金融紊亂，改革無效，賣官，物價高漲，農業荒
廢，外交上前門拒虎，後門進狼等。這十九種缺點使朝鮮亡國，自亦
足使滿清屋，故梁氏籲國人以朝鮮為龜鑑。

## 五、結論

　　甲午戰爭不僅是韓國滅亡的開始，也是中國政局翻天覆地的肇
端。繼此而後是列國競租海港，劃分勢力範圍，戊戌變法與政變，義
和團之亂與八國聯軍之役。日俄戰後的東三省南部，即所謂南滿，成
了日本勢力範圍，築鐵路、佔礦山，予取予求。滿清雖在痛定思痛
之後推行新政，然而整個中國在君主立憲與革命運動籠罩之下。日本
併韓之年，正是立憲派請願國會如火如荼，革命黨發動廣州新軍之役
時，而翌年就發生了三二九之役及武昌革命。換言之，中國當時的處
境僅僅差強韓國，朝野心思被一連串重大事件佔據著。雖然如此，中
國政府及人民並未忽略朝鮮半島的政情演變，並未忘懷韓國及其人
民，對日本亡韓的每一步，及韓國人民的反應密切注意。

　　從本章的研究可知，滿清政府對日本亡韓，在軍事及外交方面無
一點積極反應。這是由於中日甲午之役及八國聯軍之役後，清政府已
完全失去了軍事外交反應的能力和信心。梁啟超所重視者為韓國的上

---

[73] 梁啟超，〈日本併吞朝鮮記〉，頁5-7。

層社會，而當時該國的兩班確屬臭腐，加之梁氏身在日本，對韓國實情不夠了解，所以他除了嘆惋之外，對該國前途一片悲觀。革命黨從安重根身上望見了三韓的光明前途，確信他們終有中興之望。政府官員、革命黨和梁任公對中國失掉朝鮮都多少有點惋惜，但他們對韓國的同情傷悼，完全是自儒家存亡繼絕的思想出發。他們的傷嘆或歡愉之情，以及存亡繼絕的思想，現在的中國人仍然具備。

*原文末記：「類似今村與志雄〈日韓併合與中國的日本觀〉等數文未能當考，謹向讀者致歉。」編按：今村与志雄，〈日韓併合と中国の日本観〉，《思想》，第537號（東京，1969年3月），頁92-109。
**本章原刊於中華民國韓國研究學會編，《中韓關係史國際研討會論文集960-1949》（臺北：中華民國韓國研究學會，1983），頁233-249。

張存武著作集3　人文史地類　PC0929

# 清代中韓關係史論集（卷二）

作　　　者／張存武
編　　　校／吳政緯
責任編輯／鄭伊庭
圖文排版／黃莉珊
封面設計／王嵩賀

發 行 人／宋政坤
法律顧問／毛國樑　律師
出版發行／秀威資訊科技股份有限公司
　　　　　114台北市內湖區瑞光路76巷65號1樓
　　　　　電話：+886-2-2796-3638　傳真：+886-2-2796-1377
　　　　　http://www.showwe.com.tw
劃撥帳號／19563868　戶名：秀威資訊科技股份有限公司
　　　　　讀者服務信箱：service@showwe.com.tw
展售門市／國家書店（松江門市）
　　　　　104台北市中山區松江路209號1樓
　　　　　電話：+886-2-2518-0207　傳真：+886-2-2518-0778
網路訂購／秀威網路書店：https://store.showwe.tw
　　　　　國家網路書店：https://www.govbooks.com.tw

2024年1月　BOD一版
定價：520元
版權所有　翻印必究
本書如有缺頁、破損或裝訂錯誤，請寄回更換

讀者回函卡

國家圖書館出版品預行編目

清代中韓關係史論集/張存武著. -- 一版. -- 臺
北市：秀威資訊科技股份有限公司, 2024.01-
　　冊；　公分. -- (張存武著作集；3)
　　BOD版
　　ISBN 978-626-7346-45-7(卷2：平裝)

1.CST: 中韓關係 2.CST: 清代 3.CST: 文集
627　　　　　　　　　　　　　112020529